Ullstein

ÜBER DAS BUCH:

Für eine Frau besteht sicherlich eine der größten Herausforderungen des Lebens darin, alle positiven Facetten und Potentiale des eigenen Selbst zu entwickeln und zu leben. Dieser einmalige und kompetente Band zeigt, wie wirksam und inspirierend Astrologie bei diesem tiefgehenden, transformierenden Prozeß sein kann. Astrologie kann dabei verstehen helfen, welche Teile des Selbst akzeptiert und integriert und welche überwunden werden müssen, um Verantwortung für sein Schicksal übernehmen zu können. Zehn prominente Astrologinnen zeigen praktische Wege zur Stärkung des Selbstvertrauens und der Beziehungsfähigkeit. Dieses Buch hilft Ihnen:
- die eigene Lebensaufgabe zu erkennen
- ein Gefühl der Lebenserfüllung mit Hilfe von Freundinnen und weiblichen Lehrern zu entwickeln
- das weibliche und männliche Selbst zu integrieren
- Beziehungen aufzubauen, die beide Partner gleichermaßen stützen und wachsen lassen
- die lebenslange Beziehung zwischen Mutter und Tochter verstehen zu lernen und den Einfluß des Vaters auf das weibliche Selbstwertgefühl zu erkennen
- als Singlefrau erfüllt und zufrieden zu leben
- mit Analysen der Geburtshoroskope von Hillary Clinton, Prinzessin Diana, Madonna, Oprah Winfrey, Mutter Teresa u. a.

DIE HERAUSGEBERIN:

Gloria Star ist eine prominente amerikanische Astrologin; sie lehrt und veröffentlicht zu Themen wie Astrologie, spirituelle Entwicklung und persönliches Wachstum. In deutscher Sprache ist von ihr erschienen:
Das Kind im Horoskop. Begabungen erkennen und optimal fördern. (1994)

Gloria Star (Hrsg.)

Astrologie für Frauen

Stärkung des Selbstvertrauens und der
Beziehungsfähigkeit

Aus dem Amerikanischen von Beate Metz

Ullstein

Ullstein Buchverlage GmbH & Co. KG, Berlin
Taschenbuchnummer: 35861
Titel der amerikanischen Originalausgabe:
Astrology for Women
Aus dem Amerikanischen von Beate Metz

Deutsche Erstausgabe
April 1999

Umschlaggestaltung:
Vera Bauer
Unter Verwendung einer Abbildung von
The Image Bank
Alle Rechte vorbehalten
Translated from *Astrology for Women* Copyright © 1997 Edited by Gloria Star
Published by Llewellyn Publications, St Paul, MN 55164 USA
Printed in Germany 1999
Gesamtherstellung:
Clausen & Bosse, Leck
ISBN 3 548 35861 6

Die Deutsche Bibliothek – CIP-Einheitsaufnahme

Astrologie für Frauen:
Stärkung des Selbstvertrauens und der Beziehungsfähigkeit/
Gloria Star (Hrsg.). Aus dem Amerikan. von Beate Metz. –
Dt. Erstausg. – Berlin: Ullstein, 1999
(Ullstein-Buch; 35861)
Einheitssacht.: Astrology for women <dt.>
ISBN 3-548-35861-6

Inhaltsverzeichnis

Einleitung

Heutzutage wird die Rolle der Frau nicht mehr so sehr von den gesellschaftlichen Erwartungen bestimmt, sondern viel mehr von den Frauen selbst. Im 20. Jahrhundert hat sich hinsichtlich dessen, wie eine Frau sich ihr Schicksal vorstellt, wie sie es bestimmt und gestaltet, viel verändert. Im Verlauf dieses Prozesses hat sich die westliche Gesellschaft als Ganzes gesehen ebenfalls gewandelt. Doch trotz der weitreichenden Veränderungen, die Frauen insgesamt erlebt haben, sind einzelne von ihnen immer noch mit der Herausforderung konfrontiert, wirklich sie selbst zu werden. Dieses Buch ist ein erster Blick – aus der Perspektive von Astrologinnen – auf einige Aufgaben, die jede einzelne Frau annehmen und bewältigen muß.

Anstatt uns hier nur auf einen Aspekt der Ausdrucksmöglichkeiten einer Frau zu konzentrieren, versuchen wir, die *ganze Persönlichkeit* zu sehen. Astrologinnen und Astrologen denken ganzheitlich. Das westliche Horoskop wird in Form eines Kreises gezeichnet, und dies veranschaulicht bereits das Konzept der Ganzheitlichkeit. In der Astrologie konzentriert man sich auf Integration und Synthese – kein Einzelfaktor steht für sich allein. Als Frauen sind wir uns natürlicherweise Zyklen bewußt – dank unserer Körperrhythmen und dank des ständigen Veränderungsprozesses. Doch inmitten all dieser Veränderungen wohnt das innere Kontinuum: die Unwandelbarkeit der eigenen Seele.

Es ist dieser seelenvolle Prozeß des Ganzwerdens, der uns antreibt, und es ist dieser Prozeß, den jede der hier versammelten Autorinnen von ihrem ganz eigenen Ansatz her erforscht. Wir wollten dabei nicht nur astrologische Erkenntnisse austauschen, sondern, was uns noch wichtiger war, wir wollten die Konzepte vorstellen und miteinander teilen, die wir durch unsere Arbeit als Frauen, die auch Astrologinnen sind, entwickelt und erfahren haben.

In »Die ganzheitliche Frau« stellt Jan Spiller die Konzepte zur Integration der weiblichen und männlichen Elemente des Selbst durch die Analyse des Mondes, der Venus, der Sonne und des Mars vor. Die archetypischen Qualitäten sind zwar leicht in uns selbst zu finden, aber nicht immer so leicht zu entwickeln. Von diesem Ausgangspunkt aus, der von einer Frau auch verlangt, ihr persönliches Gleichgewicht zu erlangen und zu integrieren, bildet ein Gefühl von innerer Harmonie eine ausgezeichnete Basis für den Selbstausdruck.

Demetra George webt den Stoff des tiefgründigen inneren Weiblichen, indem sie »Die sich entwickelnden Bedürfnisse von Frauen: Der Mond und die Blutmysterien« erforscht. Hier bereitet die Vorstellung des zyklischen Mondes, der kontinuierlich seine Phasen und Stadien durchläuft, die Bühne für ein noch tiefreichenderes Mysterium. Demetra bietet uns nicht nur die Erfahrung der Zyklen an, sondern beschreibt auch den vollkommenen Zyklus des Lebens von der Menarche über Menstruation und Schwangerschaft in die Menopause.

»Die Mutter-Tochter-Bindung« von M. Kelley Hunter erzählt uns eine Geschichte, die jeder von uns am Herzen liegt: die Geschichte von Müttern und Töchtern und deren lebenslangen Verbindungen. Kelley stellt den Mythos von Demeter und Persephone vor, den Mythos von der archetypischen Mutter und deren Tochter, die einander loslassen müssen, um sich selbst zu finden und schließlich zueinander zurückkehren zu können. Jede Frau begegnet dieser Herausforderung in der Beziehung zu ihrer eigenen Mutter, und wenn sie Töchter hat, auch von dieser Seite her.

Carol Garlick schrieb »Töchter und Väter: Die Rolle des Vaters für die Entwicklung zur ganzheitlichen Frau«. Carol schildert darin die Geschichte einer Familie mit vier Töchtern und zeichnet dabei ein intimes Porträt der Dichotomie von extremer Beständigkeit und Variabilität: nämlich wie unterschiedlich Frauen ein- und denselben Vater wahrnehmen und erleben. Durch diese Geschichte können wir erkennen, welche Bedeutung der Vater für das Selbstbewußtsein einer Frau hat.

»Psyches Aufgabe: Ein Initiationsweg für Frauen« von Barbara Schermer öffnet die Tür zur Entdeckung des inneren Selbst und zum Erleben von Liebe und Schönheit. Mit Hilfe von Megan Wells, die die Geschichte von Psyche und Eros erzählt, nimmt uns Barbara mit auf eine anstrengende aber inspirierende Reise auf den verschlungenen Pfaden von Liebe, Leidenschaft, Erinnerung und Selbstentdeckung.

Jede einzelne von uns hat Beziehungen, und in »Wie man gesunde Beziehungen gestaltet« stelle ich einige Ideen vor, die es Ihnen ermöglichen, sich selbst zu entdecken, während Sie eine Beziehung aufbauen, die beiden Partnern Wachstum, Unterstützung und Ganzheitlichkeit bietet. Obwohl sich die vorgestellten Konzepte auf astrologische Faktoren stützen, versuche ich, Ihnen eine Sicht der Astrologie zu vermitteln, die darauf basiert, wie Sie sich selbst wahrnehmen. Ich möchte Sie dazu verführen, sich in Ihrem Horoskop selbst zu erkennen! Wenn Sie eine gesunde Beziehung haben wollen, ist Ihre intimste Verbindung die Beziehung zu sich selbst.

Madalyn Hillis-Dineen hat das Leben als Single erforscht. »Über das Single-Sein: Die Entscheidung, ich selbst zu sein« liefert sowohl einfühlsame Einblicke in das Leben als Single als auch tiefreichende astrologische Konzepte. Madalyn analysiert das Horoskop und das Leben von Oprah Winfrey und stellt auch Horoskope anderer Frauen vor, denen es gelungen ist, das Single-Sein in ihr Leben zu integrieren.

»Die Bedeutung des Selbstwertes« von Ronnie Gale Dreyer deckt auf, welche wesentlichen Bedeutungen Siege, aber auch Niederlagen für die Suche nach Ganzheit haben. Ronnie stellt die Horoskope von Nicole Brown Simpson und Hillary Rodham Clinton vor, um die Bedeutung und die Mechanismen aufzuzeigen, die bei der Entwicklung oder bei ihrem Scheitern von positivem Selbstwert beteiligt sind.

Kim Rogers-Gallagher widmet sich der Frage nach dem Beruf. In »Was soll ich werden, wenn ich einmal groß bin?« verwendet sie astrologisches Basiswissen, um zu veranschaulichen, wie Sie Ihre Lebensaufgabe finden. Ihr zwangloser Stil ermöglicht Ihnen, auf informative Weise zu entdecken, welche Energien eine Frau einsetzen muß, um ihren Weg in der Welt zu machen.

Schließlich nimmt uns Roxana Muise in »Die Heilige Schwesternschaft« mit auf eine mythische Reise – Freundinnen, Freundinnenkreise, Lehrerinnen und Führerinnen tragen auf spezielle Weise dazu bei, einen echten Sinn von Ganzheitlichkeit zu erreichen. Durch andere Frauen lernen wir etwas über Mysterien. Roxana erforscht sogar die Evolution dieser heiligen Schwesternschaft in der heutigen Zeit, und sie zeigt auf, wie wichtig es ist, diese Verbindung untereinander herzustellen und zu bewahren.

Ich hoffe, daß Sie sich selbst erkennen, während Sie dieses Buch lesen, und daß Sie es hinterher mit neuen Erkenntnissen und vielleicht auch mit einem Lächeln aus der Hand legen. Mit den an diesem Projekt beteiligten Frauen zusammenzuarbeiten war pures Vergnügen, und jede von uns hat dabei bedeutende Veränderungen durchlaufen – einfach weil sie an diesem Projekt teilgenommen hat. Sie als Leserin sind jedoch der wichtigste Teil dieses Buches, denn Ihre Reise zur Ganzheitlichkeit hat dieses Buch erst ins Leben gerufen.

Gloria Star
16. Januar 1996

Jan Spiller
Die ganzheitliche Frau

Eine ganzheitliche Frau ist eine Frau, die in jeder Situation und unter allen Umständen echtes Selbstvertrauen besitzt. Selbstvertrauen ist ein Nebenprodukt von Authentizität: nämlich zu sein, wer Sie sind, ohne etwas anderes vorzugeben, ohne etwas zu verstecken oder vor anderen zu verbergen. Wenn wir nichts mehr verstecken, gibt es nichts zu verteidigen oder zu beschützen. Wenn wir wirklich ganz wir selbst sind, reagieren wir intuitiv und präzise auf alles, was uns auf unserem Weg in jedem einzelnen Moment begegnet. Ruhiges Selbstvertrauen regiert dann, weil wir nicht mehr von Gedanken reglementiert sind, die uns vorschreiben, wer wir sein sollten, um anderen zu gefallen oder sie zu beeindrucken. Wir sind einfach wir selbst, authentisch und echt in unserem einzigartigen Wesen.

Das Selbstvertrauen, das wir brauchen, um diese Art von Authentizität zu wagen, ist ein natürliches Nebenprodukt von Selbsterkenntnis. Unsere astrologischen Geburtshoroskope dienen als Landkarten – für jede von uns als ganz einmaliges Individuum. Dieses Geburtshoroskop stellt nicht die Meinungen anderer Menschen über uns dar, darüber, wer wir sind, gefiltert durch deren eigene Vorurteile, Hoffnungen und Ängste, sondern es ist ein objektives, mathematisches Bild der inneren Vorgänge im einzigartigen Selbst jedes einzelnen Menschen. Wenn wir wissen, wer wir sind, aus einem objektiven Blickwinkel heraus, ist es viel leichter, wir selbst zu sein – ohne Verwirrung oder Selbstbetrug. Mit einer klareren Sicht unserer Stärken und Schwächen können wir besser wählen, wie wir mit unseren verschiedenen Anteilen arbeiten wollen, um Ganzheitlichkeit zu erreichen.

Aus astrologischem Blickwinkel gesehen ist jede von uns ganz und gar einzigartig. Es gibt niemand anderen auf unserem Planeten Erde, der die Energien in Ihrem Geburtshoroskop so gut aktivieren kann, wie Sie es können – und wenn Sie offen und aufrichtig ganz Sie selbst sind, ohne dabei streitsüchtig zu sein, kann niemand Sie anfechten! Umgekehrt können Sie auch niemand anders sein – so wie auch andere Menschen nur sie selbst sein können. Also ist es immer am besten, einfach ganz Sie selbst zu sein, weil Sie dann jederzeit als absolute Gewinnerin hervorgehen können!

Damit jede von uns ganz sie selbst und damit eine ganzheitliche Frau sein kann, müssen wir sowohl die einzigartigen weiblichen als auch die männlichen Aspekte in uns selbst anerkennen, wertschätzen und als unsere eigenen Anteile beanspruchen. Erst dann können wir wirklich diejenige sein, die wir auf individueller Ebene sind. Die spezifisch weiblichen Anteile in uns werden im Geburtshoroskop von Venus und vom Mond repräsentiert; die spezifisch männlichen Anteile werden von Mars und der Sonne dargestellt.

In diesem Kapitel werden alle vier Planeten jeweils in jedem Zeichen gedeutet, und zwar aus der Perspektive dessen, wie wir auf ganzheitliche Weise wir selbst sein können. Die ganzheitliche Frau ist eine Frau, die sowohl die weiblichen als auch die männlichen Anteile ihres Wesens kultiviert und integriert. Weil sie sich erlaubt, ihre eigene Sonne und ihren eigenen Mars voll zum Ausdruck zu bringen, braucht sie keinen Mann, damit dieser die Anteile »ausagiert«, die sie in sich selbst unterdrückt. Aus dieser Position heraus ist es leicht für sie, glückliche Beziehungen anzuziehen und zu erhalten, denn dann gibt es keine Verzweiflung oder Angst davor, einen Teil von sich selbst zu verlieren. Es ist ihr dann möglich, sich an anderen zu erfreuen, ohne sich selbst zu opfern und ohne zu verlangen, daß andere sich für sie opfern.

Venus: Die innere Geliebte

Das Leben wäre so glanzlos und langweilig, wenn die innere Geliebte nicht ständig aktiv Ausdruck fände! Die Stellung der Venus in Ihrem Geburtshoroskop zeigt an, was Ihre Liebe inspiriert, Ihren persönlichen Geschmack, was Sie für wertvoll erachten und Ihre ganz eigene Art in gesellschaftlichen und romantischen Situationen. Es ist eine streng jugendliche Energie – glücklich, irrational und extravagant –, die es Ihnen erlaubt, sich zu freuen und zu vergnügen und das Leben zu genießen, ohne erst darüber nachdenken zu müssen. Venus zeigt Ihre natürlichen Vorlieben an. Was Sie gerne essen, wie Sie sich gerne schmücken und wie Sie Liebespartner auswählen. Venus ist Schönheit, und niemand kann anfechten, was Sie schön finden. Schönheit ist eine Frage des persönlichen Geschmacks und wird größtenteils von der Stellung der Venus in Ihrem Geburtshoroskop bestimmt.

Die Zeichenstellung Ihrer Venus zeigt auch den Ihnen eigenen gesellschaftlichen Stil, Ihren persönlichen Charme und was Sie grundsätzlich attraktiv finden. Wenn Ihre Handlungen einer authentischen Anziehungskraft entspringen, ziehen Sie wie ein Magnet Menschen und Situationen in Ihr Leben, die zu Ihnen passen. Das ist ganz natürlich! Vielleicht sind Sie im Laufe des Erwachsenwerdens und der sozialen Konditionierung zu der Ansicht gelangt, daß es nicht in Ordnung ist, Sie selbst zu sein oder daran Vergnügen zu finden und sich daran zu erfreuen, was Ihnen persönlich gefällt.

Wenn Ihre Venus beispielsweise im Zeichen Löwe steht und der Saturn Ihrer Mutter oder der Ihres Vaters einen Spannungsaspekt (Konjunktion, Quadrat oder Opposition) zu Ihrer Venus bildet, dann haben Sie eine klare Botschaft bekommen, daß es nicht in Ordnung war, Sie selbst zu sein – eben eine Venus in Löwe zu sein: überschwenglich, spaßliebend, offen, großzügig und vertrauensvoll –, also haben Sie versucht, sich zu zensieren, genauso wie Ihre Eltern Sie zensiert haben, weil sie meinten, daß Ihnen das helfen würde, sich an die Gesellschaft anzupassen, um gemocht und akzeptiert zu werden.

Das einzige Problem dabei ist nur, daß eine Venus in Löwe nicht weiß, wie sie irgendein anderes Zeichen zum Ausdruck bringen soll als das Zeichen Löwe! Wenn Sie dann vorgeben, in der Liebe nicht überschwenglich und übersprudelnd zu sein, obwohl Ihnen danach ist, und wenn Sie versuchen, das Drama in Ihrem Herzen zu verstecken, wenn Sie versuchen, Ihren Enthusiasmus und Ihre zuversichtliche, kreative Intensität zu dämpfen oder gar zu ersticken, sind andere verwirrt, weil sie *fühlen*, daß das, was Sie zum Ausdruck bringen, nicht die Wahrheit ist – Sie sind nicht authentisch. Daher könnte es sein, daß Sie Menschen anziehen, die Ihnen nicht guttun. Ihnen fehlt es vielleicht in gesellschaftlichen Situationen an Selbstvertrauen, weil Sie nicht wissen, wie Sie sich auf eine Weise zum Ausdruck bringen können, die man akzeptiert.

Wenn Sie jedoch ganz Sie selbst sind, fühlen Sie sich wohl, weil Sie wissen, daß es einen inneren Kern gibt, der Ihr äußeres Verhalten unterstützt. Venus zeigt im Geburtshoroskop, was Sie wertschätzen, und wenn Sie diese Wertschätzung offen zeigen und von Ihren wahren Werten ausgehend handeln, ist Selbstwert ein natürliches Nebenprodukt: Sie sind dann aufrichtig zu sich selbst.

Venus in Widder

Um Liebe in Ihr Leben zu bringen, seien Sie die Anführerin, die Sie nun einmal sind! Ergreifen Sie die Initiative, und setzen Sie sich unabhängig für das ein, was Ihnen wichtig ist. Wettbewerb macht Ihnen Freude, also trainieren Sie diese wettbewerbsorientierte Seite in konstruktiven Aktivitäten, die Sie glücklich machen. Folgen Sie offen den Pfaden der großen Energie, die zu Selbstentdeckung und einem stärkeren Gefühl Ihrer eigenen Unabhängigkeit führen. In dem Maße, wie Sie anderen Ihren vitalen, energetischen, kämpferischen Geist zeigen, werden Sie auf natürliche Weise jene anziehen, die es mit Ihrer Begeisterung für das Leben aufnehmen können und genauso leidenschaftlich sind wie Sie!

Venus in Stier

Um Liebe in Ihr Leben zu bringen, erlauben Sie sich, die Stärke Ihres loyalen, unterstützenden, zuverlässigen Wesens frei hinaus zu anderen Menschen fließen zu lassen. Sie besitzen eine enorm große Fähigkeit, das Leben wertzuschätzen, und wenn Sie sich erlauben, die sinnlichen Seiten (exzellentes Essen, gute Gesellschaft, angenehme Umgebung) zu genießen, dann zieht Ihre entwaffnende, unkomplizierte Art Gleichgesinnte an. Sie verfügen über die einzigartige Gabe, solide und dauerhafte Beziehungen durch die Beständigkeit Ihrer Zuneigung aufbauen zu können. Reagieren Sie in der Liebe auf andere mit Ihrem eigenen Markenzeichen von felsenfestem Selbstvertrauen, und arbeiten Sie daran, das aufzubauen, was Ihrem Gefühl nach in der Beziehung wertvoll ist. Jene mit leidenschaftlicherem oder ruheloserem Wesen werden sich entweder der Zuverlässigkeit Ihrer Wahrheit anpassen oder aus Ihrem Leben entschwinden und jemandem Platz machen, der Ihren Wert viel mehr zu schätzen weiß.

Venus in Zwillinge

Um Liebe in Ihr Leben zu bringen, nehmen Sie sich die Freiheit, gesellschaftlich gesehen der Schmetterling zu sein, der Sie nun einmal sind! Sie genießen es, mit ganz unterschiedlichen Menschen zu tun zu haben, Informationen auszutauschen und zu verstehen, wie andere Menschen denken. Ihnen macht es Freude, das Leben aus der Perspektive anderer zu sehen und bei diesem Prozeß Ihr Verständnis zu vergrößern. Sie besitzen eine unglaublich ausgeprägte Fähigkeit, eine heitere und unbeschwerte Haltung in gesellschaftliche Situationen hineinzubringen, weil Sie das Leben nicht zu ernst nehmen und Ihr Lieblingslied »Always look at the bright side of life« ist, Sie also immer die angenehmen Seiten des Lebens im Blick haben. Wenn Sie Ihre glückliche, positive Einstellung nach außen bringen, werden jene, die eine natürliche

Affinität dazu haben, sich zu Ihnen hingezogen fühlen, um Ihre positive, aufbauende Energie mit Ihnen zu teilen und noch dazu beizutragen. Folgen Sie Ihrer natürlichen Neugier auf Menschen, und stellen Sie Fragen, die Ihnen die Einsichten und Informationen vermitteln, nach denen Sie suchen. Bewahren Sie sich Ihre »Huckleberry Finn«-Einstellung, und Sie werden wie ein Magnet andere Menschen anziehen, die zu Ihnen passen.

Venus in Krebs

Um Liebe in Ihr Leben zu bringen, erlauben Sie anderen, sich Ihrer Sorge um deren Wohlergehen bewußt zu werden. Sie möchten anderen Menschen wirklich helfen, und wenn Sie sich selbst zugestehen, Ihre Empfindsamkeit und Unterstützung offen zu zeigen, ermöglicht das anderen Menschen, sich mit Anerkennung zu revanchieren. Sie mögen Menschen, mit denen Sie sich gemeinsam engagieren können, wobei Sie nährende Energie austauschen, indem Sie Dinge ins Leben rufen und zum Laufen bringen und dabei helfen, sie in konstruktiver Weise wachsen zu lassen. Lassen Sie zu, daß Sie die Menschen, die in Ihr Leben kommen, als Ihre »Familie« empfinden. Das wird eines Ihrer größten Talente offen an den Tag bringen: die Fähigkeit, Ihre Empfindsamkeit dafür zu nutzen, durch Verständnis und Harmonie eine persönliche, emotionale Verbindung herzustellen. Indem Sie so kontinuierlich Sie selbst sind, werden Sie die richtigen Menschen anziehen, die wirklich in der Lage sind, mit Ihnen zu teilen.

Venus in Löwe

Um Liebe in Ihr Leben zu bringen, erlauben Sie Ihrem großzügigen Geist, zu anderen zu strömen, indem Sie ihnen einen Mittelpunkt geben und sie durch Ihr Vertrauen in ihre Fähigkeiten inspirieren. In Ihnen gibt es einen Anteil, der regelmäßig Partys und Spaß und Romantik braucht! Tanzen ist ein großartiges Mittel für Sie, um Ihre romantischen, kreativen Seiten in Schwingung zu bringen. Folgen Sie den hellen Lichtern, dem Lachen und all den Aktivitäten im Leben, die Ihnen Spaß machen! Gestatten Sie sich, ganz offen eine gute Zeit zu haben, ohne Ihre kindliche Freude zu zensieren, und Ihr Beispiel wird andere dazu anregen, mit mehr Begeisterung am Leben teilzuhaben. Und zusätzlich werden Sie magnetisch andere Menschen anziehen, die mitspielen und Ihre mitreißende, fröhliche Energie stärken können!

Venus in Jungfrau

Um Liebe in Ihr Leben zu bringen, erlauben Sie sich, sich offen und enthusiastisch Ihrer Arbeit zu widmen! Wenn Sie einen Job, ein Projekt oder ein anderes, mit Arbeit zusammenhängendes Lebensziel haben, von dem Sie fühlen, daß es anderen dienen kann, vergrößert sich dadurch Ihre Lebensfreude. Sie helfen anderen Menschen gerne, indem Sie »kleine Dinge« erledigen, um Ihre Liebe und Ihre Fürsorge zum Ausdruck zu bringen. Sie helfen dabei, den Haushalt in Ordnung zu halten, indem Sie die Hausarbeit erledigen, Besorgungen machen und sich um Details kümmern, um sicher zu sein, daß die Menschen, die Sie in ihrem Leben am liebsten mögen, sich geliebt und wertgeschätzt fühlen. Probleme zu lösen bringt Ihre Liebesgefühle in Schwingung. Wenn Sie an Situationen beteiligt sind, in denen Sie anderen durch Hilfestellung dienen können, die Ordnung wiederherzustellen, ziehen Sie magnetisch andere an, die mit Ihnen zusammenarbeiten möchten und Ihre gewissenhafte, pflichtbewußte Aufmerksamkeit schätzen werden.

Venus in Waage

Um Liebe in Ihr Leben zu bringen, geben Sie sich die Erlaubnis, sich schön anzuziehen, und nehmen Sie die Kunst und Schönheit Ihrer eigenen Weiblichkeit wahr. Gestatten Sie sich, Geld für Kleidung und Schmuck auszugeben, der Ihrem Herzen Freude bringt und Ihrem Wesen Sanftheit verleiht. Sie schätzen schöne und harmonische Umgebungen und besitzen eine besondere Gabe, diese Harmonie mit anderen herzustellen, weil Sie sich für sie interessieren und von Natur aus gerne Unterstützung geben. Wenn andere nicht ganz auf dem Posten sind, wissen Sie instinktiv, wie Sie ihnen dabei helfen können, ihre innere Harmonie wiederzuerlangen, indem Sie ihnen einfach einmal einen anderen Blickwinkel auf ihre Situation erschließen. Dies ist eine selbstlos liebende und hingebungsvolle Seite Ihres Wesens, und wenn Sie diese Seite freigiebig mit anderen teilen, werden Sie jene Menschen anziehen, mit denen Sie angenehme und glückliche Beziehungen haben können, weil sie ähnliche Werte und Wertvorstellungen haben wie Sie.

Venus in Skorpion

Um Liebe in Ihr Leben zu bringen, erlauben Sie sich, Veränderung dem Status quo vorzuziehen. Sie lieben es, »auf Messers Schneide« zu leben – Aufregung, Intensität, Läuterung und Veränderung in Ihrem Leben zu erfahren! Mit dieser Venus-Stellung fällt es Ihnen jedoch schwer – mehr als mit jeder anderen Venus-Position –, Beziehungen loszulassen, die zerstörerisch geworden sind oder stagnieren. Seien Sie dem tiefsten Anteil Ihres Wesens gegenüber ehrlich, und akzeptieren Sie Ihr Verlangen nach Läuterung Ihrer Liebesfähigkeit. Indem Sie intensive Erfahrungen machen, sind Sie fähig, Ihre Liebesnatur vom Persönlich-, Begrenzt- und Von-Bedingungen-abhängig-Sein zum Transzendent-Sein zu wandeln: eine mächtige Kraft, die Sie selbst und die Wunden anderer zu heilen vermag. Sie müssen die Feuer der Leidenschaft durchqueren wollen, um als Phönix daraus hervorzugehen, befreit von der Last, die es bedeutet, den anderen besitzen zu wollen. Wenn Sie die Macht der Liebe als intensives Mittel für Wachstum und Erneuerung offen willkommen heißen, werden Sie magnetisch andere anziehen, die Ihnen die Energie für Ihre nächste Transformation liefern können! Indem Sie ganz offen Ihre Freude an intensiven Bindungen erkennen lassen, vermögen Sie auch jene anzuziehen, die derselben Auffassung sind und sich mit Ihnen konstruktiv auf einer dauerhafteren Grundlage verbinden können.

Venus in Schütze

Um Liebe in Ihr Leben zu bringen, erlauben Sie sich, der umgängliche Mensch zu sein, der Sie sind! Sie lieben neue Abenteuer, Gespräche mit allen möglichen unterschiedlichen Leuten, Sie lieben Mutter Natur und die Freiheit! Es macht Ihnen auch Freude, anderen Menschen zu helfen, die in Not sind, wobei Sie spontan handeln und einen offenen Kurs einschlagen. Ihr Geist schwingt sich empor, wenn Sie über einen Erfolg nachdenken, der Expansion, Wachstum und noch mehr Freiheit einbringen wird! Liebesaffären verwirren Sie vielleicht, denn Sie scheinen sich am meisten voll und ganz in Menschen zu verlieben, die irgendwie »unerreichbar« sind. Unterbewußt sichert Ihnen dies Ihr oberstes Prinzip: »Sperr mich nicht ein!«, was Ihnen die Kombination von Liebe mit Freiheit gibt, die Sie brauchen, um verliebt bleiben zu können. Versuchen Sie daher nicht, die Menschen, die Sie zur Liebe inspirieren, zu besitzen oder zu kontrollieren. Erlauben Sie der Liebe, in Ihrem Leben frei zu fließen und Ihnen dadurch ein Tor zu Ihrem nächsten Abenteuer zu öffnen, das zu persönlichem Wachstum, Expansion und neuen Entdeckungen führen wird. Es ist für Sie wichtig, aufrichtig und direkt mit jenen umzugehen, die Sie lieben. Andere Menschen mögen ein weniger volles Programm haben und Ihr Bedürfnis nach Freiheit nicht verstehen. Nehmen Sie daher Ihre Offenheit und Großzügigkeit zu Hilfe, um sicher zu sein, daß auch deren Bedürfnisse erfüllt werden und sie sich ebenfalls geliebt fühlen. Jene Menschen könnten in einer Liebesaffäre mit Ihnen leicht zum »Schwächeren« werden, und Sie setzen immer gern Ihre Kräfte ein, um dem Benachteiligten zu helfen!

Venus in Steinbock

Um Liebe in Ihr Leben zu bringen, erlauben Sie sich, offen jene Ziele anzustreben, die Ihnen wichtig sind. Steinbock regiert den Erfolg, und niemand liebt den Erfolg mehr als ein Mensch mit Venus in Steinbock! Warum also nicht einfach ganz offen dazu stehen? Wenn Sie ein Ziel haben, das Sie erreichen wollen, dann lieben Sie den Prozeß, die Leiter hochzusteigen – indem Sie die Schritte unternehmen, die nötig sind, um den Preis zu gewinnen! Sie besitzen eine unglaublich stark ausgeprägte Fähigkeit, jedes Hindernis auf Ihrem Weg als willkommenes Sprungbrett zu nehmen, um dort hinzukommen, wo Sie hinwollen. Ihre Freude an diesem Prozeß kann andere dazu inspirieren, ihre eigenen Ziele mit derselben Begeisterung anzustreben! Sie genießen es sogar, die Menschen um Sie herum zu ermutigen, jene Erfolge zu erringen, die ihnen helfen werden, Selbstachtung zu gewinnen – und sich auch *Ihren* Respekt zu verdienen. In dem Maße, wie Sie es sich gestatten, den Prozeß des Erfolgreichseins offen zu genießen, zieht Ihre Ausstrahlung andere Menschen an, die bereitwillig mit Ihnen auf gemeinsame Ziele hinarbeiten wollen.

Venus in Wassermann

Um Liebe in Ihr Leben zu bringen, geben Sie sich die Erlaubnis, ganz offen Ihre eigenen unorthodoxen Ideen und humanitären Träume umzusetzen. Ihnen macht es Freude, auf

Ihren ganz eigenen Rhythmus zu hören und auf kreative Weise Ihren unkonventionellen, vibrierenden und aufregenden Geschmack in Einrichtung und Kleidung zum Ausdruck zu bringen. In Beziehungen ist Ihnen Gleichberechtigung wichtig. Das Beste, was Sie tun können, ist, offen zu zeigen, daß Sie Freundschaft lieben. Sie sind aufrichtig neugierig auf andere Menschen und deren Leben. Sie möchten entdecken, wem oder was deren Interesse gilt. Gehen Sie mit einer natürlichen, freundlichen Offenheit auf andere zu, und zeigen Sie Ihre Bereitschaft, Details und Episoden aus ihrem Leben zuzuhören und ein ehrliches, objektives Feedback zu geben. Sie lieben es zu helfen und durch Wissensaustausch zu lernen. Es ist für Sie auch wichtig, Zeit mit Gruppen von Gleichgesinnten zu verbringen, die die gleichen humanitären Werte vertreten wie Sie.

Venus in Fische

Um Liebe in Ihr Leben zu bringen, geben Sie sich die Erlaubnis, der »Marshmallow« zu sein, der Sie nun einmal sind. Sie sind sensibel, und Sie »verschmelzen« mit dem Kummer anderer Menschen. Sie möchten wirklich helfen – nicht zum persönlichen Vorteil, sondern einfach, um das Leiden anderer zu lindern. Manche Leute könnten Ihr bedingungslos liebendes Wesen ausnutzen und Sie zeitweise auf einen unglücklichen Weg führen. Selbst wenn man Sie zeitweise ausnutzen sollte, verstehen und vergeben Sie ihnen und überstehen dies unbeschädigt. Wenden Sie sich von den Werten anderer Menschen ab, und legen Sie offen Ihr *eigenes* Ideal der bedingungslosen Liebe dar. Wenn Sie andere Menschen die Schönheit des Menschen, der Sie sind, und die Weisheit Ihrer Motive erkennen lassen, werden Sie jene anziehen, die Ihre Liebesnatur respektieren können, in Einklang mit ihr sind und dieselben Werte vertreten.

Der Mond:
die nährende innere Mutter

Um eine ganzheitliche Frau zu werden, müssen wir all die verschiedenen Anteile in uns selbst anerkennen. Dazu gehört auch unser Bedürfnis, andere zu nähren und von anderen genährt zu werden. Unter den Planeten symbolisiert der Mond das Nähren und Genährtwerden. Der Mond ist einer der wichtigsten Planeten im Geburtshoroskop, besonders wenn es um intime Beziehungen geht, denn der Mond symbolisiert das weibliche Bedürfnis – sowohl in Frauen als auch in Männern –, sich geborgen zu fühlen. Um sich auf jeder Ebene tief befriedigt und erfüllt zu fühlen, ist es notwendig, daß wir unsere Bedürfnisse – so wie sie vom Mond symbolisiert werden – anerkennen und Verantwortung dafür zu übernehmen, daß diese Bedürfnisse auch erfüllt werden.

Der Mond zeigt an, wo wir verletzlich sind, wo unsere tiefsten Bedürfnisse zutage treten – dazu gehört auch das Bedürfnis, sich verstanden zu fühlen, umsorgt und auf nonverbaler Ebene zutiefst angenommen und geliebt zu werden. Das kann eine heikle Angelegenheit sein, besonders weil der Mond einen Bereich in uns selbst symbolisiert, der sich unvollkommen anfühlt, wenn nicht Energie mit anderen Menschen ausgetauscht wird. Das bedeutet zu vertrauen, nicht objektiv, sondern persönlich und emotional, mit einem vollkommen offenen Herzen. Es bedeutet, berührbar und empfänglich zu sein.

Frau zu sein heißt unter anderem auch, nährende Energie mit anderen austauschen zu können und sich dabei selbst genährt zu fühlen. Es gibt kein stereotypes »nährendes Image«, das für jede zutrifft, denn jede Frau hat ihren einzigartigen Stil, für andere zu sorgen. Dieser Stil läßt sich anhand des Zeichens beschreiben, in dem der Mond im Geburtshoroskop steht, durch das Haus, in dem er sich befindet, und durch die Aspekte, die er bildet. (Um sich ein gründliches Bild zum Thema *Nähren* zu machen, sehen Sie sich auch das 4. Haus und Planeten im Zeichen Krebs an.)

Auf welche Weise eine Frau sich und andere grundsätzlich nährt, wird durch das Zeichen angezeigt, in dem sich der Mond befindet. Das Haus, in dem der Mond steht, bestimmt, welcher Bereich ihres Lebens ihr volles Engagement erfordert, damit sie ihre nährenden Energien aktivieren kann. Eine Frau beispielsweise mit dem Mond in Zwillinge nährt sich und andere am besten durch einen unbeschwerten Informationsaustausch, der anregend auf sie wirkt. Falls ihr Mond im 11. Haus steht, kann sie ihre nährende Energie am besten aktivieren, indem sie Zeit mit Freunden verbringt und sich mit ihnen austauscht, oder indem sie sich für humanitäre Ziele einsetzt, an die sie glaubt.

Man sollte auch daran denken, daß Aspekte zu den Planeten deren Ausdruck stark beeinflussen. Wenn Ihr Saturn beispielsweise in Konjunktion, im Quadrat oder in Opposition zu Ihrem Radix-Mond steht, dann könnte es für Sie schwieriger als für andere Menschen sein, Ihre Verletzlichkeit zu fühlen. Es könnte Sie viele Jahre und das »Karma«, eine Vielzahl schwieriger emotionaler Erfahrungen zu machen, kosten, bis Sie verstehen, wie Sie auf positive Weise verletzlich sein können, ohne schmerzhafte Erfahrungen anzuziehen. Sie brauchen dazu vielleicht länger als andere, aber wenn Sie dies erst einmal verarbeitet und verstanden haben, wird es bewußt, solide und verläßlich sein.

Um uns von anderen unterstützt zu fühlen und hilfreiche Energien in unser Leben zu ziehen, müssen wir gewillt sein, für andere zu sorgen und sie zu unterstützen. Der Trick dabei ist, sie auf eine Weise zu nähren, die sich mit unseren eigenen Bedürfnissen nach Genährtwerden deckt – daß wir also anderen genau die Energie geben, von der wir möchten, daß sie so zu uns zurückkommt. Es ist auch zulässig, andere zu bitten, daß sie uns etwas zurückgeben, besonders in intimen Beziehungen, und andere wissen zu lassen, welche Art von Energie wir brauchen, um uns genährt und sicher zu fühlen. Wenn die grundlegenden Bedürfnisse eines Menschen erfüllt werden, ist er glücklich – und es macht viel mehr Spaß, mit einem glücklichen Menschen zusammenzuleben! Wenn wir einem anderen Menschen die Energie geben, die unser Mond symbolisiert, und offen darüber kommunizieren, daß wir diese Energie auch von anderen brauchen, können wir an der Art, wie die angesprochenen Menschen auf uns eingehen, erkennen, wer wirklich in unser Leben gehört. Wir verschwenden unsere Zeit und unsere Herzenergie, wenn wir versuchen, jemanden in unserem Leben zu halten, der unfähig oder nicht gewillt ist, sich in jenem Stil von Nähren und Genährtwerden mit uns auszutauschen, den wir brauchen.

Die folgenden Mondstellungen beschreiben die uns eigene, einzigartige Weise, wie wir für uns selbst und andere sorgen. Wenn wir versuchen, andere zu nähren, indem wir uns auf die Eigenschaften des Zeichens stützen, in dem unser Mond steht, beginnen wir uns auf wunderbare Weise sicherer zu fühlen, und das Genährtwerden, das wir brauchen, kommt aus unserem eigenen Inneren.

Mond in Widder

Sie nähren andere durch Ihre Fähigkeit, sie zu motivieren und ihnen Selbstvertrauen zu geben. Tief in Ihrer Seele sehen Sie sich selbst als Kriegerin – selbstbewußt, unabhängig und absolut in der Lage, jede Schlacht zu gewinnen, bei der Sie antreten. Sie vermögen es auch, dieses instinktive Selbstvertrauen in anderen zu wecken, indem Sie sie dazu aktivieren, hinauszugehen und erfolgreich ihre Ziele zu erreichen. Dies ist Ihre spezielle Gabe, andere zu nähren, und wenn Sie sie auf diese Weise ermutigen, fühlen Sie sich sicher und mit Ihrer eigenen inneren Stärke verbunden. Damit Sie sich genährt fühlen, müssen die Menschen um Sie herum Ihre Sehnsucht nach Unabhängigkeit stillen, so daß Sie Ihren eigenen Impulsen hin zur Selbstentdeckung folgen können.

24

Mond in Stier

Sie verfügen über die Fähigkeit, andere durch Ihr besonderes intuitives Wissen um deren Bedürfnisse zu nähren. Dazu gehören auch deren körperliche Bedürfnisse nach Annehmlichkeit und nach finanzieller Sicherheit. Tief in Ihrer Seele sind Sie mit einer Stabilität ausgestattet, an denen es den meisten Menschen fehlt. Ihre natürliche Verbindung mit der Erde und mit Mutter Natur verleiht Ihnen ein Gefühl für die richtige Entfaltung und das richtige Timing des Lebens, für die Stetigkeit der Entwicklung und die Notwendigkeit, immer nur eins nach dem anderen zu tun. Wenn Sie Ihr Wissen um die Dauerhaftigkeit von Dingen mit anderen teilen und diese Ihre Bereitschaft erkennen lassen, die Dinge, die Sie für wichtig halten, langsam und stetig aufzubauen, fühlen Sie sich sicher. Dann sind Sie in Kontakt mit Ihrer eigenen inneren Stärke. Dies gestattet Ihnen dann, andere weiterhin zu nähren und ihnen dabei zu helfen, das Selbstvertrauen zu gewinnen, das sie brauchen, um ihre Ziele durch die beharrliche Anwendung positiver Energie zu erreichen.

Mond in Zwillinge

Sie können andere damit nähren, daß Sie intuitiv verstehen, wie sie denken. Dieses natürliche, instinktive Bewußtsein erlaubt es Ihnen zu wissen, wie andere das Leben in verschiedenen Alltagssituationen sehen. Ihre einzigartige Begabung, andere zu nähren, besteht darin, ihnen ein größeres Sicherheitsgefühl zu geben und ihnen dabei zu helfen, ihren Emotionalkörper auszugleichen. Wenn Sie sich darauf konzentrieren, eine Situation aus einem bestimmten Blickwinkel zu sehen und ihn anderen zu vermitteln, führt dies bei den anderen zu einer unbeschwerteren Einstellung, und Sie selbst empfinden dann unerschütterliche Sicherheit in sich selbst. Sie brauchen aber auch Menschen in Ihrer Nähe, die heiter, vergnügt und bereit sind, Ihre Sichtweise wahrzunehmen.

Mond in Krebs

Sie besitzen die besondere Gabe, andere Menschen zu nähren, weil Sie emotional dafür empfänglich sind, wie andere fühlen, und weil Sie den natürlichen, instinktiven Wunsch haben, andere zu bemuttern. Nahrung in jeder Form ist Ihre Spezialität! Wenn Sie sich anderen zuwenden, indem Sie sie »füttern« – entweder mit physischer Nahrung oder mit Ihrem intuitiven Einfühlungsvermögen –, dann heilen Sie die Menschen, indem Sie sie wissen lassen, daß Sie Verständnis haben und daß Sie dies berührt. Das erlaubt Ihnen, sicherer zu werden und sich Ihrem eigenen Wesen entsprechend erfüllt zu fühlen. In dem Maße, wie Sie Ihre inneren Ressourcen nutzen, um andere zu nähren, nähren Sie auch sich selbst, und Sie brauchen in Ihrer Umgebung auch Menschen, die sich mit Ihnen auf sensible Weise verbinden.

Mond in Löwe

Ihre besondere Gabe, andere zu nähren, besteht darin, daß Sie sie durch Ihren Enthusiasmus und ein allgemeines Gefühl von Fröhlichkeit und Spiel inspirieren. Wenn Sie Ihrem kindlichen Wesen nachgeben und sich zugestehen, glücklich zu sein und Spaß zu haben, inspirieren Sie andere, dasselbe zu tun. Weil Sie von Natur aus keine Hemmungen haben, können Sie anderen dabei helfen, sich selbst freier und eindrucksvoller zum Ausdruck zu bringen. Sie sehen sich selbst als Königin oder fürstliche Persönlichkeit, und wenn Sie sich dementsprechend verhalten und Ihr absolutes Vertrauen in andere von Ihrem eigenen hoheitsvollen Blickwinkel aus teilen, stärkt Ihre Ermutigung sie und erfüllt gleichzeitig auch Ihren eigenen Wunsch nach Beifall. Ihre besonderen Fähigkeiten müssen anerkannt werden, und zu diesen Fähigkeiten zählt auch Ihre Gabe, die Talente anderer anzuerkennen und ihnen zu applaudieren.

Mond in Jungfrau

Sie besitzen die Gabe, andere Menschen zu nähren durch Ihren instinktiven Wunsch zu dienen – anderen auf unauffällige, aufmerksame Weise zu helfen und ihnen so das Gefühl zu geben, daß sich das Leben schließlich einer gewissen Ordnung folgend entwickelt. Wenn Sie sich für andere um gewisse Details kümmern oder ihnen eine Vorstellung davon geben, wie etwas auf praktische Weise getan werden kann, geben Sie ihnen ein Gefühl von Stabilität und emotionalem Vertrauen. Ihr Einfühlungsvermögen und Ihre Hilfsbereitschaft ermöglichen es anderen, ihr Leben in Ordnung zu bringen. Indem Sie andere auf diese Weise nähren, bekommen Sie das Gefühl, dazuzugehören und am richtigen Platz zu sein. Ihre Bereitschaft, für andere Besorgungen zu machen und sich um die alltäglichen, kleinen Dinge des Lebens zu kümmern, macht Sie bei anderen beliebt und gibt diesen das Gefühl, umsorgt und geliebt zu werden. Gleichzeitig brauchen Sie es, mit anderen zusammenzusein, die Ihre Dienste zu schätzen wissen und mit Ihnen genauso aufmerksam umgehen.

Mond in Waage

Sie besitzen die Gabe, andere durch Ihre natürliche Diplomatie, Liebenswürdigkeit und guten Manieren zu nähren. Ihrer eigenen Ansicht nach sind Sie ausgeglichen und gerecht, und Sie verfügen über gute Umgangsformen: Sie kommen aufgrund Ihres instinktiven Bewußtseins für Etikette und guten Geschmack in jeder gesellschaftlichen Situation zurecht. Wenn Sie andere nähren, indem Sie dieses soziale Gespür mit ihnen teilen, geben Sie ihnen Vertrauen in deren Fähigkeit, sich in jeder Situation angemessen zu benehmen. In Beziehungen suchen Sie Harmonie und Gleichgewicht, und Ihr angeborenes Taktgefühl und Ihre Kooperationsbereitschaft erzeugt in anderen Menschen ein Zusammengehörigkeitsgefühl. Gleichzeitig brauchen Sie es, in einer kultivierten Umgebung mit Menschen zusammenzusein, die kooperativ sind und auf Ihr Bedürfnis nach Harmonie und Fairneß eingehen.

Mond in Skorpion

Sie sind fähig, andere dadurch zu nähren, daß Sie persönlich Mut für kreative Handlungen aufbringen, die Ihr Leben radikal verändern. Sie sehen sich selbst als kraftvoll an und sind dazu bereit, Gelegenheiten zu nutzen, die andere Menschen nicht ergreifen wollen. Indem Sie dieses persönliche Markenzeichen, Ihren Mut, mit anderen teilen, helfen Sie ihnen dabei, sich aus Unterdrückung zu befreien, indem sie radikale Veränderungen in ihrem eigenen Leben vornehmen. Sie unterstützen sie dabei, an ihre eigene persönliche Freiheit zu glauben und an ihre eigene Macht, etwas zu verändern. Es gehört auch zu Ihren Bedürfnissen, sich in einer Umgebung aufzuhalten, wo Ihre eigene Kraft anerkannt und Ihr Drang nach festen Bindungen befriedigt wird.

Mond in Schütze

Sie vermögen andere durch Ihren angeborenen Elan, Ihren Optimismus und Ihren inneren Glauben an die positive Entwicklung von Ereignissen zu nähren. Sie können allen eine gutgelaunte Freundin sein, indem Sie andere dadurch nähren, daß Sie Ihre natürliche Abenteuerlust mit ihnen teilen und ihnen das nötige Vertrauen geben, Risiken einzugehen, die zu größerer Einsicht und einer freieren Lebenserfahrung führen können. In dem Maße, wie Sie dieses Freiheitsgefühl in anderen fördern, werden Sie auch selbst freier. Sie brauchen es, mit Menschen zusammenzusein, die Ihren Wunsch nach Freiheit unterstützen und Sie dazu ermutigen, Ihrem Herzen zu folgen, während Sie nach genau den Abenteuern streben, die Sie vital sein lassen und Sie emotional befriedigen.

Mond in Steinbock

Sie nähren andere durch Ihre angeborene Zuverlässigkeit. Sie sehen sich selbst als voll und ganz in der Lage, jedes Ziel zu erreichen, das Sie sich im Leben setzen. Wenn Sie anderen mitteilen, daß Sie ihnen vertrauen und sicher sind, daß auch sie ihre Ziele erreichen werden, fühlen diese sich genährt und in ihrer eigenen Fähigkeit gestärkt, ihr Leben selbst in die Hand zu nehmen. Sie brauchen es, in einer Umgebung zu sein, in der man Ihre Leistungen anerkennt und bewundert und in der andere Ihnen den Respekt und die Bestätigung zukommen lassen, die Sie benötigen, um zu gedeihen.

Mond in Wassermann

Sie sind fähig, andere durch Ihr angeborenes Gerechtigkeitsgefühl und Ihren Sinn für Freundschaft zu nähren und mit Ihrer Gabe, Dinge objektiv zu sehen – und zwar mit Humor! Sie sehen sich selbst als Freundin für andere, und Sie sind folglich in der Lage, Situationen so einzuschätzen, daß sie sich zum Wohl aller Beteiligten entwickeln anstatt nur zu Ihrem eigenen Besten. Wenn Sie diese Fähigkeit mit anderen teilen, indem Sie ihnen helfen, Situationen objektiver zu betrachten, nähren Sie sie dadurch, daß Sie eine Perspektive schaffen, die es ihnen erlaubt, die Dinge nicht so persönlich zu nehmen. Dieses Teilen von Freundschaft und Gleichheit gibt Ihnen auch Selbstvertrauen und Sicherheit. Sie brauchen eine Umgebung, in der andere sich mit Ihnen als Gleiche und Freundin verbinden – unabhängig davon, welche Rolle Sie in deren Leben spielen.

Ihre besondere Begabung, andere zu nähren, ist Ihre Fähigkeit, andere bedingungslos zu lieben und anzunehmen. Sie wollen das Leben und andere Menschen durch die »rosarote Brille« sehen – indem Sie das Beste von ihnen halten und das »große Ganze« sehen, was Ihnen erlaubt, wirklich nicht zu werten. Sie wissen, daß andere tun, was sie tun können, und dieses Verständnis erlaubt es Ihnen, über Eigenheiten in deren Verhalten hinwegzusehen. Sie versuchen sich emotional mit Liebe und Unterstützung mit jedem zu verbinden, anstatt selektiv zu lieben. Wenn Sie Ihre Sensibilität aktiv einsetzen, um mit Einfühlungsvermögen und Heilung anderen Menschen die Hand zu reichen, fühlen diese die Reinheit Ihrer Absichten und schwingen in Offenheit und Dankbarkeit für Ihre Fürsorge mit. Ihr Bewußtsein dafür, daß wir alle »eins« sind, gibt Ihnen in Beziehungen Vertrauen und fördert gleichzeitig die Heilung in anderen. Sie haben ein Bedürfnis danach, Zeit in einer ruhigen, friedlichen Umgebung zu verbringen, in der sich Ihre spirituellen Sehnsüchte erfüllen können.

Mars: Unsere Macht in Anspruch nehmen, um den inneren Krieger hervorzurufen

Mars symbolisiert den männlichen Anteil in uns, der nach »außen« gerichtet ist: Er entspricht unserer Kraft, die Führung zu übernehmen und uns zu behaupten, unserem sexuellen Verlangen und unserem Wunsch nach Eroberung, Wettbewerb und Sieg. Das astrologische Symbol für Mars bringt dessen Bedeutung zum Ausdruck: ein Kreis (symbolisch für die Vollständigkeit in uns selbst) mit einem aufgesetzten Pfeil, der aufwärts zeigt und Aktion in eine bestimmte Richtung darstellt.

Mars ist ein wichtiger Bestandteil unserer Sexualität, und wenn wir aktiv in Bereichen die Initiative ergreifen, wo es sich für uns lohnt, unseren eigenen Maßstäben entsprechend einen Sieg zu erringen, dann werden wir sexuell begehrenswerter für jene, die wirklich auf unsere Energie ausgerichtet sind.

Angemessene Aktivität versorgt uns mit Energie, und wenn wir unseren Mars vollständig zum Ausdruck bringen, steht uns sehr viel Energie und Lebenskraft zur Verfügung und auch ein Gefühl von innerer Stärke und Vitalität. Wir finden dann Zugang zum männlichen Teil in uns, auf den wir uns verlassen können, wenn es darum geht, zu tun, was getan werden muß, und allen Stürmen zu begegnen, die unseren Weg kreuzen mögen –, und wir bringen unsere Mars-Kraft zum Ausdruck. Wir öffnen dann den Zugang zur Selbstentdeckung, indem wir uns aktiv in Richtung auf die Ziele bewegen, die uns wichtig sind. Indem wir den Mars aus unserem Geburtshoroskop zum Ausdruck bringen, aktivieren wir den Teil in uns, der unser Überleben sichern kann.

Es sei hier darauf hingewiesen, daß es den Ausdruck eines inneren Planeten (Sonne, Mond, Merkur, Venus oder Mars) sehr stark beeinflußt, wenn er in gespanntem Aspekt zu einem der äußeren Planeten (Jupiter, Saturn, Uranus, Neptun oder Pluto) steht. Mit angespannten Aspekten meine ich hier die Konjunktion, das Quadrat oder die Opposition.

Wenn Jupiter einen gespannten Aspekt zu einem persönlichen Planeten bildet, dann könnten Sie in ein »Mehr, anders, besser«-Syndrom verfallen – indem Sie die Grenzen dessen überschreiten, was gesund für Sie ist, um *wirklich* die Energien des beteiligten Planeten zu erfahren!

Wenn Saturn einen gespannten Aspekt zu einem persönlichen Planeten bildet, dann besteht ein Bedürfnis, Verantwortung zu übernehmen für das bewußte Kennenlernen der Mechaniken dessen, wie man den Planeten zum Ausdruck bringt. Das kann dazu führen, daß Ihre Bedürfnisse auf einer viel tiefer reichenden befriedigenden Ebene erfüllt werden – weil sie bewußter ist –, als andere Menschen sie erleben. Wenn Saturn beispielsweise in gespanntem Aspekt zu Ihrem Mars steht, könnte es Ihnen unangenehm sein, die Initiative zu ergreifen, was dazu führen mag, daß Sie Angst haben, unzulänglich zu sein, weil es so aussieht, als wisse jeder andere, wie die Dinge richtig getan werden müssen. Bevor Sie sich nicht die Zeit nehmen, sich »vorzustellen«, wie die Mechanik funktioniert, fühlen Sie sich in dem von dem persönlichen Planeten angezeigten Lebensbereich gehemmt oder unbeholfen. Wenn Sie dies jedoch erst einmal erkannt haben, ist Ihre Erfahrung tiefer, bewußter und viel befriedigender (im Fall von Mars: unabhängig Ihren eigenen Weg zu gehen) als die anderer.

Wenn Uranus einen gespannten Aspekt zu einem persönlichen Planeten bildet, dann ist das Bedürfnis nach Freiheit, Aufregung, unerwarteten Veränderungen und Vitalität Teil Ihrer Weiblichkeit (wenn Venus oder Mond von Uranus aspektiert werden) oder Teil Ihres männlichen Wesens (wenn Mars oder die Sonne aspektiert werden).

Wenn Neptun einen gespannten Aspekt zu einem persönlichen Planeten bildet, dann beeinflußt die Sehnsucht nach Einheit, nach Grenzenlosigkeit oder ungestörter Seligkeit den Ausdruck des betreffenden Planeten sehr stark.

Wenn Pluto einen gespannten Aspekt zu einem persönlichen Planeten bildet, dann ist dieser Planet wahrscheinlich zunächst unterdrückt, ehe durch *Expression* (Ausdruckskraft) die Macht des Planeten geweckt wird. Wenn beispielsweise Pluto in gespanntem Aspekt zu Mars steht, werden Ihre Sexualität und Ihre Kraft, Dinge zu initiieren, zur Quelle von Transformation und persönlichem Wachstum. Genau in diesen beiden Bereichen werden Sie auch etwas über Machtausübung lernen.

Äußere Planeten in gespannten Aspekten zu den persönlichen Planeten sind ein Hinweis darauf, daß in einem bestimmten Lebensbereich dieses Leben kein »Urlaub« für Sie ist – Sie sind dazu bestimmt, über die Grenzen dessen hinauszugehen, was die Gesellschaft als »Norm« betrachtete, als Sie geboren wurden.

Mars in Widder

Übernehmen Sie die Führung, und ergreifen Sie die Initiative, um aktiv und unabhängig Ihren eigenen Weg zu gehen. Die Impulse, die Sie zu Handlungen motivieren, kommen von innen – eine innere Eingebung, sich kopfüber mit Mut und Begeisterung in eine Situation zu stürzen. Wenn die Bedingungen um Sie herum Ihnen immer mehr gegen den Strich gehen oder die Individualität der daran beteiligten Menschen zu gefährden beginnen, dann ist es an *Ihnen*, anderen (und sich selbst) das Vertrauen zu vermitteln, das sie brauchen, um ihren eigenen inneren Impulsen zu folgen, so daß die Vitalität wiederhergestellt werden kann. Der Schlüssel zu Ihrem Überleben liegt in Ihrem eigenen unabhängigen Wesen – darauf können Sie immer zählen.

Mars in Stier

Übernehmen Sie die Führung, und ergreifen Sie die Initiative, indem Sie jene Dinge aufbauen, die Sie für wertvoll erachten. Wenn Sie einmal entschieden haben, was Ihnen wichtig ist, ist es an *Ihnen*, den Prozeß zu initiieren und Schritt für Schritt dabeizubleiben, bis das Ziel erreicht ist. Sie sind motiviert, Annehmlichkeiten und Wohlbehagen in Ihrer Welt zu schaffen: gutes Essen, sinnliche Genüsse und eine angenehme Umgebung. Wenn die Umstände sich verändern und es zu Störungen kommt, müssen Sie sich auf eine Weise durchsetzen, in der Ruhe und Gelassenheit in der Situation wiederhergestellt werden. Als Schlüssel zu Ihrem Überleben können Sie sich immer darauf verlassen, daß Sie Behaglichkeit zu schaffen vermögen.

Mars in Zwillinge

Übernehmen Sie die Führung, und ergreifen Sie die Initiative, genau jenen aufregenden Informationsaustausch herzustellen, nach dem Sie suchen. Sie genießen es, sich mit den unterschiedlichsten Menschen über Ideen auszutauschen, indem Sie sich geistig auf verschiedene Sichtweisen einstellen und dann Ihren eigenen Weg gehen. Sie lieben es, zu lehren und zu lernen, und Sie lassen sich von allen möglichen geistigen Anregungen mit Energie aufladen. Wenn Ihre unmittelbare Umgebung langweilig wird oder nur noch Routine ist, dann ist es an *Ihnen*, neue Ideen ins Spiel zu bringen, damit die Dinge wieder in Bewegung kommen! Oder Sie können sich in eine neue Situation begeben, die Ihnen die geistige Anregung bietet, nach der Sie suchen. Der Schlüssel zu Ihrem Überleben ist Ihre Fähigkeit, mit Worten umgehen zu können – darauf können Sie sich immer verlassen.

Mars in Krebs

Übernehmen Sie die Führung, und ergreifen Sie die Initiative für die Schaffung einer inneren Verbundenheit in Ihren Beziehungen mit anderen. Wenn die Situation um Sie herum zu geschäftsmäßig und trocken wird und es an Fürsorglichkeit und emotionaler Fülle mangelt, ergreifen *Sie* die Initiative, um wieder mehr persönliche Nähe und Gefühl herzustellen. Es ist an *Ihnen*, die Nähe zu initiieren, die Sie in Ihrer häuslichen Umgebung suchen, und dies gelingt Ihnen auch, wenn Sie dabei mit gutem Beispiel vorangehen. Der Schlüssel zu Ihrem Überleben ist Ihr Einfühlungsvermögen – darauf können Sie sich verlassen.

Mars in Löwe

Übernehmen Sie die Führung, und ergreifen Sie die Initiative, indem Sie Situationen schaffen, die die Elemente Spaß und Verspieltheit enthalten. Sie lieben es, tatkräftig am Leben teilzuhaben. Wenn die Situationen um Sie herum allzu objektiv oder leblos geraten, sind Sie diejenige, die die Initiative ergreift und Aufregung und Vergnügen wiederherstellen kann. Es ist an *Ihnen*, die Energie von Romantik, Spiel und Erholung in Ihrem Leben lebendig zu halten. Als Schlüssel zu Ihrem Überleben können Sie immer auf Ihr Selbstvertrauen und Ihre Kreativität zählen.

Mars in Jungfrau

Übernehmen Sie die Führung, und ergreifen Sie die Initiative für Ihre Arbeit und für alle Projekte, an denen Sie beteiligt sind. Falls es Unordnung gibt, dann werden Ihre Energie und Ihr Selbstvertrauen steigen, sobald *Sie* die Initiative ergreifen und die Ordnung wiederherstellen! Ihre Arbeit und Ihre Lieblingsprojekte sind Ihnen sehr wichtig, daher ist es für Sie am besten, einen Job zu haben, in dem Sie die Führung übernehmen können. Für Ihre Arbeit steht Ihnen viel Energie zur Verfügung, und wenn Ihr Selbstvertrauen zu schwinden beginnt oder Ihr Identitätsgefühl verblaßt, dann engagieren Sie sich einfach für ein Projekt, das Ihnen wichtig ist! Als Schlüssel zu Ihrem Überleben können Sie sich immer auf Ihre Bereitschaft zu arbeiten verlassen.

Mars in Waage

Übernehmen Sie die Führung, und ergreifen Sie die Initiative für die Schaffung jener Harmonie, die Sie in Beziehungen für so wertvoll erachten. Ausgewogenheit und Fairneß sind Ihnen wichtig, und es ist an *Ihnen*, in Situationen, wo Ungerechtigkeit herrscht, die Initiative zu ergreifen. Sie können die Harmonie wiederherstellen, indem Sie Lösungen vorschlagen, die deshalb fair sind, weil sie die Bedürfnisse jedes Beteiligten berücksichtigen. Wenn Sie Ihre Energie dafür einsetzen, Schönheit, Kunst oder Public Relations zu schaffen, lädt Sie dies mit Energie auf – es stärkt Ihr Selbstvertrauen und Ihr Identitätsgefühl. Als Schlüssel zum Überleben können Sie sich immer auf Ihr diplomatisches Geschick verlassen.

Mars in Skorpion

Übernehmen Sie die Führung, und ergreifen Sie die Initiative für die Herstellung emotionaler Nähe und enger Bindungen mit den Menschen, zu denen Sie eine Seelenverwandtschaft spüren. Andere wissen nicht, wie man das macht, also ist es an *Ihnen*, den Weg dahin zu zeigen und aktiv jene Intimität und gegenseitige Unterstützung herzustellen, nach der Sie selbst suchen. In dem Maße, wie Sie die Sache in die Hand nehmen, steigt auch Ihre Energie, und Ihre eigene Kraft wächst. Der Schlüssel zu Ihrem Überleben besteht darin, daß Sie enge Bindungen herzustellen vermögen.

Mars in Schütze

Übernehmen Sie die Führung, und initiieren Sie die spontanen Abenteuer, die Ihnen als Entwicklungsmöglichkeiten begegnen. Sie wollen nicht, daß Ihr Leben langweilig ist, und es ist an *Ihnen*, die Aufregung zu erzeugen, die Sie brauchen, um Ihren Energiepegel hoch zu halten. Wenn die Situation um Sie herum zum Stocken kommt oder deprimierend wird, sind Sie die einzige, die zum Glauben an einen positiven Ausgang finden kann, wodurch die Hoffnung und die Lebenskraft aller Beteiligten wiederhergestellt werden kann! Als Schlüssel für Ihr Überleben können Sie sich immer auf Ihren Glauben an positive Ergebnisse verlassen.

Mars in Steinbock

Übernehmen Sie die Führung, und initiieren Sie die Disziplin, die erforderlich ist, um die Sie umgebenden Umstände unter Ihre Kontrolle zu bringen und Bedingungen zu schaffen, die für alle Beteiligten handhabbar sind. Wenn Sie Situationen begegnen, die emotional »außer Kontrolle« geraten sind oder in denen aufgrund von mangelnder Zielgerichtetheit Energie vergeudet wird, ist es an *Ihnen*, die Führung zu übernehmen und diese Situationen zu verbessern. Das führt auch dazu, daß Sie in dem entsprechenden Lebensbereich an die Spitze gelangen. Als Schlüssel zum Überleben können Sie immer auf Ihre Fähigkeit zählen, Ihre Ziele zu erreichen.

Mars in Wassermann

Übernehmen Sie die Führung, und helfen Sie anderen, sich humanitärer Belange bewußt zu werden. Sie sind sich von Natur aus der voneinander abweichenden Wünsche anderer bewußt, und Sie sind motiviert, Lösungen zu finden, die das Wohl aller und damit das große Ganze verbessern. Wenn die Menschen um Sie herum sich nur noch mit sich selbst beschäftigen und darauf bestehen, ihren Willen zu bekommen, ohne an andere zu denken, ist es an *Ihnen*, eine erweiterte Perspektive anzubieten, die für alle Beteiligten fair ist. Wenn Ihr Energiepegel sinkt, dann sollten Sie sich aktiv für humanitäre Belange einsetzen, und schon wird Ihre Lebenskraft wieder zunehmen! Als Schlüssel zum Überleben können Sie immer auf Ihre Fähigkeit zählen, Freundschaft entstehen zu lassen.

Mars in Fische

Übernehmen Sie die Führung, und helfen Sie anderen, sich des privaten Traumes, den Sie sehen, bewußt zu werden. Ihr Stil ist nicht aggressiv, da Sie eher von dem Wunsch motiviert sind, Ihrer eigenen Vision zu folgen, als weltlichen Lohn zu erhalten. Wenn Ihre Umgebung in Normen und Richtlinien steckenbleibt, die jedes Leben und alle Freude ersticken, dann ist es an *Ihnen*, andere an die größere spirituelle oder emotionale Vision zu erinnern. Dann wird die Spannung sich auflösen und der Energiefluß, nach dem Sie suchen, wird wiederhergestellt. Als Schlüssel zum Überleben können Sie sich immer auf Ihre Verbindung zum Universum verlassen.

Die Sonne: Der innere König sein

In vieler Hinsicht ist die Sonne der einzige »nicht-karmische« Planet im Horoskop. Es handelt sich um eine Position der Unschuld; es ist der Platz, an dem wir »wußten«, bevor wir uns inkarnierten, daß wir extra Energie gebrauchen könnten, um uns selbst aus alten Mustern zu befreien. Einer der Vorteile der westlichen Astrologie liegt darin, daß das Sonnenzeichen – weil es betont ist – jenen Aspekt von uns selbst erhellt, der von Natur aus frei und unschuldig ist, unbehindert von irgendeiner weit entfernten Vergangenheit (wenn wir es so sehen wollen).

Die Sonne in Ihrem Horoskop ist mit Ihrer »Quelle« des Seins verbunden – es ist die »Sonnenbatterie«, die »Solarzelle«, die Ihre anderen Systeme vitalisiert und mit Energie auflädt –, so daß Sie die Stärke haben, auf andere zu scheinen und diese großzügig ebenfalls zu revitalisieren. Dann stellt sich nur die Frage: Was lädt Ihre »Sonnenbatterie« auf? Was schenkt Ihnen in Ihrem Inneren Wohlgefühl und Erfüllung, jenes Gefühl, daß Sie energiegeladen, glücklich, zufrieden und vollkommen sind? Anhand Ihres Sonnenzeichens lassen sich die speziellen Umstände beschreiben, die Sie brauchen, um Ihre Batterie aufzuladen. Wenn Sie die Bedürfnisse Ihres Sonnenzeichens erfüllen, sind Sie auch fähig, anderen Menschen großzügig zu geben, denn Sie sind dann an die unerschöpfliche Quelle der Sonnenenergie angeschlossen.

Sonne in Widder

Mit der Sonne in Widder brauchen Sie eine Reihe von kurzfristig umsetzbaren Zielen, die Sie selbst erreichen können, um dadurch Ihre Unabhängigkeit zu trainieren und gleichzeitig Ihre Sonnenbatterie aufzuladen. Jedesmal, wenn Sie es wagen, eine Richtung einzuschlagen, die zur Selbstentdeckung führt, laden Sie sich mit Energie auf und bekommen mehr Selbstvertrauen. Dann können Sie jenen Energie und Antrieb geben, die einen »Schubs« brauchen, der sie dazu antreibt zu tun, was sie tun müssen, um ihrem eigenen inneren Wesen treu zu bleiben. Eine Frau mit Sonne in Widder braucht es, ihre Energie schlagartig ansteigen zu spüren, denn dies ermöglicht es ihr, unabhängig und ungehindert kreativ zu handeln, und es verschafft ihr gleichzeitig Bewegungsfreiheit. Wenn Sie bemerken, daß Ihr Energiepegel abnimmt, dann ist es Zeit, ein paar von Ihren gesunden Impulsen in Aktionen umzusetzen!

Sonne in Stier

Annehmlichkeiten und die Beteiligung am Aufbau von etwas, das zu Behaglichkeit führt, lädt die Sonnenbatterie einer Frau mit Stier-Sonne auf. Wenn Sie als Stier-Geborene Schritt für Schritt etwas aufbauen, um etwas zu manifestieren, das Sie aus eigener Entscheidung wollen, lädt sich Ihre Sonnenbatterie auf. Sie besitzen eine enorme Fähigkeit, das Leben wertzuschätzen und zu genießen, und wenn Sie Ihre sinnliche Natur ehren – mit einem guten Essen, einer Massage oder indem Sie sich mit einer angenehmen Umgebung verwöhnen –, lädt sich Ihre Sonnenbatterie auf. Dann sind Sie voller Leben und wollen die Bedürfnisse anderer erfüllen. Wenn Ihre Sonnenbatterie sich zu leeren beginnt, ist es Zeit, Ihre Grundbedürfnisse anzuerkennen und aktiv dafür zu sorgen, daß sie erfüllt werden.

Sonne in Zwillinge

Mit einer Zwillinge-Sonne brauchen Sie eine endlose Arena voller Menschen, mit denen Sie kommunizieren können. Sie brauchen eine Gruppe von Leuten um sich herum oder wenigstens in schnell erreichbarer Entfernung (z. B. Arbeitskollegen, einen Verein, Schulfreunde), mit denen Sie Ideen und Informationen austauschen können. Wenn Sie genügend Leute kennen, mit denen Sie sich verbinden können, lädt sich Ihre Sonnenbatterie auf. Wenn das Leben langweilig wird, ist es Zeit, Ihren Horizont zu erweitern und mehr herumzukommen. Schreiben Sie sich in der Volkshochschule ein, fahren Sie in den Urlaub, melden Sie sich für eine Vortragsreihe an, oder treten Sie einem Verein bei. Auf einer bestimmten Ebene brauchen Sie mit einer Zwillinge-Sonne die Energie von positivem mentalem Austausch, um glücklich zu bleiben und Ihre Sonnenbatterie aufgeladen zu halten.

Sonne in Krebs

Mit einer Krebs-Sonne müssen Sie sich sicher fühlen können. Das können Sie erreichen, indem Sie sich ein Zuhause schaffen, es einrichten und fühlen, daß es uneinnehmbar ist, weil Sie es sich finanziell leisten können. Sie brauchen die solide Sicherheit eines Zufluchtsortes, auf den Sie zählen können und der Ihnen eine feste Grundlage bietet. Wenn dieses Bedürfnis erfüllt ist, ist auch Ihre Sonnenbatterie aufgeladen, und Sie haben viel Energie, die Sie der Welt geben können. Wenn Sie sich verstimmt oder unsicher fühlen, dann nehmen Sie die Sache in die Hand, indem Sie sich auf Geld konzentrieren und Ihre finanzielle Situation stabilisieren. Oder achten Sie verstärkt auf Ihre Ernährung, und ernähren Sie sich und die Menschen, die Sie lieben, natürlich und gesund. Wenn Ihre Stimmungen zu intensiv werden, nehmen Sie an einer Selbsthilfegruppe von Frauen teil, mit denen Sie Ihr Problem »lösen« können, und nehmen Sie Kontakt zu Familienmitgliedern oder engen Freunden auf, um einander Mitgefühl und Unterstützung zu geben. Indem Sie aktiv Dinge unternehmen, die Ihr Sicherheitsgefühl stärken, können Sie Ihre Sonnenbatterie wieder aufladen.

Sonne in Löwe

Romantik und das ständige Bedürfnis nach romantischen oder kreativen Aktivitäten ist genau das, was die Sonnenbatterie einer Frau mit Löwe-Sonne auflädt. Die Romantik kann direkt dadurch zum Ausdruck gebracht werden, daß Sie romantische Beziehungen in Ihrem eigenen Leben aufrechterhalten, das Element der Romantik auch in längeren Beziehungen bewahren oder indem Sie Romantik aus zweiter Hand genießen: durch Liebesromane, Bücher, Filme oder einfach, indem Sie genießen, daß andere Menschen verliebt sind. Dieses Streben nach der Lebenskraft der Liebe kann auch dadurch befriedigt werden, daß Sie sich persönlich an kreativen Projekten und Theaterstücken beteiligen oder daß Sie Zeit mit Kindern verbringen. Auf einer bestimmten Ebene muß die Energie von Spiel, Romantik und purem Vergnügen in Ihrem Leben vorkommen, damit die Löwe-Sonnenbatterie voll aufgeladen bleibt. Wenn Sie sich langweilen oder deprimiert sind, dann sollten Sie anfangen, mehr Zeit mit Leuten zu verbringen, die inspirierend auf Sie wirken und mit denen Sie Spaß haben können.

Sonne in Jungfrau

Mit Sonne in Jungfrau brauchen Sie Arbeit – sie schenkt Ihnen Lebenssinn sowie das Gefühl, wichtig zu sein und in Ihrem Job gebraucht zu werden – und Arbeit lädt Ihre Sonnenbatterie auf! Dieser Wunsch nach nützlicher Arbeit kann durch sinnvolle geistige Aktivität zum Ausdruck gebracht werden: indem Sie die inneren Vorgänge in einem Menschen oder in einer Situation analysieren oder indem Sie Lösungen für Probleme erarbeiten und diese Lösungen dann praktisch umsetzen. Es kann auch heißen, organisieren zu helfen und für geliebte Menschen zu sorgen, indem Sie darauf achten, daß das Leben der Menschen in Ihrer Nähe glatt läuft. Aktive Teilnahme am Dienst für andere ist genau das, was die Sonnenbatterie einer Jungfrau auflädt. Wenn Sie sich lethargisch fühlen oder das Gefühl haben, überall seien »lose Enden«, dann ist es Zeit, die Sache in die Hand zu nehmen und etwas Regelmäßiges zu beginnen, das Ihnen ein Gefühl von Sinn und Ordnung gibt. Arbeiten Sie regelmäßig, hören Sie sich Vorträge an, oder belegen Sie Lehrgänge, die Ihnen helfen, einen Lebensbereich zu finden, der Sie interessiert: kreative Fähigkeiten, finanzielles Know-how oder Weiterbildungskurse.

Sonne in Waage

Mit Sonne in Waage brauchen Sie das Gefühl, einen Partner zu haben – jemanden, mit dem Sie etwas gemeinsam unternehmen und teilen können. Sie brauchen jemanden um sich, der Ihnen Energie zurückgibt. Wenn Sie etwas mit jemandem teilen, auf den Sie sich verlassen können, wird Ihre Sonnenbatterie aufgeladen. Ihr Bedürfnis nach Teamwork besteht nicht nur in der Ehe. Partnerschaft in jeder Form lädt Ihre Batterie auf: ein Partner fürs Shopping, für Kinobesuche oder für die Zusammenarbeit an einem Projekt, das auf ein gemeinsames Ziel ausgerichtet ist. Wenn Sie zuviel Zeit mit sich allein verbringen, bekommen Sie das Gefühl, keine Energie mehr zu haben, so als ob Ihnen etwas in Ihrem Leben fehlen würde. Dann ist es an der Zeit, den Telefonhörer in die Hand zu nehmen und jemanden anzurufen, mit dem Sie etwas unternehmen können. Schon der Vorgang der Kontaktaufnahme zu einem anderen Menschen hilft Ihnen, Ihre Sonnenbatterie wieder aufzuladen.

Sonne in Skorpion

Mit Sonne in Skorpion brauchen Sie es, die Intensität der Bindung an andere Menschen oder zu einem anderen Menschen (möglicherweise in unterschiedlichen Formen) zu spüren, denn dadurch laden Sie Ihre Sonnenbatterie auf. Sie brauchen die gegenseitige Unterstützung, die aus dem Gefühl entsteht, intensive Energie ganz und gar mit einem anderen Menschen auszutauschen. Situationen, die Ihnen das Gefühl geben, eine gewisse Grenze zu erreichen, Gelegenheiten zu ergreifen und etwas mit anderen auf eine Weise zu riskieren, die zu neuen Formen der Ermächtigung und Stärkung führen, helfen Ihnen ebenfalls, energiegeladen zu sein. Manchmal möchten Sie sich in Situationen begeben, die Ihnen fast über den Kopf wachsen, nur um die Vitalität fühlen zu können, die es für Sie bedeutet, mitten in einer Krise zu sein. Wenn Sie mit Sonne in Skorpion sich lustlos und gelangweilt fühlen, dann überlegen Sie, wie Sie aktiv werden können, oder stellen Sie sich ein konstruktives Ziel oder eine konstruktive Aktivität vor, die Ihrerseits eine neue Verhaltensweise erfordern würde – für eine Veränderung zum Guten –, und setzen Sie sich dann hundertprozentig dafür ein. Der Energiepegel Ihrer Sonnenbatterie wird schlagartig ansteigen!

Sonne in Schütze

Abenteuer laden die Sonnenbatterie einer Schütze-Frau auf. Sie brauchen das Gefühl, irgendeine Art von Abenteuer zu erleben, das einen edlen Zweck hat und Aufregung in Ihr Leben bringt. Wenn Sie jenen »heiligen Gral« sehen können, nach dem Sie auf der Suche sind, und diesen gewissen Abenteuergeist empfinden, dann lädt sich Ihre Sonnenbatterie auf, und Sie können auch anderen Menschen etwas geben. Edelmut und Ehre sind jemandem mit Sonne in Schütze wichtig. Sie brauchen das Gefühl, ehrenhaft und integer zu handeln, und die Menschen in Ihrer Nähe tun dies ebenfalls.

Ein aktiver Glaube und eine beständig optimistische Lebens-einstellung gehören ebenfalls zu den Bedürfnissen, die Ihre Sonnenbatterie aufgeladen halten. Wenn Ihr Glaube an an-dere Menschen enttäuscht wird, oder wenn Sie Ihr Leben langweilig finden, lassen Sie doch einfach die Vergangen-heit hinter sich, und schauen Sie in die Zukunft! Welche Ak-tivität könnte Ihre Abenteuerlust neu entfachen und Ihren Geist sprühen lassen? Auslandsreisen, Sport, in der freien Natur zu sein – all diese Unternehmungen regenerieren eine Schütze-Geborene im Handumdrehen!

Sonne in Steinbock

Mit einer Steinbock-Sonne brauchen Sie Ziele. Wenn Sie Ver-antwortung tragen, ein grundsätzliches Lebensziel haben und eine klare Vorstellung von dem Ziel, auf das Sie momen-tan hinarbeiten, steigt Ihre Sonnenenergie auf das Maximum. Falls Sie auf einen Mann warten sollten, der Ihr Leben in die Hand nimmt und Ihnen eine Richtung vorgibt, werden Sie als Frau mit Sonne in Steinbock für immer warten. Sie sind diejeni-ge, der die Fähigkeit, Verantwortung zu übernehmen und in jeder Situation erfolgreich zu sein, angeboren ist. Dazu müssen Sie nur entscheiden, was Sie wollen und was Sie jetzt erreichen wollen. Wenn Sie sich einmal auf ein Ziel ver-pflichtet haben, kann Sie nichts mehr aufhalten! Ihre Vitalität nimmt zu, und Sie sind voller Energie, die Ihnen der Erfolg liefert, und voller Freude über Ihre Leistungen.

Sonne in Wassermann

Mit Sonne in Wassermann brauchen Sie eine gute Sache, ein humanitäres Ziel, für das Sie sich einsetzen, einen Traum, den Sie in die Realität umsetzen, und Menschen, denen Sie helfen können. Wenn Sie sich auf diese Weise mit der Menschheit verbunden fühlen, indem Sie für unorthodoxe

Ziele arbeiten, die der Welt Fortschritt bringen, wird dadurch Ihre Sonnenbatterie aufgeladen. Zeit mit Freunden zu verbringen, mit Gleichgesinnten, die dieselben unorthodoxen Ziele anstreben, lädt die Batterie einer Frau mit Wassermann-Sonne auf! Wenn Ihre Lebenskraft zu erlahmen beginnt und Ihre Lebensfreude schwindet, besuchen Sie einen Kurs, oder treten Sie einer Gruppe bei, die Sie interessiert, oder nehmen Sie den Telefonhörer in die Hand, und rufen Sie Freunde an, um sich darüber zu informieren, was aus deren Sicht in der Welt los ist. Binnen kurzem wird Ihre Sonnenbatterie wieder aufgeladen sein!

Sonne in Fische

Als Fische-Geborene brauchen Sie einen Traum – eine spirituelle Verbindung, damit Sie sich mit dem Universum einsfühlen und sich auf Ihre eigene private Vision einer Realität konzentrieren können, die bedeutungsvoller ist als die alltäglichen Freuden und Leiden des normalen Lebens. Wenn Sie mit dieser Realität in Kontakt sind, lädt sich Ihre Sonnenbatterie vollständig auf, und Sie können anderen Menschen liebevoll geben. Während Sie anderen Menschen aus dem Gefühl der Erfüllung heraus geben, erleben Sie, wie mehr heilende Energie in Ihr eigenes Leben einströmt. Wenn Ihre Vitalität nachläßt, oder wenn Sie melancholisch sind, ist es Zeit, aktiv etwas zu *tun*, das Sie wieder mit der Fülle des Lebens verbindet. Setzen Sie sich selbst in Bewegung, schreiben Sie sich für einen Kurs ein, der Sie interessiert, oder fangen Sie an, sich künstlerisch zu betätigen, Yoga zu praktizieren, zu tanzen, kreatives Schreiben zu üben oder ein Musikinstrument spielen zu lernen. Wenn Sie bereits ein Talent entwickelt haben, verbringen Sie regelmäßig Zeit mit sich allein, um in Ruhe an kreativen Projekten zu arbeiten, die Sie mit Ihrer eigenen Vision in Verbindung bringen. Schon wird sich Ihre Sonnenbatterie wieder aufladen!

Die Häuser

Meine eigene Forschung mit den Placidus-Häusern hat mich davon überzeugt, daß die astrologischen *Häuser*, in denen die Planeten stehen, wenigstens so wichtig sind wie die Stellung der Planeten in den Zeichen, wenn Sie verstehen wollen, was in einem Menschen vor sich geht. Deshalb müssen Sie bei der Interpretation der oben beschriebenen Deutungen der Planeten berücksichtigen, in welchen *Häusern* diese Planeten stehen. (Diese Deutungen können für jedes Häusersystem verwendet werden.)

Erstes Haus

Die Energien eines Planeten im ersten Haus werden am besten durch Ihre eigenen Impulse und Ihr natürliches Durchsetzungsvermögen aktiviert. Selbstvertrauen ist die Energie, die den Ausdruck der in diesem Haus stehenden Planeten anregt.

Zweites Haus

Die Energien von Planeten im zweiten Haus werden am besten dadurch aktiviert, daß Sie kontinuierlich in jenen Bereichen etwas aufbauen, die Sie für wertvoll erachten. Dabei müssen Sie die betreffenden Energien Ihren eigenen Werten entsprechend zum Ausdruck bringen – Ihre Werte sind die Dinge im Leben, die Ihnen ein behagliches Gefühl geben, und die Empfindung, mit einer soliden Grundlage ausgestattet zu sein, damit Sie am Leben teilnehmen können.

Drittes Haus

Die Energien von Planeten im dritten Haus werden am besten durch den offenen Wunsch nach Informationsaustausch mit anderen Menschen aktiviert. Zugang zu diesen Planetenenergien erhalten Sie, indem Sie zuhören und lernen, wo andere Menschen stehen, und indem Sie mit anderen Menschen zusammenkommen und Kenntnisse weitergeben, die das Wissen aller Beteiligten vergrößern.

Viertes Haus

Die Energien von Planeten im vierten Haus lassen sich am besten dadurch aktivieren, daß Sie sich geerdet und in sich selbst zentriert fühlen. Die Energie, die nötig ist, um diese Planeten zum Ausdruck zu bringen, stammt aus Ihren Wurzeln, Ihrem fundamentalen Sicherheitsgefühl.

Fünftes Haus

Die Energien der Planeten im fünften Haus lassen sich am besten durch Spaß und Spiel und eine romantische Umgangsweise mit anderen Menschen aktivieren. Handeln Sie Ihrem Wunsch entsprechend, enthusiastische, positive Ergebnisse zu kreieren, die bei anderen (und bei Ihnen selbst!) Lebensfreude hervorrufen.

Sechstes Haus

Die Energien von Planeten im sechsten Haus lassen sich am besten durch Arbeit aktivieren – durch den Wunsch, Ordnung in eine chaotische Situation zu bringen. Das Bedürfnis, anderen einen praktischen Dienst zu erweisen, indem Sie ihnen dabei helfen, die Verwirrung in ihrem Leben genau zu analysieren und zu beseitigen, regt den Ausdruck der in diesem Haus stehenden Planeten an.

Siebtes Haus

Die Energien von Planeten im siebten Haus lassen sich am besten durch Partnerschaften mit anderen Menschen aktivieren. Dies gibt Ihnen jene Energie und Ausgeglichenheit, die den Ausdruck der betreffenden Planeten in Gang setzt.

Achtes Haus

Die Energien eines Planeten im achten Haus lassen sich am besten dadurch aktivieren, daß Sie Ihre Anstrengungen mit denen anderer kombinieren, um gemeinsam ihre Macht, ihre Kraft zu vergrößern. Die dabei entstehende Synergie feuert den Ausdruck des betreffenden Planeten an.

Neuntes Haus

Die Energien von Planeten im neunten Haus lassen sich am besten durch höheres Wissen aus den intuitiven Bereichen aktivieren. Indem Sie nach der Wahrheit suchen und eine Verbindung mit ihr zulassen, erreichen Sie die innere Ruhe, die den Ausdruck der betreffenden Planetenenergien ermöglicht.

Zehntes Haus

Die Energien von Planeten im zehnten Haus lassen sich am besten dadurch aktivieren, daß Sie versuchen, ein Ziel zu erreichen, das über Ihr eigenes persönliches Leben hinausweist und der Gesellschaft auf eine Weise dient, die Ihnen Selbstachtung gibt.

Elftes Haus

Die Energien eines Planeten im elften Haus lassen sich am besten dadurch aktivieren, daß Sie für Ziele oder Ideale eintreten, die Ihrer Überzeugung nach zum Wohle aller Beteiligten sind. Das Wohl der Gruppe und Fairneß sind Teil dessen, was berücksichtigt werden muß, um Planeten im elften Haus vollständig zum Ausdruck bringen zu können.

Zwölftes Haus

Die Energien von Planeten im zwölften Haus lassen sich am besten durch Ihre persönliche Verbindung zu unsichtbaren, spirituellen Kräften aktivieren. Ihre Beziehung zum Kosmos selbst ist die nährende Grundlage für den Ausdruck dieser Planeten. (Mit Venus im zwölften Haus beispielsweise nehmen Sie Liebe von den Engeln an, oder Sie akzeptieren unsichtbare spirituelle Kräfte und sind dann fähig, diese Liebe mit anderen zu teilen. Mit Mars im zwölften Haus werden Sie eher durch spirituelle Anstöße motiviert als durch den Wunsch, materielle Ziele zu erreichen.)

Wir können enormes Selbstvertrauen, Ganzheit und Selbstgenügsamkeit erfahren, indem wir bewußt sowohl die weiblichen als auch die männlichen Anteile in uns selbst annehmen und zum Ausdruck bringen. Wir können unsere Ganzheit erst dann vollständig erleben, wenn wir jenen Faktor in uns anerkennen, der über unsere Persönlichkeit hinausweist: das Wesen hinter dem Geburtshoroskop.

Wenn wir beginnen, bewußt und umfassend unser wahres Potential als eigenständige Persönlichkeit zu erforschen – wir selbst zu sein ohne die »Störungen«, die dadurch erzeugt werden, daß wir zu sein versuchen, wer wir nun mal nicht sind –, werden wir innerlich ruhiger. Das erlaubt unserem wahren Wesen aufzutauchen und zu einem bewußteren Teil unserer täglichen Erfahrung zu werden. Dann ist die Suche nach Ganzheit vollendet: Wir haben Raum geschaffen für das, was wir suchten und von dem gefunden zu werden wir uns wünschten. Damit innere Integrität entstehen, uns erfüllen und ganz machen kann, müssen wir zuerst über die Aufrichtigkeit verfügen, auf der Persönlichkeitsebene vollständig und konstruktiv wir selbst zu sein.

Demetra George
Die sich entwickelnden Bedürfnisse von Frauen: Der Mond und die Blutmysterien

Seit alters her wurde der Mond als »Königin der Nacht« verehrt. Man fand heraus, daß Artefakte aus der Zeit des oberen Paläolithikum, wenigstens 35 000 Jahre alt, die aus Sequenzen von Einkerbungen bestehen, welche in Knochen, Stein und Elfenbein gekratzt wurden, die ältesten Mondphasenkalender sind.[1] Indem sie zum Mond aufschauten und dessen Phasen verfolgten, paßten die Menschen der Frühzeit ihren Lebensrhythmus dem Mondrhythmus an. Sie beobachteten, wie der Mond jeden Monat seinen Ort, seine Farbe und seine Form änderte, verschwand und wieder auftauchte. Dabei entwickelte er sich allmählich von einer schmalen, silbernen Mondsichel zu einer immer helleren, bis er bei Vollmond in seiner ganzen Gestalt erstrahlte und danach wieder an Licht abnahm, bis er schließlich vor Neumond, in der balsamischen Phase oder bei Dunkelmond, gar nicht mehr zu sehen war.

Dieser Mondrhythmus stellt das Bild einer Schöpfung dar, symbolisiert durch den Neumond, gefolgt von Wachstum, wie es durch den Vollmond sichtbar wurde, Abnahme und Tod während der drei dunklen, mondlosen Nächte vor Neumond. Der Religionswissenschaftler Mircea Eliade schrieb, daß es sehr wahrscheinlich dieses Bild von ewig wiederkehrender Geburt und immer wiederkehrendem Tod des Mondes war, das dabei half, die frühesten unmittelbaren Erkenntnisse über den Wechsel von Leben und Tod konkrete Form annehmen zu lassen.[2]

Im Zeitalter des Stieres, dem Zeichen, in dem der Mond erhöht steht, entstand um 4000 vor unserer Zeitrechnung in Mesopotamien, eingebettet im fruchtbaren Tal zwischen den Flüssen Euphrat und Tigris (dem Gebiet des heutigen Irak), eine der frühesten Wiegen der Menschheit. Die Entdeckung der Landwirtschaft führte zur Entwicklung von Ackerbau und Viehzucht, was den Menschen erlaubte, seßhaft zu werden und es ihnen ermöglichte, die ersten Dörfer zu erbauen. Darüber hinaus war das alte Mesopotamien im 3. und 4. Jahrtausend vor unserer Zeitrechnung auch die Wiege der Astrologie. Die ersten schriftlichen astrologischen Aufzeichnungen, in Keilschrift auf Tontafeln eingeritzt, berichten von den astronomischen Beobachtungen der Mesopotamier. Sie erkannten bereits damals, daß zwischen Erde, Mond und Venus gegenseitige Abhängigkeiten bestehen.

Heute definieren wir die Sonne als Quelle des Lebens. Für die ersten Völker des alten Nahen Ostens jedoch, die in einem sehr heißen Wüstenklima lebten, war die Sonne ein Feind, gegen den sie sich schützen mußten. Die Sonne wurde assoziiert mit glühend heißer Luft, versengter Erde und erschöpften, von der Hitze entkräfteten Körpern. Sie bevorzugten viel mehr den Mond, dessen sanftes Licht Helligkeit spendete, ohne bedrohlich zu sein, und der in der Nacht Tau und Feuchtigkeit gab, um die Sämlinge zu bewässern und die Feldfrüchte zu nähren. Es war der Mondschein, der den Karawanen nachts den Weg durch die Wüste wies.

Die Mondphasen

Überall im alten Nahen Osten war sichtbar, daß die Phasen des Mondes der Zeitmessung dienten, bevor die exakte Dauer des Jahres entdeckt wurde. Die Mondphasen wurden zur Grundlage der heiligen Kalender, mit denen sowohl religiöse Feierlichkeiten als auch landwirtschaftliche Pflanz- und Ernteperioden abgestimmt wurden.[3]

Die Menschen der Frühzeit sahen, wie der Mond das Wachstum der Pflanzen und auch die Gesundheit der Frauen beeinflußte. Es war leicht zu beobachten, daß die 29 $\frac{1}{2}$ Tage des Mondzyklus ein Echo des weiblichen Menstruationszyklus mit seiner Dauer von 28 bis 29 Tagen war. Daher nahmen die Menschen an, daß der Mond weiblich sein mußte.

So wurde der Mond als Große Göttin personifiziert und als die fruchtbare Matrix wahrgenommen, aus der alles Leben geboren wird und in die alles Leben zurückkehrt (in manchen Sprachen ist der Mond ein weibliches Substantiv wie z. B. im Englischen oder Französischen).

Die Geschichte, die der Mond erzählt, ist eine Geschichte von Geburt, Wachstum, Fülle, Verfall und Verschwinden, von anschließender Wiedergeburt und erneutem Wachstum. Der Zyklus der Mondphasen zeigt, daß das gesamte Leben von Natur aus in einer zyklischen Bewegung verläuft. Alle Lebensformen, alles, was lebt, folgt einem Zyklus von Geburt und Wachstum und Tod, so wie es sich in den progressiven, den nacheinander ablaufenden Phasen des Mondzyklus widerspiegelt. Wie der Mond von Neumond zu Vollmond zu Dunkelmond wechselt, schwingen alle Lebewesen instinktiv in diesem Rhythmus von Auftauchen, Fülle, Vollendung, gefolgt von Erneuerung mit.

Wir wissen, daß die Phasen des Mondes nicht einfach eine Manifestation des Mondes selbst sind. In ihnen wird die sich ständig verändernde Beziehung zwischen Sonne und Mond sichtbar, während der Mond im Laufe eines Monats die Erde umkreist. Sonne und Mond verkörpern das Prinzip der Polarität, sowohl in unserer physischen Welt als auch in unserer Psyche. In unserem Alltag, unserem täglichen Leben, regulieren die wechselnden Rhythmen von Sonne und Mond den Zyklus von Tag und Nacht. Die Sonne regiert das Tageslicht des Bewußtseins und die äußere objektiv wahrnehmbare Welt, während der Mond die Nacht des Unbewußten und unsere inneren Instinkte regiert.

Gemeinsam repräsentieren Sonne und Mond die grundlegenden archetypischen Prinzipien: die Archetypen von Gott und Göttin. Die Mondphasen stellen den Tanz des Mondes mit der Sonne dar. Sie reflektieren das Muster seines zunehmenden und abnehmenden Lichtes, während er sich von der Sonne entfernt und dann wieder zu ihr zurückkehrt und im Laufe dieses Prozesses den Rhythmus vorgibt, wie das Leben geschaffen, erhalten und erneuert wird. Menschen haben versucht, die ganzheitliche Bedeutung des Mondzyklus in Konzepten zu erfassen. Dabei haben unterschiedliche Kulturen diesen Zyklus in verschiedene Einheiten unterteilt: in zwei Hälften, in drei Phasen, in vier Viertel, in acht Kreuzviertel und in 27 oder 28 (Mond-)Häuser. Jede Mondphase bzw. Unterteilung des Zyklus stellt eine bestimmte Qualität und Energie dar, die angerufen und während jedem der folgenden Stadien dieses zyklischen Lebensprozesses beim Wachstum und in der Entwicklung jeder organischen Form nutzbar gemacht wurde. Mit jeder weiteren Unterteilung des Zyklus in kleinere Einheiten enthüllt jede zusätzliche Phase eine noch subtilere und feinere Bedeutungsebene des Prozesses.

Der Zyklus kann in drei Teile unterteilt werden: in die neue, die volle und die dunkle Phase des Mondes. Dies entspricht den drei Phasen der Dreifachen Mondgöttin als Mädchen, Mutter und alte Frau. Wir werden diese dreifache Einteilung im zweiten Abschnitt dieses Kapitels näher erforschen.

Teilt man den Zyklus in zwei Abschnitte, erhält man die zunehmende und abnehmende Hälfte. Während der ersten Zyklushälfte, wenn das Mondlicht von Neumond bis Vollmond zunimmt, nimmt auch die Lebensenergie zu. In dieser Phase soll etwas eine Form, eine Struktur oder Substanz bekommen. Nachdem das Licht zu Vollmond sein Maximum erreicht hat, beginnt es abzunehmen, während der Mond sich wieder der Sonne nähert. Während der zweiten Zyklushälfte werden die Formen, die in der ersten Hälfte des Zyklus aufgebaut wurden, mit Bedeutung gefüllt.

Diese beiden Hälften des Zyklus, die zunehmende und die abnehmende Phase, können noch weiter in vier Viertel unterteilt werden. Im Mondzyklus stellt sich diese Viertelung als Neumond, Erstviertelmond, Vollmond und Letztviertelmond dar. Diese vier Viertel-Mondphasen spiegeln die symbolischen Bedeutungen der vier Himmelsrichtungen und die ihnen entsprechenden Jahreszeiten, Elemente und Kardinalpunkte wider.

Während der ersten Phase dieser vierteiligen Sequenz, von Neumond bis zum ersten Viertel, ist es der Impuls des sich entfaltenden Lebens aufzutauchen und eine Handlung in Gang zu setzen, zu initiieren. Diese erste Phase entspricht der Himmelsrichtung Osten, der Jahreszeit Frühling, dem Element Luft und dem Sonnenaufgang mit allen damit assoziierten Neuanfängen. Während der zweiten Phase des Zyklus vom ersten Viertel bis zum Vollmond versucht der Energiefluß aufzubauen, zu stabilisieren und die Form zu perfektionieren. Diese zweite Phase entspricht der Himmelsrichtung Süden, der Jahreszeit Sommer, dem Element Feuer und dem Mittagsstand der Sonne. Zugehörige Attribute sind Kraft und Stärke. Sie erreichen in diesem Teil des Zyklus ihren Höhepunkt.

In der Zeit von Vollmond bis zum letzten Viertel wird die Bedeutung in die Form gebracht und die Energie verteilt. Diese dritte Phase entspricht der Himmelsrichtung Westen, der Jahreszeit Herbst, dem Element Wasser und dem Sonnenuntergang. Die Qualitäten von Verbundenheit, Gefühlen und Erfüllung durchströmen diesen Teil des Zyklus. Vom letzten Viertel bis zum nächsten Neumond löst sich die Form auf, und die Bedeutung wird in einen neuen Samen integriert, der während der dunklen Phase vorbereitet wird. Diese Schlußphase entspricht der Himmelsrichtung Norden, der Jahreszeit Winter, dem Element Erde und der Mitternachtssonne. Schweigen, Weisheit und Erneuerung sind die Kennzeichen, die mit dieser abschließenden Phase innerhalb des zyklischen Prozesses assoziiert werden.

Unterteilt man die vierfache Gliederung des monatlichen Mondlaufes um die Erde ein weiteres Mal, erhält man acht Mondphasen. Sie heißen Neumond, Sichelmond, Erstviertelmond, Buckelmond, Vollmond, Aussaatmond, Letztviertelmond und balsamischer Mond. Dieser achtfache Transformationszyklus – wie er im zunehmenden und abnehmenden Licht des Mondes während seines monatlichen Zyklus sichtbar wird – findet sich auch im zunehmenden und abnehmenden Licht des solaren Jahreszeitenzyklus – wie er in den acht jahreszeitlichen Feiertagen dargestellt ist, die im Jahresrad begangen werden – wieder.

In meinem Buch *Finding Our Way Through the Dark* (ACS,

1995) habe ich die Bedeutung der acht Mondphasen detailliert beschrieben. Für das hier vorliegende Kapitel über die Blutmysterien der Frauen werde ich die Bedeutung dieser acht Mondphasen kurz zusammenfassen, indem ich die Zusammenhänge zwischen jeder Mondphase und dem ihr entsprechenden jahreszeitlichen Feiertag im Hinblick auf das zunehmende oder abnehmende Licht angebe. Indem ich das Bild des Wachstumszyklus einer Pflanze verwende, können wir eine Analogie zu den Stadien der seelischen Entwicklungsreise und zu den Arten von Energie herstellen, die in jedem aufeinanderfolgenden Stadium des zyklischen Prozesses verwendet werden, durch das sich Lebensformen entfalten, erfüllen, vollenden und wieder erneuern.

Neumondphase

Der Mond läuft der Sonne zwischen 0° und 45° voraus. Die erste Phase des zyklischen Prozesses wird durch die Geburt des Lichts sowohl bei Neumond als auch zur Wintersonnenwende (Jul) dargestellt. Der Prozeß beginnt, wenn die Saat einer neuen Vision, die von einer Absicht erfüllt ist, ihre Samenkapsel durchbricht und in der Dunkelheit keimt. In diesem ersten Stadium setzt die sich entwickelnde Seele einen neuen Erfahrungszyklus in Gang, indem sie sich in einem Körper inkarniert, wodurch sie einem subjektiven Gefühl neuer Möglichkeiten aufzutauchen erlaubt und eine Identität in die Welt projiziert. Die Energie taucht aus der Leere auf und projiziert sich vorwärts.

Sichelmondphase

Der Mond läuft der Sonne 45° bis 90° voraus. Die zweite Phase des zyklischen Prozesses, die Sichelmondphase, entspricht dem Kreuzvierteltag Lichtmeß (Candlemas, Imbolc) am 2. Februar[4], wenn das Licht wieder zunimmt. Nun haben

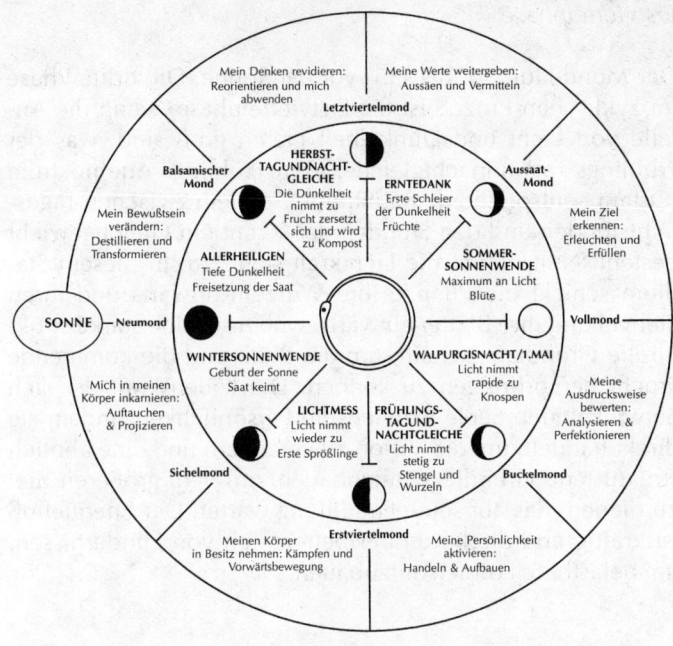

Mein Denken revidieren: Reorientieren und mich abwenden

Meine Werte weitergeben: Aussäen und Vermitteln

Letztviertelmond

Balsamischer Mond

HERBST-TAGUNDNACHT-GLEICHE
Die Dunkelheit nimmt zu
Frucht zersetzt sich und wird zu Kompost

ERNTEDANK
Erste Schleier der Dunkelheit
Früchte

Aussaat-Mond

Mein Bewußtsein verändern: Destillieren und Transformieren

Mein Ziel erkennen: Erleuchten und Erfüllen

ALLERHEILIGEN
Tiefe Dunkelheit
Freisetzung der Saat

SOMMER-SONNENWENDE
Maximum an Licht
Blüte

SONNE — Neumond

Vollmond

WINTERSONNENWENDE
Geburt der Sonne
Saat keimt

WALPURGISNACHT/1.MAI
Licht nimmt rapide zu
Knospen

Mich in meinen Körper inkarnieren: Auftauchen & Projizieren

Meine Ausdrucksweise bewerten: Analysieren & Perfektionieren

LICHTMESS
Licht nimmt wieder zu
Erste Sprößlinge

FRÜHLINGS-TAGUND-NACHTGLEICHE
Licht nimmt stetig zu
Stengel und Wurzeln

Sichelmond

Buckelmond

Meinen Körper in Besitz nehmen: Kämpfen und Vorwärtsbewegung

Erstviertelmond

Meine Persönlichkeit aktivieren: Handeln & Aufbauen

Abbildung 1:
Die Mondphasen: ein achtfacher Transformationszyklus

die ersten zaghaften Schößlinge dieser Vision sich im Kampf gegen die Schwerkraft einen Weg aus der Erde gebahnt. In diesem zweiten Stadium ist die sich entfaltende Seele eingehüllt in Materie und kämpft darum, den Sog der Vergangenheit zu überwinden und vorwärtszukommen. Die Seele muß nun den Körper in Besitz nehmen, langsam ihre Vision klarer herausbilden und neue Talente und Fähigkeiten entwickeln. In diesem Stadium des zyklischen Prozesses trifft der Energiefluß auf Widerstand und Lähmung. Er versucht beides zu überwinden, um der eigenen, soeben flügge gewordenen Identität eine Grundlage zu schaffen.

Erstviertelphase

Der Mond läuft 90° bis 135° vor der Sonne. Die dritte Phase im zyklischen Prozeß ist die Erstviertelphase, wenn die Anteile von Licht und Dunkelheit gleich groß sind, was der Frühlings-Tagundnachtgleiche, dem Frühlings-Äquinoktium (Ostara), entspricht, dem Zeitpunkt, zu dem zwischen Tageslichtstunden und den Stunden der Nacht ein Gleichgewicht besteht. Nun nimmt die Lichtkraft stetig zu. In diesem Stadium schickt die Pflanze ihre Wurzeln abwärts und ihren Stengel und ihre Blätter aufwärts, wobei sie eine starke strukturelle Grundlage schafft, um die Blüte und die kommende Frucht hervorbringen zu können. Die Lebenskraft der sich entwickelnden Seele aktiviert die Persönlichkeit, indem sie direkt handelt, um die Vision zu verankern und eine ähnlich strukturierte Grundlage aufzubauen, um dem größeren Ziel zu dienen, das auf seine Enthüllung wartet. Der Energiefluß ist kräftig und direkt, und er befreit sich von Hindernissen, um belastbare Formen aufzubauen.

Sichelmondphase

Der Mond läuft 135° bis 180° vor der Sonne. Die vierte Phase des zyklischen Prozesses, die Sichelmondphase, entspricht dem jahreszeitlichen Kreuzvierteltag von Beltane, der Walpurgisnacht, der Nacht zum 1. Mai, wenn die Lichtkraft rapide zunimmt. Unsere Tageslichtstunden werden nun länger, und wir sehen, wie der Mond immer mehr zunimmt. In diesem Stadium bekommt die Pflanze Knospen mit dem Versprechen und in Erwartung der Blume, die blühen wird. Die sich entwickelnde Seele blickt zurück auf die Strukturen, die sie erschaffen hat, um sie zu bewerten und sie zu verbessern. Der Energiefluß ist nun darauf ausgerichtet, die eigene Ausdrucksweise zu analysieren und Wege zu finden, die eigenen Strukturen so zu perfektionieren, daß sie der kommenden Bedeutung wertvolle Gefäße sein können, und sie so in die

Wirklichkeit der Umgebung zu integrieren, daß sie anderen von Nutzen sein können.

Vollmondphase

Der Mond steht 180° bis 135° hinter der Sonne. Das Licht erreicht in der fünften Phase des zyklischen Prozesses seinen Höhepunkt, so wie es auch im Maximum des reflektierten Lichts zur Vollmondphase und in den längsten Tagen zur Sommersonnenwende (Mittsommernacht, Litha) zu erkennen ist. Nachdem nun die Hälfte des Mondzyklus durchlaufen wurde, öffnet sich die Knospe und blüht. Die Vision wird nun voll erleuchtet, und die sich entwickelnde Seele wird »bewußt«, indem sie klar ihr Ziel erkennt und beginnt, die Bedeutung ihres Lebens in die Strukturen einfließen zu lassen, die während der ersten vier Inkarnationen initiiert, aufgebaut und perfektioniert wurden. Genauso wie die Blume befruchtet werden muß, um Früchte zu tragen, muß die Seele sich in der Vollmondphase öffnen, um jemanden oder etwas von außerhalb ihrer selbst zu empfangen, um den Zyklus zu befruchten und die Frucht zu tragen.

Aussaatphase

Der Mond läuft 135° bis 90° hinter der Sonne. Die sechste Phase des zyklischen Prozesses beginnt beim Aussaatmond, wenn der Mond noch voll ist, aber die ersten Schleier der Dunkelheit sich zu zeigen beginnen. Dies entspricht dem jahreszeitlichen Kreuzvierteltag von Lammas, Erntedank (Lugnasadh) am 1. August, wenn die Tageslichtstunden kürzer werden. Die Blüte beginnt sich nun nach innen zu falten, während sie die Frucht formt. Dieses Stadium kennzeichnet den Höhepunkt oder die Erfüllung des Zyklus, wenn die Vision durch ein Leben der Menschlichkeit ausgeführt und ausgelebt wird, wodurch es seinen Zweck erfüllt. Die sich entwickelnde Seele verkörpert diese Bedeutung und erfüllt die eigene Absicht, indem sie aussät, was sie für wertvoll befunden hat, und ihre Botschaft und Weisheit an andere weitergibt.

Letztviertelphase

Der Mond läuft 90° bis 45° hinter der Sonne. Die siebte Phase des zyklischen Prozesses ist gekennzeichnet durch den halb hellen, halb dunklen Letztviertelmond, der die Zeit der Herbst-Tagundnachtgleiche (Herbst-Äquinoktium) (Mabon) widerspiegelt, wenn sich Tageslicht und Nachtstunden wieder einmal im Gleichgewicht befinden. Die Dunkelheit beginnt in beiden Zyklen zuzunehmen: Im Pflanzenzyklus ist die Ernte eingebracht. Was auch immer im Laufe des Zyklus verwirklicht wurde, ist nun aufgenommen und integriert. Die Frucht, die an der Rebe zurückgelassen wurde, beginnt zu verfaulen und sich zu zersetzen. Wenn der Zweck des Zyklus erst einmal erfüllt ist, beginnt der Prozeß der Zersetzung. Was aufgebaut wurde, muß nun zerstört werden. Die sich entwickelnde Seele beginnt ihr Denken zu revidieren, basierend auf den neuen Erkenntnissen, dem neuen Bewußtsein, das sie in den vergangenen Phasen gewonnen hat, und sie beginnt, beschränkende Glaubenssysteme zurückzuweisen, indem sie die eigene Ideologie neu bewertet und neu organisiert. Der Energiefluß bewegt sich weg vom Alten und beginnt, sich auf Andeutungen der Zukunft neu auszurichten.

Balsamische Mondphase

Der Mond läuft 45° bis 0° hinter der Sonne. Das achte und letzte Stadium des zyklischen Prozesses wird durch den abnehmenden balsamischen Mond symbolisiert, der in der Dunkelheit verschwindet. Der entsprechende jahreszeitliche Kreuzvierteltag Allerheiligen (Halloween, Samhain) am

31. Oktober leitet auch die kürzesten Tage des Sonnenlichts ein, während die dunkle Kraft triumphiert. Im Pflanzenzyklus wird der Samen nun aus der alten Frucht freigesetzt und in der Tiefe der Dunkelheit in der Erde begraben. Genauso destilliert die sich entwickelnde Seele die Essenz der Weisheit aus dem vergangenen Zyklus und erfaßt intuitiv die Visionen der Zukunft, indem sie Samenkapseln hervorbringt, die bei der nächsten Neumondphase keimen werden. Der Energiefluß ist nun darauf ausgerichtet, daß man sich tief in sich selbst zurückzieht, sich befreit, reinigt, heilt, regeneriert und sich darauf vorbereitet, wiedergeboren zu werden.

Die Mondphase in Ihrem Leben

Jede von uns wurde während einer bestimmten Mondphase geboren, und daher spiegeln wir die Eigenschaften jener Phase des zyklischen Prozesses wider. Unsere Mondphase wird dadurch bestimmt, wie weit Sonne und Mond zur Zeit unserer Geburt voneinander entfernt waren.

Wenn in Ihrem Geburtshoroskop die Sonne beispielsweise auf 5° Zwillinge und der Mond auf 10° Löwe steht, befindet sich der Mond 65° *vor* der Sonne, womit Sie in der Sichelmondphase geboren sind. Wenn Ihre Sonne auf 5° Zwillinge steht und Ihr Mond auf 10° Schütze, dann befindet sich der Mond 175° *hinter* der Sonne – Sie wurden also in der Vollmondphase geboren. Mit der Sonne auf 5° Zwillinge und dem Mond auf 28° Stier wären Sie in der balsamischen Phase geboren, weil der Mond 7° *hinter* der Sonne steht.[5]

In der Astrologie werden Sonne und Mond ein breites Spektrum an Bedeutungen zugeordnet. Wenn wir uns zwei Planeten jedoch im Hinblick auf ihre zyklische Beziehung zueinander ansehen, dann haben der langsamere und der schnellere Planet jeweils eine bestimmte Bedeutung. Im Zyklus der Beziehung symbolisiert der langsamere Planet die Gestaltung oder bestimmende Handlung, während der schnellere Planet anzeigt, wie die Handlung ausgeführt wird.

In der Beziehung zwischen Sonne und Mond ist die Sonne der langsamere Planet und symbolisiert als solcher unser bewußtes Lebensziel. Der Mond als schnellerer Planet symbolisiert den Körper, die Seele, das Vehikel, durch das und in dem wir unser Ziel, unseren Lebenszweck in unserem Alltag verwirklichen. Die progressiven Phasen des Mondes stellen die Stadien des Energieflusses zwischen Sonne und Mond dar, indem ihr Zyklus die Ausdrucksweise und Verwirklichung eines bestimmten Zieles widerspiegelt.

Die Mondphase zur Zeit Ihrer Geburt ist ein wichtiger Signifikator für den Kern Ihrer Persönlichkeit, weil sie den Energiefluß zwischen diesen beiden wichtigsten Symbolen unseres Wesens beschreibt – unserem solaren Bewußtsein und dem lunaren instinktiven Bewußtsein. Die Mondphase zeigt an, welche Art von interaktiver Energie wir am besten einsetzen können, um unser eigenes individuelles Lebensziel, unseren Lebenszweck, zum Ausdruck zu bringen und zu verwirklichen. Wir erleben den Prozeß des in acht Phasen eingeteilten Mondzyklus jeden Monat durch Mondtransite und mehrmals in unserem Leben durch Mondprogressionen sowie über mehrere Leben hinweg durch sich wiederholende Zyklen von Tod und Wiedergeburt.

Jeden Monat, wenn der Mond sich in derselben Mondphase befindet wie zur Zeit unserer Geburt, sind wir äußerst sensibilisiert. Was immer wir auch fühlen (Mond), es hat die Tendenz, näher an die Oberfläche unserer bewußten Aufmerksamkeit (Sonne) zu rücken, besonders was die relative Bedeutung oder den Mangel an Bedeutung in unserem Leben (Mondphase) betrifft.

Dieses Phänomen einer kurzen Periode von allmonatlicher akuter Empfänglichkeit hat eine eindeutige biologische Entsprechung. Dr. Eugen Jonas, ein Gynäkologe und Astrologe aus der ehemaligen Tschechoslowakei, entdeckte, daß eine Frau während ihrer monatlich wiederkehrenden Geburtsmondphase genauso fruchtbar sein kann wie in der Mitte ihres Menstruationszyklus. Diese Phase wird kosmische Fruchtbarkeitsperiode genannt. In dieser Zeit besteht die

Möglichkeit, daß es zu einem spontanen Eisprung kommt. Das ist der Grund für zahlreiche unerwartete Schwangerschaften, dann, wenn Frauen dachten, sie hätten die fruchtbaren Tage ihres Menstruationszyklus doch sorgsam im Auge behalten und könnten gar nicht schwanger werden. Diese sensible Zeit kann auch für die gezielte, erfolgreiche Empfängnis eines Kindes genutzt werden oder dafür, dessen Geschlecht und die Lebensfähigkeit des Fötus bestimmen zu helfen.

Es handelt sich hier nicht nur um eine biologisch fruchtbare Zeit für Frauen, sondern auch um eine Phase kreativer, mentaler oder spiritueller Fruchtbarkeit – sowohl für Frauen als auch für Männer. Die monatliche Wiederkehr unserer Geburtsmondphase ist unsere persönliche Zeit der Mondkraft, in der wir uns für bedeutungsvolle Handlungen engagieren und positive Resultate erzielen können. Alle Samen, die wir in dieser Zeit pflanzen, können eine reiche Ernte einbringen.

Wir werden alle in eine bestimmte Phase hineingeboren, und der Hauptteil unseres Bewußtseins arbeitet mit dieser Art von Energie. Das Leben ist jedoch kein statischer Prozeß. Innerhalb der Astrologie gibt es ein Zeitmeßsystem, Sekundärprogressionen genannt, mit dem man die Bewegungen der Planeten pro Tag nach der Geburt mißt. Es symbolisiert die Entfaltung unseres Geburtspotentials, so wie es sich im Laufe der Zeit entwickelt.

Die progressive Sonne und der progressive Mond bewegen sich nach unserer Geburt weiter. Durch ihre sich verändernde Aspektbeziehung zueinander, progressive Mondphase genannt, lernen wir auch die Qualitäten aller anderen Phasen in 29- bis 30jährigen Zyklen kennen. Ungefähr alle 29 bis 30 Jahre treffen sich die progressive Sonne und der progressive Mond an einem Konjunktionspunkt, den Astrologen als progressiven Neumond bezeichnen. Zu diesen progressiven Neumonden kommt es in verschiedenen Lebensaltern, je nachdem, in welcher Mondphase der betreffende Mensch geboren wurde. Während wir nach und nach jede einzelne Mondphase durchlaufen, initiieren, erfüllen und vollenden wir einen kompletten Umlauf unserer sich entfaltenden Lebensbedeutung. Jede progressive Phase dauert ungefähr 3 $\frac{1}{2}$ bis 4 Jahre, und dabei reagieren wir in jedem Stadium des zyklischen Prozesses auf die Stimme des Herzens. Wir erhalten die Gelegenheit, die unterschiedlichen Sonne/Mond-Energien in wichtigen Lebensphasen einzusetzen und zu nutzen, Lebensphasen, in denen wir unser Lebensziel verwirklichen.[6]

Betrachten wir es schließlich von einem Blickwinkel aus, der den Reinkarnationsgedanken berücksichtigt, so liegt nahe, daß wir uns in einer achtfaltigen Abfolge von Leben nach und nach in jede Mondphase inkarnieren, um eine bestimmte Erfahrung zu machen oder Lektion zu lernen. Unsere Geburtsmondphase zeigt nicht an, wie entwickelt oder unentwickelt wir sind, aber sie weist auf das Entwicklungsstadium innerhalb eines bestimmten Zyklus hin. Wir mögen eine neue Seele sein, die gerade eine Erfahrung vollendet und abschließt, oder eine alte Seele, die einen neuen Erfahrungszyklus initiiert. In jedem Fall weist unsere Geburtsmondphase auf die besonderen Lektionen und Eigenschaften hin, die in diesem Leben zu entwickeln unser sich entfaltendes Seelenbewußtsein aufgerufen ist, denn es ist in einen größeren Prozeß eingebunden und mit einem höheren Ziel verbunden, das im Laufe einer Reihe von Leben verwirklicht werden wird.

Die Blutmysterien

Der Rhythmus des Mondes, dessen Phasen mit dem weiblichen Menstruationszyklus schwingen, nimmt in den Mythen, Religionen und Symbolen der alten Religionen, die den Mond als Göttin verehrten, einen besonderen Platz ein. Die Menschen der Frühzeit nahmen den Mond, der die Gezeiten des Lebens – Geburt, Leben und Tod – widerspiegelte, als weibliche Göttin wahr, die diese drei großen Mysterien regierte.

In der Physiologie des weiblichen Körpers existieren zwei

wichtige Zyklen. Beide Zyklen sind physisch und symbolisch mit denen des Mondes verbunden. Der erste ist ein monatlicher Zyklus, durch Ovulation und Menstruation gekennzeichnet. Er spiegelt die zweifache Veränderung der hellen und dunklen Phasen des Mondes wider. Beim zweiten Zyklus handelt es sich um einen lebenslangen Entwicklungszyklus, dessen dreifache Stadien von (1) Menarche, (2) Schwangerschaft, Geburt und Stillen sowie (3) Menopause der neuen, der vollen und der dunklen Phase des Mondes entsprechen.

Der monatliche Zyklus einer Frau

Das Prinzip der Polarität, das in unserer Welt als Set von einander ergänzenden gegensätzlichen Kräften (männlich/weiblich, Yang/Yin, hell/dunkel) wirkt, findet seine Entsprechung innerhalb des weiblichen sexuellen Zyklus in den beiden Polen von Ovulation und Menstruation. Der durchschnittliche Menstruationszyklus ist 29 $^1/_2$ Tage lang, was genau der Dauer des Mondzyklus entspricht. Die Worte für Mond, Monat und Menses stammen alle aus der Wurzel »mens«. Wenn wir den Mondzyklus auf den weiblichen Menstruationszyklus legen, dann entspricht die helle Phase des Vollmonds der Ovulation und der dunkle/neue Mond der Menstruation. Wir werden uns nun mit den physiologischen Stadien des weiblichen Menstruationszyklus beschäftigen und sehen, wie sie mit dem Symbolismus der Mondphasen verknüpft sind.

Jeden Monat steigt und fällt der Anteil verschiedener Hormone im Blut einer Frau. Dies bewirkt Veränderungen in ihrer Gebärmutter. Diese monatlichen Fluktuationen entsprechen dem Rhythmus des zunehmenden und abnehmenden Mondes. Der Östrogenspiegel im Blut steigt während der zunehmenden Hälfte des Zyklus, wenn das Mondlicht zunimmt. Das Progesteron herrscht dagegen während der abnehmenden Hälfte vor, wenn auch das Mondlicht abnimmt.

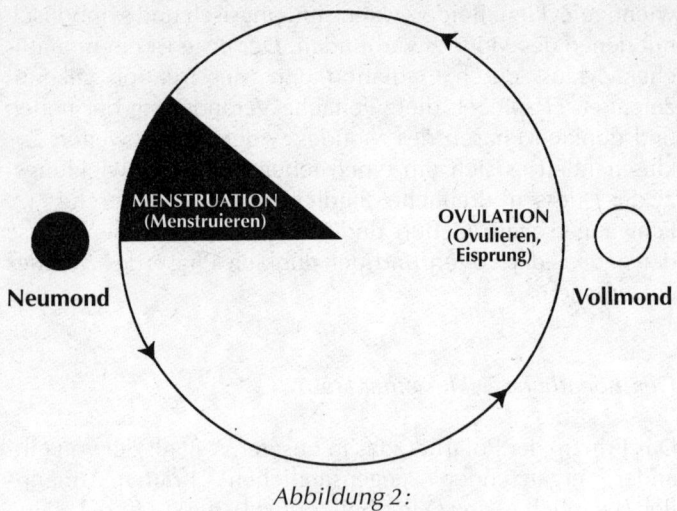

Abbildung 2:
Der monatliche Menstruationszyklus

Der Hormonzyklus beginnt mit dem zunehmenden Sichelmond. Zu dieser Zeit schüttet die Hypophyse (Hirnanhang-
drüse) follikelstimulierende Hormone (FSH) in das Blut aus.
Das stimuliert die Eizellen, in den Eierstöcken heranzureifen
und gibt das Signal für die Produktion von Östrogen. Der an-
steigende Östrogenspiegel zieht einen Gewebeaufbau in der
Gebärmutter sowie eine verstärkte Blutversorgung des Uterus
nach sich. Während dieser Zeit nutzt der Körper die Nahrung
auf aufbauende und assimilierende Weise; daher fühlen sich
Frauen jetzt energiegeladener, optimistischer und emotional
überschwenglicher oder emotional beweglicher. Dies ist eine
sehr kraftvolle Zeit; Frauen können dieses Energiehoch nutzen, indem sie Risiken eingehen und Aktionen initiieren, um
Dinge in Gang zu setzen.

Bei Vollmond erreicht der Östrogenspiegel seinen Spitzen-
wert. Dies blockiert die weitere Produktion von FSH. Statt
dessen stellt die Hypophyse nun luteinisierendes Hormon

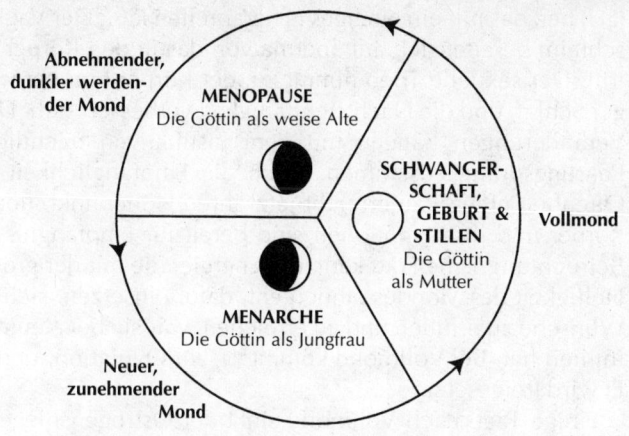

Abbildung 3:
Der lebenslange Blutzyklus der Frau

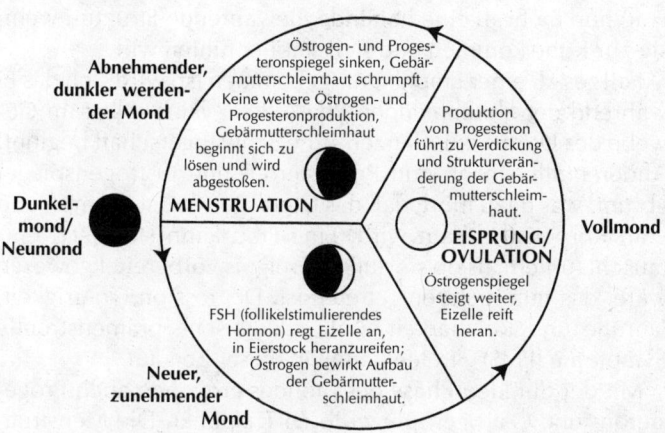

Abbildung 4:
Der Menstruationszyklus und die Mondphasen

(LH) her, das nur ein einziges Ei heranreifen läßt. Der Vaginal-schleim bereitet sich auf Sperma vor, das in den Körper ein-tritt. Der sexuelle Trieb nimmt zu, der Körper braucht weni-ger Schlaf, und die Nachtsichtfähigkeit verbessert sich. Diese Veränderungen hängen mit dem instinktiven nächtlichen Paarungsdrang zusammen. Auch die Empfänglichkeit und Offenheit einer Frau erreicht jetzt ihren Höhepunkt, und ihr Körper und ihre Emotionen sind bereit für Empfängnis und Befruchtung. Eine Frau kann die Energie, die mit der größten Helligkeit des Mondes einhergeht, dafür einsetzen, sich ihre Wünsche zu erfüllen und zu erreichen, was sie bei Neumond initiiert hat. Bei Vollmond kommt es zur Ovulation, und das Ei wird freigesetzt.

Einige Tage nach Vollmond sinkt der Östrogenspiegel ra-pide, aber nun wird Progesteron, ein anderes Hormon, in den Eierstöcken produziert und beginnt zu überwiegen. Die kom-binierte Wirkung dieser beiden Hormone produziert ein noch größeres Wachstum von dickem, schwammähnlichem, blutreichem Gewebe im Uterus, das ein befruchtetes Ei näh-ren kann. Emotional gesehen wandelt sich die Energie einer Frau nun mehr in eine haltende, bewahrende Struktur, wenn sie zur Ruhe kommen und sich stabiler fühlen will.

Falls es zu einer Empfängnis gekommen ist, wird sich das Ei während der abnehmenden Phase des Zyklus selbst im Ge-webe des Uterus einpflanzen – die Schwangerschaft beginnt. Anderenfalls sinken nun Progesteron- und Östrogenspiegel abrupt, was dazu führt, daß das Uterusgewebe schrumpft und vom Körper abgebaut wird. Eine Frau kann sich jetzt ent-täuscht fühlen, als ob sie auf ein Ereignis vorbereitet gewesen wäre, das nun nicht eingetreten ist. Depression, Traurigkeit, Unruhe und Reizbarkeit – alles klassische prämenstruelle Symptome (PMS) – treten häufig in dieser Zeit auf.

Mit der dunklen Phase des Mondes erreichen auch Proge-steron- und Östrogenspiegel ihren Tiefpunkt. Die Menstrua-tion setzt ein, während der Körper das abgelöste, überflüssige Gebärmuttergewebe abstößt. Der Blutfluß ist ein Zeichen von dynamischer Transformation: Was aufgebaut wurde, zerfällt nun und wird freigesetzt. In der dunklen Phase des Mondes wendet sich eine Frau emotional und körperlich nach innen. Sie sehnt sich nach Schlaf, interessiert sich wenig für äußere Angelegenheiten und verspürt den Drang, sich in die Stille und in die ruhige Erneuerung ihrer Blutungszeit zurückzuziehen. Beim abnehmenden Mond sind die übersinnlichen Fähigkeiten einer Frau gesteigert. Dies ist eine sehr günstige Zeit, um sich für alle möglichen inneren Arbeiten zu engagieren, und es ist auch eine Zeit, in der eine Frau den alten Zyklus vollenden, freigeben und loslassen kann.

Die beiden Pole von Ovulation und Menstruation im weiblichen Zyklus entsprechen dem maximalen Licht der vollen und der maximalen Dunkelheit der dunklen Phase des Mondzyklus. Die Emotionen einer Frau und die Art von Sexualität, nach der sie sich sehnt, verändern sich entsprechend diesem rhythmischen Muster.

So wie der Vollmond für die Aufnahme der maximalen Menge an Sonnenlicht am empfänglichsten ist, fühlt sich eine Frau zur dem Vollmond entsprechenden Zeit ihres Eisprungs am offensten, am anziehendsten und am nährendsten anderen gegenüber. Ihre Sexualität drückt sich aus als Wunsch, sich dem Werben des Partners hinzugeben und die vaginale Penetration zu genießen. Diese durch hormonelle Vorgänge beeinflußten Gefühle fördern die sexuelle Vereinigung. Dies ist die fruchtbarste Zeit im Monat, in der Sexualität zu Empfängnis führen und dadurch zum Erhalt der Spezies beitragen kann.

In den Göttinnen-Überlieferungen wurden diese Qualitäten der weiblichen Natur als Weiße Göttin personifiziert. Der Aspekt der weißen Göttin der Ovulation, wie er von Frauen verkörpert wird, die ihre Sexualität zur Anziehung, Befruchtung, Geburt, Pflege und Erziehung einsetzen, wird innerhalb der westlichen Kultur am meisten akzeptiert.

Im Gegensatz dazu ist der Energiefluß einer Frau in der Menstruationsphase, die der Dunkelmondphase entspricht, nicht mehr nach außen auf die Einheit mit dem Anderen, sondern vorrangig nach innen gerichtet. Sie fühlt nun eher das Bedürfnis, für sich selbst zu sorgen, und sie möchte sich von den Anforderungen und Erwartungen der anderen Menschen in ihrem Leben zurückziehen. Ihr sexuelles Begehren erreicht kurz vor der Menstruation seinen Höhepunkt. Zu dieser Zeit kann sie multiorgasmisch sein, und sie masturbiert nun wahrscheinlich mehr als sonst. Sexuelle Erfahrungen zeichnen sich durch Initiative aus, sie ist feurig und bestimmt – ganz gleich, ob mit sich selbst oder mit einem Partner. Die klitorale Stimulation empfindet sie jetzt als intensiver, angenehmer und befriedigender als die vaginale Penetration, und diese Art von Sexualität muß nicht notwendigerweise zur Fortpflanzung führen. Während der Menstruation kann die Kraft der erotischen Sexualität einer Frau eher für Transformation, Erneuerung, Weissagung, Heilung und Magie eingesetzt werden als für die Fortpflanzung. Die gesamten Qualitäten dieses Menstruationspols im Zyklus einer Frau – der Zeit, in der sie selbstbestimmt, kompromißlos, kraftvoll und unpersönlich ist – finden sich in der Vorstellung von der Dunklen Göttin wieder.

Die patriarchale Denkweise, die Licht und Wachstum mit dem Guten, Schwärze und Zerfall jedoch mit dem Bösen gleichsetzt, hat zu einer Spaltung in unserer Wahrnehmung der beiden Aspekte des emotional-sexuellen Zyklus einer Frau geführt. Das empfängliche, hingebungsvolle, auf den Eisprung ausgerichtete Weibliche wurde zu einem Symbol der wünschenswerten Eigenschaften einer idealen Weiblichkeit. Dem feurigen, bestimmten, menstruierenden Weiblichen jedoch, das selbstbestimmt und nicht auf Schwangerschaft ausgerichtet ist, wurde alles, was unerwünscht und für Männer bedrohlich war, zugeschrieben. In dem Maße, in dem das Patriarchat die erotische Sexualität der dunklen Zeit des Mondes zunehmend fürchtete, versuchte es, Frauen von dieser Quelle ihrer Kraft zu trennen. Menstruierende Frauen wurden als »hysterisch« beschimpft und als »Huren«, als »wütende, irrationale Furien« verleumdet, während sie den »ekelhaften«, »unreinen« »Fluch« hatten. Wir wollen uns nun die weiblichen Menstruationsmysterien, die mit der dunklen Phase des Mondes verbunden sind, genauer ansehen.

Das englische Wort »blessing« (dt. Segen, Wohltat, Gnade) kommt von dem alten englischen Wort *bloedsen* oder »bleeding« (bluten). Die Mehrzahl von Worten, welche die Menschen der Frühzeit für »Menstruation« verwendeten, ehren die Menstruation und bedeuteten so etwas wie »geheiligt«, »übernatürlich« und »Gottheit«. Damals glaubten die Menschen, daß das Geheimnis der Schöpfung im Menstruationsblut einer Frau wohne, das in Harmonie mit dem Mond floß. Wenn sie diese mächtige Lebenskraft in sich zurückbehielt, gerann es, um daraus ein Baby zu formen. Daher wurden die Toten häufig mit rotem Ocker eingerieben, als Symbol für das lebensspendende Menstruationsblut von Mutter Erde, das eine körperliche Wiedergeburt garantieren konnte. Das Menstruationsblut wurde auch der »übernatürliche rote Wein« genannt, den Hera den Göttern gab, um ihnen Langlebigkeit und sogar Unsterblichkeit zu verleihen. Frauen mischten ihr Menstruationsblut mit Samenkörnern, um es fruchtbar zu machen, und schützten ihre Saat, indem sie um die Felder wanderten, wenn sie menstruierten. Das Blut der ersten Menstruation eines Mädchens wurde als kraftvolles Heilelixier angesehen, und es wurde behauptet, daß es unheilbare Krankheiten wie Lepra heilen könne.[7]

In den Zeiten der alten Kulturen, in denen die Göttin verehrt wurde, verstand man, daß die Zeit der Menstruation für eine Frau die kraftvollste Zeit des Monats ist, wenn ihre psychischen und spirituellen Energien am stärksten sensibilisiert sind. Die Priesterinnen der großen Orakelzentren zu Delphi (das griechische Wort *delphus* bedeutet Gebärmutter) prophezeiten einmal im Monat während ihrer Mondzeit. Hysterie, heutzutage angeblich ein außerhalb der eigenen Kontrolle liegender Zustand von Irrationalität und Verrücktheit, der menstruierenden Frauen zugeschrieben wurde, kommt von einem anderen griechischen Wort für Gebärmutterbewußtsein – *hustera*. In früheren Zeiten war »Hysterie« der Zustand der schamanischen Besessenheit und ekstatischen Trance – ein Zustand, den Frauen während ihrer Menstruationszeit kultivierten, um die Vision oder Prophezeiung zu empfangen.

Das Blut auf den frühesten Altären war Menstruationsblut, nicht das Opferblut von Tieren oder Menschen, und es wurde in Ritualen zur Heilung, Magie und Prophezeiung verwendet. Die Sexualität, die während der Menstruationszeit stattfand, wurde als heilig angesehen und in feierlichen Zeremonien benutzt, um Ekstase, Regeneration und spirituelle Erleuchtung herbeizuführen.

Wenn der Mond jeden Monat verschwand, sagte man von ihm, er habe seine Periode. Das Wort Sabbat bedeutete ursprünglich einen Tag der Ruhe, wenn die Göttin menstruierte. Dem Beispiel des Mondes folgend zogen sich die Frauen während der Zeit, in der sie bluteten, in Menstruationshütten zurück, um mit den Gottheiten durch Meditation, Gebet und Rituale kommunizieren zu können – auf der Suche nach Heilung, Wahrheit und Erneuerung.

Wie konnte es dazu kommen, daß der Segen der Menstruation zu einem »Fluch« wurde, zu den verfluchten »Tagen« – gefürchtet, verachtet und tabuisiert, einer Quelle von Scham und Peinlichkeit für Frauen? Die Menstruationsmysterien waren ein wesentliches Kernstück der Göttinnenreligion, geschützt und verborgen vor den neugierigen Augen der Uneingeweihten. Frauen nutzten das Aufwallen der kraftvollen sexuellen Energie, das mit der Menstruation einherging, weder für den Dienst an Männern noch für die Fortpflanzung. Als das Gesellschaftssystem des Patriarchats seine Macht festigte, legten Männer eine fast panische Angst vor menstruierenden Frauen und auch vor Menstruationsblut und dem Blut, das bei Geburten floß, an den Tag. Menstruierende Frauen wurden als unrein und gefährlich definiert, und sie galten als Bedrohung für die Gesellschaft.

Eine Unmenge von Tabus wurde errichtet, um Männer vor der feurigen, bestimmten, autoerotischen Natur des dunklen Weiblichen zu schützen und Frauen der sexuellen, psychischen und magischen Kräfte ihrer dunklen Mondzeit zu berauben. Es hieß, ein Mann würde erkranken – besonders an Geschlechtskrankheiten –, hätte er Sex mit einer menstruierenden Frau, und ein Kind, das während der Menstruation empfangen würde, käme mißgebildet oder als Dämon zur Welt. Alle Arten von Krankheit und Unglück wurden einer zufälligen Begegnung mit einer menstruierenden Frau zugeschrieben. Im Mittelalter verboten viele Kirchengesetze einer menstruierenden Frau, eine Kirche zu betreten, damit sie sie nicht mit ihrer Unreinheit entweihe.

Das führte dazu, daß eine Frau während ihrer nun »gefährlichen« Zeiten in den Rückzug gezwungen, geächtet und aus der Gesellschaft verbannt und in ihrem Kontakt zur Außenwelt begrenzt wurde. Es war ihr verboten, Lebensmittel zu berühren, damit sie sie nicht verunreinige. Es war ihr nicht erlaubt, ihr Haar zu waschen oder zu kämmen, denn man glaubte, die Macht ihrer Magie wohne in ihrem Haar. Menstruierende Frauen wurden aus den Dörfern in den Busch vertrieben, wo sie für sich selbst sorgen mußten. Sie wurden als unrein und schmutzig beschimpft und zum Gegenstand des Abscheus, sie waren eine Bedrohung für den Mann, seine Gesetze und seine Götter.

Diese kollektive Konditionierung hat dazu geführt, daß die Erinnerungen der Frauen an die Magie ihrer Mondzeiten ausgelöscht wurden. Frauen fühlen sich nun beschämt, gereizt und angeekelt von dem Schmerz und der Demütigung ihres Menstruationsblutes, das ursprünglich einmal als Quelle allen Lebens bekannt war.

Wenn eine Frau heutzutage menstruiert, wird sie von der Gesellschaft mehr oder weniger gezwungen, diesen zentralen Aspekt ihres Wesens zu verstecken und zu verleugnen. All diese Botschaften tragen dazu bei, daß Frauen und die Gesellschaft die natürlichen und periodisch wiederkehrenden Körperfunktionen leugnen. Das führt dann dazu, daß eine Frau glaubt, ihre Menstruation sei schlecht, negativ, schmutzig und unerwünscht. Zu dieser Zeit des Monats wird sie sexuell zurückgewiesen, und ihr wird gesagt, sie sei ekelhaft. Ihr Selbstvertrauen und ihre Selbstannahme werden unterminiert, und sie assoziiert ihre Periode mit Einschränkung, einem Mangel an Freiheit und Spaß. Die Gesellschaft hat die natürliche Kraft und Stärke der Frauen zur Zeit ihrer Menstruation in eine selbstzerstörerische Psychologie umgeformt.

Genau diese Verleugnung und Ablehnung der Menstruation spielt eine wesentliche Rolle für den qualvollen Schmerz und das heftige Unbehagen, das viele Frauen vor und während ihrer Periode erleben. Die unterdrückte Wut über die Zurückweisung und die Entwürdigung eines wesentlichen Aspekts der weiblichen Natur, der in Wahrheit aber der Sitz ihrer persönlichen Kraft ist, wird nach innen gerichtet. Diese Gewalt fügen Frauen dann sich selbst zu, und diese Gewalt verletzt. Frauen erleben diese unbewußte gegen sich selbst gerichtete Wut als körperlichen Schmerz: als Krämpfe, Aufgeblähtsein, Lethargie, emotionale Reizbarkeit, Depression, schlechte Laune und Überempfindlichkeit.

Esther Harding weist darauf hin, daß einer der Gründe für die mit der Menstruation zusammenhängenden »Behinderungen« und PMS heute darin besteht, daß die moderne Kultur keine Menstruationsrituale mehr bereithält und vorsieht. Menstruation ist einfach nur die private Bürde einer jeden einzelnen Frau, die Zeit, in der sie allein leidet und die sie allein erträgt; Menstruation hat überhaupt keinen positiven Wert oder positive Bedeutung.[8] Frauen sind des Rückzugs in die alten Menstruationshütten beraubt worden, wo sie mit ihrem inneren Wesen in Kontakt treten konnten, wo sie sich einstimmen konnten auf kosmische Zyklen und das geheime Wissen teilen konnten, das in der Gemeinschaft mit anderen blutenden Frauen untereinander weitergegeben wurde.

Damit sie ihre Menstruationskraft wieder zurückgewinnen und ihre Körper von Menstruationsschmerzen befreien können, müssen Frauen dem Zyklus des verschwindenden dunklen Mondes folgen und sich während ihrer heiligen Zeit des Monats freiwillig zurückziehen. Die instinktive Anziehungskraft, der »Sog« der dunklen Mondphase besteht darin, sich freiwillig von den Ansprüchen anderer und von weltlichen Erwartungen zurückzuziehen, so daß eine Frau in tieferen Kontakt mit ihrem eigenen Selbst und der inneren Welt treten kann.

In der Zeit ihrer Menstruation kann eine Frau am leichtesten Zugang zu den Vorgängen in ihrem Innenleben und den Kräften der Psyche erhalten. Die schweren, schlafähnlichen Qualitäten der Menstruationszeit helfen einer Frau, tiefe meditative Zustände zu erreichen. Durch ihre Träume kann sie Informationen über ihren Körper und ihren Geist erhalten. Das heftige körperliche Verlangen nach Ruhe und Rückzug in die Stille ist eine Bewegung auf den Reichtum der inneren schöpferischen Energie zu, die zu dieser Zeit am größten ist. Frauen haben die Gelegenheit, diese psychische Energie in einen Fluß kreativer Inspiration zu verwandeln. Dieser Rückzug von der Außenwelt fördert die Schaffung eines heiligen Raumes, in dem eine Frau die Gaben der Menstruation empfangen kann: Meditation, Träume, Prophezeiungen, Körperweisheit, Heilung, Regeneration und heilige Sexualität. In einer Gesellschaft, die die speziellen Bedürfnisse von Frauen während deren menstruellen Dunkelmond-Zeiten verleugnet und für ungültig erklärt, sind Bewußtsein und Anstrengung nötig, um in den Rückzug zu gehen.

Der lebenslange Zyklus einer Frau

Zusätzlich zu einem monatlichen Zyklus von Ovulation und Menstruation, der den zweifachen Wechsel der hellen und dunklen Phasen des Mondes widerspiegelt, besitzen Frauen noch einen weiteren wichtigen sexuellen Zyklus. Er wirkt ihr ganzes Leben hindurch. Dieser lebenslange Zyklus ist eine Reflexion der neuen, vollen und dunklen Mondphase. Die Menschen der Frühzeit personifizierten diese drei Phasen als die Dreifache Mondgöttin, die sich als Jungfrau, als Mutter und alte Frau manifestierte. Die drei Aspekte der Mondgöttin entsprechen den drei Stadien im Leben einer Frau: der Menarche, der Triade von Schwangerschaft, Geburt und Erziehung und der Menopause. Dieses sind die großen Blutmysterien im weiblichen Leben.

Der zunehmende Neumond wurde bei den Alten als jungfräuliche Göttin personifiziert, wie es Artemis, Athene und Hebe sind, deren Wesen dem eines Mädchens ähnelt. Diese Neumondphase spiegelte das Wachstum eines jungen Mädchens wider und gipfelte im ersten Blutmysterium, das die Frau erlebt: die Menarche – das Einsetzen der ersten Menstruation eines Mädchens.

Die Menarche symbolisiert die Unschuld, die Hoffnung und den Optimismus eines jungen Mädchens, das nun anfängt, Menstruationskraft zu besitzen. In den alten Kulturen und in jenen der Gegenwart, in denen man sich noch an Fragmente des alten Wissens erinnert, wurde der Anlaß der ersten Blutung eines Mädchens feierlich mit einem Ritual begangen, und es wurde dann von der Gemeinschaft gefeiert und beschenkt. Ein häufig vollzogenes Initiationsritual bestand darin, daß sich das junge Mädchen in freiwillige Abgeschiedenheit zurückzog, wo es auf eine Vision wartete. Die Menarche als Übergangsritual markierte den Übergang von der Kindheit und die Initiation in die Geheimnisse des Frauseins.

Die Menarche zeigt an, daß der Zyklus von Ovulation und Menstruation im Körper einer jungen Frau zu wirken begonnen hat. Sie ist nun fähig, ein Kind zu empfangen. Es ist auch ein Zeichen dafür, daß sie nun alt genug ist, um sexuell aktiv zu sein. Der Fluß ihres Blutes symbolisiert gleichzeitig, daß die Ströme ihrer psychischen Energie nun aktiviert sind und entwickelt werden können. Heutzutage wird dieses bedeutende Ereignis im Leben einer Frau meistens ignoriert. Vielleicht wird darüber im Badezimmer geflüstert, wenn eine verlegene oder sogar peinlich berührte Mutter ihrer verwirrten und oft auch erschreckten oder verängstigten Tochter den Ort der versteckt aufbewahrten Menstruationsbinden verrät.

So wie der Mond zum Vollmond wächst, reift das junge Mädchen zur vollentwickelten, sexuell reifen Frau heran. Die Vollmondphase, wie sie als Muttergöttin durch Demeter, Isis und Hera dargestellt wird, ist während der mittleren Jahre im Leben einer Frau am einflußreichsten, wenn ihr Körper darauf eingestellt ist, Kinder zu gebären und großzuziehen. Der

Vollmond entspricht der nächsten Entwicklungsphase im Leben einer Frau. In dieser Phase sind die Funktionen ihres Körpers und ihrer Emotionen auf das zweite Blutmysterium ausgerichtet: auf den Zyklus von Schwangerschaft, Geburt und Stillen. In diesem Mysterium wurde die Frau gleichsam als ein Wunder angesehen, weil sie sich dafür entschied, neues Leben zu schöpfen, ihr Lebensblut zu einem Kind zu transformieren und anschließend zu der Milch, um es zu stillen.

Eine Frau kann in die Vollmond-Mutterphase ihres Lebenszyklus eintreten, ohne ein physisches Kind geboren zu haben. Statt dessen läßt sie vielleicht die sorglose, selbstbestimmte Unschuld des jungen Mädchens hinter sich, indem sie die Verantwortung für einen Beruf und den Aufbau einer Karriere, für eine feste Beziehung, die Mit-Elternschaft für das Kind ihres Partners oder den Kauf eines Hauses übernimmt. Sie widmet die nächste Phase ihres Lebens der Pflege und dem Erhalt der geistigen und kreativen Kinder, die sie hervorbringt.

Während das Patriarchat das Bild der schwangeren Mutter idealisierte, rief die Realität ihrer Körperfunktionen irrationale Furcht hervor. Heutzutage wird das gesamte Spektrum von Schwangerschaft, Geburt und Stillen herabgesetzt, ist mit Scham erfüllt und verborgen. Frauen wird der volle Zugang zu notwendigen Informationen verweigert, und es werden ihnen sogar schädliche und unrichtige Ratschläge bezüglich ihrer Fortpflanzungsorgane gegeben. Die Entmutigung und Peinlichkeit im Zusammenhang mit dem Stillen, die Verweigerung von Unterstützung durch weibliche Hebammen während der Geburt, die obligatorisch im Krankenhaus erfolgt, was den Einsatz von Medikamenten, Spritzen, Halterungen und chirurgisch vorgenommenen Dammschnitten fördert; die starke Zunahme von häufig unnötigen Kaiserschnitten, Hysterektomien (Gebärmutterentfernungen), Mastektomien (Brustamputationen) und die Beschränkung von Abtreibungen bis hin zum Abtreibungsverbot – das Recht einer Frau auf Selbstbestimmung und Kontrolle ihrer Fortpflanzung – das sind nur einige Beispiele dafür, wie patriarchale Kulturen

Frauen eine natürliche Beziehung zu ihren eigenen Fortpflanzungsorganen – dem Kern ihrer weiblichen Vollmacht – verweigert haben und immer noch verweigern.

Und der abnehmende dunkle Mond, wie er sich in der Vorstellung von der Göttin in ihrem Aspekt als alter weiser Frau,
z. B. in Hekate und Kali, widerspiegelt, wurde als vorherr-
schende Kraft der letzten Jahre, wenn die Menstruation seltener geworden ist und schließlich ganz ausbleibt, gesehen.
Dann kommt eine Frau in die Menopause, das dritte große
Blutmysterium in ihrem Leben. Die Menschen des Altertums
glaubten, daß eine Frau nach der Menopause ihr »weises«
Blut zurückhielt und den Höhepunkt ihrer Macht als Inhabe-
rin der Weisheit erreichte. In früheren Kulturen initiierte man
Frauen mit diesem Übergangsritual in ihre Rolle als Älteste
der Gemeinschaft, die man um Rat ersuchte, als Seherin, an
die man sich um Prophezeiungen wandte, und als Heilerin,
die die Kranken pflegte. Die alte Weise half den Neuen, geboren zu werden und den Alten zu sterben.

Für die meisten Frauen beginnt diese »Lebensveränderung« ungefähr mit 50 Jahren. Aufgrund der höheren Lebens-
erwartung können Frauen heutzutage damit rechnen, nach
diesem »Wechsel« noch weitere 25 Jahre zu leben – also beinahe ein Drittel ihres Lebens. Biologisch gesehen beginnt für
eine Frau die Phase als alte Weise, wenn sie das Alter hinter
sich hat, in dem sie noch Kinder bekommen kann. Für manche Frauen wird der Übergang in den Status der alten Frau
nicht unbedingt durch das Eintreten der Menopause bestimmt. Diese Entwicklungsstufe kann auch als psychologische Verfassung sichtbar werden, wenn eine Frau die Ernte
der Weisheit einzubringen beginnt, die aus all ihren unterschiedlichen Lebenserfahrungen stammt. Wann immer eine
Frau letztendlich an ihre eigenen Bedürfnisse zu denken vermag, nachdem sie sich jahrelang vor allem auf die Bedürfnisse ihrer Kinder, ihrer Familie, ihrer Beziehungspartner
oder ihres Berufes konzentriert hat, tritt sie in das dritte große
Mysterium ihres Lebenszyklus ein.

Bis vor kurzem war unser Wissen über die Menopause sogar noch beschränkter, unzugänglicher und tabuisierter als das über die Menstruation. Das Patriarchat fürchtete die Macht des Weiblichen in Verbindung mit dessen Rolle beim Sterben, da solare Kosmologien das Weibliche von seinen Kräften der Wiedergeburt abtrennten. Die weise Alte wurde zur häßlichen Hexe, zur alten Vettel, zur todbringenden Greisin und zur modernen Stadtstreicherin. Es ist dieses entsetzliche Bild, das in der patriarchalischen Kultur unsere Haltung gegenüber der älteren Frau in den Jahren ihrer Menopause geprägt hat, indem wir sie als abstoßende und unerwünschte Kreatur sehen. Weil ihr Körper die Merkmale des Alterns zeigt, wird eine Frau in der Menopause verspottet, fallengelassen, ignoriert, weggesperrt, gefeuert, geschieden und verlassen. Kein Wunder, daß viele Frauen diesem Stadium ihres Lebens mit Bangigkeit und Besorgnis entgegensehen.

Auf diese Weise wurde die Menschheit der natürlichen Weisheit der alten Frau beraubt, eines Glaubenssystems, das eine Bedrohung für die patriarchalischen Religionen bildete. Das negative Selbstbild, das mit der Menopause assoziiert wird, diente auch dazu, daß Frauen sich selbst von einer Quelle ihrer Schöpferkraft abschnitten, die nicht auf Mutterschaft ausgerichtet war. Wenn Frauen mit den Veränderungen in ihrem Körper konfrontiert sind, die nicht von der Gesellschaft wertgeschätzt werden, ist es wichtig, daran zu denken, daß es kein Wachstum ohne Veränderung gibt. Der natürliche Alterungsprozeß des Körpers regt die biochemische Reifung der übersinnlichen Gaben der älteren Frau an. Indem wir beginnen, die dunkle alte Göttin der Menopause wieder zu ehren, werden ihre Lehren uns helfen, uns von unseren Ängsten vor Veränderung und Übergang, vor dem Altern und dem Tod zu befreien.

*Der progressive Mond und der lebenslange Fortpflanzungs-
zyklus einer Frau*

So wie der Rhythmus des monatlichen Zyklus des Mondes
sich im monatlichen Fluß des Menstruationsblutes einer Frau
widerspiegelt, spiegeln die lebenslangen Zyklen des progressiven Mondes die zeitliche Auslösung der das gesamte Leben
hindurch stattfindenden Veränderungen im Fortpflanzungs-
zyklus einer Frau wider.

Der progressive Mond, der sich ungefähr um 1° pro Monat
weiterbewegt, verbringt ungefähr 2 $\frac{1}{2}$ Jahre in jedem Zeichen, und er braucht 27 Jahre, um wieder den Tierkreisgrad
zu erreichen, auf dem er bei der Geburt stand. Die durch die
Progression erfolgende Wiederkehr des Mondes zu seiner
Geburtsstellung nennt man progressive Mondwiederkehr.
Wenn ein Mensch 81 Jahre alt wird, erlebt er dreimal eine
progressive Mondwiederkehr. Die erste Wiederkehr wird eintreten, wenn er oder sie ungefähr 27 Jahre alt ist, die zweite
mit 54 Jahren und die dritte mit 81 Jahren.

Wir sehen den dreifachen Rhythmus der Jahreszeiten im
Leben einer Frau als Jungfrau, Mutter und alte Frau auch in
den drei progressiven Mondzyklen im gesamten Leben einer
Frau widergespiegelt. Der progressive Mondzyklus ist beson-
ders bedeutungsvoll, wenn es um den emotionalen Druck
geht, den Frauen als direktes Ergebnis der Veränderung in der
Physiologie ihrer Fortpflanzungsorgane erfahren. Die halbe
Strecke in jedem Zyklus, wenn der progressive Mond in Op-
position zur Position des Radixmondes steht, ist ebenfalls ein
Schlüsselpunkt in der zeitlichen Auslösung der biologischen
Funktionen des Fruchtbarkeitszyklus und der entsprechen-
den emotionalen Reaktionen einer Frau.

Der erste progressive Mondzyklus dauert von der Geburt
bis zum 27. Lebensjahr und entspricht dem jungfräulichen
Stadium im Gesamtleben einer Frau. Die halbe Strecke ist im
Alter von 13 Jahren zurückgelegt. Das ist das Durchschnitts-
alter, in dem die Menarche, die erste Menstruation eines
Mädchens, einsetzt. Zu dieser Zeit wird ein junges Mädchen

mit den körperlichen Veränderungen zur Frau konfrontiert: mit dem Schwellen ihrer Brüste, dem Wachsen von Schamhaar und Achselhaar, und sie erlebt den periodischen Fluß ihres Blutes. Auf der emotionalen Ebene empfindet sie Stimmungsumschwünge und Launen, die von ihrem monatlichen Menstruationszyklus zeitlich ausgelöst werden, und sie fühlt die ersten Regungen ihres sexuellen Erwachens. Mit der ersten Opposition des progressiven Mondes zum Radixmond entsteht im jungen Mädchen ein biologisches Bewußtsein dessen, was es bedeutet, eine Frau zu sein.

Während die Menarche auf einer physiologischen Ebene die Möglichkeit einer Frau anzeigt, Mutter zu werden, bleiben viele Frauen psychologisch gesehen bis Ende Zwanzig weiterhin Jungfrauen. Bis dahin haben sie weiterhin das Gefühl, daß ihnen für die Zukunft unendlich viele Möglichkeiten offenstehen, und sie bleiben relativ frei von langdauernden Verantwortlichkeiten und Verpflichtungen. Manche Frauen werden in dieser Zeit Mutter, andere konzentrieren sich weiterhin auf ihre Ausbildung, beginnen ihre Karriere aufzubauen oder erforschen alternative Lebensweisen. Welche Wahl eine Frau bis dahin auch immer getroffen haben mag, alles kann oft noch leicht überdacht und verändert werden.

Im Alter von 27 Jahren, ein oder zwei Jahre vor der Saturnwiederkehr, kehrt der Mond an seine Geburtsposition zurück und beginnt seinen zweiten Zyklus. Dieser zweite Zyklus entspricht der Mutter-Phase im Leben einer Frau. Während die Saturnwiederkehr die Notwendigkeit forciert, Entscheidungen zu treffen, die die eigene Rolle innerhalb der Gesellschaft definieren, markiert die progressive Mondwiederkehr das Ticken der biologischen Uhr. Falls sie bis jetzt noch keine Kinder bekommen hat, fühlt sie nun häufig den plötzlich aufkeimenden Wunsch nach einem Baby. Die Physiologie ihres Fortpflanzungssystems drängt sie, sich zu entscheiden, ob sie Kinder gebären will oder nicht.

Eine Frau muß nun überprüfen, inwieweit ihr aktueller Lebensstil und ihre Werte die Möglichkeit, Kinder zu haben, unterstützen. Dieser Druck kann eine gefühlsmäßige Panik hervorrufen, einen geeigneten Partner zu finden, mit dem sie Kinder haben kann, Diskussionen mit einem nicht gewillten oder unsicheren Partner zu beschleunigen und den Weg in Betracht zu ziehen, alleinerziehende Mutter zu werden oder sich künstlich befruchten zu lassen. Vielleicht entscheidet sie sich dafür, keine Kinder zu haben, und widmet ihre nährende Energie statt dessen dem Aufbau einer beruflichen Karriere, einer Beziehung, einer sozialen Aufgabe oder dem kreativen Selbstausdruck.

Im Alter von ungefähr 41 Jahren hat der progressive Mond die halbe Strecke des zweiten progressiven Mondzyklus zurückgelegt. Für die meisten Frauen schließt die progressive Mondopposition mit Anfang Vierzig die Tür zur Empfängnis und damit zu der Möglichkeit, ein Kind zu gebären. Die Vitalität des Fortpflanzungssystems nimmt ab, und die Risiken während der Schwangerschaft werden größer, denn mit zunehmendem Alter steigt die Rate an Fehlgeburten, Geburtsschäden und Down-Syndromen. Auf emotionaler Ebene könnte sie nun ihre Entscheidung, keine Kinder haben zu wollen, bedauern und sich mit der Trauer, die sie möglicherweise darüber empfindet, daß sie in ihrem Leben niemals die Erfahrung der Mutterschaft machen wird, auseinandersetzen.

Von der progressiven Mondopposition mit 41 Jahren bis zur nächsten progressiven Mondwiederkehr mit ungefähr 54 Jahren erreicht eine Frau häufig den Höhepunkt ihrer Rolle als Mutter und erlangt ihre größte Kraft und Einfluß in ihrem Beruf, ihrer Gemeinde oder im kreativen Selbstausdruck. Sie wird nun auch mit den ersten Veränderungen in ihrem Körper konfrontiert, durch die sie von der Mutter zur alten Frau werden wird. Während eine Frau menstruiert, steigt das Östrogen weiterhin im Blut an und nimmt weiterhin ab, wobei es beim Eisprung seinen Gipfel erreicht und bei der Menstruation abebbt. Ab dem Alter von 40 Jahren beginnt der Östrogenspiegel sich einzupegeln und sich auf einem niedrigeren Spiegel zu stabilisieren. Es kommt weniger häufig zu einer Ovulation, und die Perioden treten eher in unregelmäßigen

Abständen ein. Im Alter von ungefähr 50 Jahren stellen die Eierstöcke beinahe die gesamte Östrogenproduktion ein, und Ovulation sowie Menstruation hören ganz auf.

Der dritte progressive Mondzyklus beginnt mit ungefähr 54 Jahren und initiiert die Lebensphase als alte Frau. Das Tor zu dieser Lebensphase ist die Menopause. So wie die Blüte sich in sich selbst zusammenfaltet, um die Frucht zu formen, beginnt das Leben einer Frau sich gleichsam nun in sie selbst zurückzufalten. Ihr Körper beginnt sich an den gesunkenen Östrogenspiegel und an andere hormonelle Veränderungen anzupassen, wenn sie schließlich in die dritte Phase ihres Lebens eintritt. Es ist schwer, zwischen Anzeichen der Menopause und den Anzeichen des Alterns zu unterscheiden; die Menopause selbst ist ein Zeichen für den Alterungsprozeß des weiblichen Fortpflanzungssystems.[9]

Für das Einsetzen der Menopause gibt es viele biologische Symptome: Hitzewallungen, Nachtschweiß, das Dünnerwerden der Vaginalwände, Gesichtshaare, Falten, Leberflecken, Muttermale, dünner werdendes und ergrauendes Kopf- und Schamhaar, eine tiefere Stimme, verminderter Muskeltonus, Gewichtszunahme, Knochenschwund (Osteoporose). Indem Frauen diese körperlichen Veränderungen an sich wahrnehmen, die dazu führen, daß sie verspottet, verächtlich und lächerlich gemacht und von der Gesellschaft zurückgewiesen werden, können ihre emotionalen Reaktionen sie häufig in eine tiefe Verzweiflung, eine Mischung aus Unsicherheit, Scham und Machtlosigkeit stürzen.

Während dieses abschließenden progressiven Mondzyklus segnet die Mondgöttin in ihrem Aspekt als Greisin das Leben einer Frau mit Enkeln, die sie lieben kann, ohne mehr für all die Arbeit verantwortlich zu sein. Die Anthropologin Margaret Mead hat darauf hingewiesen, daß die größte schöpferische Kraft in der Welt eine schwungvolle, lebensfrohe Frau in der Menopause ist.[10] Der Mond in seinem Aspekt als alte Frau befähigt sie, ihre Saat der Weisheit, die sie symbolisch in ihrem zurückgehaltenen Menstruationsblut findet, zu ernten und zu assimilieren.

Die Zyklen des Mondes sind also eng mit den Zyklen der weiblichen Sexualität und den weiblichen Fortpflanzungsorganen verbunden. Dieser Energiefluß wird in den Phasen des Mondzyklus dargestellt, verkörpert durch die Große Göttin, die auch in den Körpern der Frauen pulsiert. Der Mond als das göttliche Weibliche wurde von den Menschen des Altertums in seiner neuen, vollen und dunklen Phase als Dreifache Göttin verehrt, die die Mysterien von Geburt, Leben und Tod regierte.

Der Symbolismus der dunklen Phase des Mondes, Domäne der Göttin in ihrem Aspekt als Dunkle Alte, als Muse der Menstruation und Menopause, enthält das größte Geheimnis von allen: das der Regeneration. Die Schlange, die ihre Haut abstreift und sich wie der zunehmende und abnehmende Mond selbst erneuert, galt als Verkörperung der Wahrheit von Tod und Wiedergeburt – die transformative Kraft der weiblichen Energie. Die Macht des Weiblichen, wie sie vom Mond symbolisiert wird, ist keine patriarchal definierte Macht, also keine »Macht über«. Es ist vielmehr die Macht zur Transformation, eine Sache in etwas anderes zu verwandeln.

Diese Macht, etwas zu verändern und zu transformieren, wird durch den Fluß des weiblichen Blutes, durch die Fortpflanzungsorgane der Frau weitergetragen. Es ist der Fluß des Blutes einer Frau, der das Kind nährt und aufbaut, während es in der Gebärmutter ist, das Blut, das sich dann in die Milch verwandelt, die aus ihren Brüsten fließt, um dieses neue Leben zu erhalten. Es ist der Fluß ihres Blutes, der auch die übersinnlichen, heilenden, rituellen und regenerativen Gaben enthält. Wenn das weise Blut einer Frau aufhört zu fließen, wird ihre emotionale und geistige Weisheit uns zu jeder Zeit bekannt gemacht, nicht nur einige Tage pro Monat. In der Zeit, in der jede Frau monatlich menstruiert, und nach der Menopause kann sie am besten mit dem in Kontakt treten, was Vicki Noble die »Kundalini (Schlangen)-Shakti-Energie«[11] nennt, die für tiefe Einsicht, Heilung, heilige Sexualität und spirituelle Erleuchtung genutzt werden kann.

Dies sind die Lehren, die die Königin der Nacht für Frauen bereithält. Der Weg zur Wiederinanspruchnahme unserer Macht, zur Herstellung und zum Erhalt unserer Gesundheit, wodurch sich unsere Fähigkeit vergrößert, im Fluß und in einem Zustand der Gnade zu sein, besteht darin, unser Blut zu ehren. Wir sollten das erste Blut unserer Tochter durch eine Feier ehren. Wir sollten unsere monatliche Blutung durch das Ritualisieren der Erfahrung ehren, uns nach innen wenden, um zu meditieren, zu träumen, mit unserer Quelle zu kommunizieren und uns in uns selbst zu regenerieren. Wir müssen das Blut ehren, wenn es mit neuem Leben in unseren Körpern anschwillt, wenn es aus unseren Brüsten als Manna hervorströmt, wenn es aufhört zu fließen. Unsere Aufgabe ist es, das Blut der Frau als Quelle unserer Weisheit zu achten und dessen Macht zu aktivieren, um uns, unseren Beziehungen und der Welt Heilung und Erneuerung zu bringen.

M. Kelley Hunter
Die Mutter-Tochter-Bindung:
Eine kurze Forschungsreise durch
Mythologie und Astrologie

Sie sah in den Obsidian-Spiegel, der vor sie hingehalten wurde. Die glänzende schwarze Oberfläche schimmerte im Licht der Fackel. Ein dunkel schattiertes Gesicht wurde zu ihr zurückreflektiert, in der Maserung des Edelsteins von Ringen umgeben. Sie lächelte und nickte sich zu in Anerkennung für ihr tiefes geheimes Selbst, geschärft durch viele Jahre inneren Strebens, Suchens, Lebens, Fühlens. Das dunkle Gesicht lächelte zurück, und die alte Frau, die den Spiegel hielt, lächelte ebenfalls. »Die Wahrheit deines inneren Wesens enthüllt sich in ihrer ganzen Stärke und Schönheit«, sagte die Ältere.

Als Frauen haben wir nun ein besonderes Bedürfnis danach, unser Leben neu zu definieren und die alten Mythen neu zu erzählen, um sie unseren erneuerten Visionen anzupassen. Indem wir unsere Erfahrungen miteinander teilen, weben wir den Stoff unseres Lebens neu, während wir die vielfarbigen Fäden, die uns verbinden, halten und vorwärtstragen, zusammenziehen. Indem wir einander in unserem Wachstum unterstützen, spiegeln wir uns die Schönheit unseres wahren Wesens.

Mythen spiegeln in ihren Erzählungen und Nacherzählungen die Evolution der menschlichen Psyche wider. Im Reich der Mythen treffen wir auf die archetypischen, tieferliegenden Strömungen, die durch Raum und Zeit fließen und die gesamte Menschheit im Netz des Lebens verbinden. Ein Mythos ist ein weiblicher Ausdruck von Geschichte, der eher mit subjektiver Bedeutung denn mit Fakten und Daten verknüpft ist. Heutzutage, in einer Zeit, in der das göttliche Weibliche überall um uns herum wieder auftaucht, halten die Geschichten von den Göttinnen unserer Vorfahren eine besondere

Weisheit für uns bereit, die uns helfen kann, uns an unsere einzigartige schöpferische und lebenserhaltende Kraft als Frauen zu erinnern.

Astrologie ist eine Form von Mythos, eine Sprache aus Symbolen und Bildern, anhand derer wir über das Leben der Seele sprechen können. Durch eine solche Sprache verbinden wir unsere persönlichen Geschichten mit den die Ewigkeit überdauernden Geschichten, denn die Grammatik der Astrologie und die Charaktere des Mythos vermitteln die Kernerfahrungen des menschlichen Lebens, indem sie uns mit den unter der alltäglichen Oberfläche der Wirklichkeit liegenden, tieferen Schichten in Berührung bringen, die dann das Weltliche mit spiritueller Bedeutung erfüllen und erleuchten. Dies ist das Geschenk der weiblichen spirituellen Energie.

Ich möchte gerne Fäden der alten Mythen, persönliche Erfahrungen und die Sprache der Sterne miteinander verweben, um eine der heiligsten Bindungen – die zwischen Mutter und Tochter – zu erforschen. Die Kunst der Mutterschaft wird heutzutage schändlich unterbewertet. Mütter werden nicht mehr in dem Maße geehrt wie in vergangenen Zeitaltern, als die Große Mutter die universale und höchste Gottheit war, Spenderin und Erhalterin des Lebens. Lassen Sie uns diesen heiligen Dienst wieder an den ihm zustehenden zentralen Platz heben, um uns selbst, einander und die Erde, unseren Mutterplaneten, zu heilen. Auf diese Weise treten wir unser wahres Erbe an und bauen ein Vermächtnis für eine gesunde Zukunft auf.

... Mutter sein ist machtvoll. Wir wollten Mütter dazu anregen, daß sie erkennen, welche Rolle man sie als Vermittlerinnen und somit als Aufrechterhalterinnen der herrschenden Kultur zu spielen bat. Wir wollten ihnen helfen, auf neue Weise zu sehen, daß Mütter eine andere Kultur weitergeben können – Erbe statt Geschichte.[1]

Als wichtigste Beziehung zwischen Frauen kommt der Mutter-Tochter-Bindung eine besondere Bedeutung zu. Die Mutter ist die Lebensspenderin; sie formt nicht nur den Körper, sondern auch die frühesten psychischen Eindrücke des Kindes. Wie wir aus eigener Erfahrung und aus der zunehmenden Anzahl psychologischer Werke zu diesem Thema wissen, ist es eine universelle Wahrheit, daß die Mutter den größten Einfluß auf die Entwicklung des Kindes und dessen Selbstgefühl hat. Wenn es ein Mädchen ist, dann wird die Essenz von Weiblichkeit auf eine Weise weitergegeben, die Generationen von der Vergangenheit und in die Zukunft hinein umspannt. Durch unsere Beziehung zu unseren Müttern lernen wir von ihnen etwas über das Frausein, ebenso wie von ihren Gefühlen sich selbst gegenüber und daraus, wie sie ihre eigene Weiblichkeit zum Ausdruck bringen.

Innerhalb der Astrologie symbolisiert der Mond die Matrix der Mutter-Kind-Bindung. Mond entspricht Mutter und Kind. Der Mond trägt einige unserer tiefsten persönlichen Themen, denn er ist derjenige astronomische Körper, der der Erde am nächsten ist. Tatsächlich ist die Verbindung zwischen Erde und Mond eine symbiotische Beziehung wie die zwischen Mutter und Kind. Es gibt eine systembedingte gegenseitige Abhängigkeit, Erde und Mond beeinflussen sich gegenseitig. Während die Sonne als Zentrum des Sonnensystems auch das göttliche Kind ist und die zentralen Eigenschaften des eigenen Selbstbewußtseins, der Individualität und des Lebensziels trägt, reflektiert der Mond dieses wachsende Licht des Selbstbewußtseins in die täglichen Rhythmen des Lebens. Das Sonnenzeichen übernimmt den bewußten Ausdruck von Wachstum und Entwicklung, der Mond ist sogar schon vor der Geburt aktiv.

Der Mond beschreibt das grundlegende persönliche Fundament, das so eng an unsere Erfahrung mit der Mutter gebunden ist. Während es in der Gebärmutter heranwächst, nimmt das Kind Eindrücke und Nahrung von der Mutter auf, lebt sein Leben in ihr, nimmt Teil an ihren Rhythmen. Die Tochter ist ein Teil der Mutter; zuerst gibt es da keine Unterscheidung. Die Qualität dieser lunaren Impressionen vertieft sich nach der Geburt noch weiter, da das Kind weiterhin die Gefühle der Mutter erlebt, und durch die Art und Weise, wie die Mutter sich in den frühen Entwicklungsstadien jener ersten äußerst wichtigen Tage, Monate und Jahre auf ihr kleines Kind bezieht. Das Zeichen, in dem der Mond steht, und die Aspekte von anderen Planeten geben uns Informationen über unsere Beziehung zur Mutter, Hinweise auf frühe Familienmuster, die uns geprägt haben, auf die Art, wie wir automatisch auf unsere Umgebung und die Rhythmen unserer Wachstumszyklen reagieren. Der Mond und die Beziehung zwischen Sonne und Mond beschreiben die Qualität der Mutter-Kind-Bindung und den Pfad zu Wachstum und Sorge für sich selbst. Wie umfassend reagierte unsere Mutter auf unsere Bedürfnisse? Wie beeinflußten uns ihre Gefühle, Gedanken, Erinnerungen und sogar die Nahrung, die sie aß, während sie uns in ihrer Gebärmutter trug? Der Mond erzählt uns viel über unsere Sicherheitsbedürfnisse, über die tief in uns eingeprägte Art und Weise, wie wir Nahrung und Hilfe suchen.

In der Mutterschaft und im kindlichen Wachstum gilt es viele Stadien zu durchlaufen. Eines der wichtigsten und schwierigsten Stadien ist der Trennungsprozeß, ein langdauernder Prozeß, der bei einem Jungen ganz anders verläuft als bei einem Mädchen. Der Junge muß sich von der Mutter trennen, um ein Mann zu werden, ein Individuum mit einem anderen Geschlecht. Das Mädchen muß sich von der Mutter trennen, um sie selbst zu werden, während sie eine Frau bleibt wie ihre Mutter auch. Es gibt eine Rückkehr zur Mutter, die nur der weiblichen Erfahrung eigen ist. Vielleicht ist es weniger eine Frage der Trennung als vielmehr eine Veränderung der Beziehung.

Es ist also wichtig für Mütter, die Stadien der kindlichen Entwicklung zu kennen, damit sie angemessen auf die sich verändernden Bedürfnisse des Kindes reagieren können. Wie viele Mütter verfügen über dieses Wissen? Wie wird es gelehrt? Von der Mutter zur Tochter, von Generation zu Generation werden die Methoden der Mutterschaft weitergegeben. Familienmuster werden so lange wiederholt, bis eine bewußte Entscheidung zur Eigenentwicklung getroffen wird.

In Kulturen, die auf Gemeinschaften aufbauten, hatten Mütter einst einen großen Teil Unterstützung bei der Erziehung ihrer Kinder. Die älteren, erfahreneren Frau wurden häufig an der Kindererziehung und am »Training« der jüngeren Frauen beteiligt. In unserer modernen Gesellschaft stellt die isolierte Kleinfamilie nicht dieselbe umfassende Unterstützung bereit. Mütter sind heutzutage häufig auf sich selbst gestellt, wissen nichts über Kindererziehung und stehen auch durch andere Verantwortlichkeiten unter großem Druck. Hilfegebende Frauenkreise, ein natürlicher Bestandteil vieler Kulturen, sind weitestgehend verschwunden und werden nun neu ins Leben gerufen. Es gibt eine wachsende Anzahl von Büchern über Elternschaft und die Mutter-Tochter-Beziehung (siehe Referenzliste im Anhang dieses Buches).

Persönliche Therapiearbeit kann dabei helfen, unerfüllte Bedürfnisse, die aus unserer eigenen Kindheit stammen und nun das eigene Muttersein beeinträchtigen, aufzudecken und zu heilen. Heutzutage ist Psychotherapie eine Methode zur Selbstentdeckung, die vielleicht unsere moderne Version solcher Lehren wie der Eleusinischen Mysterienschule sein mag. Selbstverwirklichung geht der Gottverwirklichung voraus, wie Weisheitslehrer durch alle Zeitalter hindurch immer gewußt haben. Psychologische Arbeit ist eine Beigabe zu spiritueller Arbeit, beide sind miteinander verflochten und werden häufig verwechselt.

Der Mond ist subjektiv und persönlich, und doch trägt er auch eine größere Dimension in sich. Der Mond ist die Große Mutter, unser aller Erd-Mond-Mutter. Wir haben zwei Mütter in unserem Leben – unsere persönliche Mutter und die Große Mutter, die Göttin der Schöpfung, von Geburt und Tod. Während wir in der Gebärmutter unserer Mutter sind und als Säugling in ihren Armen liegen, ist sie das Universum, unsere erste Erfahrung der Großen Göttin. Während wir ein Gefühl dafür bekommen, ein getrenntes Selbst zu sein, enthält der Prozeß mit der Mutter die ersten Erfahrungen des Trennungsschmerzes, die später immer wieder in wichtigen Übergangszeiten aktiviert werden, wenn wir wieder einen Grad von Sicherheit erlangen und in weitere Stadien des Selbstbewußtseins hineinwachsen. Wenn wir ein Bild des göttlichen Weiblichen besitzen, gibt uns das ein universelles Mutterbild, das nicht durch die Begrenzungen der persönlichen Mutter eingeschränkt ist und uns zur Erfüllung als Frau führen kann.

Unsere Beziehung zu unserer persönlichen Mutter und auch zur Großen Mutter enthält ein unvermeidliches Paradox, da wir Sicherheit und gleichzeitig Individualität und Wachstum suchen. Dieses Paradox wird sowohl in unserer persönlichen als auch in unserer kollektiven menschlichen Erfahrung der Mutter fühlbar.

Denn ich bin die Erste und die Letzte.
Ich bin die Verehrte und die Verfluchte.
Ich bin die Hure und die Heilige.
Ich bin die Ehefrau und die Jungfrau.
Ich bin die Mutter und die Tochter . . .[2]

Die alte weibliche Gottheit wurde fast überall in der Welt als dreifache Göttin dargestellt; ihre drei Gesichter reflektierten die Zyklen der Natur und die Phasen des Mondes in ihren Aspekten als Jungfrau, Mutter und alte Frau. In jeder Lebensphase werden bestimmte Eigenschaften der allmächtigen Göttin betont. Als Jungfrau des zunehmenden Mondes repräsentiert sie Jugend, Kreativität, die Frische des Frühlings und neues Wachstum. Als Mutter, widergespiegelt im Vollmond, schenkt sie Überfluß durch Nähren und Erhalt des Lebens und durch die Blüte ihrer Sinnlichkeit und Sexualität. Als alte Frau, dargestellt durch den Mond in der abnehmenden Phase, bringt sie Abschlüsse, führt sie ihre abnehmende Mondsichel, um damit sowohl ihre Weisheit und die Früchte eines Lebens an dessen Ende zu ernten, die Lebensschnur durchzuschneiden und die Seele zu befreien, damit sie den Schleier des Todes durchschreiten kann. Der abnehmende Mond wird schmaler, stirbt und gleitet in die Dunkelheit vor Neumond. Dann kehrt die Jungfrau zurück.

Die drei Aspekte der Göttin sind eins, fließen ineinander

und sind doch verschieden. Die Phase des Mondes, in der Sie geboren wurden, wird Ihre Affinität mit einem dieser drei Aspekte anzeigen. Und doch trifft es auch zu, daß Frauen den gesamten Zyklus in sich tragen. Im Lebenszyklus kann der Übergang von einer Phase in die nächste durch bestimmte Ereignisse und Erfahrungen gekennzeichnet sein, die gleichzeitig persönlich und überpersönlich sind. Einst wurden diese Übergänge in speziellen Übergangsriten geehrt und gefeiert. Diese Rituale waren eine Anerkennung und eine Initiation in eine neue Dimension der eigenen Weiblichkeit. Heutzutage beginnen Frauen wieder, diese Übergänge durch persönliche Rituale und durch gemeinsame Gruppenrituale hervorzuheben und zu ehren.

Ich beginne mein Lied von der heiligen Göttin, der blonden Demeter,
und von ihrer Tochter mit den schlanken Fesseln ...[3]

In den ersten Tagen, als alles, was gebraucht wurde, ins Leben gerufen wurde,
in den ersten Tagen, als für alles, was gebraucht wurde, angemessen gesorgt wurde ...[4]

In meinem Solar für meinen 26. Geburtstag gab es eine Opposition zwischen Jupiter und Pluto auf der AC/DC-Achse. In dem Monat, als meine Tochter geboren wurde, wiederholte sich dieser Aspekt in meinem Lunar. Eine wichtige neue Beziehung trat in mein Leben, die mich tief verwandelte.

Der Mythos von Demeter und Persephone, der häufig zur Erklärung der Jahreszeiten herangezogen wird, ist einer der bekanntesten Mythen des klassischen Altertums. Diese griechischen Göttinnen leiteten die Eleusinischen Mysterien, die mehr als 2000 Jahre lang zu den wichtigsten religiösen und initiatorischen Traditionen in jenem Teil der Welt gehörten. Zweifellos stammten diese Mysterien aus weit älteren Weisheitstraditionen. Die Lehren und Rituale dieser Mysterien zeigten speziell die weiblichen Dimensionen des Lebens und der natürlichen Zyklen von Leben, Tod und Wiedergeburt auf. In unserem Leben durchlaufen wir diesen Zyklus immer wieder, während wir wachsen, reifen und Selbstbewußtsein sowie spirituelles Bewußtsein entwickeln.

Einer der ältesten bisher übersetzten Mythen, aus der Zeit von ungefähr 2500 v. Chr., die Geschichte von Inanna, der sumerischen Göttin des Himmels und der Erde, basiert auf dem astronomischen Zyklus der Venus und erzählt, wie die Göttin vom Mädchen zur Königin heranwächst und heiratet, um schließlich freiwillig in die Unterwelt hinabzusteigen und dort ihre dunkle Schwester, ihr anderes Selbst, zu suchen und ihr gegenüberzutreten.

Es ist wichtig, in Erinnerung zu behalten, daß in einem Mythos die Charaktere eher die überpersönliche als die persönliche Dimension darstellen. Wenn wir uns zu sehr mit mythischen Gestalten identifizieren oder in der Astrologie mit einem bestimmten Planeten, begrenzen wir dadurch unsere Fähigkeit, unsere wahre Ganzheit zu verkörpern. Jede mythische Gestalt besitzt eine Art von Flachheit, nimmt man sie aus dem Kontext der ganzen Geschichte heraus, so wie jeder Planet, der aus dem gesamten Horoskop herausgenommen wird, keine vollständige Interpretation liefern kann. Die Mythen selbst werden durch unsere persönlichen Lebenserfahrungen ins Leben gerufen.

Wenn wir das in Erinnerung behalten, können wir mit ganzem Herzen in die Geschichten eintreten und eine Menge von den Göttinnen als Aspekte unseres Selbst lernen. Manchmal können wir recht schnell erkennen, wie diese archetypischen Gestalten sich in und durch unser Leben bewegen. Einige Göttinnen bleiben nur kurz, um uns in einen neuen Aspekt unseres Potentials zu »initiieren«, während andere eine wichtigere Rolle in unserer Lebensgeschichte spielen und uns immer wieder besuchen, um uns zu »lehren«. Das ist das Potential der größten Mythen wie die von Demeter, Persephone und von Inanna. Diese Mythen haben als Zeugnisse für die Übergangsriten von Frauen überdauert, und sie sprechen daher besonders stark zu Frauen, die gerade ihr spirituelles Erwachen erleben. Jede Göttin führt uns in ein neues Lebensstadium. Inanna zeigt uns mit ihrer eigenen Reise den Übergang von einem Stadium in ein anderes. Im griechischen Mythos von Demeter und Persephone tun Mutter und Tochter dies gleichzeitig, aber jede auf ihre eigene Weise, als ein natürlicher Bestandteil der Mutter-Tochter-Dynamik. Der Übergang ist kein leichter Prozeß, denn durch ihn überschreitet jede Frau ihren vorherigen Erfahrungsbereich. Der Prozeß erfordert, daß jede die andere losläßt, was ein Gefühl des Verlustes mit sich bringt und anschließend eine Wiedervereinigung in dem Maße, wie sich ihre Beziehung verändert.

Demeter und das Mädchen repräsentieren die Mutter-Tochter-Bindung und verkörpern die Aspekte Mädchen/Jungfrau und Mutter, die in jeder Frau angelegt sind. Das Mädchen steht für unberührte Jugend und Unschuld, für die junge Frau, die potentiell voll erblühen kann, wie es Demeter bereits ist, die fruchtbare Mutter, die Ernährerin und Erhalterin, die ihre Göttlichkeit verwirklicht hat. Das Mädchen hat das bis jetzt noch nicht getan; ihr Schicksal muß sich erst noch entfalten. Um dieses Schicksal jedoch zu erfüllen, muß das Mädchen von ihrer Mutter getrennt werden, weil sie sonst niemals zu ihrer eigenen Identität finden würde. Als namenloses Mädchen kennt sie sich selbst nicht und ist dafür anfällig, unbewußt dem Weg ihrer Mutter und ihrer Ahninnen zu folgen.

Ein junges Mädchen auf einer Wiese mit wilden Blumen. Die Sonne erhellt den ewigen Frühling, sie steht hoch und gibt Wärme, über den blauen Himmel ziehen Wolken aus Vögeln und weißer Kumulus, geformt aus Phantasien über ihre Zukunft. Ihr Herz singt laut und drängt sie, sich von ihrer Mutter und ihren Begleiterinnen zu entfernen. Sie wird von einer geheimnisvollen inneren Stimme gerufen und folgt einer Quelle bis zu einer Stelle, wo Blasen vom Grund aufsteigen. Dort, am Ursprung der Quelle, ist die Luft von einem wunderbaren Duft erfüllt. Hier gibt es eine exotische Blüte, die sie nie zuvor gesehen hat. Soll sie sie pflücken oder unberührt lassen? Sie muß sie ihrer Mutter zeigen; ihre Mutter kennt die Namen aller Pflanzen. Als sie den Stengel abbricht, sticht ein roter Dorn in ihren Finger, und Tropfen fallen in die Quelle. Es ist von der Blume ... nein, es strömt aus ihrem eigenen Körper. Sie blutet von unten, etwas in ihr stirbt.

Die Erde tut sich unter ihren Füßen auf. Ein Abgrund erstreckt sich vor ihr. Aus den Tiefen taucht ein fremdes Wesen auf, das ihr ähnelt und doch völlig anders ist. Sie fürchtet sich und fühlt sich gleichzeitig davon angezogen. Er zieht sie an sich und trägt sie weg zu seinem Wagen mit feuerspeienden Pferden. »Mutter«, schreit sie, »rette mich!« Nur die Sonne hört ihren Hilferuf und, beinahe unsichtbar unter dem blassen abnehmenden Mond, eine alte Frau, die Kräuter sammelt und nun aufblickt, einen Moment mit den Augen blinzelt und ihren Kopf schüttelt.

Dunkel und ruhig in ihrem Mantel dastehend, beobachtet Hekate, wie das Mädchen hinabsteigt. »Mutter der Notwendigkeit, steh' ihr in ihren Prüfungen bei«, betet ihr Herz, und dann geht sie fort. Sie wird dem Mädchen später in der Unterwelt dienen, ihr beim Baden und Anziehen helfen. Wenn es an der Zeit ist, wird sie zur Mutter kommen und ihr in deren Trauer helfen, die Wahrheit zu erkennen und sie dabei unterstützen, ihren eigenen Übergangsprozeß zu bewältigen.

Wir treffen Persephone zuerst einfach als Kore, das Mädchen, eine hübsche, unschuldige junge Frau, die mit ihrer Mutter, Demeter, der Erdgöttin, Mutter Natur, in ewigem Sommer lebt. Es gibt unterschiedliche Versionen darüber, wer der Vater des Mädchens ist, meist werden Zeus oder Poseidon, beides Brüder von Demeter, als Kandidaten genannt. So wichtig der Vater auch sein mag, wir wollen diese Frage jetzt beiseite lassen und uns das Mutter-Tochter-Paar vorstellen, wie sie sich um die Natur kümmern und die täglichen Rituale des Lebens und der Verehrung durchführen, wie es Frauen durch alle Zeiten hindurch getan haben. In der Kunst – vom Altertum bis in die Moderne – können wir sehen, wie Frauen gemeinsam ihre Arme erheben, um die Lebenskraft anzurufen.

Das Mädchen oder die jungfräuliche Göttin ist ein wichtiges Thema innerhalb der griechischen Mythologie und auch schon davor. Das Wort »Jungfrau« wird hier in seiner ursprünglichen Bedeutung verwendet: eine Frau, die nur sich selbst gehört und nicht durch ihre Beziehung zu einem Mann definiert wird. Das Wort hat nicht dieselbe Konnotation von sexueller Jungfräulichkeit, die man ihm gemeinhin heutzutage zuschreibt – viele jungfräuliche Göttinnen waren sexuell sehr aktiv –, sondern es zeigt vielmehr weibliche Autonomie abseits von Männern an. Das Sternbild Jungfrau leuchtet am Nachthimmel, und es erinnert uns an die Reinheit dieser Göttin; man beginnt gerade erst, den Symbolgehalt von Jungfrau als Tierkreiszeichen in seiner wahren Qualität zu verstehen, jetzt, da wir uns an die genuin weibliche Natur der Weisheit und an die Weisheit der Natur erinnern.

Mythen erleben

Im griechischen Mythos kommt Persephones Schicksal in der Gestalt von Pluto, dem Todesgott. Er hat ihren Tanz in den Blumenwiesen beobachtet, und er begehrt sie. Von Zeus, dem König der Götter, erhält er die Erlaubnis, sie zu rauben, denn Demeter wird mit diesem Paar wahrscheinlich nicht einverstanden sein. In einigen Versionen ist auch Persephones Großmutter Gaia mit dieser Entführung einverstanden. In ihrer Weisheit als alte Frau weiß sie, daß für die Tochter die Zeit gekommen ist, wo sie ihrem eigenen Schicksal folgen und die Mutter verlassen muß. Kore sammelt gerade Blumen, als sie sich von einer ungewöhnlich schönen Narzissenblüte angezogen fühlt, die Gaia dort hat wachsen lassen. Sie hat Hunderte von Blüten, und der exquisite Duft, den sie verströmen, wirkt berauschend.

Im Leben jedes jungen Mädchens taucht etwas Zwingendes auf, das sie zu ihrem Schicksal führt. Als sie die Blume pflückt, bricht Pluto aus der Unterwelt hervor und nimmt sie mit sich. Das kann sich als unwiderstehliche Anziehungskraft äußern oder als traumatisches Ereignis. Wie immer es auch stattfinden mag, es ist Teil ihres Eintritts in das Frausein. Die Pubertät ist eine Zeit, in der sowohl der Körper als auch die Emotionen neu erwachen. Die hormonellen Veränderungen, zu denen es in diesen Jahren kommt, stellen eine Herausforderung dar und mögen nicht willkommen sein. Für eine Frau ist die Zeit der Kindheit abrupt vorüber, wenn der Blutfluß einsetzt und sie auf unmittelbare, körperliche Art und Weise in die Mysterien von Tod und Wiedergeburt initiiert wird.

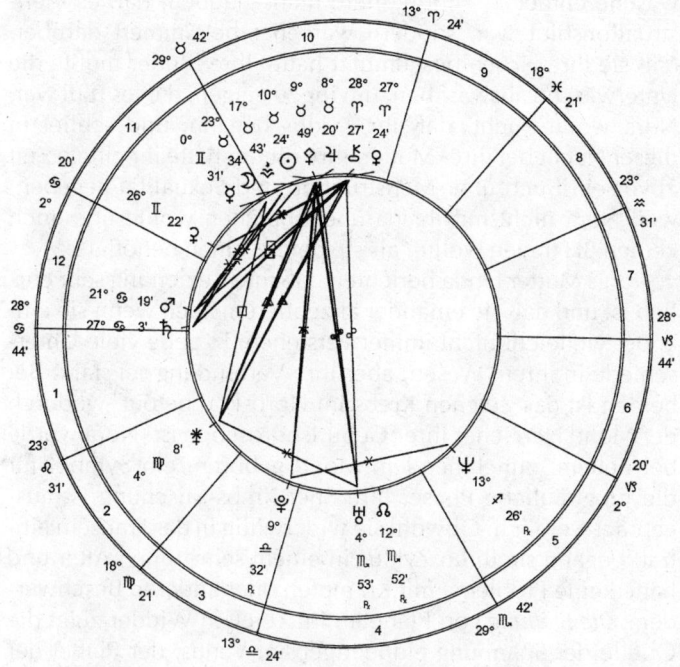

Horoskop 1: Nora

Die Jungfrau: Alt genug sein

Nora (s. Horoskop 1), ein junges Mädchen, erlebte bereits im frühen Alter von zehn Jahren einen gleichsam mythischen Eintritt in die Menses. Ihre Klasse nahm gerade die Mythologie durch. An dem Tag war sie als Göttin Artemis verkleidet: Sie hatte ein weißes Laken als Tunika um sich drapiert und trug Pfeil und Bogen der Jägerin Artemis, einer Mondgöttin, die häufig mit dem zunehmenden Mond in ihrem Haar abgebildet wird und die Beschützerin der jungen Mädchen ist. Nora war sehr bestürzt, als sie dunkles Blut in ihrer Unterwäsche entdeckte, und konnte nicht glauben, daß es Menstruationsblut war, sondern war eher bekümmert darüber, daß sie ihre Hosen beschmutzt hatte. Ihre Mutter mußte die Unterwäsche auswaschen, um ihr zu zeigen, daß es Blut war. Nora wollte nicht, daß ihr Zyklus begann, und schlief in dieser Nacht bei ihrer Mutter. Ihre Mutter hatte ihr einige Zeit zuvor ein Buch über Menstruation und Sexualität gegeben, weil Nora nicht mit ihr darüber sprechen wollte und auch keinen BH tragen wollte, als sie bereits einen benötigte.

Noras Mutter Linda berichtet, daß ihre Beziehung sehr ehrlich ist und daß sie einander akzeptieren, auch wenn sie einander vielleicht nicht immer verstehen. Es gebe viele Unterschiede in ihrem Wesen, aber ihre Verbindung sei stark. Bei beiden ist das Zeichen Krebs im Horoskop betont, wodurch der Mond Herrscher ihrer Geburtshoroskope ist. Nora wurde bei neuem, zunehmendem Mond geboren, ein Symbol für die jungfräuliche Phase. Ihre Stier-Krebs-Mischung ist ausgeprägt weiblich. Obwohl sie widerwillig in das Frausein eintrat, begann sie ihren Zyklus in einem sehr frühen Alter und hatte keine Probleme mit Krämpfen oder anderen Beschwerden. *Die Stellung* von Planeten im Zeichen Widder zeigt die Quelle der Spannung eindeutiger an. Venus, der Planet der weiblichen Sexualität und der Gefühle, steht in Konjunktion zu Chiron, was auf Probleme aus vergangenen Leben hindeutet und anzeigt, daß in Verbindung mit Venus Heilung erforderlich ist. Auch das Quadrat zu Saturn ist eine schwierige Aufgabe für Venus. Im Hinblick auf Noras Erfahrung steht der Asteroid Diana (der römische Name für Artemis) interessanterweise ebenfalls in Konjunktion zu Venus und Chiron. Es gibt hier eine vielschichtige Botschaft über ihre weibliche Identität. An dem Tag, als sie zu bluten begann, befand sich der Mond in Widder, was die Komplexität ihrer Venus aktivierte.

In der Pubertät wird die Dimension der Venus in der eigenen Weiblichkeit stärker erweckt – zusammen mit unseren Hormonen –, und der Zustand der Venus im Horoskop wird deutlich hervorgehoben. Ähnlich wie der Mond ist auch Venus ein starker Indikator für die Weiblichkeit, die weibliche Natur, aber sie ist eine andere Göttin als der Mond. Anders als die Große Mutter der subjektiven, nährenden, Sicherheit betonenden Muster und der täglichen Rhythmen ist Venus die Göttin der Liebe, der Schönheit und der Lust. Sie symbolisiert die weiblichen emotionalen, sexuellen und Beziehungen betreffenden Eigenschaften von Frauen (und Männern). Venus besitzt eine magnetische Anziehungskraft, die uns mit einer anderen Ebene unseres weiblichen Wesens in Verbindung bringt und auch in Beziehung zu anderen treten läßt.

Eine Frau, die in Angst vor dem Wort Gottes einherschritt,
zog den Baum aus dem Fluß und sprach:
»Ich werde diesen Baum in meinen heiligen Garten pflanzen.«
... Der Baum wuchs, und sein Stamm wurde dick,
doch seine Rinde spaltete sich nicht.
Dann baute eine Schlange, die sich nicht verbannen ließ,
ihr Nest in den Wurzeln des Huluppu-Baums.
Der Anzu-Vogel setzte seine Jungen in die Zweige des Baumes.
Und das dunkle Mädchen Lilith baute ihr Haus in seinem Stamm.
Die junge Frau, die es liebte zu lachen, weinte.
Und wie Inanna weinte!
(Und doch wollten sie ihren Baum nicht verlassen.) [5]

Wir treffen Inanna zuerst, als sie einen jungen Baum aus einem rauschenden Fluß zieht und ihn in ihren Garten pflanzt, den ursprünglichen Garten Eden. Dieser Baum war während eines wilden Sturms, der sich bei einem Konflikt und der anschließenden Vereinigung ihrer Vorfahren in der Unterwelt zusammengebraut hatte, entwurzelt worden. Der Baum symbolisiert ihre Wurzeln, ihr karmisches Familienerbe und ihr Schicksal. Sie pflegt diesen Baum, damit daraus ihr Thron und ihr Bett wird – Symbole ihrer Reife zu Herrschaft und Sexualität –, wenn er voll ausgewachsen ist. Bevor es dazu kommt, tauchen unwillkommene Geschöpfe auf, um im Baum zu wohnen – eine Schlange in den Wurzeln, ein wilder Vogel in den Zweigen und das dunkle Mädchen Lilith im Baumstamm. Eine Interpretation dieser Geschöpfe besteht darin, daß sie dunkle, gefährliche Schattengestalten sind, die aus dem Baum vertrieben werden müssen, bevor Inanna wachsen kann. Sie ruft ihren Bruder Gilgamesch zu Hilfe, damit er sie von diesen Kreaturen befreit. Eine andere Interpretation – eine, die ich wegen ihrer Fülle bevorzuge – besagt, daß diese Kreaturen kommen, um Inanna an ihre wahren weiblichen Kräfte zu erinnern – die Weisheit der Schlange, die üppige, erdverbundene Sexualität Liliths und die hochgeistige Weisheit des Vogels. Als Bild der dreifachen Göttin ist diese gefiederte, schlangenhafte weibliche Gestalt Inannas Erbe. Doch als junge, heranwachsende Göttin im aufstrebenden Patriarchat ist sie weder vorbereitet noch bereit dazu, ihre ganze Macht zu diesem Zeitpunkt geltend zu machen.

Inanna wächst heran, um ihre Macht vom Vater bei einem vergnüglichen Wettkampf im Biertrinken einzufordern, und muß dann ihr Recht auf die Königinnenschaft verteidigen. Sie wird von ihrer Mutter am Hofe eingeführt und von ihr dazu ermutigt, den Schäfer als ihren Liebhaber zu akzeptieren. Sie verbringen leidenschaftliche, wunderbar sinnliche Flitterwochen. Er geht dann fort, um den Thron zu besteigen und zum Geschäftlichen überzugehen. Inanna bleibt zurück und fragt sich, ob das alles war. Sie »öffnet ihre Augen für das große Unten« und bereitet sich darauf vor, durch die sieben Tore hinabzusteigen, die in die Unterwelt führen – in das Reich ihrer Schwester (oder vielleicht ihrer Großmutter) Ereshkigal.

Als weibliches Antlitz Plutos konfrontiert Ereshkigal Inanna mit deren dunkler Seite – mit unterdrückten, verleugneten Anteilen, denen sich zu stellen sie vorher im Baum nicht bereit war. Ereshkigal verkörpert die Todesmacht der Alten, die mit einem Blick tötet. Ihrer Insignien der äußeren Welt entkleidet, wird Inanna, gedemütigt und nackt, vor die

Königin der Unterwelt gebracht. Ereshkigal, die direkt bis zu Inannas innerem Selbst durch sie hindurchsieht, durchdringt sie gleichsam mit Einsicht. Inanna wird gelähmt, getötet und an einem Fleischerhaken aufgehangen, um dort zu verrotten. Wie ein schwarzes Loch, das alles Licht in sich hineinsaugt, stöhnt Ereshkigal in ihren eigenen Wehen. Beide Göttinnen durchlaufen gemeinsam einen Todes- und Wiedergeburtsprozeß. Inanna wird mit unbewußten Aspekten von sich selbst konfrontiert, die sie zuvor nicht fähig war anzunehmen, und auch mit von ihrer Mutter und den Müttern ihrer Mutter ererbten Erinnerungen, Wunden und Kräften ihres weiblichen Erbes. Sie ist während dieser Konfrontation einem tiefen inneren Prozeß ausgesetzt, einer Art Depression. Ungefähr alle 40 Monate steigt der Planet Venus unter den Horizont hinab, hinunter in die Unterwelt, um sich zu erneuern. Diese zyklische Reise von Erneuerung und Regeneration ist eine Hingabe an immer tiefere Schichten der eigenen inneren Essenz, der Seele.

Auch hier werden wir Zeuginnen der Reise in die Unterwelt und einer Konfrontation mit Pluto, wie bei Persephone. Pluto als planetarischer Archetyp transportiert die verwandelnde Macht des Schicksals, das sich unerbittlich durch unser Leben bewegt, die Kraft unbewußter, zellulärer und karmischer Zwänge innerhalb der menschlichen Entwicklung. Pluto braucht als äußerster Planet unseres Sonnensystems 248 Jahre für einen Umlauf um die Sonne. Sein Zyklus umspannt einige Lebensspannen. Seine Umlaufbahn brachte ihn zwischen 1979 und 1999 näher an die Sonne als Neptun und dann wieder weit hinaus – vier Milliarden Meilen weit weg von uns. Pluto braucht unterschiedlich lange, um die Tierkreiszeichen zu durchlaufen; für Stier braucht er 30 Jahre, für Skorpion nur 12, wobei er unterschiedliche Themen definiert, die von jeder nachfolgenden Generation transformiert werden müssen. Er befördert jeden Menschen tief in das dunkle Labyrinth. Pluto zeigt an, welches Tierkreiszeichen die Themen von Tod und Wiedergeburt enthält, die bei jedem wichtigen Übergang im Leben konfrontiert werden müssen. Wir legen diese Themen Schicht um Schicht frei, um Schätze zu entdecken, die für die Wiederbelebung jedes einzelnen Menschen und auch für das gesamte Kollektiv der menschlichen Familie enthüllt werden sollen. Pluto ist das nächtliche, im Untergrund verborgene Meer, auf dem wir alle segeln – auf der Suche nach Erlösung unserer Seele.

Der Mythos von Inanna und Ereshkigal zeigt uns die weibliche Erlösungskraft der Unterwelt, des Unbewußten, was ein wichtiger Prozeß für die Erneuerung der weiblichen Spiritualität in unserer Zeit ist. Pluto in seinem weiblichen Antlitz ist ein Aspekt der Weisheit der Alten, wie sie in Hekate sichtbar wird, die Persephone bei ihrer Reise durch die Unterwelt begleitet. Die hinduistische Mythologie zeigt uns eine dunkelgesichtige Kali, Gemahlin von Shiva, dem Gott der Zerstörung. In der Mythologie der Hindus hat jeder Archetyp einen weiblichen und einen männlichen Aspekt. Es gibt Darstellungen von Kali, wie sie auf dem Bauch des auf dem Rücken liegenden Shiva tanzt. Sie trägt eine Halskette aus Schädeln und einen Schurz aus abgetrennten Händen. Eine Schlange windet sich um ihren Hals, und ihre Zunge ist blutig. Sie ist keine angenehme Göttin, doch sie wird verehrt in ihrer heiligen Mutterschaft, denn sie schneidet alles weg, was nicht dem Leben dient und mit Vitalität gefüllt ist. Sie ist da am Tor zum Tod und bei allen wichtigen Übergängen im Leben. Es gibt keine Rückkehr an den Ort, von dem aus wir zu unserer Reise aufgebrochen sind, aber auf der anderen Seite können wir neues Leben und Vitalität finden.

In dieser hellen und sternklaren Nacht
schweigt die gesamte Natur.
Inanna steht zwischen den Welten,
und die Natur schweigt.
Ein heller Stern erscheint in den Zweigen der Bäume,
ein Spalier für ihren Aufstieg aus der Unterwelt,
dem Land ohne Wiederkehr,
dem Land ohne Wiederkehr.[6]
Heilige Ereshkigal! Groß ist dein Ruhm!
Heilige Ereshkigal! Ich preise dich mit meinem Gesang.[7]

Neben dem unvermeidlichen Erwachen der Venusenergie während der ersten Teenagerjahre, im Alter zwischen 12 und 17, spielen auch zwei wichtige astrologische Zyklen eine Rolle, die den eigenen Reifeprozeß fördern und Zeugnis geben für die Anwesenheit der Alten: der progressive Mond in Opposition zu seiner Radixstellung und Transit-Saturn in Opposition zu seiner Radixstellung.

Progressionen stützen sich auf die tägliche Bewegung der Planeten vom Tage der Geburt an gerechnet, wobei jeder Tag einem Lebensjahr entspricht. Diese Formel des »1 Tag = 1 Jahr« funktioniert wie eine innere Uhr, dabei ist jeder Planet ein Zeiger auf der Uhr und bewegt sich in seinem eigenen Rhythmus vorwärts. Der progressive Mond ist auf der inneren Uhr derjenige Zeiger, der am schnellsten weitertickt. Er löst dabei zeitlich die Aufnahme der zutiefst persönlichen Gefühle, Gewohnheiten, Reaktionen und Verhaltensweisen in das eigene Bewußtsein aus. Der Mond reflektiert das Licht der Sonne; sein unterbewußter Rhythmus webt neue Reaktionsmuster in das Leben, das auf unserer zunehmenden solaren Individuation basiert. Der progressive Mond braucht ungefähr 27 Jahre, um an seine Radixposition zurückzukehren, und er kann als präziser zeitlicher Auslöser von Erfahrungen betrachtet werden, die unsere menschliche Entwicklung nachhaltig beeinflussen, während er Planeten und Aspektmuster in unserem Geburtshoroskop berührt und deren Potential auf ganz bestimmte Art und Weise aktiviert.

Weil der Mond sich mit unterschiedlicher Geschwindigkeit bewegt, erreicht der progressive Mond die Opposition zu seiner Radixstellung irgendwann zwischen 12 $\frac{1}{2}$ und 14 $\frac{1}{2}$ Jahren. Dies symbolisiert eigentlich einen Vollmond des Selbstbewußtseins in bezug auf das Mond-Mutter-Prinzip. Die Opposition kann sich tatsächlich so anfühlen: Man muß in Opposition zur Mutter gehen, um zu bemerken, daß man ein eigenes Selbst hat, mit Bedürfnissen, die von der persönlichen Mutter erfüllt werden mögen oder auch nicht. In dieser Phase des erhöhten Bewußtseins der eigenen emotionalen Bedürfnisse könnten jene Bedürfnisse im Brennpunkt stehen, die nicht erfüllt werden, so daß die Tochter Möglichkeiten finden muß, für sich selbst zu sorgen. Der unbewußte Prozeß könnte dazu führen, daß Frustration, Angst und Wut auf die Mutter aufsteigen, die nicht die Allesgebende ist. Das ist ein ganz natürlicher Prozeß, obgleich oft schwierig, weil die Tochter nun notwendigerweise zu erkennen beginnt, daß sich ihr emotionales Selbst von dem ihrer Mutter unterscheidet und daher auch anders definiert werden muß.

Auch wenn es uns vielleicht nicht gefällt oder wir es nicht zugeben, wenn wir dabei sind, uns von jemandem oder etwas wegzubewegen, das uns einst genährt und erhalten hat, werden wir häufig kritisch oder wütend, um genug Energie zu sammeln, damit wir die nötige Trennung vornehmen können.[8]

Meine Tochter hatte diese Opposition, kurz bevor sie 14 wurde. Ich erinnere mich an dieses Jahr als die schlimmste Zeit in unserer Beziehung. Ich hatte das Gefühl, daß sie mich ständig in der Rolle der bösen Hexe sah, eine Rolle, die ich weder mag noch mit der ich mich gewöhnlich identifiziere. Wenn sie mich in einen Wutanfall getrieben hatte, sagte sie: »Ich liebe es, wenn ich dich soweit kriege«, und dann fühlte sie sich manchmal durch meinen Ärger so abgelehnt, daß sie in eine Ecke flüchtete und sich zu einem kleinen, schluchzenden Kind zusammenrollte, das sich von mir noch nicht mal mehr anfassen ließ.

Es gibt viele Stufen in dieser Trennungs- und Selbstbewußtseinsphase und dazu noch viele Variationen. Dieser Prozeß wird durch viele Faktoren beeinflußt: die Beziehung zum Vater, zu älteren Geschwistern, neuen Geschwistern, der weiteren Familie und auch durch Erlebnisse und Erfahrungen in der Schule.

Die Opposition des progressiven Mondes erschließt ein neues Bewußtsein, das Venus mehr Raum bietet einzutreten. Die Beziehung zwischen Venus und Mond gibt uns einen Hinweis auf die Dynamik, die sich in der eigenen Weiblichkeit abspielt, und darauf, wie leicht oder wie schwer es einer jungen Frau fällt, in die Weiblichkeit einzutreten, darauf, wie gut ihre Mutter auf den Prozeß reagiert, den ihre Tochter gerade durchlebt und inwieweit ihre eigene Art und Weise, ihre eigene Weiblichkeit zu definieren, diesen Prozeß behindert oder unterstützt. Ein Spannungsaspekt zwischen Mond und Venus (Opposition, Quadrat, Quinkunx und sogar die Konjunktion) zeigt möglicherweise an, daß eine Frau versucht, ihre Erfüllung als Frau auf andere Weise zu finden als ihre Mutter, weil die Weiblichkeit ihrer Mutter nicht das Rollenmodell ist, dem sie nacheifert. Mit solchen Aspekten könnte die emotionale Spannung in der Pubertät erhöht sein und auch Spannung anzeigen, die in einer Entfremdung von der Mutter sichtbar wird. Die Mutter-Kind-Bindung des Mondes steht in Konflikt mit den auftauchenden emotional-kreativen, selbstliebenden Qualitäten von Venus. Venus ist die Göttin des Selbstwertes, der Freude, die wir an uns selber und an anderen haben, an künstlerischer Kreativität, durch persönliche Verschönerung und durch sexuelle Aktivität als einer leidenschaftlichen Ausdrucksform der Lebenskraft.

Venus ist die Frau in ihrer Fülle, während sie eine breitere Verbindung mit den schöpferischen und fruchtbaren Kräften des Lebens herstellt. Dies ist der Übergang, den die Jungfrau bei ihrer Reise in die Unterwelt bewältigen muß – sich den Zugang zu dieser kreativen Kraft zu erschließen. Dieser Übergang ist eine sexuelle Initiation, durch das Einsetzen der Menstruation, durch sexuelle Aktivität in Beziehungen, durch Kreativität, Gebären – durch irgendeine dieser Erfahrungen oder auch durch alle. Jede Frau erlebt diese Initiation auf ihre eigene individuelle Weise. Die eigene Sexualität ist zutiefst persönlich; nicht jede Frau wird selbst wieder Mutter. Der persönliche Übergang in die Weiblichkeit und die Verkörperung ihrer tieferen Schichten ist ein kontinuierlicher, lebenslang dauernder Prozeß.

Um mehr astrologische Informationen über die emotional-sexuelle Dynamik aus dem Horoskop herauszuarbeiten – eine Diskussion, die jedoch über den Rahmen dieses Beitrages hinausgeht –, würden wir untersuchen, welche Aspekte

Venus zu Mars, dem Prinzip von Stärke und Durchsetzungskraft, bildet. An dieser Stelle möchte ich einfach darauf hinweisen, daß beide Prinzipien als emotional-sexuelle Polarität für eine gesunde Selbstentwicklung unentbehrlich sind. Wie Venus erwacht, so tut es auch Mars. Während ihre Venus-Eigenschaften aufblühen, brauchen junge Mädchen auch den passenden Rahmen, um ihre marsische Initiativkraft und ihren Drang nach Führerschaft auszuprobieren.[9]

Der zweite wichtige Planetenzyklus in diesen Jahren ist der von Saturn und dessen erste Opposition zur eigenen Radixposition. Saturn ist ein strenger Lehrer, der uns konzentriert und diszipliniert sein läßt, damit wir unser Lebensziel erreichen. Saturns häufig schwere Last bringt ein Verantwortungsbewußtsein mit sich, Pflichten, die von uns Anpassung erfordern, Erfahrungen, durch die wir reifen. Als Planet, der 29 bis 30 Jahre braucht, um einmal den Tierkreis zu durchlaufen, erzeugt er ungefähr alle sieben Jahre ein herausforderndes Quadrat zu seiner Radixposition. Wenn Saturn im Transit die Opposition zu dieser Geburtsstellung erreicht, im Alter zwischen 14 und 16 $1/2$ Jahren, dann kennzeichnet dies eine herausfordernde Zeit innerhalb des Wachstumsprozesses. Dies ist die Zeit des Gruppendrucks, des Erwartungsdrucks von seiten Gleichaltriger und eine Prüfung der eigenen Autonomie im Verhältnis zu zunehmenden gesellschaftlichen und Beziehungen betreffenden Erwartungen. In dieser Zeit werden der eigene Ehrgeiz und die Effektivität in der Welt getestet und Bereiche anstehender Entwicklungsarbeit aufgezeigt.

Die Mutter ist als Katalysator bei diesem Prozeß wichtig, denn mit ihr machen wir unsere ersten Beziehungserfahrungen. Idealerweise verliert die persönliche Mutter später im Leben an Wichtigkeit. Wie von Objektbeziehungstheoretikern diskutiert wird, ist das Bild der Mutter, das wir unserer Erfahrung und unserer inneren Vorstellung von ihr entsprechend in uns tragen, ein Übergangsbild, das im Trennungsprozeß verwendet wird. Während unser Selbstbewußtsein und das Bewußtsein für unser Höheres Selbst wachsen, erschließen wir uns eine innere Stärke, die über die Definition von Egogrenzen hinausgeht, sich in Richtung Individuation unseres wahren Wesens erstreckt [10] und nicht von anderen abhängig ist. In den ersten Jahren jedoch befinden wir uns zunächst in den wichtigen Stadien des Aufbaus unserer Egogrenzen.

Da Saturn aus Erfahrung gewonnene Weisheit symbolisiert, ist er ein Planet, der von seiner Qualität her viel Energie der weisen Alten transportiert. Bei der ersten Saturnopposition zu seiner Geburtsstellung schwingt die weise Alte, die Göttin des Todes, ihre Sichel, um einen gewissen Grad an Abhängigkeit von der elterlichen Autorität zu durchtrennen. Die durch die Eltern gesetzten Grenzen (Saturn) werden in Frage gestellt und getestet. Regeln und Verhaltenserwartungen können jetzt als einengend empfunden werden, da nun durch den Konformitätsdruck seitens Gleichgesinnter eine größere gesellschaftliche Dimension erfahren wird. Es handelt sich um ein Übergangsritual, das Aufmerksamkeit für die Konsequenzen des eigenen Verhaltens in der größeren Arena der Gesellschaft insgesamt erzwingt, nun, da man beginnt, »alt genug« zu werden. Die Stärke der während der Kindheit von den Eltern gesetzten Grenzen wird nun einer Prüfung unterzogen. Diese bestehenden Grenzen können jetzt entweder als stabiles Fundament und/oder als einengende Beschränkungen erlebt werden. Sicherlich testet eine junge Frau nun auch ihren eigenen Standpunkt. Für junge Frauen in unserer Kultur mag das gesellschaftliche Testgelände begrenzter sein als das für junge Männer. Wir können beobachten, wie sich dies gerade verändert, und viele unserer Töchter werden weiterhin als Pionierinnen neue Erfahrungsbereiche erschließen, aber in den neunziger Jahren des 20. Jahrhunderts werden junge Frauen immer noch mit gesellschaftlichen Rollenmodellen und Einschränkungen konfrontiert, durch die sie in ihren Wahlmöglichkeiten stärker begrenzt werden als Männer.

Für manche Menschen ereignen sich Oppositionen des progressiven Mondes und des Transit-Saturns zu deren eigenen Geburtspositionen sehr kurz nacheinander. Bei meiner

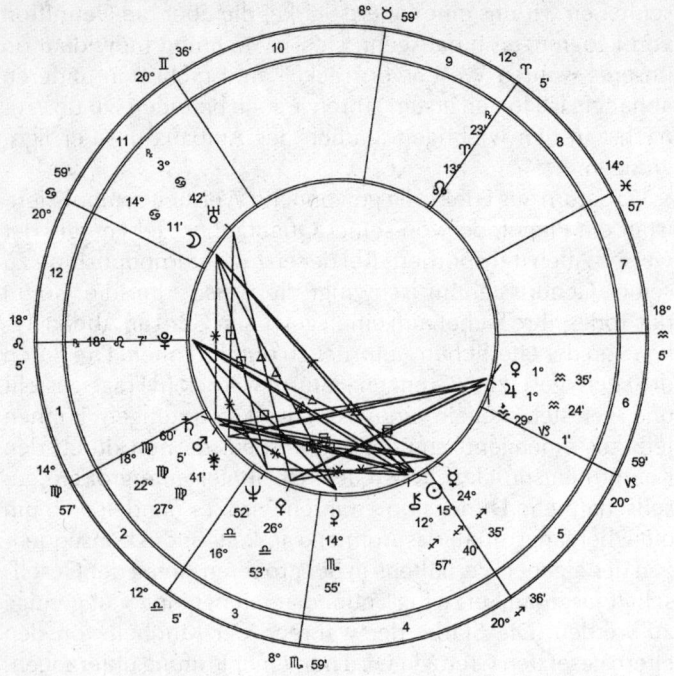

Horoskop 2: Kelley

jüngsten Schwester erreichten beide Zyklen innerhalb eines
Monats ihren Höhepunkt, als sie 14 Jahre und 7 bzw. 8 Monate alt war. Ich jedoch erlebte die Opposition meines progressiven Mondes relativ früh, als ich 12 Jahre und 10 Monate
alt war, und die Saturnopposition mit 16 Jahren und 3 Monaten – ein weiter Zeitrahmen, durch die vom Timing her dieses
Entwicklungsstadium bei mir im gleichen Alter ablief, in dem
meine Mutter als junges Mädchen diese Erfahrungen gemacht hatte. Ich war zwar nach innen gewandt und emotional unabhängig, doch von meiner körperlichen und sozialen
Entwicklung her war ich eine Spätentwicklerin. Meine zweite
Schwester war von ihrer emotionalen und körperlichen Ent-

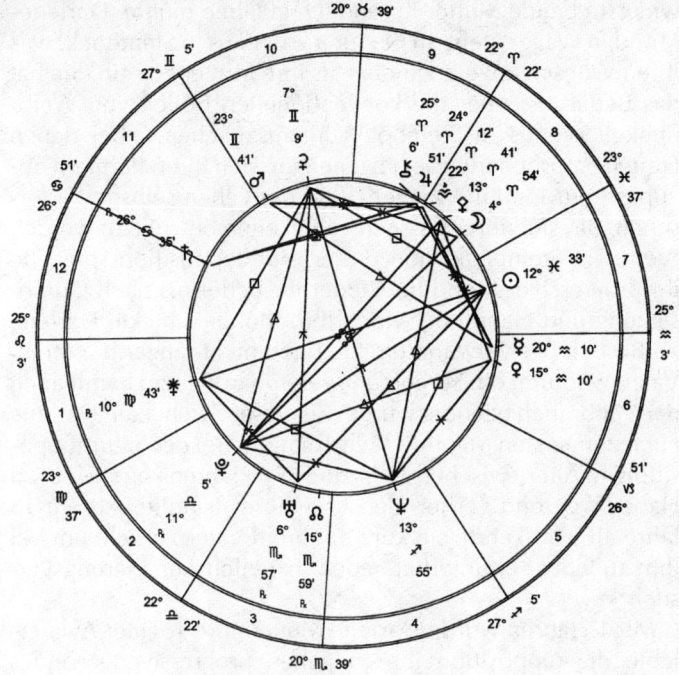

Horoskop 3: Sanja

wicklung her frühreif. Auch sie erlebte die Opposition ihres progressiven Mondes zu dessen Geburtsposition früh, mit 12 Jahren und 8 Monaten sowie auch eine frühe Saturnopposition: mit 14 Jahren und 10 Monaten. Das Spektrum dieser Altersunterschiede näher zu untersuchen wäre ein interessanter Forschungsbereich.

Darlenes Erfahrung veranschaulicht diese Mond/Saturn-Phase. Sie hatte eine schwierige Kindheit und erlebte auch sexuellen Mißbrauch durch ihren Vater, als sie bei ihm blieb, weil er das Sorgerecht für sie hatte. Bei der Opposition ihres progressiven Mondes im Alter von 13 ¹/₂ Jahren schilderte sie das, was vor sich ging, in solch drastischen Details, daß ihre

109

widerstrebende Mutter ihr endlich glauben mußte. Darlenes Mond in Waage steht im Quadrat zu Venus in Steinbock, was ihren Wunsch anzeigt, anders als ihre Mutter zu sein. Sie hat das Bedürfnis, über die konventionellen Rollen von Weiblichkeit (Venus in Steinbock) hinauszugehen – bei denen Frauen natürlicherweise dazu neigen, sich ihren Partnern anzupassen (Mond in Waage) – und das Leben selbst zu erforschen, um sich ihrer eigenen Fähigkeiten bewußt zu werden (Venus in Steinbock). Bei dieser Mondopposition spiegelte ihr progressiver Mond in Widder ihr Bedürfnis nach Durchsetzung und Handlung wider. Ihre Mutter schickte Darlene zu Besuch bei Verwandten. Sie blieb nicht länger bei ihrem Vater, wodurch die Sorgerechtsvereinbarung und damit auch der Mißbrauch beendet wurde. Zu dieser Zeit bekam Darlene auch zum ersten Mal ihre Menstruation. Bei der Saturnopposition im Alter zwischen 14 $\frac{1}{2}$ und 15 $\frac{1}{2}$ Jahren zog sie von zu Hause weg und verließ den Kreis ihrer Familie. Als sie 16 Jahre alt war, kehrte sie kurz zu ihrem Vater zurück, um bei ihm zu leben; er unterließ jeden sexuellen Annäherungsversuch.

Mit 17 Jahren wurde Darlene Mutter. Ihre Tochter Ayla erlebte die Opposition ihres eigenen progressiven Mondes einen Monat nach ihrem 13. Geburtstag. Sie wiederholte Darlenes Muster, begann zu rebellieren und geriet außer Kontrolle. Sie hatte im Jahr davor zu menstruieren begonnen, ungewöhnlich früh für die Frauen in ihrer Familie. Bei der Opposition des progressiven Mondes zu seiner Geburtsposition lief gleichzeitig Pluto im Transit im Skorpion in Opposition zu ihrem Mond und rückte dadurch das Unterweltthema in den Brennpunkt. Dies war eine höchst angespannte Zeit. Die Saturnopposition folgte kurz danach, im Alter zwischen 14 und 15 Jahren, genauso wie bei ihrer Mutter. Darlene hatte mehr Schwierigkeiten mit den Aktivitäten ihrer Tochter und war sich bewußt, zu welchem Szenario es wahrscheinlich kommen würde, wenn Ayla länger im großstädtischen Milieu von Los Angeles bliebe. Sie schickte Ayla zu Verwandten ihres Vaters (Saturn) in eine ländliche Gegend im Nordosten, eine drastische Veränderung und eine wichtige Trennung für Mutter und Tochter.

Lassen Sie mich kurz Alex vorstellen, damit wir auch kurz das Beispiel eines Mannes betrachten können. Bei der Opposition seines progressiven Mondes zu dessen Geburtsposition bekam seine Mutter ihr letztes Kind, einen Jungen. Alex als ältester Bruder übernahm die Verantwortung, sich um ihn zu kümmern, eine Mondfunktion. Später, als er 28 Jahre alt war und sein progressiver Mond und der Transit-Saturn zu ihren jeweiligen Geburtspositionen zurückkehrten (mehr über diese Phase später), starb seine Mutter. Der jüngere Bruder zog zu einer Tante, in die Nähe des Ortes, in dem Alex lebte. Alex bekam mehr Kontakt zu seinem Bruder, kam ihm näher und wurde auch mehr in sein Leben einbezogen, übernahm also wieder Aspekte einer elterlichen Führungsrolle, Mond- und Saturn-Funktionen.

Die Geschichte, die ich am besten kenne, ist natürlich meine eigene und die meiner Tochter (Horoskope 2 und 3). Sanja erlebte die Opposition ihres progressiven Mondes zu dessen Radixstellung, als sie 13 Jahre und 8 Monate alt war: Ihre Großmutter, meine Mutter, war abwechselnd im Krankenhaus und wieder zu Hause, und sie starb drei Monate später. Innerhalb von zwei Wochen nach ihrem Tod starb auch Sanjas Großmutter väterlicherseits. Beide Großmütter starben an derselben Krankheit, und beide trugen denselben Namen, Jean, der zweite Vorname meiner Tochter. Saturn stand zu der Zeit, als beide starben, beinahe exakt in Opposition zu seiner Radixstellung. Er vollendete die Opposition, als Sanja 14 Jahre und 10 Monate alt war, also recht früh. In ihrem 14. Sommer ging sie für zwei Wochen nach Maine, ins Weltfriedenscamp. Diese Erfahrung, finanziert durch die Erbschaft ihrer Großmutter, vergrößerte ihr Interesse für Weltprobleme und gab ihr ein Gefühl für die eigene Bestimmung.

Einige Jahre lang sind wir ein klassisches Mutter-Tochter-Paar gewesen, so wie Demeter und Persephone, weil unsere kleine, vierköpfige Familie durch Tod und Scheidung auseinandergebrochen war. Weil ihr Vater auf der anderen Seite des Landes lebte, hatten wir eine sehr intensive Mutter-Tochter-Bindung und lebten allein miteinander, seit sie 12 Jahre alt war. Pluto an meinem Aszendenten und in Opposition zu ihrem Mond bringt den Pluto-Mythos ins Spiel. Wir lebten damals in Montpelier, Vermont, mit einer Statue der Ceres (der römische Name für Demeter) auf dem Rathaus der Stadt. Eine alleinerziehende Mutter und ihre Tochter, die zusammen leben, haben eine ganz spezielle Beziehung miteinander.

Während ich diese Zeilen schreibe, ist sie 19 Jahre alt. Wir befinden uns seit einiger Zeit im Trennungsprozeß. In den ersten Jahren als Teenager hat sie mehrmals den Sommer bei ihrem Vater in Kalifornien verbracht. Ich erinnere mich noch daran, welche Prüfung ihr erster Flug dorthin damals war. Und dann dieses Sommercamp in Maine. Als High-School-Schülerin, beinahe 16 Jahre alt, fuhr sie für zwei Wochen mit ihrem Russisch-Kurs nach Moskau, direkt nach dem Zusammenbruch der Sowjetunion, und fühlte sich dort etwas isoliert vom Rest der Gruppe. Sie kam verändert zurück und war unzufrieden mit den engen gesellschaftlich-kulturellen Rahmenbedingungen in Vermont.

Sanja verbrachte das erste Semester ihres Junior-Jahres an einer internationalen High-School im Himalaja, eine mutige Entscheidung, wie ich fand. Eine Freundin prophezeite, daß sie im Begriff stand, »an Shivas See zu tanzen«, wobei Shiva, der Zerstörer, die hinduistische Version von Pluto ist. Zu jener Zeit lief Pluto im Transit in Opposition zum Mond unseres Composit-Horoskops (Horoskop 4). Die Zeit war reif, um den Trennungsprozeß bedeutend zu fördern. (Ein Composit-Horoskop ist die rechnerische Verbindung der Horoskope zweier Menschen zu einem dritten Horoskop, welches die Beziehungsdynamiken anzeigt und an dem sich dann auch zeitliche Auslösungen erkennen lassen.)

Jene Reise nach Indien wirkte lebensverändernd, indem sie Sanja noch weiter der Komplexität unserer Welt und ihrer Menschen aussetzte. Ich besuchte sie dort eine Woche. Es war wichtig für uns beide, daß ich Zeugin dieser Erfahrung

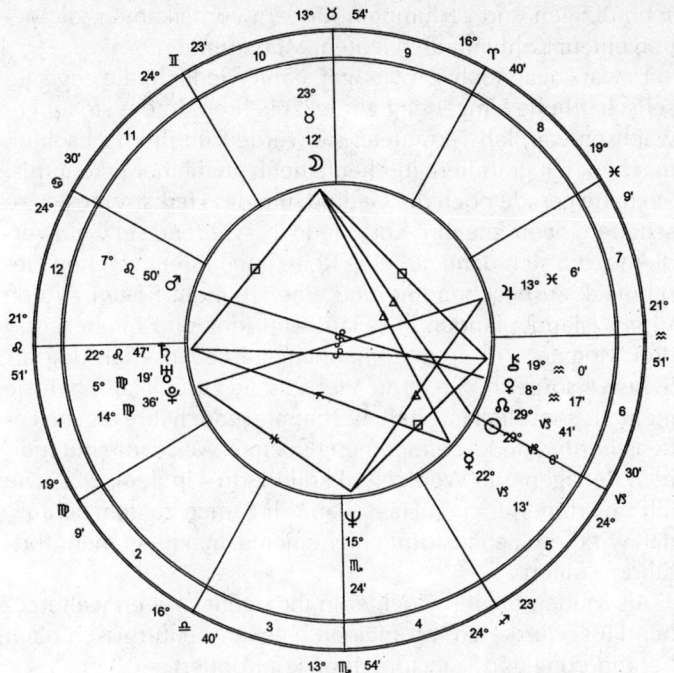

Horoskop 4: Kelley, Sanja

war, um sie mit ihr zu teilen, so daß sie wußte, ich würde sie verstehen, wenn sie darüber sprach. Ich war vorher schon dreimal in Indien gewesen; meine erste Reise war eine echte Initiation ins Leben. Als mein Flugzeug diesmal landete, ertappte ich mich selbst bei dem Gedanken: »Wie konnte ich meine Tochter nur an diesen Ort fliegen lassen?«, mit dieser Intensität und Armut, mit all diesem Chaos – und, jawohl, dem verborgenen Duft der Spiritualität, ähnlich Persephones Narzisse mit ihrem reinen Blütenstaub.

»Ein paar von meinen Freunden und Freundinnen würden damit nicht zurechtkommen«, erzählte sie mir, als wir an bis aufs Skelett abgemagerten Mauleseln und schrecklich schmutzigen und zerlumpten Kindern vorbeikamen, die neben einem Kohlenhaufen lebten. Mutter Indien.

Es war sogar noch schwieriger, dann wieder in die enge gesellschaftliche Umgebung zurückzukehren, in der sie aufgewachsen war. Ich vermutete, sie würde früh ihren Abschluß machen. Ich gratuliere mir heute noch zu meiner Erkenntnis. Sie hatte gerade noch die Geduld, um das Herbstsemester zu schaffen, beendete ihre Kurse jedoch, während sie Geld verdiente, um sich dann auf eine Reise nach ihrem eigenen Geschmack zu begeben. Sie und eine Freundin flogen zu den Virgin Islands, fanden ein Haus und Jobs und blieben dort drei Monate – ihre erste unabhängige Lebenserfahrung als Selbstversorgerin. Sie lernte viel. Als sie zurückkam, half sie mehr als sonst im Haushalt, bestimmte jedoch ihre eigene Lebensführung und Abendplanung in einer Weise, die mit meinem Behagen und Wohlgefühl kollidierte – in dem, was, wie ich sie erinnerte, mein Haus war. Wir kamen zu dem Schluß, daß wir diese Lebensform unter einem Dach nicht mehr fortführen sollten.

Als Mutter, die ihre Tochter in ihr eigenes Leben weitergehen läßt, wurde ich mit meinen eigenen Bedürfnissen nach Veränderung und Transformation konfrontiert.

Aus weiter Entfernung hörte Demeter einen Ausruf des Schreckens. Ihr Herz krampfte sich zusammen. Kore ist in Gefahr. Es wird Nacht, und sie kehrt nicht nach Hause zurück. Die Mutter weiß nicht, was passiert ist, und kann ihre Arbeit nicht tun. Sie sitzt still da, mit leerem Blick, wartend. Hekate kommt zu ihr. Bei Tagesanbruch beten sie zur aufgehenden Sonne, zum Sonnenlicht des Tages, zur Sonne, die Zeugin von Kores Entführung wurde. Wann? Warum? Wie? Wer? Wer?!!! Der Herr des Todes. Wie kann er es wagen! Wer ist er, daß er sich erlaubt, meine reine, unschuldige Tochter mit sich zu nehmen? Demeter ist außer sich vor Zorn über die Götter, die dies ohne ihre Erlaubnis zugelassen haben. Sie zieht sich vom Olymp zurück. Sie findet keine Freude mehr an den duftenden Blumen, dem goldenen Korn, das im Sommerwind wogt. Auch die Sonne erkaltet. Die Pflanzen beginnen zu vertrocknen, zu verdorren. Sie zerreißt ihre Kleider, verreibt Asche auf ihrem Gesicht und wandert ziellos über

die Erde, mit schwerem Herzen, gramgebeugt, auf der Suche, auf der
Suche ...
Stolze Königin der Erdgöttinnen ...
Du bringst den Himmel zum Erzittern und die Erde zum Beben.
Große Priesterin, wer kann dein unruhiges Herz besänftigen?
Du schießt wie ein Blitz über das Hochland ...
Heilige Priesterin, wer kann dein unruhiges Herz besänftigen?[11]

Sie wandert über das ausgedörrte Land, und es kümmert sie nicht,
daß die Menschen ohne ihre Nahrung hungern. Sie teilen ihren
Schmerz. Schließlich erreicht sie Eleusis, wo man sie als Kindermäd-
chen an den Königshof einlädt. Dort wird sie durch die derben
Späße des alten Kochs, der ihre Röcke anhebt, um die kichernden
jungen Frauen zu necken, von ihrem Kummer abgelenkt. Auch Demeter lächelt, und den jungen Prinzen zu stillen tröstet sie. Die
Milch ihrer Mutterbrust versiegt nie, und nachts hält sie ihn zärtlich
über die Flammen des Herdfeuers, um ihm aus ihrer Position als
Göttin Unsterblichkeit zu verleihen.
Als die Königinmutter sie bei dieser heiligen Aufgabe sieht und in
Geschrei ausbricht, zeigt sich Demeter in ihrem vollen Glanz und
erzählt die Geschichte ihres Verlusts. Die Einwohner von Eleusis
bauen ihr einen Tempel als Wohnung, und sie initiiert sie dafür in
ihre Mysterien.

Und Gott(die Göttin) segnete sie, und Gott (die Göttin) sagte zu ihnen,
Seid fruchtbar und mehret Euch, und bevölkert die Erde ...
Und Gott (die Göttin) sagte, siehe, ich gebe euch jedes Kraut, das Sa-
men trägt, auf der ganzen Erde, und alle Bäume, an denen samenhaltige
Früchte sind; das soll eure Nahrung sein,
und allen Tieren der Erde und allen Vögeln des Himmels und allem,
was kriecht auf der Erde, gebe ich alles Gras und Kraut zur Nahrung.
Und es geschah also.
Und Gott (die Göttin) sah alles an, was er (sie) gemacht hatte, (und
siehe), es war sehr gut.
(Genesis 1:22; 29–31)

Und schließlich willigt Zeus, der besorgt ist wegen der ver-
dorrten Erde und der hungernden Menschen, die den Göttern
keine Opfer mehr bringen, ein anzuordnen, daß Kore wieder

zu ihrer Mutter zurückkehren kann. Merkur-Hermes, dieser ausgekochte Bursche und raffinierte Geschäftemacher, der in vielen Währungen handelt, wird zu Kore geschickt, um sie zu befreien. Mutter und Tochter sind sehr glücklich über ihre Wiedervereinigung, doch jede hat sich für immer verändert. Als sie einander in die Augen schauen, erkennen sie, daß sie sich ihre Ähnlichkeiten und ihre Unterschiede spiegeln. Kore hat die Grenze überschritten und Hades' Frucht, ihr eigenes Terrain, gekostet. Demeter hat die Erde mit ihren Tränen geweiht und die Tore zum Mitgefühl geöffnet.

Hekate betrachtet sie, während sie noch immer den Spiegel hält.

Die Mutter: Nähren, Pflegen, Erziehen

Für junge Frauen gibt es viele Identifikationsmöglichkeiten mit der Gestalt der Jungfrau, des jungen Mädchens, die inneren Impulsen folgt, welche sie zu ihrem Schicksal führen. Kore hat Granatapfelkerne aus dem Reich des Hades gegessen, ein Symbol dafür, daß sie ihr Schicksal mit ihm oder die Befruchtung/Erfüllung durch ihn akzeptiert. Diese Vereinigung, anfangs unerwartet und traumatisch, ist eine notwendige Erfahrung innerhalb der Entwicklung vom Mädchen zur erfüllten kreativen Weiblichkeit. Sie ist nicht mehr dieselbe wie vorher. Sie kehrt nicht mehr in die Welt ihrer Mutter zurück, sondern betritt selbst die Welt der Mutterschaft. Man kennt sie nun als Persephone, »als Bringerin der Zerstörung«, wodurch man ihre Affinität mit der weisen Alten benennt, die ihre Transformation überschattet hat.

Auch Mutter Demeter hat sich verändert. Später kann eine Frau erkennen, wie der Schmerz und der Kummer dieser Göttin Teil ihrer eigenen Prüfungen von Mutterschaft und Übergang in eine neue Dimension ihres Wesens sind. Sie muß ihre Tochter gehen lassen, damit diese ihr Leben schöpferisch gestalten kann. Jetzt, wo sie nicht länger für die tägliche Bemutterung gebraucht wird, muß sie neue Wege finden, um ihre

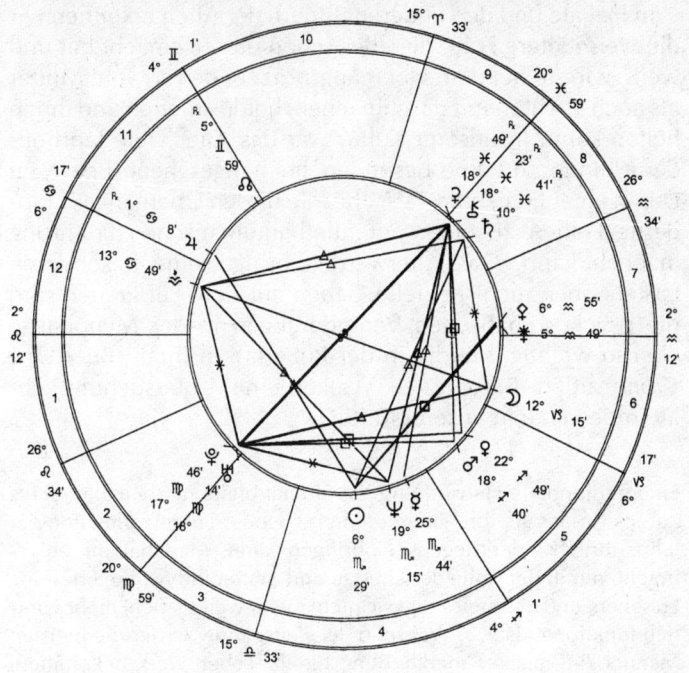

Horoskop 5: Ellen

nährenden und pflegerischen Fähigkeiten zum Ausdruck zu
bringen, neue Gaben der Weisheit, die sie der Welt schenken
kann. Es ist jetzt notwendig zu trauern, da ein Lebensab-
schnitt endet und ein neuer beginnt. Zu dieser Zeit findet tiefreichende Seelenarbeit statt. Die Herausforderung besteht
nun darin, sich über die Egogrenzen hinaus auf die Verwirklichung der eigenen, die Ewigkeit überdauernden spirituellen
Essenz zuzubewegen. Die Beziehung der Mutter zu ihrer
Tochter verändert sich; idealerweise wandelt sie sich nun in
eine Freundschaft zu dieser jungen Frau, die sie geboren hat.
Vielleicht wird sie auch Großmutter für ein Kind ihrer Tochter. Auf einer bestimmten Ebene wird sie in jedem Fall zur
Groß-Mutter, zur weisen Alten.

In Hekate und den anderen Bildern der Alten erkennen wir die weise ältere Frau, die alles schon durchgemacht hat und weiß, wie sie bei dem Übergangsprozeß, den sowohl Mutter als auch Tochter nun durchmachen, beide anleiten und ihnen helfen kann. In unserer Kultur war das Alter viele Jahrhunderte hindurch keine besonders hochangesehene Phase im Leben einer Frau, eine Tatsache, die diesen Übergang für moderne Frauen zu einer potentiell traumatischen Erfahrung machen kann. Das Älterwerden bringt seine besonderen Lasten, aber auch spezielle Gaben mit sich. Für Frauen sind die psychosomatischen Veränderungen in der Menopause ebenso wichtig wie die in der Pubertät. In ihrem Buch *The Crone* zitiert Barbara G. Walker eine Untersuchung der alternden Frau in unserer Kultur:

Eine traditionelle Hausfrau im Patriarchat bleibt mit beinahe nichts zurück, in das sie ihre Energie, Interesse oder Ehrgeiz am Ende der Jahre ihres Kinderkriegens einbringen kann. Man hat ihr beigebracht, nur in der Rolle der Ehefrau und Mutter ihre wahre Erfüllung zu sehen, und dies befriedigt sie nicht mehr, weil es nicht mehr wirklich funktionell ist. ... Während der Zeitspanne, in der die meisten Männer die meiste Anerkennung für ihr Lebenswerk bekommen, verlieren die meisten Frauen sogar die emotionale Belohnung des Sich-gebraucht-Fühlens ... Frauen werden durch eine Midlife-Depression verletzt, deren Ausmaß direkt proportional zu ihrer Akzeptanz der traditionellen weiblichen Rolle ist.[12]

Ellens Geschichte (Horoskop 5) veranschaulicht, wie dieses gesellschaftliche Dilemma zu einer persönlichen Tragödie beitragen kann. Im Alter von 29 Jahren war Ellen eine berufstätige Mutter mit einem Ehemann und einer Tochter, und sie war mit ihrem zweiten Kind schwanger. Sie hatte sich dazu entschlossen, wieder zur Schule zu gehen, und wählte ein Wochenendprogramm für Erwachsene mit unabhängigen Studienmöglichkeiten, was es ihr ermöglichte, ihre Planung und die Wahl ihrer Studienfächer flexibler zu gestalten. Als Ehefrau, Mutter, Karrierefrau und nun Studentin entschied sie sich dafür, die Rollen von Frauen innerhalb der Gesellschaft zu erforschen. Dies sollte ihr dabei helfen, ihre unterschiedlichen Rollen effektiver in ihr eigenes Leben zu integrieren.

Diese Zeit in Ellens Leben fiel mit einer weiteren wichtigen Mond/Saturn-Phase zusammen. Nach ihrer pünktlich eingehaltenen Verabredung in den Teenagerjahren vollenden der progressive Mond und Transit-Saturn aufeinander abgestimmt ihren ersten vollständigen Zyklus. Der progressive Mond vollendet seine erste Runde durch das Geburtshoroskop im Alter von ungefähr 27 Jahren. Saturn kehrt an seine Geburtsposition zurück, wenn man ungefähr 29 oder 30 Jahre alt ist. Diese doppelte Runde vollendet den ersten vollen Zyklus der Selbstentwicklung. Zu dieser Zeit erreicht man eine neue Ebene der Reife. Ein Teil des psychologischen Prozesses dieser 27- bis 30jährigen Phase besteht darin, die Wirkung der frühen Muster und Konditionierungen zu untersuchen, wie sie der Mond symbolisiert, und die Erwartungen und Begrenzungen, die »Gebote und Verbote«, die von Autoritätsfiguren aufgestellt wurden. Das Fundament des eigenen Lebens wird vollendet, der letzte Eckstein eingepaßt. Dies ist die Integration der ersten Runde des Erkennens und Lernens, wie man bewußt auf die eigenen inneren Bedürfnisse und Reaktionen achtet und wie man Verantwortung übernimmt für sich selbst und für die selbst getroffenen Entscheidungen. In dieser Zeit begutachtet man ernsthaft die Bedingungen, die das eigene Leben geformt haben, um eine persönlich effektivere Grundlage zu festigen, damit man sich anschließend weiter in Richtung auf die Erreichung des eigenen Lebensziels vorwärtsbewegen kann. Der Einfluß von Mutter, Vater und Familie wird nun aus der Perspektive persönlicher Erfahrung wahrgenommen. Häufig gibt es da ein Gefühl des »Neinsagens« zu einigen Bedingungen, die nicht mehr zur eigenen weiteren Entwicklung passen oder ihr nicht dienlich sind.

Eine neue Ebene der Reife und Verantwortung wird erreicht, freiwillig oder nicht. Häufig wird eine Frau in dieser Zeit Mutter. Ob es ihr erstes Kind ist oder nicht, die Wirkung ist jetzt deutlicher: Sie als Elternteil ist nicht mehr das Kind, sondern die Erwachsene. Oder eine Mutter wird sich vielleicht der Erziehungsmuster viel bewußter, die sie von ihrer Mutter oder ihrem Vater geerbt hat. Wie die individuellen Umstände auch aussehen mögen, diese Phase bietet eine Gelegenheit zur umfassenderen Selbsterkenntnis.

In dieser Lebensphase erkannte Ellen, daß ihr Studium der Rollen von Frauen eine zutiefst persönliche Note annahm, als sie anfing, über das Leben ihrer Mutter nachzudenken und zu schreiben und darüber, wie die Entscheidungen, die ihre Mutter getroffen hatte, auch ihr eigenes Leben beeinflußten:

Das Leben meiner Mutter unterscheidet sich sehr von meinem Leben – 25 Jahre später. Nicht nur, was die Atmosphäre, in der wir aufwuchsen, anbelangt, sondern auch unsere unterschiedlichen Sichtweisen. Ich habe einige Ansichten von meiner Mutter übernommen, aber ich habe auch andere, zu denen ich aufgrund meiner eigenen Lebenserfahrungen gelangt bin. Auch die Gesellschaft hat unsere Art, wie wir als Frauen unser Leben leben, beeinflußt.

Ellen erkannte, daß ihre Mutter ihren Ehemann und die Kinder zum absoluten Mittelpunkt ihres Lebens gemacht hatte. Als Abschiedsrednerin ihrer Klasse hatte sie ein College-Stipendium ausgeschlagen, um ihren Ehemann, der weniger gebildet war als sie, zu heiraten. Sie widmete ihr Leben ihren fünf Kindern, womit sie demselben gesellschaftlich akzeptierten Muster folgte wie ihre Mutter und ihre Schwestern. Ellens Mutter bekam eine Stellung außerhalb des Heimes, als ihr jüngstes Kind den ganzen Tag über in die Schule kam, aber ihre Familie stand weiterhin ganz im Mittelpunkt ihres Lebens. Ihr Ehemann und die Kinder kamen immer an erster Stelle, noch vor ihr selbst, berichtet Ellen. Sie zog ihre Kinder groß, brachte sie durch die Schulzeit, einige durch die College-Zeit, bis alle fünf verheiratet waren und ihr eigenes Leben lebten. Zu diesem Zeitpunkt änderte sich das Leben von Ellens Mutter in dramatischer Weise. Ellen hatte geheiratet und war mit ihrem ersten Kind schwanger, als ihre Eltern starben. Ellens Vater hatte ihre Mutter wegen einer anderen Frau verlassen. Ohne ihre Kinder und nicht fähig, sich ein Leben ohne ihren Ehemann vorzustellen, tötete ihre Mutter ihren Vater und dann sich selbst.

Als meine Eltern starben, änderte sich meine gesamte Lebenseinstellung. Ich war immer noch sehr glücklich in meiner Ehe, aber ich wollte nicht in den gleichen Trott wie meine Mutter verfallen. Ich liebe meine Familie sehr, aber ich bin mir darüber im klaren, daß ich auch an mich selbst denken muß. Meine Mutter beendete ihr Leben mit dem Gedanken, daß sie für sich genommen absolut nichts wert war. Ich möchte wirklich sichergehen, daß mein Leben niemals so endet wie das meiner Eltern.

Ellen schrieb dies sechs Jahre nach der Tragödie, während ihrer Saturnwiederkehr. Sie stand kurz davor, ihr nächstes Kind zu bekommen, und strebte den College-Abschluß an, zu dem sie ihre Mutter ermutigt hatte. Da wurde ihr bei ihren Forschungen plötzlich klar, daß sie auf einer tieferen Ebene, als sie selbst gedacht hatte, von der Wahl ihrer Mutter beeinflußt worden war:

Am Ende war es die Beziehung zu ihrem Ehemann, die sogar vor ihren Kindern und Enkeln Vorrang hatte. Sie hatte nicht das Gefühl, daß wir Grund genug für sie waren, am Leben zu bleiben. Das zu akzeptieren fällt mir am Tod meiner Eltern am allerschwersten . . . Ich erinnere mich daran, daß ich meine Mutter dafür haßte, was sie getan hatte, und daß ich danach meinen Vater dafür gehaßt hatte, daß er meine Mutter dazu gebracht hatte zu tun, was sie tat. Ich habe dies nun dahingehend aufgelöst, daß sie meine Eltern waren und daß ich sie liebe, ganz gleich, was passiert ist . . . Ich suche immer noch nach meiner Identität. Ich kann mich nicht einfach hinstellen und sagen, daß ich eine vollkommen andere Person bin als meine Mutter. Nein. Ich kann aber auch nicht sagen, daß ich ganz wie sie bin. Ich betrachte die Beziehung, die ich zu meiner Tochter habe, und ich hoffe, daß diese Beziehung sich gut entwickelt. Ich liebe meine Tochter sehr, und ich möchte, daß sie die ist, die sie sein möchte, egal, ob sie dann so wie ich ist oder nicht . . . Meine Mutter hatte wirklich großen Einfluß darauf, wie ich heutzutage mein Leben lebe.

Sie hat tatsächlich den Großteil ihres Lebens den Rollenerwartungen entsprechend gelebt, die die Gesellschaft an eine Frau stellt. Sie stellte sich erst gegen die Gesellschaft, als sie zwei Leben auf so drastische Weise beendete. Ich lebe mein Leben nun so, wie ich es leben möchte, angetrieben davon, wie ich nicht sein möchte. Ich weiß, daß ich danach strebe, anders zu sein als meine Mutter, und bin doch sehr zufrieden mit meinen Rollen als Ehefrau und Mutter. Ich habe immer noch das Ziel meiner Mutter, einen College-Abschluß zu machen ... Die 25 Jahre zwischen uns weisen einige sehr einschneidende Unterschiede auf, aber gleichzeitig haben wir auch unsere Gemeinsamkeiten. Nicht nur wegen der Gesellschaft, sondern aufgrund unfreiwilliger und freiwillig gewählter Umstände.

Die weise Alte: Reifen

Ellens Mutter starb mit 48 Jahren, kurz nach ihrer zweiten Saturnopposition, die sich im Alter von ungefähr 45 Jahren ereignet. Diese Phase stellt eine ähnliche Herausforderung dar wie die Teenagerjahre, denn sie verlangt erneut, sich einer tieferen Ebene von Reife zu stellen, nun, da viele Jahre vergangen sind. Saturn bringt ein gewisses Maß an Depression mit sich und fühlt sich wie ein Gewicht aus Blei an, das hinabsinkt, um uns dazu zu bringen, uns auf die ernsteren Vorgänge in unserem Leben zu konzentrieren. Als sie in die Zeit der Menopause eintrat und damit konfrontiert wurde, alleine alt zu werden, so wie sie es interpretierte, war Ellens Mutter unfähig, mit diesem Verlust und dem Betrug, der dem Ende der aktiven Mutterschaft umgehend folgte, fertigzuwerden. Sie vermochte sich nicht vorzustellen, wie das Leben weitergehen sollte. Sie war nicht in der Lage, die transformative Dunkelheit der Göttin der Unterwelt auf positive Weise willkommen zu heißen und wurde statt dessen buchstäblich zur Todesgöttin. In ihrem außergewöhnlichen Kommentar zum Mythos von Inannas Abstieg äußert sich Sylvia Perera über die Fähigkeit der Alten, sich sowohl auf die hellen als auch auf die dunklen Aspekte einzustellen und beiden Raum zu geben:

Die Göttin des Großen Oben symbolisiert alle Arten, auf die sich die Lebensenergien aktiv miteinander verbinden und fließen, dazu zählen auch liebevolle Verbindungen und leidenschaftliche Trennungen. Unten, und allzu oft unterdrückt, befindet sich die Energie, die sich auf sich selbst zurückzieht, hinabreicht in selbsterhaltende Nachinnengekehrtheit. Es ist diese Energie, die eine Frau in die Lage versetzt, getrennt für sich selbst zu sein und allein zu überleben.[13]

Dies ist die Macht der weisen Alten. Sowohl die Mutter als auch die Tochter steigen zu jenem Ort der Kraft und des Überlebens hinab, wie wir in der Geschichte von Demeter und Persephone gesehen haben. Ellens Mutter war unfähig, sich dieser Reise allein zu stellen. Ihre Erfahrungen in den vorhergehenden Phasen, über die wir im Zusammenhang mit Mond / Saturn diskutiert haben, mögen nicht so vollkommen zum Abschluß gekommen sein, wie notwendig gewesen wäre, um sie angemessen auf diese Lebensphase vorzubereiten.

Wenn wir uns nur den Mond und Saturn in Ellens Horoskop ansehen, erkennen wir schnell, wie stark ihre Beziehung zu ihrer Mutter von Saturn beeinflußt ist. Der Mond steht in Steinbock, in dem Zeichen, das von Saturn regiert wird, und verleiht ihr ein starkes Pflicht- und Verantwortungsgefühl sowie Selbstgenügsamkeit, und das bereits in einem frühen Alter. Saturn selbst steht in Fische in einer komplexen Konstellation mit Chiron in Konjunktion zum Asteroiden Ceres (Demeter) im 8. Haus. In Verbindung mit der Stellung im 8. Haus, dem Haus des Todes, symbolisiert dies tiefreichende Probleme im Zusammenhang mit der Heilung des Mutter-Prinzips. Das positive Sextil zwischen Saturn und Mond verleiht Ellen die Elastizität, von der tragischen Erfahrung ihrer Mutter zu lernen und dadurch ihren eigenen Selbstwert sowie ihre Beziehungen zu ihren eigenen Kindern und zu ihrem Ehemann zu transformieren. Jeder ungelöste Kummer ihrer Mutter oder von ihr selbst wird höchstwahrscheinlich bearbeitet werden müssen, um dadurch einen erfolgreichen Trennungsprozeß zu ermöglichen, wenn ihre Tochter und ihr

Sohn zwischen 12 und 16 Jahre alt sind. Zu jener Zeit wird Ellen 42 bis 45 Jahre alt sein und die zweite Saturnopposition erleben, das Tor zu den Jahren der weisen Alten.

Die Erfahrung miteinander teilen

Im wesentlichen verkörpern wir immer alle drei Göttinnen gleichzeitig. In ihren Mond-Themen wird eine Mutter immer ihr Jungfrau-Selbst bewahren, das innere Kind und ihre eigenen Mutter-Themen. Der Trennungsprozeß von ihrer Tochter wird ungelöste Themen aus ihren eigenen Teenagerjahren und ungeheilte Bereiche in ihrer Beziehung zu ihrer eigenen Mutter aufsteigen lassen.

Die meisten Frauen kämpften allein mit dem Trauma des Erwachsenwerdens und haben als Erwachsene jahrzehntelang mit ihren unbearbeiteten Adoleszenz-Erfahrungen gelebt. Die Lektionen, die sie in der Adoleszenz erlernten, sind vergessen, und ihre schmerzhaften Erinnerungen werden bagatellisiert. Viele begeben sich in Therapie, weil es in ihrer Ehe Schwierigkeiten gibt oder weil sie ihren Job hassen oder weil ihre eigene Tochter sie auf die Palme bringt. Möglicherweise weckt der Schmerz ihrer Tochter auch ihren eigenen Schmerz.[14]

Dies kann überraschend und beunruhigend sein. Ihre Tochter, häufig recht durchsetzungsfähig in ihrem herausfordernden Bedürfnis nach Trennung und Autonomie, kann der Mutter helfen, alte Muster zu durchbrechen. In der Einfachheit oder der starken Dringlichkeit ihrer Vision kann die Tochter manchmal eher wie eine weise Großmutter sein als ihre eigene Mutter, die inmitten der Lebensaktivitäten steht, die ihre Aufmerksamkeit so stark im Außen erfordern. Je älter sie wird und je mehr sie heranreift, desto klarer beginnt eine junge Frau ihre Mutter zu sehen, und sie spürt häufig den Verlust einer freundlichen Sicherheit in dem Maße, wie die Unzulänglichkeiten ihrer Mutter nun offensichtlicher werden.

In der psychologischen Arbeit über ihre Mutterthemen erforschte meine Tochter sowohl die helle als auch die dunkle Mutter, so wie sie sie erfahren hatte. Nachfolgend teilt Sanja uns einige ihrer schriftlichen Aufzeichnungen aus dieser Arbeit mit. Der erste Abschnitt handelt von ihren eigenen Kindheitserinnerungen; der zweite ist ihre imaginierte Version meiner Kindheit, eine Übung im Verstehen und Vergeben der negativen Eigenschaften des Mutterbildes, das sie in sich trägt. In diesem Text scheint sie Kore/Persephone, einem starken Archetyp – in ihrem Horoskop symbolisiert durch Mond in Opposition zu Pluto –, eine Stimme zu geben (siehe Horoskop 3).

Über die positive Mutter

Ich bin auf dem Lande aufgewachsen, und daher empfinde ich eine tiefe Liebe zur Natur, und ich habe eine tiefe Verbindung zu ihr. Mir wurde viel darüber beigebracht, wie man die Natur respektiert und sie erhält. Ich glaube, dies ist eines der wichtigsten Probleme heutzutage. Ich bin mir bewußt, wie alle Lebewesen und lebendigen Objekte miteinander verbunden und verflochten sind. Ich weiß um die vielen Zyklen und Muster des Lebens. Meine Mutter hatte immer Gärten, und ich habe gelernt, die Natur um mich herum, die Schönheit der Erde wertzuschätzen. Ich empfand Frieden, wenn ich in der Natur war, und ich fühlte mich getröstet und besänftigt. Besonders durch meine Mutter bin ich sehr spirituell geworden ... wodurch ich ein Verständnis dafür erreicht habe, daß es da draußen »mehr« gibt, mehr, als zu sehen ist, ein Verständnis für den Wunsch nach der Rückkehr zur Quelle. Ich kann durch die Mythen und Schleier die wirkliche Quelle erkennen, die wahren Bedeutungen hinter all diesem modernen, zivilisierten Mist.

Über die negative Mutter

Meine Mutter war uns gegenüber sehr nachsichtig, indem sie uns alles gab, was wir essen wollten, und uns immer fragte, ob wir irgend etwas bräuchten. Sie bemutterte uns wirklich. Sie war nicht streng und gab meistens nach, wenn wir etwas wollten. Das war ihre Art, uns ihre Liebe zu zeigen, glaube ich. Sie hatte wohl das Gefühl, daß wir sie nicht mehr lieben würden, wenn sie nein sagte, und sie brauchte meine Liebe. In dieser Hinsicht war sie von uns abhängig. Ich glaube, sie meinte, daß sie nie genug für uns tat, und auf diese Weise konnte sie es besser machen. Es war ihre Art, sicherzustellen, daß es uns gutging. Meine Mutter verleugnete sich selbst. Ich lernte nie, wie man sich selbst etwas Gutes tut. Meine Mutter litt viel und beklagte sich nie. Ich lernte, daß es gut war zu leiden und daß es in Ordnung war, schlecht zu mir selbst zu sein. Wegen dieses Mangels an Vertrauen in mich selbst und wegen des Selbstzweifels fühlte ich mich verwundbar. Ich sah, wie meine Mutter verwundbar war, und es schmerzte mich, sie so zu sehen, aber ich lernte trotzdem noch, so zu sein, und fühlte mich weder mit mir noch in mir selbst wohl. Ich lernte, Konflikte sehr gut zu vermeiden. Es war leichter, als sich den wahren Gefühlen und Problemen zu stellen, die unter der Oberfläche lagen. Ich lernte, mich selbst zu verleugnen und an mir selbst zu zweifeln. An diesem Punkt stand ich, als ich in die Pubertät kam. In meiner Familie war es nicht besonders gemütlich und glücklich, und es gab eine Menge unausgesprochener Stimmungen und Gefühle, die mich in ungesunder Weise beeinträchtigten.

Diese Aufzeichnungen halfen ihr, widersprüchliche Gefühle auszudrücken, viele ihrer eigenen Probleme zu verstehen und im weiter fortschreitenden Trennungsprozeß, der das ganze Leben hindurch auf verschiedenen Ebenen abläuft, zu einem stärkeren Gefühl für sich selbst zu kommen.

Es ist sehr frustrierend, so als ob ich mich nicht selbst unter Kontrolle habe, als ob ich darum kämpfe, mich zu befreien, aber mich diesem Kampf nicht wirklich stelle. Ich bin wütend, daß diese Muster mir und anderen so viel Schmerz bereiten. Ich bin zornig, daß sie nicht mehr getan hat, um sich zu kontrollieren und zu erkennen, was sie tat; daß sie mir nicht mehr geholfen hat, mich von diesen Mustern zu befreien, zu erkennen, was vor sich ging.
Es fühlt sich wirklich gut an zu verstehen, wo diese Muster herstammen, und zu erkennen, daß sie mich nicht wirklich ausmachen und daß sie zerstört werden können. Ich fühle mich leichter und freier. Ich empfinde Sympathie für meine Mutter, die mir diese Muster nicht

absichtlich weitergab. Sie tat, was sie konnte, aber sie ist nicht perfekt und hat eine Menge um die Ohren. Ich verstehe sie jetzt besser und auch mich und meine Gefühle. Ich habe mehr Kontrolle über mich selbst.

Sanjas Perspektive lehrte auch mich sehr viel. Ich war dankbar, daß unsere Beziehung stark genug war, daß sie dieses Material mit mir teilen konnte. Einige Aspekte ihrer Erfahrungen mit mir als Mutter überraschten mich – wie wichtig die Gärten für sie waren, zum Beispiel. Ihre imaginierte Version meiner Kindheit, die zwar nicht den Tatsachen entspricht, brachte mir neue Einsichten und einen Blick auf Schattenthemen, die neu zu bewerten jetzt in meinem Leben wichtig sind, während ich die zweite Saturnopposition erlebe. Ihre Wahrnehmungen halfen mir, genauso wie ihr, über die Probleme und Themen nachzudenken, die von den Frauen in unserer Familienlinie weitergegeben wurden, gerade jetzt, wo ich mehr über unsere Genealogie herausfinden will.

Während sie weg ist, um Abenteuer zu erleben, das Leben zu erforschen und ihre eigenen Entscheidungen zu treffen, wird sie reifer. Jedes Mal, wenn sie nach Hause kommt, verändert sich unsere Beziehung. Wenn ich in meine alten Mutterrollen-Muster »regrediere«, die nicht länger passen, macht sie mich darauf aufmerksam. Das ist auch umgekehrt der Fall, wenn sie sich von mir abhängig macht auf eine Art und Weise, die ich nicht länger tolerieren kann, weil ich meine Ressourcen neu ordnen muß – Zeit und Geld, Energie und Fähigkeiten –, um mich in erfüllende neue Richtungen für mich selbst weiterzuentwickeln. Auch ich suche Abenteuer, erforsche das Leben neu und treffe wieder Entscheidungen für mich selbst – oder male mir aus und versuche herauszufinden, was ich mir wirklich für mich selbst wünsche: neue Freiheit für uns beide und neue Verantwortung. Ich habe den Job gekündigt, der uns ernährt hat, während sie aufwuchs, und bin bereit, mehr Zeit für die Arbeit einzusetzen, die ich liebe, und von der ich spüre, daß sie mein größter Beitrag ist. Auch ich brauchte mehr Zeit für mich selbst, um mich daran zu erinnern, wie man sich entspannt und sich daran erfreut, einfach nur zu sein anstatt immer nur zu tun. Mir dies zu erlauben fiel mir tatsächlich ziemlich schwer, aber Körper und Geist bestanden einfach darauf.

Ich habe das Glück, von vielen Freundinnen Unterstützung und von einigen älteren Frauen Anleitung zu bekommen. Mit einem starken Mond in Krebs lerne ich ständig zu wachsen und meine Venus-Qualitäten zu genießen und dieser Göttin mehr Raum in meinem Leben zu geben. Die ewigen Mythen haben viel zum Verständnis meiner eigenen Geschichte beigetragen. Meine Erfahrungen und die anderer Frauen ermutigen mich, diese Mythen neu zu schreiben, eine notwendige Aufgabe, um die Spiritualität unserer Erfahrung neu zu beleben und zu regenerieren. Der Mythos lebt nur weiter, indem wir ihn erfahren. Die Geschichten sind immer neu gedacht; dadurch verändern wir uns selbst und die Welt und hinterlassen unseren Töchtern ein positiveres weibliches Erbe.

O allerschönste Blume vom Berg Carmel, fruchtbarer Wein, Glanz des Himmels, Heilige Mutter des Gottessohns. Unberührte Jungfrau, hilf mir in meiner Not. Stern des Meeres, hilf mir und zeige mir hier, daß du meine Mutter bist. O Heilige Maria, Mutter Gottes, Königin des Himmels und der Erde, demütig flehe ich dich vom Grunde meines Herzens aus an, mir in meiner Not beizustehen ... Niemand kann deiner Macht widerstehen.

- aus einer Gebetskarte an die Heilige Jungfrau

Wir beten immer noch zur Göttin, die einmal als Demeter oder Persephone oder Inanna oder unter vielen anderen Namen bekannt war. Ihre Macht kann nicht einfach in eine männliche Form verkleidet werden, denn nur Frauen schenken Leben, indem sie gebären. Sie ist die Große Mutter, nicht nur die Mutter des Gottessohnes, sondern auch die Tochter.

Carol Garlick
Töchter und Väter: Die Rolle des Vaters für die Entwicklung zur ganzheitlichen Frau

»In der Kindheit ist eine Frau ihrem Vater untertan; nach der Pubertät ihrem Ehemann, und als Witwe ihrem Sohn.«

Altes tamilisches Sprichwort

Bis heute verfügen hauptsächlich Männer beinahe über die gesamte Weltmacht und das damit verbundene Ansehen. Noch immer gibt es jedoch kaum Frauen in einflußreichen Positionen. Innerhalb der Familienstruktur haben Väter regiert und Töchter gehorcht. Traditionell gesehen wurde von einem guten Vater lediglich erwartet, daß er seine Tochter vor anderen Männern beschützt. Es gab jedoch niemanden, der sie vor ihrem Vater beschützte. Viele Jahrhunderte lang konnten sich Töchter tatsächlich schon glücklich schätzen, wenn ihre Väter sie beschützten und für sie sorgten, bis sie alt genug waren, einem Ehemann übergeben zu werden, der diese Aufgabe dann übernahm.

Von Kindheit an bis ins hohe Alter trafen erst der Vater, dann der Ehemann, dann der erwachsene Sohn alle Entscheidungen für die Frau. Zwar gab es auch einige bemerkenswerte Ausnahmen, aber im großen und ganzen entsprach dies der Norm. Erstaunlich ist nicht, wie sehr, sondern wie wenig sich diese Muster bis heute geändert haben.

Die Beziehung zum Vater ist die erste und häufig auch die längste Beziehung, die eine Tochter zu einem Mann haben wird. Die Bindung zwischen Vater und Tochter – so schwach oder stark sie auch sein mag – prägt ihre zukünftigen Beziehungen mit Freunden und Geliebten und beeinflußt auch die Art, wie sie in die Welt hinaustritt.

Wenn er sie ermutigt und inspiriert und sie sogar einige Fertigkeiten lehrt, so daß sie sich kompetent fühlen kann, wird sie leichter echtes Selbstvertrauen entwickeln. Wenn er sie entmutigt und ihr Selbstvertrauen untergräbt, ihren Körper abwertet, so daß sie sich schämt, oder ihre Überzeugungen und Ansichten nicht anerkennt, wird ihr Selbstvertrauen beschädigt, und es könnte sie viele Jahre kosten, bis sie sich wieder selbst vertrauen und an sich glauben kann. Viele Väter sind gleichgültig und nehmen nicht aktiv Anteil an der Entwicklung ihrer Töchter.

Wenn ein Vater physisch oder emotional unerreichbar ist, kann eine Tochter ein verzerrtes Bild davon bekommen, wer oder was ihr Vater für sie darstellt. Wenn ein Vater abwesend ist, führt das häufig dazu, daß sie ihn und später auch andere Männer idealisiert, indem sie ihren Phantasien mehr Bedeutung beimißt als dem wirklichen Leben. Dieses Muster, sich nach dem einen zu sehnen, der weggegangen ist, oder nach dem »Prinzen auf dem weißen Pferd« zu suchen, der niemals kommt, kann zu Affären mit verheirateten Männern führen oder zu Beziehungen mit anderweitig unerreichbaren Männern, um dadurch unbewußt Intimität zu vermeiden.

Die Tochter eines abwesenden Vaters empfindet typischerweise große Angst vor dem Verlassenwerden und ist unfähig, darauf zu vertrauen, daß ein Mann liebevoll bei ihr bleiben wird. Andererseits zwingt ein übermächtiger und zudringlicher Vater eine Tochter, defensiv zu werden, um sich vor ihm und anderen Männern zu schützen. Ihr Gefühl von Verletzlichkeit kann dazu führen, daß sie starke Grenzen aufbaut, die sie von ihm und von seinem aufdringlichen Verhalten fernhalten, sei es körperlich oder emotional.

Die Vorstellung von Grenzen ist wichtig, um verstehen zu können, wie Töchter und Väter sich aufeinander zu- und voneinander wegbewegen. Es ist, als sei da eine Mauer zwischen ihrer beider Körper und Geist, manchmal dick und undurchdringlich, manchmal dünner werdend und – für Momente – sogar transparent. Idealerweise wahrt ein Vater diese Grenzen und lebt auch vor, wie man gesunde Grenzen setzt. Er tut dies durch die Art, wie er nein sagt, wie er sich verhält, wie er beispielsweise mit körperlichem Kontakt und emotionaler

Vertrautheit umgeht und wie er die Bedürfnisse seiner Tochter nach Rückzug und Privatheit respektiert.

Wenn er die Grenze durch Inzest verletzt oder ihre emotionale Unabhängigkeit nicht tolerieren kann und versucht, ihre Gefühle durch emotionalen Inzest zu kontrollieren, kann sie sich in seiner Gegenwart weder sicher noch vollkommen fühlen. Später mag die Tochter dann vielleicht Schwierigkeiten haben, Grenzen zu setzen; sie ist möglicherweise unfähig, zu Männern und deren Forderungen nein zu sagen. Oder sie entwickelt vielleicht starre und strenge Grenzen, die alle Männer ausschließen, und vermag keine Intimität zuzulassen. Aus archetypischer Perspektive gesehen wird die Fähigkeit des Vaters, gesunde Grenzen zu wahren und für seine Tochter Zuverlässigkeit zu verkörpern, mit Zentriertheit und Ordnung assoziiert. Es ist seine Aufgabe, einen Pfad zu gehen, der irgendwo zwischen der Position desjenigen, der seine Tochter unberechenbar verläßt, und desjenigen, der sie viel zu sehr beschützt, zwischen überkritischem Richter und Cheerleader, verläuft. Eine Tochter zu »bevatern« ist immer ein Balanceakt, weniger eine Entweder-Oder-Haltung.

Wenn ein Vater die eher traditionellen männlichen Stärken positiv vorlebt, ist dies das beste Geschenk, das er seiner Tochter machen kann. Seine Männlichkeit unterstützt sie bei der Entwicklung ihrer eigenen inneren männlichen Eigenschaften, die sie braucht, um eine ganzheitliche Frau zu sein. Ein Vater, der aus seiner eigenen zentrierten Männlichkeit heraus handelt und spricht, aber trotzdem verletzlich im Umgang mit seiner Partnerin und mit seiner Tochter bleibt, hilft ihr, eine Vorstellung von sanfter Stärke zu bekommen, wenn sie ihren eigenen Weg in die Welt hinaus geht. Wie ihr Vater sie in ihrer Kindheit behandelt hat, hat den stärksten Einfluß darauf, welche Liebespartner sich eine Frau wählt und inwieweit sie sich mit ihrer eigenen Sexualität wohl fühlt.

Aber eine Tochter entwickelt ihre grundlegende Identität anhand des Vorbilds beider Eltern. Einer der größten Werte von Vätern, besonders für Töchter, ist die Tatsache, daß beide Elternteile Partner im Prozeß der Elternschaft sind, denn ohne

Väter kann die Mutter-Tochter-Bindung zu stark und beide voneinander abhängig werden. Ganz gleich, ob ein Kind männlich oder weiblich ist: Väter werden gebraucht, um das »Anderssein« darzustellen. Sie werden gebraucht, damit sie einen gesunden Keil zwischen Mutter und Kind treiben und eine Zufluchtsstätte vor tatsächlicher oder eingebildeter mütterlicher Ungerechtigkeit oder Unterdrückung bereithalten.

Historisch gesehen hatten die meisten Experten angenommen, daß Väter für die Kinderaufzucht unwichtig waren, und traditionell war deren Rolle innerhalb der häuslichen Umgebung äußerst begrenzt. Nach der industriellen Revolution wurden Männer als Bindeglieder zwischen Familie und äußerer Welt betrachtet, und das führte bei Müttern dazu, sich mehr auf die Kinder zu konzentrieren. Als ich heranwuchs, war es für einen Mann Anlaß, stolz zu sein, wenn seine Frau sich um den Haushalt kümmerte. »Keine Frau, die mit mir verheiratet ist, wird jemals arbeiten«, war allgemein zu hören. Für jene, die zu jung sind, um sich daran zu erinnern: Filme aus den fünfziger und sechziger Jahren charakterisieren Väter als freundlich, aber definitiv fehl am Platz in einem Heim, wo die Vollzeit-Ehefrau und -Mutter geschickt die Dinge am Laufen hielt.

Heutzutage wird allgemein akzeptiert, daß die Frauenbewegung, die aus den gesellschaftlich turbulenten sechziger und siebziger Jahren dieses Jahrhunderts hervorging, die größte Veränderung im Leben von Männern hervorgerufen hat. Als viele Frauen erklärten, daß ein auf Hausarbeit und Kinderpflege begrenztes Leben repressiv sei, und für einen Eintritt in die männlich dominierte Arbeitswelt kämpften, waren Männer einfach gezwungen, ihre Rolle als distanzierter Brotverdiener in Frage zu stellen und zu überdenken. Heutzutage ist es normal, daß werdende Väter an Geburtsvorbereitungskursen teilnehmen. Sie lassen sich auf eine engere Bindung mit ihren Töchtern ein und beteiligen sich aktiv in jeder Altersphase an deren Leben. Der größte Respekt, den ein Vater der häuslichen Umgebung gegenüber zeigen kann, ist es, wenn er bereitwillig Anteil nimmt und sich dort engagiert. Da die Gesellschaft durch Gewohnheitsrecht und Gesetz zustimmt, wird es für Väter leichter, sich aktiv in die Familie einzubringen.

Aus astrologischer Sicht finden wir Gründe dafür, daß sich die Rollenbilder verändern. Der Planet Neptun lief 1984 in das Zeichen Steinbock und blieb dort bis Ende 1998. Es ist, als habe Neptun viele Dinge, die dem Zeichen Steinbock zugeordnet werden, und etwas von der Rigidität des Steinbock-Prinzips, wozu unter anderem auch die Vaterschaft zählt, aufgelöst. Uranus gesellte sich Neptun im Jahr 1988 hinzu und blieb bis 1996 in Steinbock. Er symbolisierte neue Bilder und Ideale für Steinbock. 1988 kam Saturn vorbei, um diese neuen Vaterbilder herauszukristallisieren.

In einem Horoskop verkörpern Sonne und Mond die Elternarchetypen. Im Geburtshoroskop symbolisiert die Sonne den zentralen Archetyp des Selbst, sowohl in der oberflächlichen Widerspiegelung des Ego als auch der innersten Natur als individuelles Wesen. Dieses Licht, die Sonne, repräsentiert auch den Vater. Dies ist kein Zufall, denn wir können den Pfad zum eigenen Selbst kennenlernen – er beginnt mit der Trennung von der Mutter, führt über den Vater und weiter zur Individuation –, um den Elternarchetyp schließlich als unseren eigenen zu verinnerlichen.

In unserem Wesen gibt es eine lunare und eine solare Dimension. Das Selbst entfaltet sich durch die Entwicklung der Sonne, so wie sie im Horoskop angelegt ist. Sie ist daher genauso relevant für Frauen, wie es die sich selbstnährende Weisheit des Mondes für Männer ist. Die Begriffe *männlich* und *weiblich* beziehen sich nicht auf das eine oder andere Geschlecht, sondern mehr auf die empfängliche (weibliche) oder dynamische (männliche) Energie. Die mythische Konjunktion oder Ehe zwischen Sonne und Mond beschreibt ein Potential einer inneren Beziehung zwischen diesen verschiedenen Persönlichkeitsaspekten bei beiden Geschlechtern.

Die Sonne symbolisiert unseren Kampf um Wachstum und Bewußtsein, den Drang, unser eigenes Leben zu leben. Dies ist der Kampf, dem wir uns alle stellen müssen, dem Kampf zwischen dem Bedürfnis, unsere eigene Identität zu entdek-ken, und der Sehnsucht, in der familiären Umgebung unseres Elternhauses zu bleiben. Viele Frauen nehmen den Kampf nicht auf und bleiben lieber unerfüllt, als daß sie es wagen, die Nabelschnur zu durchtrennen und sich selbständig zu machen. Wenn wir uns weigern, dem Ruf zu folgen, unser eigenes Leben zu leben, können wir Depressionen bekom-men, und es kann uns an Lebenskraft mangeln. Die Sonne symbolisiert kreative Potenz, und es ist ursprünglich der ei-gene Vater, der für uns das kreative männliche Prinzip verkör-pert, die Möglichkeit von Unabhängigkeit und Individualität.

Ein Individuum zu sein und sein eigenes Leben zu leben, also das eigene Schicksal selbst in die Hand zu nehmen be-deutet, sich aus kindlichen Allmachtsvorstellungen, persönli-chen Vorlieben, Ressentiments, Illusionen von Gut oder Böse und den Eigeninteressen des Egos zu lösen und zu einem Ver-ständnis und einer Annahme des persönlichen kosmischen Gesetzes zu kommen sowie die Fähigkeit zu entwickeln, die Dinge so zu sehen, wie sie wirklich sind, anstatt so, wie man sie gerne hätte. Die Stellung der Sonne im Geburtshoroskop zeigt, wo wir kämpfen müssen, um Sinn und Bedeutung in unserem Leben zu finden. Anders ausgedrückt: Die Sonne enthüllt die Reise, die wir machen müssen, um unsere eigene Identität zu finden.

Die Sonne bewegt sich immer weiter, sie ist progressiv. Diese Energie entwickelt sich im Laufe eines Lebens, und wir schließen die Entwicklung unserer Sonne niemals ab, weil dieser Aspekt der Persönlichkeit immer im Werden begriffen ist. Die Sonne spiegelt auch eine wichtige Vision dessen wi-der, was wir mit unserem Vater auf kreativer Ebene gemein-sam haben, und das kann nur über viele Generationen sola-ren Strebens heranreifen.

Die Sonne zeigt sich selbst unbewußt, wenn sie nicht ent-wickelt wird, und manchmal auch durch Projektion. Richard Idemon definiert Projektion als ein Herausblicken aus uns selbst nach Material oder Eigenschaften, die aus irgendeinem Grund unerweckt und nicht integriert sind oder die wir in uns selbst nicht akzeptieren können. Wir verleugnen Teile von uns selbst und erkennen diese Anteile dann in anderen Menschen. Wir können sowohl negative als auch positive Eigenschaften projizieren. C.G. Jung meinte, daß Projektionen ziemlich natürlich sind und daß wir dazu neigen, in jungen Jahren mehr zu projizieren. Je älter wir aber werden, desto individualisierter sind wir idealerweise, und so können wir erkennen, was wir auf andere Menschen projiziert haben.

Wir alle bringen manche Dimensionen der Sonne nicht zum Ausdruck, weil sie einen Entwicklungsprozeß widerspiegelt, und wir schließen diesen Prozeß eben nie ab. In einigen Kulturen haben Frauen noch immer nur wenig Gelegenheit, die Sonne selbst zum Ausdruck zu bringen. Was geschieht damit? Sie projizieren die Sonne auf ihre Ehemänner und Väter, auf ihre Söhne und auf Autoritätsfiguren in der äußeren Welt. Sie kann auch auf andere Frauen projiziert werden, denn auch Frauen können solare Eigenschaften tragen. Liz Greene zufolge wird sich eine Frau ohne die Eigenschaften, die sie ins Außen projiziert hat, leer und deprimiert fühlen, weil der Sinn für Autorität und Bedeutung für sie dann außerhalb von ihr selbst liegt.

Um uns vollkommen und erfüllt zu fühlen, müssen wir unserem Sonnenzeichen Ausdruck verleihen. Wir müssen uns selbst in dem Bereich unseres Lebens entwickeln, der dem Haus zugeordnet wird, in dem sich unsere Sonne befindet, und wir sollten konstruktive Wege finden, um jene Energien einzusetzen, die von Planeten im Aspekt zu unserer Sonne symbolisiert werden. Wenn Ihre Sonne zum Beispiel im ersten Haus im Tierkreiszeichen Widder steht, dann ist dies ein Hinweis darauf, daß Ihre wichtigste Aufgabe im Leben darin besteht, Ihren Mut und Ihre Durchsetzungsfähigkeit so zu entwickeln, daß Sie sie handhaben und leben können. Dann können wir das Horoskop analysieren, um zu sehen, wie andere Faktoren für oder gegen die gesunde Entwicklung der Eigenschaften des Sonnenzeichens arbeiten.

Der vollständigste Ausdruck der Sonne erfordert bewußte Anstrengung, Entschlossenheit und Auswahl. Weil die Sonne auch den Vater symbolisiert, können wir sie nach Hinweisen untersuchen, was sich zwischen Ihnen und Ihrem Vater zugetragen hat. Es besteht ein eindeutiger Zusammenhang zwischen der Bildung des Ego und der Art von Interaktion, die Sie mit Ihrem Vater hatten. Entwicklungsmäßig gesehen bewegen wir uns zu einer Zeit auf ihn zu, wenn wir bereit sind für die Lösung von der Mutter und beginnen, eine Identität herauszubilden, die getrennt von ihr existiert. Deshalb hat das, worauf wir treffen, wenn wir uns auf den Vater zubewegen, einen großen Einfluß auf unser Identitätsgefühl. Howard Sasportas lehrte, daß Geburtsaspekte zur Sonne einen Hinweis darauf geben, was wir durch unseren Vater treffen, und wegen der Verbindung zwischen dem Vater und der Herausbildung des Selbst zeigen Radixaspekte zur Sonne auch »Eigenschaften« an, die »eng mit Ihrem Gefühl dafür zusammenhängen, was es bedeutet, ein von der Mutter getrenntes und anderes ›Ich‹ zu sein« [1].

Bei der Analyse der Horoskope von vier Schwestern werden wir ein Modell verwenden, das Howard Sasportas und Liz Greene 1990 anläßlich einer Konferenz in Zürich, Schweiz, vorstellten. Ich hatte das Glück, an diesem einwöchigen Seminar teilnehmen zu können, und ich habe in meiner eigenen Praxis herausgefunden, daß das Material von unschätzbarem Wert als Leitfaden für Töchter aller Altersgruppen ist, um ihren Weg zum eigenen Selbst zu finden.

Das Buch »Sonne und Mond – Die Bedeutung der großen Lichter in der Mythologie und im Horoskop« (Hugendubel, Reihe Kailash, München, 1994) von Greene und Sasportas ist eine Transkription eines Teils von diesem Seminar und liefert genauere Erklärungen. Wichtig ist auch, daran zu denken, daß, obwohl dieser Abschnitt betont, wie wesentlich es ist, die eigene Sonne zur Selbsterfüllung zu leben, dies nicht auf Kosten des Mondzeichens und der Stellung des Mondes getan werden kann. Wir müssen die Sonne sein und dabei auch den Mond anerkennen. Wenn wir anfangen, uns von der Mutter zu lösen, und beginnen, unsere eigene Identität herauszubilden, geben wir damit nicht auf, was der Mond sym-

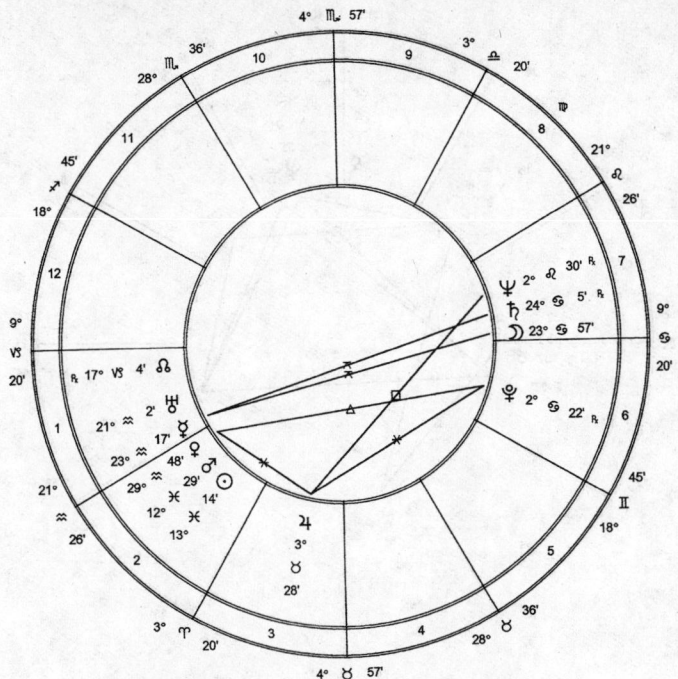

Horoskop 1: Joseph, Ehemann von Darla

bolisiert. Wir können unsere Vergangenheit und das Erbe unserer Mutter nicht verleugnen. Unser Ziel ist, es zu erkennen und es zu integrieren, wodurch wir ihm Raum schaffen, damit es zum Ausdruck kommen kann.

Horoskop 1 gehört Joseph, dem Vater der vier Schwestern. Er ist der älteste Sohn von zehn Kindern irischer Einwanderer. Schon als Kind wollte Joseph Priester werden. Er hatte sehr gute Zensuren in der Schule und war Liebling der Nonnen. Er war am Boden zerstört, als er in seinem zweiten Jahr auf der High-School von der Schule abgehen mußte, um zum Lebensunterhalt seiner Familie beizutragen. Sein Vater war der örtliche Barkeeper, und Joseph half dort aus, indem er Pferde-

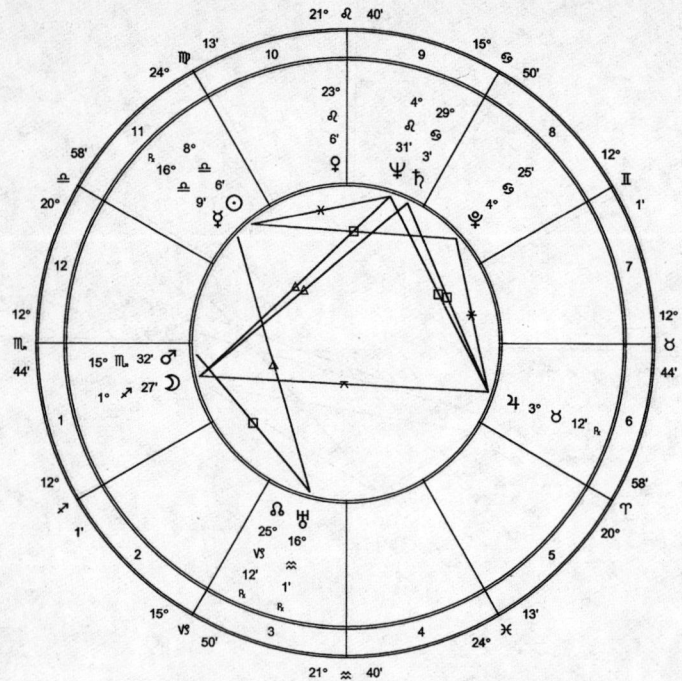

Horoskop 2: Darla, Ehefrau von Joseph

wetten in das örtliche Wettbuch eintrug. Ein Freund über-
zeugte Joseph, der Gewerkschaft der Lithographen beizutre-
ten. Schon bald lernte er das Handwerk in einer der größten
Druckereien der Stadt. Er lernte Darla durch einen gemeinsamen Freund kennen, und als sie schwanger wurde, heirateten
sie und zogen in eine kleine Wohnung in Josephs Elternhaus.
Wenn er nicht gerade arbeitete, verbrachte Joseph eine
Menge Zeit im ersten Stock bei seiner Mutter und trank und
spielte mit ihr.

Horoskop 2 gehört zu Darla, Mutter der vier Schwestern
und Josephs Ehefrau. Sie hatte kurz zuvor eine Ausbildung
zur Krankenpflegerin abgeschlossen und war neu in die Stadt

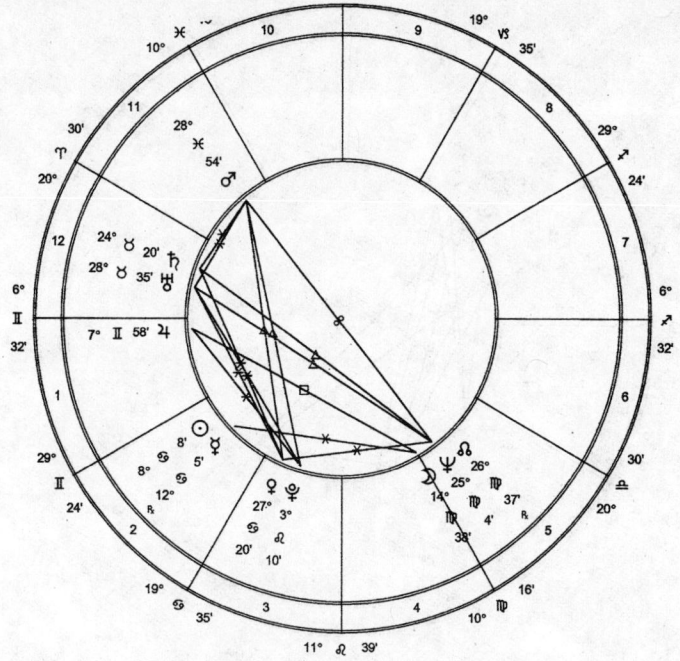

Horoskop 3: Ann

gezogen, um dort ihre erste Arbeitsstelle als Krankenpflegerin anzutreten. Sie hatte immer Ärztin werden wollen, und ihre reiche Großmutter hatte ihr versprochen, sie aufs College zu schicken.

Darla hatte in ihrer gesamten Schulzeit immer sehr gute Noten gehabt und war sogar ausgezeichnet worden, besonders in Naturwissenschaft und Mathematik. In letzter Minute änderte ihre Großmutter ihre Meinung und sagte, sie würde sie auf die Krankenpflegeschule schicken. Darla sah keine andere Möglichkeit und gehorchte.

Horoskop 3 gehört Darlas und Josephs ältester Tochter Ann. Mit der Krebs-Sonne in ihrem zweiten Haus muß Ann

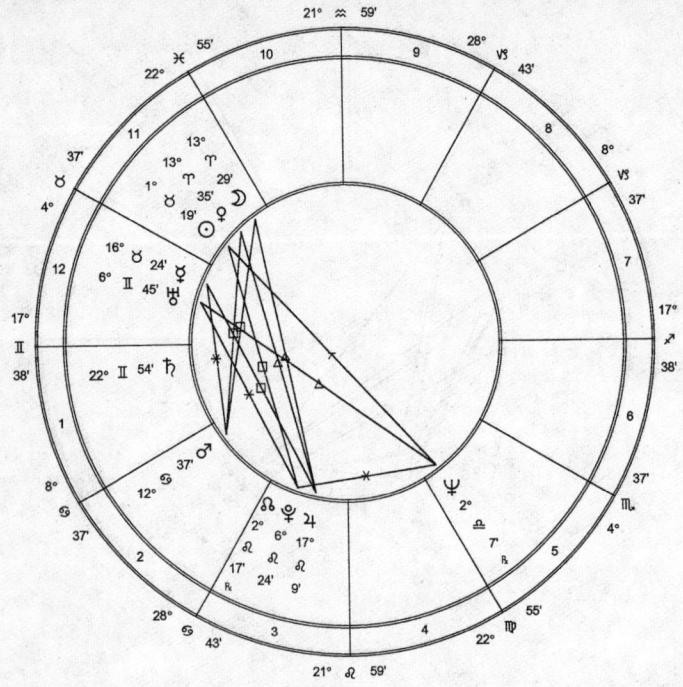

Horoskop 4: Marie

lernen, sich selbst zu nähren (ihr Potential, ihre Talente und Fähigkeiten, ihren Selbstwert und ihre Werte), damit ihre emotionale Abhängigkeit (Krebs-Sonne) nicht auf die Schultern jener geladen wird, die in ihrer Obhut sind, auf Partner oder Autoritätsfiguren. Sicherheit erwirbt sie, wenn sie Eigenschaften entwickelt und besitzt wie Stärke, Würde, Autorität, ein Gefühl, etwas Besonderes zu sein, und wenn sie Mut hat. Auch Fähigkeiten zu entwickeln, die einen Marktwert haben, ist förderlich. Die Sonne in Krebs stellt jedoch eine einzigartige Zwickmühle dar, weil das Ego sich nicht sicher fühlt mit den Veränderungen und dem Fluß, der diesem vom Mond regierten Zeichen eigen ist. Der Streß wird etwas vermindert

140

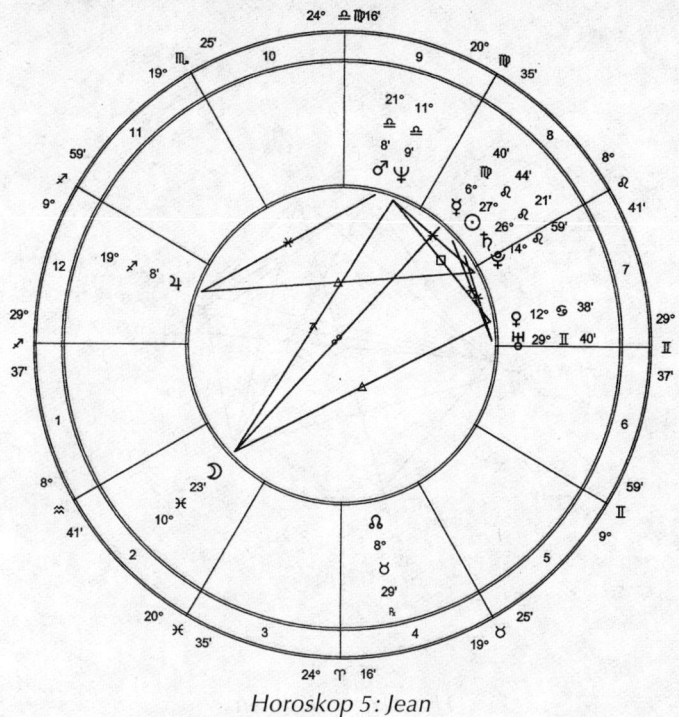

Horoskop 5: Jean

durch das Sextil zwischen Sonne und Mond, das die Verein-
barkeit von Willen und Emotionen hervorhebt. Mit Mond,
dem Herrscher ihres Sonnenzeichens, im fünften Haus fühlt
sich Ann am meisten zu Hause, wenn sie kreativ ist. Sie bekam sechs Kinder aus zwei Ehen und war selbst das älteste
von sechs Kindern. Die Sonne als Herrscherplanet des Zeichens Löwe hat direkten Einfluß auf jedes Haus, dessen
Spitze in Löwe steht. In Anns Horoskop steht die Spitze des
vierten Hauses in Löwe, was bedeutet, daß sie ein Bedürfnis
danach hat, ihre eigene Identität als getrennt vom familiären
Hintergrund zu erkennen, ohne zu verleugnen, daß sie auch
Teil der Familie ist.

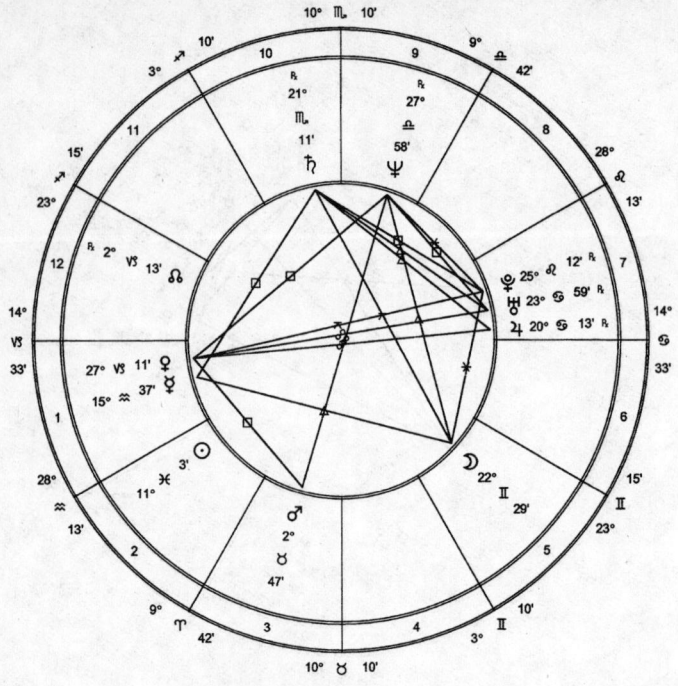

Horoskop 6: Kathryn

Einige Jahre lang hing sie der Idee an, daß Joseph nicht ihr biologischer Vater sein könnte. Sie suchte Medien und Kartenleser auf, um sich dies bestätigen zu lassen. Joseph starb 1980, und seitdem hat Ann das Thema nicht mehr mit Darla, ihrer Mutter, erörtert. Der Vater könnte auch körperlich oder psychologisch gesehen abwesend gewesen sein. Für eine Tochter könnte das bedeuten, daß sie ihr Leben lang nach dem verlorenen Vater sucht. Ann hat dreimal geheiratet und sich zweimal scheiden lassen, wobei sie jedes Mal hoffte, Unterstützung zu bekommen. Letztlich muß sie ihre Vaterqualitäten in sich selbst finden. Ann erkannte, daß ihr etwas fehlte, und begann daher eine Therapie, als ihr jüngstes

Kind aufs College kam und die Familie verließ. Als Ann im Alter von ungefähr zwei Jahren anfing, sich von Darla (Mond in Jungfrau Quadrat Jupiter) zu lösen, wurde sie mit Mars Quadrat Sonne konfrontiert – ein Willenskonflikt mit Joseph. (Dieser Aspekt kann auch durch barsches, ärgerliches, gewalttätiges, unsicheres und sexuell unangemessenes Verhalten zum Ausdruck kommen.) Ein Mädchen könnte daraus schließen, daß alle Männer brutal sind. Dies kann später zu allen möglichen Problemen führen. Eine Ausdrucksmöglichkeit fand diese Art von Mars-Energie in Konkurrenz und passiv-aggressiver Demütigung (Mars in Fische Opposition Neptun). Ann erkannte dieses Muster, als es zu einem vorherrschenden Muster in ihren Beziehungen mit Männern geworden war. Weil sie nur die negative Ausdrucksweise von Mars kennengelernt hat, könnte sich Ann entscheiden, so nicht sein zu wollen. Die Schwierigkeit besteht darin, daß auch das Potential, die positive Seite zu entwickeln, erstickt wird, wenn Mars erstickt wird. Dazu zählt auch die Kraft, die eigene Identität zu bestätigen, indem man den eigenen Willen durchsetzt und anstrebt, was man in der Welt erreichen will. Ann erinnert sich daran, daß ihre Mutter, immer wenn sie als Kind um etwas bat, beispielsweise um ein Fahrrad, antwortete: »Wenn wir das große Los ziehen« – was wieder die Vorstellung der Passivität bestätigt. Was Ann mitbekam, war: »Ich kann nicht, dafür sollte eigentlich ein Mann sorgen«. Was sie außerdem hörte, war, daß Frauen sich nicht darauf verlassen können, daß Männer für sie sorgen. Sie löste dieses Dilemma für sich, indem sie nach der High-School ins Kloster ging.

Ann war von Kindesbeinen an fromme Katholikin, besuchte täglich die Messe und war während ihrer gesamten Schulzeit aktives Gemeindemitglied. Sie verließ das Kloster nach einem Jahr und berichtete, sie hätte geträumt, daß sie die Braut Christi sei, aber als sie das erreicht hatte, hatte es sich überhaupt nicht einzigartig angefühlt, nur noch eine unter so vielen zu sein. Abgesehen davon, daß sie desillusioniert war, gibt sie auch zu, daß sie vor Heimweh krank war.

143

Zusätzlich sagte sie, sie fühle sich, als wenn sie ihren Vater enttäuscht hätte. Sie ist sich nicht sicher, weil sie sich nicht daran erinnern kann, daß sie jemals ein Gespräch miteinander geführt hätten. Zu dieser Zeit lief Saturn im Transit in Opposition zu ihrer Sonne.

Als Kind hatte Ann leidenschaftlich gern Musik gehört und eine besondere Vorliebe für die Geige entwickelt. Sie bettelte bei ihrer Mutter immer wieder darum, Unterrichtsstunden nehmen zu dürfen. Eines Tages, als sie eine abgelegene Kammer durchstöberte, fand sie einen alten Geigenkasten mit einem Instrument darin, dessen Saiten gesprungen waren. Als sie damit zu ihrer Mutter rannte, sagte diese, daß es in der Umgebung niemanden gäbe, bei dem man Stunden nehmen könne. Ann nahm die Violine jeden Tag heraus, um sie im Arm zu halten. Im Laufe der Zeit sah sie sie immer seltener – bis sie eines Tages ganz weg war. Sie war einfach verschwunden. Ann hatte auch eine kleine Maultrommel von ihrem Großvater väterlicherseits. Es war ihr größter Schatz, und sie übte, darauf zu spielen, wenn sie allein war. Eines Tages war auch die Maultrommel verschwunden.

Merkur steht in Konjunktion zur Sonne (Orbis 5 °), und daher sagt man, Merkur sei verbrannt – von den Strahlen der Sonne. Die positiven Aspekte zur Sonne (von Mond, Merkur und Mars) sind die Geschenke, die Ann von ihrem Vater bekommen hat; diese Geschenke muß sie entwickeln. Die Hindernisse zeigen sich klar im Horoskop. Es ist nicht einfach und erfordert eine Menge Arbeit. Die Sonne bildet einen Quinkunx zum MC (Medium coeli / Himmelsmitte; auch der Mond bildet einen Quinkunx zum MC, wodurch eine Yod-Figur entsteht) und zeigt die Spannung zwischen Anns Ansichten und dem, was ihre Eltern ihr beigebracht haben. Sie mag vielleicht nicht in der Lage sein, ihre eigenen Ansichten als wertvoll anzuerkennen, falls sie dem widersprechen, was man sie gelehrt hat. Dies kann dazu führen, daß sie versucht, den Erwartungen anderer Menschen entsprechend zu leben und daß sie versucht, ihre eigene Denkweise zu unterdrücken. Dies verursacht sehr viel Spannung, was zu Verwirrung führt, die umgehend die starke Opposition zwischen Mars und Neptun in ihrem Horoskop ins Spiel bringt. Ann erlangte einen College-Abschluß und fand einen Arbeitsplatz im Regierungsdienst, während sie nebenbei Astrologie studierte. Obwohl sie niemals einen Kunstkurs besucht hatte, sammelte sie einige Arbeiten und fing an, sie zu verkaufen. Jemand schenkte ihr eine keltische Harfe, und sie begann, sich das Harfespielen selbst beizubringen. Inzwischen ist Ann Schriftstellerin und gibt Kunstunterricht. Sie beschäftigt sich auch weiterhin mit der Astrologie. Ihr Horoskop unterstützt diesen Weg zur Identitätsfindung, und sie ist nie zuvor so glücklich und zufrieden gewesen wie jetzt. Über ihren Vater sagt sie: »Ich kannte ihn nicht, aber viele Jahre, nachdem er gestorben war, dachte ich, daß meine Mutter unsere Freundschaft sabotiert hatte. Ich wollte es einfach nicht wahrhaben. Inzwischen weiß ich, daß er viel Talent hatte, das zu entwickeln ihm der Mut fehlte. Was mich selbst angeht: Daß ich diese Dinge als Kind nicht tun konnte, bedeutet ja nicht, daß ich es heute auch nicht kann. Ich tu's jetzt einfach.«

Horoskop 4 gehört zu Marie. Mit ihrer Sonne in Stier im elften Haus muß sie lernen, ihr eigenes Wertesystem aufzubauen, und ganz besonders, sich selbst genug Wert beizumessen, um ihre eigenen Träume zu verfolgen. Vergnügen und Schönheit sind äußerst wichtig für eine Stier-Sonne; verletzbar kann sie dadurch werden, daß sie sehr empfänglich oder anfällig ist für sinnliche Genüsse und daß es für sie so wichtig ist, Dinge zu besitzen.

Es bedeutet auch, Flexibilität und Toleranz im Umgang mit Freunden zu lernen. Weil Maries Sonne weniger als 4° von der Spitze ihres zwölften Hauses entfernt steht, können wir uns auch Themen, die dem zwölften Haus zugeordnet werden, ansehen. Hier finden wir beispielsweise Konfusion im Zusammenhang mit dem Vater und auch geleistete Opfer sowie Themen wie Krise und Gefangenschaft. Verschiedene Formen von Institutionen können in beider Leben eine Rolle spielen.

Nach dem High-School-Abschluß wünschte sich Marie

verzweifelt, sich am örtlichen Krankenhaus für ein Programm einzuschreiben, bei dem junge Frauen in der Pflege von Neugeborenen unterrichtet wurden, um anschließend in der Kinderkrankenpflegestation zu helfen. Darla wollte es ihrer Tochter nicht erlauben, weil sie der Ansicht war, daß die Ausbildung nicht so fundiert sei wie die zu einer staatlich geprüften Krankenschwester. Mit 18 Jahren war Marie verheiratet, und im Laufe der folgenden zehn Jahre bekam sie drei Kinder. Sie hat niemals einen Beruf außerhalb ihres Heims ausgeübt, und als ihr jüngstes Kind ins Teenageralter kam, begann eine Reihe von Gesundheitskrisen, die bis heute andauern. Sie mußte sich einer Operation unterziehen, bei der ihr aufgrund von aufgebrochenen Magengeschwüren ein Großteil ihres Magens entfernt werden mußte. Im selben Jahr wurde eine weitere Magenoperation erforderlich, doch sie leidet immer noch unter lästigen Nebenwirkungen. Dem folgte eine Hysterektomie, die zu einer Zeit durchgeführt wurde, kurz bevor man entdeckte, daß Blutbanken mit dem HIV-Virus verseucht waren. Durch routinemäßige Bluttransfusionen infizierte sie sich mit Hepatitis B, so daß sie nun an einer Immunschwächestörung leidet, deren Symptome den Medizinern immer noch Rätsel aufgeben.

Marie ist zu einer Expertin geworden, was den Teil der medizinischen Welt angeht, der sie betrifft. Sie verbringt enorm viel Zeit in Bibliotheken, wo sie liest und forscht und ihr Spezialistenteam ständig mit Informationen in Erstaunen versetzt, über die diese nicht immer verfügen. All ihre Kinder haben Hochschulabschlüsse, leisten auf ihrem Gebiet hervorragende Arbeit und verfügen über überdurchschnittliche Einkünfte. Maries jüngstes Kind und einziger Sohn begann ein Studium mit dem Hauptfach Chemie, um sich auf die medizinische Ausbildung vorzubereiten. Zu Maries großer Enttäuschung wechselte er in seinem ersten Jahr sein Studienfach, studierte Rechnungswesen und ist inzwischen Wirtschaftsprüfer. Wie bei ihrer älteren Schwester Ann fällt die Spitze von Maries viertem Haus in Löwe. Das weist darauf hin, daß der Vater körperlich oder psychisch abwesend war, was zu einer lebenslangen Suche nach einem Vater führen kann, ehe jene Eigenschaften im eigenen Inneren gefunden werden können. Joseph fing an, nachts zu arbeiten, als die Mädchen in der Grundschule waren. Es gab eine Nachtschichtzulage, und Darla ermutigte Joseph, in die Nachtschicht zu wechseln, weil sie meinte, sie bräuchten das Geld.

Marie steht ihrer jüngsten Tochter sehr nahe, die Anfang Dreißig ist und weiterhin zu Hause wohnt. Marie hat noch Kontakt zu einer Bekannten aus ihrer Oberschule. Marie zeigt Symptome von Agoraphobie, verläßt das Haus nur in Begleitung eines Familienmitglieds und bewegt sich selten über die Nachbarschaft hinaus. Sie nimmt immer weniger am gesellschaftlichen Leben ihres Ehemannes teil, weil er ein passionierter Tennisspieler ist und sie körperlich nicht mithalten kann. Er besucht jedes Wochenende die Rennbahn, und gelegentlich begleitet sie ihn dorthin. Sie ist eine begeisterte Leserin, und wenn sie nicht gerade Bücher verschlingt, sieht sie sich Filme an. Am Anfang ihrer Ehe begann sie mit Häkelarbeiten und Petitpoint-Stickerei, aber wegen ihres Gesundheitszustandes hat sie seit Jahren keine Handarbeiten mehr gemacht.

Als Marie sich von ihrer Mutter Darla (Mond in Widder in Konjunktion zu Venus Quadrat Mars) zu lösen begann, traf sie auf Josephs Sonne in Quadrat zu Pluto. Diese Stellung weist darauf hin, daß es eine Menge Probleme mit dem Thema Macht gibt. Ganz gleich, was ihr Vater sagte oder nach außen hin tat, Marie war immer sehr empfänglich für das, was unausgesprochen blieb. Mit Pluto gibt es dunkle Untertöne – gewalttätige vielleicht und manchmal sexuelle. Für ein ahnungsloses Kind fühlt sich das nicht besonders sicher an, also heißt dies, sich zu trennen und allein zu sein, es bedeutet, daß man sich in acht nehmen und auf der Hut sein muß. Sicherheit kann nicht als selbstverständlich angesehen werden – das Leben ist kompliziert. Eine rigide Mischung aus Anpassung und Bewältigung resultiert aus dem Bedürfnis, so viel Kontrolle wie möglich über sich selbst und die Umgebung zu besitzen. Dies wird noch durch ihren Saturn in Konjunktion mit dem Aszendenten verstärkt. Darüber hinaus regiert Venus (Konjunktion Mond) ihre Stier-Sonne und bildet ein Quadrat zu Mars. Auch hier erkennen wir wieder die Nebeneinanderstellung der Energien von Sonne und Mond, wie schon bei Ann, was ein unsicheres Ego aufgrund von Veränderung und ständiger Bewegung anzeigt. Diese Energie wurde auch noch durch Maries Erinnerungen daran verstärkt, wie ihre Mutter und ihr Vater sich die ganze Zeit über stritten. Vor nicht allzu langer Zeit sagte Marie über ihren Vater: »Ich habe über meinen Vater nachgedacht, und ich fand es wirklich schwierig zu erklären, was ich für ihn empfand. Ich vermute, der beste Ausdruck ist ›unangenehm‹. Als ich klein war, war er da, aber er ignorierte mich sowohl körperlich als auch emotional. Es fand überhaupt kein Austausch statt.« Über Josephs Tod äußerte sich Marie so: »Als ich in der Kapelle saß und auf das blickte, was einmal Körper und Seele meines Vaters gewesen war, empfand ich totale Erleichterung. Als der Sarg geschlossen und er auf dem Friedhof begraben wurde, fühlte ich mich zum ersten Mal in meinem Leben vollkommen wohl mit ihm.«

Horoskop 5 gehört zu Jean, dem fünften Kind von Joseph und Darla; das zweite und vierte Kind sind Jungen. Jeans Sonne steht in Löwe im achten Haus. Die Sonne ist Herrscher von Löwe und steht in ihrem eigenen Zeichen sehr stark. Jean muß ihren eigenen kreativen Selbstausdruck (Löwe) entwickeln, während sie sich selbst erweitert und persönliche Beschränkungen und Getrenntheit durch irgendeine Form von Vereinigung und Austausch mit anderen Menschen (achtes Haus) transzendiert. Anders ausgedrückt: Jean muß ihre eigene Kreativität entwickeln und sich dann verwandeln lassen, indem sie sie mit einem Partner teilt. Beziehungen, in denen versteckte Leidenschaften eine Rolle spielen und ungelöste Komplexe aus der Kindheit auslösen, dienen ebenfalls dem solaren Prozeß von Wachstum und Entfaltung. Jean wird den Aufbau ihres Egos auch dadurch verstärken, indem sie beobachtet, wie ihr Verhalten sich auf andere Menschen auswirkt, und indem sie ihnen erlaubt, ihre eigenen Entscheidungen zu treffen, während sie ihnen die ihnen gebührende Anerkennung zollt. Jeans rechtes Auge ist von Geburt an nach innen gedreht. Als Vorschülerin mußte sie große, dicke Brillengläser tragen, die ihr von ihrem Arzt verschrieben wurden – ein irregeleiteter Versuch, das Problem zu kurieren. Sie haßte ihr Aussehen, und als sie auch noch eine Augenklappe tragen mußte, war sie wirklich verzweifelt. Sie träumte davon, Klavier spielen zu lernen, aber für eine solche Ausgabe war im Haushalt nie genug Geld vorhanden.

Jean hatte von klein auf viele Freunde. Als sie in der Grundschule war, erzählte ihr eine Freundin, daß sie ihr Klavier weggeben würde. Darla weigerte sich, das Angebot anzunehmen, und sagte, daß es dafür im Haus keinen Platz gäbe. Jean hat ihr das nie verziehen. Als es darum ging, auf der Oberschule Fächer auszuwählen, bestand Darla darauf, daß Jean alle Sekretariatsaufgaben wählte – Schreibmaschine schreiben, Stenographie und Buchhaltung beispielsweise. Wieder war Jean unglücklich, fügte sich jedoch den Wünschen ihrer Mutter. Nach dem Schulabschluß arbeitete Jean in der Buchhaltung. Mit 18 Jahren heiratete sie einen Freund aus der Nachbarschaft, der ein paar Jahre älter war als sie. Sie wechselte dann in eine besser bezahlte Position in der Lohn- und Gehaltsabteilung einer Versicherungsgesellschaft und händigte ihrem Ehemann pflichtbewußt jede Woche ihren Gehaltsscheck aus.

Als sich Jean von ihrer Mutter löste (Mond in Fische Opposition Merkur), wurde ihr Gefühl, dumm zu sein, noch durch Saturn in Konjunktion zur Sonne verstärkt. Joseph, der kalt und verschlossen und autoritär wirkte, verstärkte ihre Selbstzweifel noch, und Jean konnte sich nicht sicher sein, ob sie in der Lage war, auf ihren eigenen Füßen zu stehen oder auch nur das Selbstvertrauen zu entwickeln, es überhaupt zu versuchen.

Im frühen Erwachsenenalter entdeckte sie zwei Gebiete, für die sie sich leidenschaftlich interessierte: Hitlers Regime und die Vernichtungslager sowie das Studium der Astrologie. Ungefähr zu dieser Zeit bekam sie ihre Tochter. Ihr Ehemann nahm sich Urlaub, weil er seiner Frau nicht zutraute, angemessen für das Kind zu sorgen. Mit der Zeit begann Jean, Astrologiestunden bei einem Lehrer zu nehmen, belog aber ihren Ehemann darüber, wohin sie ging, weil er ihre Beschäftigung mit Astrologie dumm fand. Das ist fast 25 Jahre her, und obwohl Jean inzwischen im astrologischen Bereich bekannt ist und eine große Privatpraxis betreibt, ist ihr Mann erst in den vergangenen Jahren dahingekommen, ihr und dem Thema widerwillig etwas Respekt zu zollen. Es kommt auch erst seit einigen Jahren vor, daß Jean und er sich intensiv miteinander auseinandersetzen. Im vergangenen Jahr haben beide nach einem Therapieversuch eingewilligt, mehr miteinander zu teilen, darunter auch ihre Finanzen, Teile ihres Heims und das riesige Landschaftsgestaltungsprojekt auf ihrem Besitz, das ursprünglich einmal Jeans kleiner Blumengarten war. Jean schafft Kunstwerke aus Kräutern, Blumen und Rebengewächsen, die sie züchtet und Freunden und der Familie schenkt. Interessanterweise gräbt Jean jedes Jahr einen Teil ihres Gartens um, um neue Bereiche zu schaffen und neu zu arrangieren. Die Transformation schreitet Jahr um Jahr voran, während sich Planung und Gestaltung immer weiter entwickeln und verbessern. Über ihren Vater sagt Jean, daß sie das Gefühl hatte, er habe die Familie zu ihrer aller Besten verlassen, als sie ungefähr sieben Jahre alt war (erstes Saturn-Quadrat). Sie erinnert sich daran, daß er sie von der Schule abholte – was er vorher noch nie getan hatte – und ihr erzählte, daß er beginnen würde, nachts zu arbeiten. Danach war er nicht mehr an ihrem Leben beteiligt – er war einfach nicht erreichbar. Er kam auch nicht zu ihrer Schulabschlußfeier, weil er arbeiten mußte. Dies war Darlas Idee. Als sie ihn im Sarg liegen sah, empfand sie Traurigkeit, berichtet Jean – weil sie ihn nicht kannte und weil sie das Gefühl hatte, daß sein Leben eine einzige Vergeudung eines guten Potentials war. Jean beschreibt ihn als ruhig, ernsthaft und sehr talentiert mit einer starken Arbeitsmoral.

Kathryn (Horoskop 6) ist die jüngste Tochter von Joseph und Darla. Sie ist sieben Jahre jünger als Jean. Ihre Sonne steht in Fische im zweiten Haus. Das Zeichen Fische ist eingeschlossen im zweiten Haus, und ihre Sonne bildet keine Hauptaspekte. Sich selbst zu entwickeln bedeutet für sie, sich Zeit zu nehmen, um ihre Träume anzuerkennen und ihnen dann Gestalt zu geben. Sie muß sowohl die sterblichen als auch die göttlichen Aspekte ihrer selbst verstehen lernen und sich auch um beide Seiten kümmern. Eine stark gestellte und gut aspektierte Sonne zeigt ein gesundes Ego an, ein Selbstgefühl, das den Bedürfnissen der gesamten Persönlichkeit dient. Wenn die Sonne in einem Zeichen steht, wo sie nicht so stark ist, kann das dazu führen, daß die Schwäche des Egos sich ungünstig auf die Fähigkeit auswirkt, sich Wünsche zu erfüllen und Erfolg zu haben. Kathryns Horoskop ist herausfordernd. Weil der solare Kern so schwer zugänglich ist, würde man ihr wünschen, daß sich günstige Gelegenheiten boten, als die progressive Sonne in Widder wechselte, was ungefähr im Alter von 19 Jahren geschah, und daß ihr dies einige günstige Bewegungsmöglichkeiten eröffnete. Kathryns zweites Haus sagt wie das von Ann etwas über das Thema Entwicklung von Selbständigkeit aus. Die Spitze des achten Hauses fällt wie bei Jean in Löwe und bietet die Gelegenheit, den Zusammenhang zwischen aktuellen Beziehungsthemen und jenen früh im Leben mit der Mutter oder dem Vater bestehenden Problemen nochmals zu überprüfen. Kurz bevor sie geboren wurde, kam Kathryn in große Gefahr. Die Plazenta hatte sich in der Gebärmutter abgetrennt, und das Baby war damit von jeglicher Nahrung abgeschnitten. Kathryns Geburtsgewicht betrug knapp vier Pfund, und obwohl sie rechtzeitig auf die Welt gekommen war, gab es Sauerstoffprobleme, die zu geringen, aber wichtigen Hirnschädigungen führten. Kathryn weiß nichts Genaueres, weil auch Darla sich nicht klar darüber geäußert hat und medizinische Unterlagen nicht zu bekommen sind. Kathryn berichtet von sexuellem Mißbrauch in ihrer Kindheit durch einen direkten Nachbarn, einen Rentner, und über sexuelle Belästigungen durch Verwandte, von denen ihre Eltern oder Geschwister damals nichts wußten. Sie sagt auch, daß sie bereits sehr früh erkannte, daß sie sich sexuell zu Frauen hingezogen fühlte. Während sie noch in der Grundschule war, begann sie eine Reihe von lesbischen Beziehungen, die ihr Erwachsenenleben hindurch andauerten. Obwohl für eine spezielle Ausbildung keine Fördermittel erhältlich waren, konnte Kathryn die öffentliche Grundschule abschließen. Ihre Erlebnisse waren niederschmetternd, und sie vermochte nicht, mathematische Theorien und Konzepte zu verstehen. Auch ihre Koordination entwickelte sich nie ganz vollständig, und sie hatte eine leichte Sprachstörung, verbunden mit Hörproblemen. Die anderen Kinder waren grausam zu ihr, die Lehrer ebenfalls. Ihre Jahre an der Oberschule gestalteten sich etwas ruhiger, weil sie an derselben konfessionellen Schule angenommen wurde, die schon ihre drei älteren Geschwister besucht hatten. In dieser Zeit wurde ihr Talent zum Malen und Zeichnen entdeckt, und es schien, als ob sie ihre Nische gefunden hätte. Kathryn schrieb sich an einer angesehenen Kunstschule ein, mußte dieses Studium jedoch nach dem ersten Semester abbrechen, weil sie zwar über das künstlerische Talent verfügte, ihr aber die anderen für die Ausbildung erforderlichen Fähigkeiten fehlten. So war sie beispielsweise nicht in der Lage, etwas mit einem Lineal auszumessen oder den erforderlichen Raum für ein Projekt zu berechnen.

Sie heiratete bald einen Mann, der 25 Jahre älter war als sie, dessen beruflicher Lebenslauf zahlreiche Lücken aufwies und der nur geringe Fähigkeiten besaß. Sie bekam einen wunderhübschen Jungen, der zwei Tage nach der Geburt an einem Herzfehler starb. Im Jahr darauf bekam sie noch einen Sohn, der gesund zu sein schien, aber schon früh emotionale Probleme hatte und Verhaltensstörungen zeigte. Nach einer sehr unangenehmen Scheidung lebten Kathryn und ihr Sohn zeitweise bei ihren Eltern und bei ihren lesbischen Partnerinnen. Das gestörte Verhalten ihres Sohnes heizte Konflikte in Kathryns Liebesbeziehungen an, so daß sie einen eigenen Platz zum Leben für sie beide fand, als ihr Sohn in die Pubertät kam. Darla war wieder arbeiten gegangen, als Kathryn sieben Jahre alt war, weil sie Geld brauchten. Obwohl sie sehr erfolgreich war und die Arbeit als Krankenschwester als äußerst erfüllend empfand, ging sie früh in Rente, um ihren Enkel großzuziehen. Seine Verhaltensprobleme brachten ihn jedoch in Konflikt mit dem Gesetz. Daraus folgend wurde er aus psychischen Gründen für rechtsunfähig erklärt und unterzog sich anschließend jahrelangen Therapien. Nachdem Kathryn eine Reihe von einfachen Arbeiten ausgeführt hatte, machte sie eine Ausbildung zur Krankenpflegerin, damit sie Patienten in einem Pflegeheim betreuen konnte. Daß sie einen Ausbildungsplatz in diesem Programm bekam und schließlich einen staatlichen Abschluß machen konnte, hat Kathryns Selbstbewußtsein enorm gestärkt. Kürzlich hat sie einen zehn Jahre älteren Mann geheiratet, den sie in einem Pflegeheim kennengelernt hatte, wo sie arbeitete. Ihm wurde aufgrund einer schweren Diabetes ein Bein amputiert, und er hat auch noch einige andere Gesundheitsprobleme. Mit dem Geld, das er von der Regierung erhält, und mit Kathryns Gehalt können sie ohne Darlas Hilfe finanziell auskommen.

Als für Kathryn in der Kindheit die Trennungsphase von ihrer Mutter begann, war niemand da. Auch wenn man die kleineren Aspekte miteinbezieht, traf sie Uranus und Neptun im Anderthalbquadrat. Sie hatte kein positives solares Rollenbild für ihre Fische-Sonne. Als Kathryn geboren wurde, näherte sich Joseph gerade den fortgeschrittenen Stadien des Alkoholismus. Sein Verhalten war völlig unberechenbar, und falls er überhaupt anwesend war, war er krank. Es war leichter für Kathryn, zu ihrer Mutter zurückzulaufen (Mond in Zwillinge Trigon Merkur Trigon Neptun Sextil Pluto), die ihr Orientierung zu bieten versprach. Obwohl der Preis hoch war – ein Mangel an Gelegenheit, Selbstvertrauen zu entwikkeln – schien es eine Möglichkeit zu sein zu überleben. Kathryn erinnert sich noch daran, daß Joseph einmal sehr betrunken aus der Kneipe nach Hause kam und sie beim Namen rief, und daß er sogar so weit ging zu sagen, daß er wünschte, sie wäre bei der Geburt gestorben. Als sie 24 Jahre war und mit ihrem Sohn bei ihren Eltern lebte, bat Joseph sie, als er betrunken war, mit ihm zu schlafen. Entsetzt wartete sie, bis er das Haus verlassen hatte, und rannte dann zu einer ihrer Schwestern. Danach war sie nie wieder allein mit ihm, wünschte sich aber weiter, daß er sterben würde. Ein Jahr später starb er tatsächlich. Kathryns Reaktion: »Ich weinte nicht um ihn. Ich fühlte mich sehr ruhig und erleichtert, daß er gegangen war. Ich vermute, es ist irgendwie traurig, aber heute empfinde ich immer noch so. Vater war Vater. Er war einfach da, so wie eine Lampe da ist. Er war ein Objekt. Das einzige, was ich von ihm gelernt habe, ist, daß es sich nicht auszahlt, wie ein Schwächling zu trinken.«

Aber heute erkennen wir, daß wir doch sehr viel mehr von unseren Vätern lernen, als uns zuvor bewußt war. Diese Schwestern, die oberflächlich gesehen so unterschiedlich zu sein scheinen, müssen mit einem Familienmythos fertigwerden. Folgendes Muster wird deutlich:

Ihr Vater ließ sie nicht an sich Anteil nehmen. Wenn Sie über jede einzelne dieser Frauen lesen, könnte es so scheinen, daß die Mutter im Brennpunkt stand und das, was sie erlaubte und was sie nicht erlaubte. Und tatsächlich ist sie eine machtvolle Gestalt. Josephs Abwesenheit hat sich jedoch im Leben seiner Töchter sehr viel stärker bemerkbar gemacht. Schuldzuweisungen sind hier fehl am Platz und würden sie nur davon abhalten, eigenmächtig zu handeln und ihre Fähigkeiten voll zu entwickeln. Jede dieser Schwestern hat mit Problemen im Bereich von Teilen, Abhängigkeit und Finanzen zu kämpfen. Wir sprechen hier ihre Stier-Skorpion-Themen und die Problematik des zweiten und achten Hauses an, mit der jede Schwester in Beziehungen konfrontiert wird. Jede lernt, daß sie nicht ausbrechen kann, ehe sie nicht Verantwortung für ihre eigenen Angelegenheiten übernimmt.

Die Aspekte zur Sonne zeigen die Geschenke des Vaters. Die aktive Entwicklung jener Bereiche ist die Arbeit, die sie und wir alle als Frauen leisten müssen, wenn wir ganz werden wollen. Der Rest des Horoskops zeigt, wodurch diese Anstrengung unterstützt wird. Es ist eine lebenslange Reise.

Die hier vorgestellten Beispiele beleuchten das Ende eines Kontinuums von distanzierten Vater-Tochter-Beziehungen.

Das Kontinuum beinhaltet gesunde Beziehungen, die im Gleichgewicht sind, und Beziehungen, die zu dicht am gegenüberliegenden Pol sind. Vater war derjenige, an den sie sich hätten wenden können sollen, um den Trennungsprozeß zu beginnen, der es ihnen erlaubte, ihre eigene Persönlichkeit zu entfalten. Jede von uns muß auch in der Lage sein, sich vom Vater zu lösen, und schließlich damit beginnen, das Männliche und das Weibliche, den inneren Vater und die innere Mutter, in sich selbst zu entwickeln und zu integrieren. Grundsätzlich haben die Stellung der Sonne und deren Aspekte sehr stark mit unserer erfolgreich aufgebauten Beziehung zum eigenen Selbst zu tun. Das beginnt damit, wie wir zuerst dieses Prinzip wahrgenommen haben, und zwar dadurch, wie es von unserem Vater oder der Person, die die Vaterrolle übernommen hatte, dargestellt wurde, bis hin zu der Art und Weise, wie wir selbst damit klarkommen. Auf einer tieferen Ebene ist die Sonne auch der Archetyp für den Prozeß der Selbstentfaltung – d. h. zu werden, wer wir wirklich sind. Die Sonne symbolisiert sowohl den Vater als auch das Kind, das in uns im Prozeß des Werdens ist, indem es sich aus seinen eigenen Erfahrungen heraus erschafft.

Barbara Schermer
Psyches Aufgaben: Ein Initiationsweg für Frauen

Mit einer Nacherzählung der Geschichte von Psyche und Eros von Megan Wells

Irgendwann im Leben wurde jede schon einmal von Liebe ergriffen. In jenem Moment senkt sich Eros' wunderbare Hand (Gliederlöser nennt ihn Sappho) schwer auf unsere Schulter, und mit weichen Knien fühlen wir einen Atem an unserem Rücken, von dem wir sofort wissen, daß er uns hinwegfegen könnte wie ein gewaltiger Sturm. Lesen Sie, was Dante schrieb, nachdem er seine Beatrice zum ersten Mal auf der anderen Seite der Piazza in Florenz gesehen hatte: »Ah, in jenem Moment sah ich den Geist des Lebens, der seine Wohnstatt in der geheimsten Kammer meines Herzens hat; und ich begann so heftig zu zittern, daß ich am ganzen Körper bebte; und aus diesem Zittern entstanden die Worte: Hier ist eine Gottheit, stärker als ich es bin; die, näherkommend, mich regieren soll.« (*Vita Nuova II.*) Von da an war Dante sein ganzes Leben lang ein ergebener Anhänger dieser Göttin, voller Hingabe an die Liebe, die Phantasie und die poetische Schönheit – alle drei Reflektionen seiner *Anima* (um hier einen Begriff von C.G. Jung zu gebrauchen) –, seines inneren weiblichen Seelenanteils.

Aber Dante und seine Beatrice geben uns ein Bild der Liebe in einem *Mann* – in der Tat eine unmögliche Liebe, die die Seele des Mannes durch eine Begegnung mit dem Weiblichen transformiert (und zu dem vielleicht wunderbarsten und einzigartigsten literarischen Werk aller Zeiten führte, der *Göttlichen Komödie*). Aber welches sind mögliche und unmögliche Bilder der Liebe für eine *Frau*, und inwieweit ist die Liebe die Quelle *ihrer* Transformation? Traurigerweise halten viele dieser Bilder Frauen weiterhin in einer lichtlosen Kammer der Burg des Patriarchen gefangen. Ein solches Bild ist der »Ritter in der glänzenden Rüstung«, der auf seinem weißen Hengst angaloppiert kommt, ehrenhaft in Wort und Tat, uns zu sich hochhebt an einen Platz weit über allen Schmerzen des Lebens, der uns von allen Wunden heilt und von jeglichen Sorgen erlöst, der Sinn und Sicherheit in unser Leben bringt, uns liebt, für uns sorgt und so weiter und so weiter. Was mir Frauen in den 20 Jahren, die ich als astrologische Beraterin tätig bin, erzählt haben, bestätigt, daß viele Frauen immer noch warten, verwundet und überdrüssig der Begegnungen mit Rittern – Begegnungen, die einen weniger noblen Ausgang nahmen.

Der »Märchenprinz« ist eine Variation dieses Themas. Aschenputtel bekommt ihren Prinzen – indem sie ein »gutes Mädchen« und nicht zu vergessen hübsch und angemessen demütig ist –, aber ihre gute Fee scheint sie zu einer Königin für einen Tag zu machen, ohne daß sie sich dafür wirklich anstrengen oder selbst weiterentwickeln müßte. Aber wie wir wissen, stellt die Liebe Ansprüche, und wir müssen diesen Ansprüchen mit jener Art von Mut und Anstrengung gerecht werden, die die Seele ausmachen, sonst enden wir wie Echo im griechischen Mythos, deren unmögliche Liebe zum schönen Narziß sie nur noch mit einer Stimme zurückbleiben ließ, die von ihrer Leere widerhallte.

Joan Didion sagte einmal, daß »die Leben, die wir leben, davon abhängen, welche Geschichten wir erzählen«. Wenn das zutrifft, dann brauchen wir ganz eindeutig neue Geschichten – neue Mythen –, sowohl für Männer als auch für Frauen, Geschichten, durch die wir uns neue Möglichkeiten des Liebens vorstellen und schließlich auch leben können. Oder vielleicht müssen wir die alten Geschichten wiederentdecken, womit viele feministische Forscherinnen im Hinblick auf die Göttin bereits begonnen haben, und diese Geschichten mit einem neuen Verständnis für deren Wahrheit und Schönheit auch neu erzählen. »Psyche und Eros« ist eine solche alte, wahre und schöne Geschichte, und dazu

noch eine, die in ihren vielen Formen beinahe universal ist –
Versionen dieser Geschichte kann man in Rußland, Spanien,
Deutschland, Italien, Indien und Afrika finden. Ich glaube,
daß es eine Geschichte ist, die uns lehren kann, was wir dringend wissen müssen, und daß sie uns eine mythische Struktur
liefert, innerhalb derer wir die Liebe als einen Initiationsweg
für Frauen entdecken mögen.

Eine astrologische Sichtweise erlaubt uns zu erkennen, daß
die Suche nach der göttlichen Liebe, die in der Erzählung von
Psyche und Eros so wortgewandt geschildert wird, ein herausforderndes Thema für die meisten Frauen sein sollte, die
dieses Buch lesen, ganz besonders für jene, die zwischen
1942 und 1972 geboren sind, in einem Zeitraum, in dem
auch die Generation des riesigen »Babyboom« geboren
wurde (1946 – 1957). Wer zwischen Oktober 1942 und Juli
1957 geboren wurde, hat Neptun in Waage, und gemeinsam
mit der jüngeren Gruppe derjenigen mit Pluto in Waage
(Oktober 1971 – August 1984) sind wir die Frauen, die mit
dem inneren Drang zu idealisieren, uns im »Anderen« zu
verlieren und die Grenzen unserer isolierten Egos durch
Partnerschaft zu transzendieren, in die Welt kamen. Andererseits gehören die Menschen mit Neptun in Skorpion (August
1957 – November 1970) und mit Pluto in Jungfrau (Oktober
1956 – Juli 1972) zu jener Generation, die den natürlichen
Drang in sich spürt, sich selbst in sexuellen Erfahrungen und
Phantasien zu verlieren, wobei sie nach einer heiligen Sexualität sucht, die ebenfalls das Ego transzendiert. Obgleich
sich die Mittel unterscheiden mögen, wirkt das Bild von einer
das Selbst transformierenden Liebe auf viele dieser Menschen wie ein Polarstern, dem sie folgen.

So wie die Astrologie auf eine Quelle der gegenwärtigen
Anziehungskraft der Geschichte von Psyche und Eros hinweist, so versucht die Psychologie, deren Wert für die Ewigkeit zu verstehen. Besonders Jungianische Psychologen haben diesen Mythos untersucht, allen voran Ernst Neumann
(1956) in *Amor und Psyche: Eine tiefenpsychologische Deutung*[1] und Robert Johnson in *She*[2] – beide untersuchen die

Psychologie des Weiblichen – sowie Marie Louise von Franz (1980) in *Die Erlösung des Weiblichen im Manne. Der Goldene Esel des Apuleius in tiefenpsychologischer* Sicht[3], die die Entwicklung der männlichen *Anima* beschreibt. James Hillmans Essays in *The Myth of Analysis*[4] verwenden die Geschichte zur Erforschung der natürlichen Kreativität der Seele.

In meinem vorliegenden Beitrag werde ich mich u. a. auf diese Quellen beziehen, aber ich werde das Wesen der *vier großen Aufgaben* betonen, die zu lösen Aphrodite von Psyche verlangte, als Strafe für deren anmaßende Arroganz und als Voraussetzung für deren Wiedervereinigung mit der Liebe. Somit werden wir diese Aufgaben durch das Zusammentreffen mit der Liebe als einen *Initiations*prozeß für Frauen zu verstehen beginnen. Darüber hinaus werden wir die tieferliegende Struktur der Aufgaben als Initiationsweg untersuchen und eine Parallele zur symbolischen Bedeutung der *vier Elemente* in unseren astrologischen Horoskopen entdecken. Die vier Elemente stehen in engem Zusammenhang mit dem alljährlichen Vegetationszyklus und seinen vier Jahreszeiten. Um diese Beziehungen klar herauszuarbeiten, werden wir einer neuen Erzählversion der Geschichte von Psyche und Eros zuhören, die genau diese Themen beleuchtet. Bevor wir die Geschichte neu erzählen und uns den Aufgaben zuwenden, zunächst jedoch noch eine kurze Einleitung: Wo liegen die Ursprünge dieser Erzählung? Wer steht auf der Besetzungsliste, und worum geht es?

Psyche – Eros: Ursprünge der Erzählung

Die Geschichte von Psyche und Eros existierte zwar schon jahrhundertelang als Volksmärchen, hielt jedoch erst ungefähr 170 n. Chr.[5] richtig Einzug in das westliche Bewußtsein: in Apuleius' *Der goldene Esel*, ein Text, der sicherlich zu den größten, phantasievollsten Prosawerken aller Zeiten zählt. Abgesehen davon, daß er wahnsinnig komisch ist, ist der *Goldene Esel* darüber hinaus ein heiliger Text und ein energiegeladenes Plädoyer für die Göttin. Es ist eine höchst psychologische Abenteuergeschichte. Lucius, der junge Protagonist, ist fasziniert von den Möglichkeiten der Magie – und ganz besonders der erotischen Magie. Um dieses Verlangen zu befriedigen, macht er sich auf die Suche, die bald schon zu einer Odyssee der Mißgeschicke wird und keineswegs endet, als er in einen Esel verwandelt wird! Seine Kämpfe sind gewaltig, seine Qualen zahlreich, bis er schließlich die Rosenblätter der Göttin ißt und seine menschliche Form wiedererlangt, nachdem er anscheinend durch die Göttin aus dem Grund in die Verwicklungen gestürzt wurde, damit er seine wahre Bestimmung – seine heilige Berufung, IHR zu dienen, findet. Die ganze Erzählung hindurch werden wir mit Geschichten ergötzt, mal derb, mal kultiviert, mit Psyche und Eros im Zentrum der Darstellung, als Achse, um die sich alles dreht.

Psyche und Eros erschienen in *Der goldene Esel* zeitgleich mit der Ausdehnung des Christentums, als viele unterschiedliche Sekten um spirituelle Bündnispartner unter den Bürgern des Römischen Reiches konkurrierten. Folglich ist es möglich, diesen Mythos als eine der *beiden* großen Transformationsgeschichten zu sehen, die in die westliche Kultur eingebettet sind. Beide lehren uns etwas über Liebe, Leiden und Erlösung. Die erste ist die heldenhafte männliche Geschichte des göttlichen Christus, der die Form des sterblichen Jesus annimmt, um die Menschheit durch Liebe und Opfer zu retten. Die zweite gewährt uns einen Blick auf das heroische Weibliche in Gestalt der sterblichen Psyche, die durch Liebe transformiert und zur Göttin wird – und uns damit vielleicht den Weg weist? Wie hoch auch immer ihr Wert gewesen sein mag, die patriarchalische Vorherrschaft verbannte solche Schilderungen des Weiblichen und brachte sie damit an den Rand der kulturellen Bedeutungslosigkeit.

Marie-Louise von Franz zufolge[6] dauerte es beinahe elfhundert Jahre, bevor der heroische Mythos der weiblichen Liebe wieder derart stark in Erscheinung trat – in der Tradition des *Minnedienstes*, der wandernden Minnesänger des Mittelalters, die von Königshof zu Königshof reisten, um dort gemeinsam mit anderen Verehrern von Dichtung und Gesang Schutz zu finden. Sie verliehen der Erfahrung der Liebe eine lyrische Stimme, indem sie in der Landessprache schrieben, so daß jeder die Ausführungen und Lehren verstehen konnte, und sie schufen eine Welt, die die Liebe zur Theorie und zum Ideal erhob. Für den Minnesänger, den *Troubadour*, war wahre Liebe *fin amor*, die ein »Heilmittel in sich trägt, das seine Gefährtin heilen soll«[7]. Das Objekt seiner Zuneigung war unweigerlich eine vornehme Dame, zwar tugendhaft verheiratet, aber doch empfänglich dafür, von seinen verführerischen Worten mitgerissen zu werden, durch eine Art göttlicher Ergriffenheit in dem Augenblick, in dem sie in ihm ihren Seelengefährten erkannte – um schließlich bei der unvermeidlichen Abreise des Poeten sehnsuchtsvoll zurückgelassen zu werden. Der Mythologieforscher Joseph Campbell spricht von der Troubadour-Tradition als der Geburt des westlichen Ideals der Liebe, weil sie eine neue Art der Erfahrung von Liebe hervorbrachte, eine echte Beziehung von Mensch zu Mensch und keine, die von Kirche oder Eltern arrangiert wurde[8]. Vielleicht trifft das zu, aber Anthropologen haben herausgefunden, daß es in den meisten Kulturen und schon immer etwas der romantischen Liebe sehr ähnliches gegeben hat: »Tatsächlich gelang es den Anthropologen William Jankoviak und Edward Fischer bei einer Untersuchung von 168 Kulturen, direkte Beweise für die Existenz der romantischen Liebe bei 87 Prozent dieser doch äußerst unterschiedlichen Menschen zu finden.«[9] Die Troubadour-Liebe scheint eine Form von weiblichem Liebes-Mythos zu sein, die sehr stark mit patriarchalischen Elementen verstrickt ist – dem mutmaßlichen Geburtsort unseres »Märchenprinzen«.

Wenn Marie-Louise von Franz recht hat, sind wir in der Geschichte gerade erst an einem Punkt angelangt, an dem der *Daimon* Psyche mit seinen Schmetterlingsflügeln uns wieder näherkommen kann. Und es ist an uns Frauen, die wir unsere Geschichten unterschiedlichster Art erzählen, Psyche in ihrer bestmöglichen Ausdrucksweise doch noch hervorzubringen. Psyches Geschichte ist äußerst wichtig für Frauen von heute meiner Ansicht nach (ganz gleich, ob sie heterosexuell oder lesbisch sind), weil *sie die Heldinnengeschichte wiederaufleben läßt* – indem sie uns eine Protagonistin, eine sterbliche Frau vorstellt, die in eine unsterbliche Göttin transformiert wird, und zwar nicht durch eine Laune, sondern durch ihre eigenen, äußersten Anstrengungen im Verbund mit der Gnade der Schöpfung. Durch ihr Tun bewirkt sie gleichzeitig die Transformation – zumindest die Reifung – des Gottes, der weiterhin die Liebe regieren wird.

Die Besetzungsliste

Eros

Eros ist, einfach ausgedrückt, die Liebe – aber das bedeutet ganz und gar nicht, daß dies auch etwas Einfaches ist. Vor allem ist Eros einer jener Götter mit mehr als einer Geburtszeit und mehr als einem Elternpaar, was immer ein Hinweis darauf ist, daß wir es mit einer besonders mächtigen Gottheit zu tun haben. Hesiod ist der erste, der Eros als Personifikation eines der frühesten Götter einführt. Dieser Eros ist aus dem Chaos selbst entstanden, gemeinsam mit Erebos und Nacht, Tartaros und Gaia – somit ist er die Urkraft, die Leben erst ermöglicht, der Schöpfer jeder Verbindung und der Vorbote jeder Geburt. Sappho, die im 7. Jahrhundert v. Chr. lebte, ruft ihn an: »Gliederlösender Eros treibt wieder mich um, süßbitter, unzähmbar, ein wildes Tier.« [10] Joseph Campbell beschreibt diesen Eros als den Gott hinter unserem erotischen biologischen Trieb und unserem »Feuereifer der Organe füreinander« [11]. Eros in Form des Verlangens ist der große vermittelnde *Daimon*, der *Impetus und die Transformation bewirkende Kraft unserer Seele*. Eros ist eine Kraft außerhalb von uns selbst, die unerwartet und ohne Vorankündigung in unser Leben tritt. James Hillman drückt es so aus: »Eros ist niemals etwas, das wir haben; es hat uns.« [12] Sie und ich mögen genauso von diesem Gott ergriffen werden wie Psyche in unserer Geschichte:

... wütend und wild ist er und schlangenumrankt,
der mit Schwingen den Äther befliegend alles ermattet,
und mit Eisen und Glut jeden zu schwächen versteht,
dem auch Jupiter bebt, der Götter erschreckende selber,
dem auch schaudert die Flut und das Finster des Styx.[13]

In späteren Versionen des Mythos ist Eros der Sohn der Aphrodite und des Ares (einige Quellen nennen Hermes, andere Zeus). Eros scheint am besten dem Bild des schönen, aber schelmischen, geflügelten Jungen zu entsprechen, wie ihn Künstler seit der Zeit der Griechen dargestellt haben: spitze Pfeile verschießend und Chaos anrichtend unter Liebenden, deren Liebe aussichtslos scheint, weil sie zunächst nicht zusammenpassen. Wie der römische Cupido ist er manchmal immer noch gutaussehend und athletisch, manchmal auf den engelhaften Unruhestifter reduziert, wie er auf Karten zum Valentinstag abgebildet ist. Auf die eine oder andere Weise erscheint er immer dann, wenn es in einem Mythos um Liebe oder Verführung geht. Bei Apuleius ist er abwechselnd jung und schön oder mächtig und furchterregend, und wie wir noch sehen werden, erreicht er am Ende der Geschichte mannhafte Reife.

Bei Plato und den Philosophen nach ihm ist Eros ein Gott, der gerade im Begriff steht, zu einem abstrakten Prinzip zu werden; bei Freud wird eros nur noch kleingeschrieben, ist aber grundsätzlich noch wichtig – als biologisch-psychologischer Instinkt. Wie immer wir ihn uns auch vorstellen mögen, Liebe ist vor allem eine *Erfahrung*, so daß die Poesie mit ihrer Schilderung spitzer Pfeile, des Durchbohrt- und Verwundetwerdens, der ungebändigten Wildheit, des Instinktgesteuerten, Leidenschaftlichen, der Qualen und der Ekstase Eros wohl am besten beschreibt.

Psyche

Wer ist nun aber Psyche? Sie wird sich uns in Form einer Geschichte in Kürze selbst zu erkennen geben. Für den Augenblick sei einfach gesagt, daß das griechische Wort »Psyche« »Seele« bedeutet – die belebende Kraft in allem Lebendigen und der Sitz des Bewußtseins. Im frühen Altertum konnte man nicht »Psyche« – Seele – sagen, ohne auch an einen »Schmetterling« zu denken, eine weitere Bedeutung des Wortes. Später wurde Psyche als sterbliche Frau personifiziert. Eine Verbindung zwischen Psyche und Eros stellte Plato im *Phaedrus* mit seiner Beschreibung der Liebe als dem Fahrer des »Wagens der Seele« her, und seitdem sind die beiden in griechischen Skulpturen ebenso verbunden wie in einer Vielzahl von Bildern und Gedichten[14]. Psyches wichtigste Rolle ist jedoch jene in der Liebesgeschichte mit Eros, der Geschichte, die gleich erzählt werden wird.

Aphrodite

Bei *Apuleius* erscheint sie unter ihrem römischen Namen *Venus*, aber wir sollten sie bei ihrem älteren Namen nennen, unter dem man sie verehrte und den sie als diejenige bekam, die dort aus dem »Schaum des Meeres« geboren wurde, wo die Genitalien des kastrierten Ouranos hineingefallen waren. In jener Inkarnation ist sie *die* Göttin mit prähistorischen Wurzeln in Asien. Sie kommt (wahrscheinlich durch Plato) später zu ehrwürdigem Alter und wird darüber hinaus zu einer zweifachen Göttin: Aphrodite Urania, »die Himmlische«, oder Aphrodite Pandemos, »die Populäre«, was auf ihre irdischeren, sinnlicheren Eigenschaften hinweist. Sie konnte sinnlich, lustvoll, sogar gierig sein – das wird durch ihre sexuellen Verbindungen belegt, obwohl sie mit Hephaistos verheiratet war, und durch ihre leidenschaftliche, an Raserei grenzende Verführung des widerstrebenden Adonis. Es wird noch deutlich gemacht werden, wie

Aphrodites Hingabe an die Liebe, an Vergnügen und an die Schönheit (die Namen, bei denen ihre Begleiterinnen, die Grazien, häufig genannt werden) nur noch mit ihrer Eitelkeit wetteifert.

Die anderen

Diesen Charakteren werden sich andere hinzugesellen, deren Auftritt, wenn nicht sogar deren Persönlichkeit, kurz und unbedeutend sein wird. Zeus, der »große Boß« des Olymp, wird dazu aufgefordert werden, Recht zu sprechen und einen dringendst benötigten Helfer in Gestalt eines Adlers zu senden. Persephone, die Göttin der Unterwelt, wird auftreten, wie auch Zephir, der Westwind, und Charon, der gruselige Fährmann in Hades' Reich, ein trauriges Schwesternpaar und diverse Ameisen, raunendes Schilfrohr und wilde marsische Widder.

Ich werde in Kürze an meine Freundin Megan Wells übergeben, eine talentierte Schriftstellerin und Geschichtenerzählerin, die ich gebeten habe, Ihnen Psyches Geschichte zu erzählen. Megan und ich haben uns auf einen jahrelangen Austausch über Psyche und Eros eingelassen. Wir haben unsere eigenen Geschichten über die mit Rosen bedeckten, von Dornen bewachten Pfade der Liebe ausgetauscht, und jede von uns hat ihre eigene Art entwickelt, die Lektionen der Liebe zu lehren – Megan, indem sie auftritt und die Geschichte von Psyche und Eros aufschreibt; ich, indem ich versuche, die Bedeutung in einen psychologischen und astrologischen Zusammenhang zu stellen und genauer zu erläutern. Sie wird die Geschichte erzählen. Ich werde sie näher ausführen. Und Sie als Leserin werden, wie ich hoffe, hier etwas finden, das in Ihrer eigenen Seele mitschwingt und es zu einem Teil Ihres eigenen heldinnenhaften Strebens, eine ganzheitliche, bewußte und liebevolle Frau zu werden, macht. Während Sie sie lesen, möchten Sie die Geschichte vielleicht auf drei verschiedene Arten sehen:

1. als eine unterhaltsame Geschichte über Liebe und Konflikt, die für sich genommen schon interessant ist,
2. als eine Beschreibung der typischen Stadien jeder Liebesaffäre,
3. als Modell für die transformierende Begegnung von Liebe und Bewußtsein im Laufe des Lebens.

Psyches Reise

Alles begann in jenem Frühling, als mein Körper mich betrog und die Welt verrückt spielte. Ein bleischwerer Saft füllte meinen Körper, ließ schmerzende Brüste wachsen, bis er sich schließlich im Blut meiner ersten Menstruation ergoß. Meine Schwestern unterwiesen mich in den Ritualen, und während sie mich mit Girlanden aus duftenden Blumen schmückten, verkündeten sie: »Psyche! Beim Frühlingsfest werden wir dein Erblühen feiern!«

Aber das Fest betrog mich genauso. Eine schmeichlerische Menge sammelte sich um mich, was die Eifersucht meiner Schwestern entfachte. Als die Begeisterung wuchs, verließen mich meine Schwestern. Der beinahe ohnmächtig werdende Mob riß mir die Girlande vom Hals, zog an meinen Gewändern und schrie: »Seht! Die Wiederkunft Aphrodites!« Oh, welch schreckliche Blasphemie, sie verglichen mich mit Aphrodite, der Göttin der Liebe und Schönheit!

Aus dem Frühling wurde Sommer, und Bewerber belagerten die Burg meines Vaters. Ich fürchtete Aphrodites Zorn, und mit Recht, denn obwohl die Liebe hold war und meinen Schwestern Ehemänner brachte, kam kein einziger passender Hochzeitskandidat für mich. Als mein Vater sich auf die Reise zu Apollos Orakel machte, um dort weisen Rat zu suchen, bestätigte das Orakel, daß dies die Strafe für meine Eitelkeit sei. Und damit nicht genug, am ersten Erntevollmond sollte ich dem monströsen schlangenähnlichen Dämon des Landes geopfert werden!

Wir wanderten gemeinsam den langen Weg den Berg hinauf, meine Eltern und ich. Ihre Tränen fielen mit den Herbstblättern auf die Erde herab, während ich versuchte, sie zu trösten, soweit es mir überhaupt möglich war: »Meine lieben Eltern, ich bin zufrieden. Der Tod ist der Bräutigam, nach dem ich mich schon lange gesehnt habe.«

Aber ich starb nicht! Zephir, der Westwind, trug mich sanft vom Berg hinab und setzte mich auf den Stufen eines wunderbaren Palastes ab. Drei unsichtbare Geisterstimmen hießen mich als Hausherrin dieses Zaubers willkommen. Sie hüllten mich in ihre Fürsorge ein, bewirteten mich, badeten mich und versicherten mir, daß mein neuer Ehemann ganz bestimmt kein Monster sei!

Die Psyche, mit der wir es hier zu tun haben, ist die naive Psyche, das Bewußtsein, das noch unberührt ist von den Komplexitäten, die durch eine Begegnung mit der Liebe hervorgerufen werden – oder durch irgendeine andere Herausforderung im Leben. Sie ist etwas Schönes, aber das Schöne ist nur oberflächlich, und davor haben uns unsere Mütter gewarnt. Die Schönheit ist unschuldig, aber zur Strafe verdammt, einfach nur, weil sie schön ist. Warum? Vermutlich um uns zu lehren, daß Schönheit ohne Bewußtsein an sich gefährlich ist. Und um uns auf die wichtigere Lektion vorzubereiten, daß Bewußtsein durch Liebe ausgeglichen werden muß, bevor die Schönheit vollkommen sein kann. Diese Psyche ist zwar schön, aber auch passiv, seicht und oberflächlich – sogar geistlos und leer – und ohne jede Vision oder Ziel.

Somit ist sie Freiwild für jedes beliebige Monster, und sie erhebt keinen starken Protest, wenn sie auf dieses Schicksal hingewiesen wird.

Ich vermute, daß viele von Ihnen, wie ich selbst, sich an einen solchen Zustand von Naivität erinnern können und vielleicht auch an ein oder zwei Monster. Ist der Andere ein Gott oder eine Bestie? Wie Psyche müssen wir es wissen, aber das Wissen ist gefährlich.

Ich erinnere mich ... an jene erste Nacht ... an das sanfte Geräusch der samtenen Bettvorhänge, als er sie beiseite schob. Ich tat, als schliefe ich. Ich entsinne mich ... wie die seidenen Bettücher langsam an meinem nackten Körper herabglitten. Ich ... ich erinnere mich ... an seine Hände ... sie waren zuerst so kalt ...

Aber am nächsten Morgen war mein Ehemann schon fort. Die Geisterschwestern trösteten mich: »Verzweifle nicht, Herrin, im Dunkel der Nacht wird er zurückkehren.«

In der zweiten Nacht zwickte ich mich, um wachzubleiben. Ich hörte seine Schritte und streckte meine Hand aus, um den Vorhang beiseite zu schieben, aber er hielt mich davon ab:»Lösch' das Licht, bevor ich eintrete.« Ich bat ihn inständig um eine Erklärung. »Ich kann es nicht ertragen, dich im Hellen zu lieben.« Ich blies das Licht aus, und mein Ehemann trat wieder durch die Dunkelheit ein und wiegte meine Ängste mit seinem Körper in den Schlaf . . .

Und so ging es weiter, tagsüber umsorgten mich die Stimmen, denn mein Ehemann kam nur des Nachts zu mir. Bis meine Schwestern eintrafen! Sie kamen schließlich aus ihren entlegenen Königreichen zur Bergspitze, um meinen Tod zu beklagen!

Die erste Liebe – und jede Liebe ist am Anfang wie die allererste Liebe –, wenn uns die Seligkeit wie eine große Woge trägt, wenn der Andere gleichzeitig vollkommen vertraut und vollkommen geheimnisvoll ist. Wir sehnen uns nach ihm, wir lösen uns auf, verschmelzen und erhaschen einen flüchtigen Blick auf das Unendliche und auf die Ewigkeit. Aber die Zeit vergeht, und Geheimnisse erzeugen Fragen. Ständig wispern Stimmen. Die Schwestern kommen immer.

Zuerst schlug mir mein Mann meine Bitte ab: »Vergiß sie, Psyche. Die Welt muß denken, du seist tot, oder wir sind verloren.« Aber schließlich überredete ich ihn. Er warnte mich: »Sie werden dich bitten, meine Identität aufzudecken. Und wenn du das tust, werde ich dich verlassen, das schwöre ich dir.« Ich versicherte ihm: »Ich schwöre bei Eros, dem Gott der Liebe selbst, daß ich dich nicht verlassen werde!«

Am Morgen brachte Zephir meine Schwestern. Und tatsächlich: »Schwester«, sagten sie, »dein Gemahl betrügt dich. Welchen Schrecken verbirgt er wohl?« Ich gab zu, daß ich wirklich nicht wußte, warum er es nicht ausstehen konnte, gesehen zu werden. »Deine Lust macht dich blind. Die Bestie nimmt menschliche Form an, um dir zu gefallen und dich verzaubert zu halten. Wenn du erstmal schwanger bist, wird er euch beide verschlingen.« Dann legten sie mir einen Dolch in meine rechte Hand. »Wenn du sicher bist, daß er schläft, zünde das Licht wieder an, und stelle dein Sehvermögen wieder her. Dieser Dolch wird dir deine Freiheit zurückgeben.«

Ich heuchelte Dankbarkeit. Ich belud ihre Arme mit Juwelen. Ich rief nach Zephir und schickte sie weg. Aber ihre Worte ... konnte ich nicht wegschicken. »Welchen Schrecken verbirgt er wohl?«

In jener Nacht befolgte ich ihren Ratschlag. Meine Ängste bäumten sich auf wie wilde Pferde, und mein Herz fand keinen festen Halt in seinem Sattel, aber ich hielt den Dolch in meiner rechten Hand, die Lampe in meiner linken. Mit allem verfügbaren Mut erhob ich das Licht, um schließlich und endlich ... meinen Mann zu erblicken ... Meine hungrigen Augen weideten sich an seiner Gestalt, seinem sanften Fleisch, der Kurve seines Kinns, den dicken Locken auf seiner hübschen Stirn. Hauchdünne Flügel wuchsen aus seinen Schulterblättern! Die verräterische Lampe beleuchtete den Gott der Liebe höchstpersönlich! Eros selbst, auf dessen Namen ich meinen Schwur geleistet hatte!

Meine schuldigen Hände begannen zu zittern, und dadurch vergoß ich heißes Öl aus der Lampe über seine Schulter. Er erwachte jäh. »Wo kein Vertrauen ist, kann keine echte Liebe sein.« Nach einem qualvollen Schweigen griff er nach seinem Bogen und Köcher. Ich machte einen Satz nach vorn, um ihn aufzuhalten, und verletzte meine Hand an einem Pfeil. Oh, welche Qual, ich verliebte mich in ihn, genau in dem Moment, in dem er davon flog.

Verrat. Reue. Leid. Konnte jemals irgendeine große Liebe diesen gefräßigen dreien entgehen? Die Liebe, so wie man sie in der ersten Blüte erlebt, als Manifestation des Gottes, ist zu gut, um wahr zu sein, zuviel für einen Menschen, als daß er sie fassen könnte. Verrat ist nicht nur menschlich und unvermeidlich, sondern ist, wie James Hillman uns gezeigt hat, auch *notwendig*: »Ohne Verrat könnten weder Vertrauen noch Vergebung voll erfaßt werden.«[15] Und Vertrauen und Vergebung, die nur durch Erfahrung gemeistert werden, sind Vorbedingung für jede dauerhafte menschliche Beziehung, für jedes reife Bewußtsein.

Alles verschwand mit ihm. Meine frische Wunde quälte mich mit Fieber. Ich wanderte weg in das Tal hinein, ich weiß nicht, wie lange, suchte vergeblich nach meiner Liebe und konnte mein Fieber doch nur mit Bildern nähren. Schließlich gelangte ich zu einem alten Schäfer, der seine Herde hütete. Seine Augen waren Teiche voller Freundlichkeit, und in sie schüttete ich mein Herz aus.

Er gab mir Brot und Käse zu essen, und er erzählte mir den neuesten Klatsch und Tratsch aus der Stadt. »Ahh ... kleine Psyche, ich sag's nicht gerne, aber Aphrodite hat einen Preis auf dein Leben ausgesetzt. Sie war es, wie du ja weißt, die deinen Tod angeordnet hat. Und Eros, ihr eigener Sohn, hat sie verraten, um dich selbst zu heiraten. Er versteckt sich nun im Palast seiner Mutter und leckt die Wunde seines verletzten Stolzes. Am besten gehst du selbst zu Aphrodite und bittest sie um Gnade.«

Die schockierenden Neuigkeiten trieben das fiebrige Gift aus meiner verwundeten Hand. Eros hatte seine Mutter verraten? Um seiner Liebe zu mir willen? Oh, mein geliebter Eros, wie selbstsüchtig ich war!

Der freundliche Zephir brachte mich zu Aphrodites Palast. Ich fand sie im Garten. Ihre Schönheit erfüllte mich mit Ehrfurcht, und ich war beinahe unfähig zu sprechen. Aber sie ... brüllte mich an: »Thronräuberin!«

Stundenlang schalt sie mich. Als ihre Wut sich langsam legte, sprach ich: »Große Göttin, ich bitte dich nicht, mein Leben zu schonen, denn ich sehe, wie meine Existenz dich schmerzt. Ich bitte dich nur darum, daß du Eros eine Botschaft überbringst. Sag ihm, das fiebererzeugende Gift seines unglückseligen Pfeils hat seinen Lauf genommen, und ich liebe ihn ... immer noch.«

Aphrodite ließ Gnade walten: »Bilde dir nichts ein. Du bist meinem Sohn nicht ebenbürtig, nur das Gift seiner hinterlistigen Pfeile kann ihn dazu gebracht haben, deiner unechten Schönheit zu erliegen. Aber deine Hingabe ist, wenn auch fehlgeleitet, erfrischend. So etwas habe ich seit vielen Monden nicht gehört. Ich werde dich prüfen. Wir werden sehen, wie tief deine Hingabe ist und wie standhaft du in deiner Liebe bist. Nur dann werde ich dein Liebeslied meinem Sohn vortragen.«

Schmerz und Reue scheinen meist wie Besucher, die der Hölle selbst entstiegen sind. Wir haben jedoch aus allen möglichen Heldengeschichten gelernt, daß es hinter den schattenhaften Folterknechten, jenseits der Flammen und des verdunkelnden Schleiers immer eine Einladung des Göttlichen gibt. Wenn die Liebe der Heldenweg ist, mögen wir durch Mut und höchste Anstrengung schließlich deren wahre Schöpferin erkennen: die Göttin Aphrodite. Denn wenn es

Eros ist, der uns zur Liebe anstiftet, als deren unwiderstehliche Kraft, dann ist es Aphrodite, die deren unerschütterliches Objekt ist, die Eine, die verlangt, daß wir die Regeln und Erfordernisse der Liebe erlernen, ehe wir voranschreiten dürfen. Unsere arme, liebe Psyche ist an einen solch entscheidenden Punkt gelangt. Sie findet sich vor der Großen Göttin höchstpersönlich wieder. In jenem schicksalhaften Augenblick, als Psyche das Licht anzündete, setzte sie gleichzeitig auch den ganzen nun folgenden Prozeß in Gang. Die Würfel sind gefallen, die Herausforderung ist angenommen, und wir als Zeuginnen können nur besorgt zusehen, während sie mit den Konsequenzen ihrer Wahl konfrontiert wird. Sie soll sich abmühen und leiden und sich dabei um die Saat kümmern, die sie gesät hat – aber wie wir noch sehen werden, ist es die Saat ihrer Erlösung.

Der Schweizer Psychologe Adolph Guggenbühl-Craig hat uns gezeigt, daß »Ehe« und tatsächlich wohl jede stabile, liebevolle Beziehung »nicht zum Wohlergehen, sondern zur Erlösung« da ist.[16] Die Erlösung, die er meint, ist die *Individuation*, in Jungs Terminologie jener Prozeß, durch den wir einen selbständigen und integrierten »Mittelpunkt« für die komplexen Kräfte, die auf und durch unser Leben wirken, erlangen. Die Individuation ist potentiell eine spontane, natürliche Bewegung innerhalb der Psyche, ein Entfaltungs- und Reifeprozeß, die seelische Parallele zum physischen Wachstums- und Alterungsprozeß. Aber die Individuation beginnt damit, daß wir unzufrieden sind mit den Dingen, wie sie sind oder sein sollten. Sie erfordert eine Veränderung, eine Unterbrechung im Fluß der Dinge – einen Akt des Ungehorsams, der uns wegträgt von der kindähnlichen Verschmelzung mit der mütterlich-väterlichen Matrix der Identität. Um die Seele reifen zu lassen, macht die Individuation zunächst Ärger. Der Ärger auf dem Pfad der Liebe mag als Zeichen für die Forderungen eines tieferen, umfassenderen Bildes für das Weibliche, einen Gott oder eine Göttin, oder, in Jungs Begriffen, einen *Archetyp* – eine ganz eigene Form innerhalb des Bewußtseins, aus dem wichtige Muster aus Gedanken, Bildern und Verhalten gezogen werden mögen, gesehen werden. Psyche, Eros, Aphrodite und die anderen könnten als Vehikel für die Archetypen gesehen werden, aber das könnte man auch von Prozessen oder Eigenschaften sagen, die die erforderliche Wirkung und Tiefe besitzen. Wir werden also die *Aufgaben* untersuchen, die Aphrodite Psyche gleich als archetypische Aufgaben stellen wird – Forderungen, die aus den elementaren Urtiefen aufsteigen, ja tatsächlich Aufgaben, die direkt aus den Elementen hervorgehen, wie sie von Empedokles und anderen frühen Philosophen entdeckt wurden und wie sie sich auch im Geburtshoroskop zeigen. Diese Aufgaben sind: die Saatkörner aussortieren, das Fell des Widders holen, die Wasser schöpfen und das Wundermittel der Schönheit wiedererlangen.

Psyches Aufgaben:
Eine astrologische Deutung

Welche Verbindungen bestehen zwischen der Astrologie und der Geschichte von Psyche und Eros? Zwei scheinen auf der Hand zu liegen:

1. Jede Aufgabe kann in einen direkten Zusammenhang mit den vier Kardinalpunkten gebracht werden, jenen vier Punkten im Raum, die die Sonne jährlich passiert und die den Beginn jeder Jahreszeit markieren. Das elementare Wesen von Psyches Aufgaben scheint dem der Jahreszeiten auf der Nordhalbkugel zu entsprechen – Wintersonnenwende (Erde), Frühlings-Tagundnachtgleiche (Feuer), Sommersonnenwende (Wasser) bis zur Herbst-Tagundnachtgleiche (Luft). Also scheint die Abfolge der Aufgaben wenigstens teilweise dem jährlichen Vegetationszyklus auf Mutter Erde zu entsprechen –, dem ewigen, ununterbrochenen Kreislauf von Leben, Ernte, Tod und Erneuerung. (Siehe Abbildung 1)

172

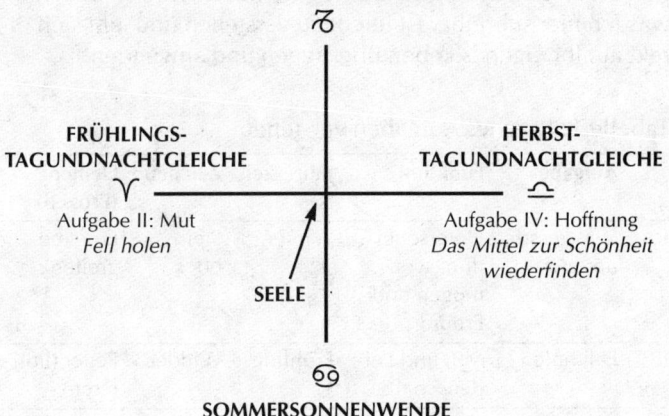

WINTERSONNENWENDE
Aufgabe I: Unterscheidungsvermögen
Die Saat aussortieren

♑

| FRÜHLINGS-TAGUNDNACHTGLEICHE | | HERBST-TAGUNDNACHTGLEICHE |

FRÜHLINGS-
TAGUNDNACHTGLEICHE
♈

Aufgabe II: Mut
Fell holen

SEELE

HERBST-
TAGUNDNACHTGLEICHE
♎

Aufgabe IV: Hoffnung
Das Mittel zur Schönheit
wiederfinden

♋

SOMMERSONNENWENDE
Aufgabe III: Heilung
Wasser schöpfen

Abbildung 1:
Psyches Aufgaben und die Kardinalpunkte

2. Die Elemente sind natürlich in unseren Horoskopen dargestellt, und wir können erwarten, daß die Stellung der Planeten in den Zeichen und Elementen sowie die Transite zu
ihnen uns im Hinblick auf Psyches Aufgaben über unseren
jeweiligen Status informieren werden.

Tabelle 1 verknüpft Psyches Aufgaben mit den Jahreszeiten,
Zeichen und Elementen und beschreibt die von ihnen symbolisierten Funktionen und Prozesse. Wir werden diese Beziehungen in den folgenden Abschnitten untersuchen, was her-
vorheben wird, wieviel Klarheit und Orientierung die Deutung eines Horoskops geben kann, wenn es darum geht zu
bestimmen, inwieweit wir unsere Aufgaben lösen können, die

173

aus dieser Perspektive gesehen für die erotische und spirituelle Entwicklung einer Frau äußerst wichtig sind. (Keine Angst, falls Sie keine »perfekte« Astrologin sind. Das meiste von dem, was ich hier schreibe, ist leicht zu verstehen und läßt sich direkt auf Ihr eigenes Leben übertragen und anwenden.)

Tabelle 1: Psyches Aufgaben verstehen

	Aufgabe	Funktion	Jahreszeit	Zeichen	Element (Prozeß)
I.	Saat aussortieren	Unterscheidungsvermögen und Erdung	Winter	Steinbock	Erde (begreifen)
II.	Fell holen	Mut und Leidenschaft	Frühling	Widder	Feuer (initiieren)
III.	Wasser schöpfen	Heilung und Intimität (Vertrautheit)	Sommer	Krebs	Wasser (wiederherstellen)
IV.	Das Mittel zur Schönheit wiederfinden	Innere Befreiung und Hoffnung	Herbst	Waage	Luft (imaginieren)

Um zu entdecken, welche dieser vier Aufgaben Sie mehr oder weniger zu meistern haben, untersuchen Sie Ihr Horoskop, und analysieren Sie besonders die *vier Elemente*. Sie sollten dabei die Stellung der zehn Planeten (plus Ihren Aszendenten, wenn Sie Ihre genaue Geburtszeit wissen) in den Elementen bestimmen, von denen jeder eine andere psychische Komponente in Ihnen symbolisiert – elf Faktoren werden also vier »Kategorien« von Elementen zugeordnet. Auf dem Computerausdruck eines Horoskops – vielleicht haben Sie schon einen – finden Sie eine Aufstellung, der Sie entnehmen können, in welchen Zeichen und Elementen Ihre Planeten stehen. Dies findet sich auf solchen Ausdrucken meistens unten auf der Seite. Es folgen nun einige Beispiele, damit Sie eine Vorstellung davon bekommen. Stellen Sie sich vor, daß Ihre Planeten (und Ihr Aszendent) in Zeichen mit den folgenden Elementezuordnungen stehen:

Feuer: 5   Erde: 0   Luft: 4   Wasser: 2

Bei Ihnen würde dann das Element Feuer vorherrschen, was wir als Ihre »dominante Funktion« bezeichnen würden. Ihnen wäre Aufgabe II wohl am leichtesten zugänglich (aber ich würde hinzufügen, nicht ohne eine Herausforderung darzustellen). Sie haben feurige Energie im Überfluß, und es fällt Ihnen auch leichter, einen Zugang dazu zu bekommen. Idealerweise meistern Sie die Aufgabe – sich Ihren Mut, Ihre Leidenschaft und Ihre Inspiration zu erschließen. Mit beinahe genauso viel Luft im Horoskop könnte Ihnen auch der Zugang zu Aufgabe IV, »Das Mittel zur Schönheit wiederfinden«, offenstehen. Da Ihnen das Element Luft (mentale Energie) im Überfluß zur Verfügung steht, sind Sie in der Lage, die Lektionen dieser Aufgabe leichter zu lernen: innere Befreiung und Hoffnung. Die geringere Zugänglichkeit von Erde und Wasser weist auf größere Herausforderungen hin. Das vollkommene Fehlen von Erde in unserem Beispiel würde anzeigen, daß jemand mit dieser Elementeverteilung sich des »Aussortierens der Saat« weniger bewußt ist und sich dessen erst bewußt werden muß, und daß es erforderlich ist, Unterscheidungsfähigkeit zu lernen, das rechte Maß finden zu lernen und Geduld zu entwickeln sowie sich auf das zu konzentrieren, was gerade ansteht. Und mit dem etwas unterbesetzten Element Wasser wäre Aufgabe III eine weitere Schlüsselaufgabe für jemanden mit diesem Horoskop. Dies wäre die Aufgabe »Die Wasser schöpfen«, was bedeutet, die eigenen Gefühle und Emotionen meistern zu lernen.

Lassen Sie mich Ihnen ein weiteres Beispiel geben: Vielleicht ist in Ihrem Horoskop das Element Erde besonders betont:

Feuer: 1   Erde: 6   Luft: 2   Wasser: 2

Dies wäre beinahe das Gegenteil zum vorigen Beispiel. Sie könnten allzu sehr mit Aufgabe I beschäftigt sein, endlos lange die Saat aussortieren und vom Analysieren besessen sein. Vielleicht müßten Sie auch mit der Gewohnheit brechen, übervorsichtig auf Details zu achten, damit Sie sich Aufgabe II widmen können: *handeln* lernen und Ihre Initiative, Ihren Mut und Ihre Leidenschaft entwickeln.

Manche Menschen haben ein wohl ausbalanciertes Horoskop, in dem jedes Element gleichermaßen besetzt ist:

Feuer: 3   Erde: 3   Luft: 2   Wasser: 3

Bedeutet diese Verteilung, daß Sie ausgeglichen sind und nicht weiterzulesen brauchen? Ich fürchte nein, denn jede dieser Aufgaben entspricht *Potentialen* in Ihrer eigenen Entwicklung. Ohne daran zu arbeiten, machen Sie keine Fortschritte. Darüber hinaus könnten Sie mit dieser Ausrichtung zwar leichter ein Gefühl von innerem Gleichgewicht und Ganzheit *erlangen*, aber es könnte Ihnen schwererfallen, dies auch zu *bewahren*, weil Ihre Aufmerksamkeit ständig auf das gezogen wird, was gerade aus dem Gleichgewicht zu geraten beginnt. In diesem Fall könnte sich ein Gefühl von ständigem inneren Jonglieren einstellen. Diejenigen unter Ihnen, die bereits mehr über Astrologie wissen, wissen auch, daß dies besonders für Frauen gilt, in deren Horoskop ein kardinales T-Quadrat oder ein Großes Kreuz vorhanden ist.

Bis jetzt haben wir die astrologischen Deutungen recht einfach gehalten. Fortgeschrittene wissen, daß das Horoskop sehr viel Licht auf diese Angelegenheiten werfen kann, wenn mehr als nur die Elementeverteilung untersucht wird. Sie würden besonders auch Venus und Mars in deren Zeichenstellung und Aspekten analysieren wollen. Venus in Zeichen, Haus und Aspekten sagt etwas aus über unsere Anziehungskräfte, darüber, zu wem wir uns hingezogen fühlen, wenn wir lieben. Mars in den unterschiedlichen Zeichen, Häusern und Aspekten informiert uns über unsere Kraft, Handlungen zu initiieren und unseren Wünschen entsprechend zu handeln. Wenn Sie mir bis hierhin folgen können, wissen Sie genug, um die Astrologie zum Verständnis von Psyches Aufgaben anzuwenden, vielleicht, indem Sie Aspekte zu anderen Planeten im Geburtshoroskop untersuchen (wenn beispielsweise Ihre Radix-Sonne in Widder in Opposition zu Ihrem Neptun in Waage im Trigon zu Ihrem Pluto in Löwe steht), könnten Sie erkennen, daß Sie an Aufgabe II arbeiten müssen: Sie müssen Ihre Widder-Sonne und »Ihr feuriges Schwert« suchen und dabei lernen, für sich selbst einzustehen und durch Ihr Trigon zu Pluto in Löwe, also einem Feuerzeichen, zu Ihrer Ausdruckskraft zu finden.

Weitere Hinweise darauf, mit welcher Aufgabe Ihre Psyche möglicherweise in einer bestimmten Zeit beschäftigt ist, könnten die Transite geben. Wenn beispielsweise Saturn im Transit in Konjunktion zu Ihrem Mond läuft, könnte es notwendig sein, daß Sie Ihre Gefühle »sortieren«, und Sie werden sich dann wahrscheinlich niedergeschlagener fühlen als sonst. Nichtsdestotrotz kann dieser Transit Ordnung in Ihre Gefühle bringen und Sie dazu führen, daß Sie sich sowohl in Ihrem äußeren Leben als auch/oder in Ihrem inneren Prozeß geerdeter fühlen. Oder Ihre Strategie im Umgang mit Ihren bedrückenden Emotionen könnte sich auf Aufgabe II konzentrieren, was Ihnen mehr Feuer verleiht, indem Sie ein Übungsprogramm beginnen oder sich auf andere Weise *in Bewegung* bringen.

Saturntransite sind hilfreiche Hinweise auf Herausforderungen, die wir als *Kollektiv* zu meistern aufgerufen sind. Von Februar 1994 bis März 1996 lief Saturn durch Fische und verlangte von uns allen, sich gewissenhaft mit Aufgabe III auseinanderzusetzen und auf die wäßrigen Tiefen zu vertrauen und daraus Energie zu ziehen, um uns und andere zu heilen. Von April 1996 bis Februar 1999 lief Saturn durch Widder, und wir befaßten uns als Kollektiv mit Aufgabe II, indem wir unsere kreative und erotische Energie weiterentwickelten, darauf achteten, was unsere Leidenschaft anstachelt, und den Mut fanden, dieser Leidenschaft zu folgen.

Aber nun genug der Einführung und Analyse. Lassen Sie uns jetzt gemeinsam zu Psyches Geschichte zurückkehren und sehen, wie sie ihre Herausforderung meistert – und wie wir sie und uns selbst in der Symbolsprache von Astrologie und Psychologie verstehen können.

Psyches erste Aufgabe

Die Saat sortieren

Aphrodite führte mich zu einem Lagerraum. Als wir drinnen waren, ergriff sie offene Säcke voller winziger Saatkörner, Gerste, Hirse, Mohn, und entleerte sie, indem sie sie durch den Raum schwenkte. Dann befahl sie mir: »So, du Imitatorin, du glaubst also, daß die Schönheit das Machtmittel einer Göttin ist? Laß uns doch mal sehen, was die Schönheit dir nutzen wird! All diese Saatkörner müssen eingesammelt und sortiert werden. Morgen früh werde ich zurückkehren. Bis dahin muß die Arbeit getan sein.« Sie verriegelte die Tür hinter sich. Überwältigt von Selbstmitleid saß ich da und starrte auf die Saatkörner.

Während die länger werdenden Schatten anzeigten, wie die Stunden verstrichen, stiegen Erinnerungen in mir auf – Bilder aus meinem Leben entfalteten sich vor mir, alles ein einziges Durcheinander, genau wie die Saatkörner. Ich starrte auf das Meer aus Saatkörnern und Erinnerungen. Langsam begannen sich die Saatkörner zu bewegen. Und meine Erinnerungen ebenfalls; sie teilten sich und breiteten sich aus und sortierten sich dabei auf magische Weise. Ich sah die Ereignisse meines Lebens, wie ich es nie zuvor getan hatte, alle Entscheidungen, die ich mir passiv aus der Hand hatte nehmen lassen. Als das Licht der Morgendämmerung durchs Fenster hereinschien, waren sowohl ich als auch die Samenkörner neu sortiert.

Wie Robert Graves[17] ausführt, tritt die Erde in Ovids Darstellung des Schöpfungsmythos, der *Metamorphosis*, beinahe als erste in Erscheinung: Die Natur taucht aus dem Chaos auf und »trennte die Erde vom Himmel, das Wasser von der Erde, und die obere Luft von der unteren. Nachdem er die Elemente entwirrt hatte, brachte er sie in die richtige Ordnung, so wie wir sie heute vorfinden«. Die Erde ist also bei den Ursprüngen von Trennung und Ordnung präsent und bestimmt somit Psyches erste Aufgabe: das Sortieren, das Trennen, das Ordnen von *Saaten*. Saaten, als Bestandteile der Psyche, werden hier am besten als *Erinnerungen* gesehen. Wir sind unsere Erinnerungen, unsere Geschichte, und der Satz »Wer seine eigene Geschichte nicht kennt, ist dazu verurteilt, sie zu wiederholen« gilt für Individuen ebenso wie für ganze Nationen. Das Sortieren der Saatkörner ist ein Akt der Psyche, der Seele, und er besteht aus *Wieder-Einsammeln*, *Restrukturieren* und *Überarbeiten* unserer Vergangenheit, unserer Erinnerungen – der Bilder, die Aufbewahrungsorte unserer Lebenserfahrungen sind. Es ist natürlich möglich, ein ungeprüftes Leben zu führen – das hat Psyche in unserer Geschichte anscheinend getan, aber das bleibt nicht ungestraft. Die erdige Aufgabe, unsere Erinnerungen zu sortieren, besonders unsere erotischen Erinnerungen, ist Voraussetzung dafür, uns unserer Weiblichkeit vollständig bewußt zu werden. Das Ziel ist die *Unterscheidungsfähigkeit*, die erhöhte Kapazität, qualitative Unterschiede festzustellen und unter verschiedenen Alternativen eine weise Wahl zu treffen.

(Falls Sie eine Frau mit wenig Erde im Horoskop sind, aufgepaßt!) Das Sortieren der Samenkörner beginnt mit dem *Einsammeln*, damit, sich Ereignisse und die damit verbundenen Gefühle bewußt und absichtlich ins Gedächtnis zu rufen. Haben Sie jemals versucht, sich umfassend an Ihr Liebesleben zu erinnern und es aufzuzeichnen? Falls nicht, bitte ich Sie dringend, dies zu tun. Beginnen Sie mit einer chronologischen Auflistung jedes Mannes oder jeder Frau, die Sie jemals geliebt haben oder mit der Sie Liebe gemacht haben. Vergessen Sie nicht den Jungen, der Sie in der ersten Klasse geküßt hat, oder die Art, wie Sie es sich auf Papas Schoß gemütlich zu machen pflegten! Seien Sie präzise; zählen Sie so viele Einzelheiten auf wie möglich. Das Gedächtnis kann natürlich lückenhaft sein – gibt es alte Briefe? Fotografien? Können Sie mit einer Freundin oder mit Ihren Eltern über alte Zeiten reden? Vielleicht möchten Sie sich auch ein Sammelalbum mit erotischen Erinnerungen anlegen. Meines enthält alles – angefangen beim Cocktailkleid meiner Barbiepuppe über die romantischen Briefe eines französischen Liebhabers bis hin zu einem Foto, auf dem ich mit zwei Freundinnen und einem exotischen Nackttänzer auf der 42. Straße stehe, und ein paar Dinge, die ich Sie gerne wissen lasse, aber nicht hier in diesem Buch! Genießen Sie diese Erinnerungen, walzen Sie sie so richtig aus, und schauen Sie, ob sie für Ihre aktuelle Beziehung stimulierend wirken können. Es sind Ihre Errungenschaften und ist Ihr vergrabener Schatz – packen Sie sie aus, und genießen Sie sie.

Sich erinnern kann herrlich sein und Spaß machen, aber oft ist es auch eine ernste, sogar schmerzhafte Übung. Nur wenige von uns sind nicht von der Liebe oder vielleicht durch lieblosen Sex verwundet worden. Erinnerungen können höllisch sein oder auch himmlisch. Eine Tatsache ist mir jedoch aus meiner eigenen Erfahrung und durch die anderer Frauen bewußt geworden: Gute Erinnerungen sind häufig hinter unangenehmen verborgen. Genau hier setzt die *Restrukturierung* an, ein alchemistischer Prozeß, der gute Erinnerungen von schlechten trennt, wobei man den Schmerz des Sich-Erinnerns erlebt und losläßt und somit das Gold von der bleiernen Schlacke befreit. Das kann man allein tun oder mit einem liebevollen Partner oder einer Partnerin, einem Freund oder einer Freundin, aber manche Erinnerungsprozesse sind so qualvoll und schwierig, daß man sie am besten in einer Psychotherapie durchläuft. Selbst dabei bitte ich Sie dringend, die Wiederentdeckung, das Gedenken und das Genießen angenehmer oder sogar ekstatischer Momente sogar aus der problematischsten Beziehung nicht zu unterlassen.

Als restrukturierende Übung schlage ich vor, daß Sie *buchstäblich* Samenkörner sortieren. Denken Sie über jede liebevolle oder sexuelle Begegnung aus Ihrer oben genannten »Chronologie« nach. Benutzen Sie schwarze und weiße Bohnen als »Saatkörner«, legen Sie eine weiße Bohne in eine Schüssel für jede angenehme Erinnerung, eine schwarze

Bohne für jede unangenehme Erinnerung. Viele Frauen, die ich diese Übung ausprobieren ließ, waren überrascht darüber, daß sie soviel Bohnen aussortiert hatten, daß sie daraus eine Bohnensuppe hätten kochen können, die zum größeren Teil aus weißen Bohnen bestanden hätte!

Erinnerung und Neuordnung führen natürlicherweise zu *Neubewertung,* jenem Prozeß, durch den wir unsere gesammelten und neu geordneten Erinnerungen in neuen Bildern und neuen Geschichten mit neuen Möglichkeiten für zukünftige Handlungen reorganisieren. Sind wir in unseren sexuellen Begegnungen zu oft Opfer gewesen? Dann könnte es erforderlich sein, daß wir eine neue Sichtweise kultivieren und uns als starke Frauen sehen. Haben uns unsere Wunden so ängstlich werden lassen, daß wir uns nicht trauen, für das zu kämpfen, was wir in einer Beziehung wirklich wollen? Dann könnte es nötig sein, daß wir unsere Geschichte neu schreiben müssen und daß wir uns als mutige Protagonistinnen darstellen, die als Liebende und Geliebte erfolgreich sein wollen. Nehmen Sie versuchshalber einen Stift und Papier, und schreiben Sie eine Geschichte, die Ihr neues Ich widerspiegelt. Heben Sie sie auf, um darüber nachzudenken, sie später auszuschmücken und – neuzubewerten.

Mit Erinnerung, Neuordnung und Neubewertung ist die Erdaufgabe noch lange nicht abgedeckt. Im Bereich der Erde befassen wir uns mit dem Prozeß des *Begreifens,* der grundlegenden Zusammenkunft zwischen Seele und Materie, einem Prozeß, der seine symbolische Vollendung auf 0° Steinbock findet, der Zeit für kontemplative Neubewertung. Es handelt sich dabei um eine Aufgabe, die eine Art von »ameisenähnlichem« Verhalten erfordert – geduldige, methodische Anstrengung, wobei sich die Aufmerksamkeit auf alltägliche Routineabläufe richtet und bewußte Anstrengungen unternommen werden (Erde, wie sie im Zeichen Jungfrau zum Ausdruck kommt). Somit führt uns die Erd-Aufgabe zu praktischen Angelegenheiten (Steinbock) und zu einer Konzentration auf Einzelheiten (Jungfrau), weist aber auch auf die sinnliche Wertschätzung des Körpers und der Vergnügungen hin, an denen sich die Seele in ihrer irdischen Inkarnation (Stier) erfreuen mag.

Unterscheidungsfähigkeit – Aussortieren – ist hier immer noch das Schlüsselwort, denn einerseits könnten wir uns zu sehr mit der Materie befassen (das bedeutet Materialismus) oder andererseits zu sehr mit Sinneseindrücken (vulgäre Sinnlichkeit) beschäftigt sein, oder wir »spiritualisieren« möglicherweise alles, ordnen alles dem Bereich des luftigen Intellekts zu und verlieren die seelenvolle Mitte, wodurch wir die Beschäftigung mit Geschmacksrichtungen, Klängen, Gerüchen und Bildern versäumen – jenen Freuden, die das Geschenk der Erde an die Seele sind. Wenn wir das Geschenk der Freude nicht von der Welt erhalten, kennen wir die Schönheit nicht, und wenn wir die Schönheit nicht kennen, können wir der Liebe nicht begegnen. Psyche, als Seele, muß die Geschenke der Erde aussortieren, muß sie aus einer Perspektive heraus prüfen, die in einer kultivierten Erinnerung wurzelt, und dann sorgfältig ausgewählt jene annehmen, die der Aufgabe und der Zeit angemessen sind.

An diesem Punkt möchten Sie vielleicht wieder einen Blick auf Ihr Horoskop werfen. Diese Aufgabe könnte jenen unter Ihnen am vertrautesten sein, die ein »erdiger« Typ sind, mit vielen Planeten (besonders Sonne, Mars oder Venus) in Steinbock, Stier oder Jungfrau – oder mit einem gut aspektierten Saturn oder Merkur. Falls nicht, ist jetzt die richtige Zeit, um damit zu beginnen! Die Erd-Aufgabe mag eher eine Herausforderung für feurige Typen sein, für träumerische Wassergeborene oder für jene, deren ausgeprägte Vorliebe fürs Nachdenken sie »hoch oben in der Luft« bleiben läßt. Diese Arbeit läßt sich vielleicht am besten tun, wenn der Transit-Mond gerade durch ein Erdzeichen läuft, wenn Sie gerade einen günstigen Saturn- oder Merkurtransit haben oder wenn die Sonne die Erdzeichen transitiert, besonders wenn sie zur Wintersonnenwende auf 0° Steinbock steht, naturgemäß die beste Zeit des Jahres, um nachzudenken und neu zu bewerten. Aber wann immer Sie sich mit dieser Aufgabe beschäftigen, erden Sie sich, lernen Sie durch Sammeln, Restrukturieren und Neubewerten kritisch zu unterscheiden und zu urteilen, finden Sie die richtige Balance zwischen Körper und Geist – und eines der vier Tore zur Welt der Liebe wird sich Ihnen öffnen.

Das Sortieren der Saat ist ein seelenmachender Prozeß, wie alle Aufgaben Psyches. Unsere Geschichte wird uns nun zu den seelenmachenden Möglichkeiten zurückführen, indem wir für unsere *Leidenschaft* eintreten.

Psyches zweite Aufgabe

Das Fell holen

Als Aphrodite sah, daß die Aufgabe gelöst worden war, packte sie mich am Arm, zog mich hinter sich her durch den Lagerraum und führte mich hinaus in den Garten des Palastes. »Du bist also wenigstens clever. Glaubst du, daß du mit Cleverness den Sohn von Ares, des Kriegsgottes, zähmen kannst? Du weißt überhaupt nichts über die wilde und grausame Seite der Liebe. Auf der anderen Seite des Bachs leben die wilden Widder der Sonne. Beweise mir, wie stark deine Liebe ist.« Sie zog einen goldenen Dolch hervor und sagte: »Bring mir das Goldene Vlies vom Bauch eines männlichen Widders. Meine Robe muß ausgebessert werden.« Dann schleuderte sie den Dolch in meine Richtung, und er bohrte sich zwischen meinen Füßen in die Erde.

Als ich den Bach erreichte, sank ich erschöpft am Ufer nieder. Ich starrte auf den Dolch und stellte mir vor, wie seine scharfe Klinge mein Herz durchbohrte. Aber die sich wiegenden Schilfrohre wisperten: »Sogar Ares, der Gott des Krieges, muß eine Zeitlang Frieden haben. Im Zwielicht legt sich Erleichterung über alle Dinge. In diesem ruhigen Moment kann sogar die Maus in den Rachen des Löwen spazieren.« Als ich erwachte, war die Sonne untergegangen, und tatsächlich: Alle Widder ruhten sich aus. Sie lagen wie Babys am Bach und zeigten ihre Bäuche. Ich band meine Röcke hoch und überquerte den Bach. Vorsichtig kniete ich mich neben einen Widder und schnitt zwölf Locken aus dem Fell an seinem Unterbauch.

Das Goldene Vlies zu holen ist Psyches Initiation durch das Element Feuer. Typischerweise denken wir an die direkte Durchsetzung von Feuer als eine männliche Eigenschaft – »Mars in Widder«, aber Frauen sind nicht länger bereit, dieses Territorium kampflos aufzugeben. Manche Frauen sind stärker als manche Männer. Auf der ganzen Welt dienen Frauen als Soldatinnen und Kampfpilotinnen. Davon abgesehen scheint es eine männliche Disposition (genetischen Ursprungs? – durch Testosteron verursacht?) für Durchsetzungskraft und eine weibliche für Empfänglichkeit zu geben, und es ist letztere, auf die sich Psyche stützen muß, um das Goldene Vlies zu bekommen – ein interessanter Kontrast zum Helden Jason, der ein Schiff braucht, eine Herde kriegerischer Argonauten und einen magischen Schutzschild, um seine männliche Mission zu erfüllen! Psyche erreicht ihr Ziel durch Empfänglichkeit, indem sie dem flüsternden Schilfrohr zuhört, auf die subtile Stimme der Natur achtet, vielleicht indem sie auch die Weisheit dessen achtet, was wir traditionell als die »weibliche« Natur der Frauen kennen – aber nicht, indem sie die Notwendigkeit des *Mutes* vermeidet. Ihre Herangehensweise vermeidet zwar die direkte Auseinandersetzung, sie muß aber immer noch den Dolch erheben und sich der Ursache ihrer Angst nähern. Mut ist nicht gleichbedeutend mit Angstlosigkeit, sondern meint die Bereitschaft weiterzugehen, auch wenn man vor Angst schlottert, was Psyche wohl getan haben muß. Damit sie und damit wir so handeln können, müssen wir Selbstvertrauen erlangen, die »königliche« (Tatsache ist, daß die stolze *Löwin* den Großteil der Jagd erledigt und damit der *wahre* König des Dschungels ist) Beherrschung des Egos, was der höhere Ausdruck von Feuer durch Löwe ist. Wir müssen uns selbst zeigen, daß wir offen sind, auf flexible Weise kreativ, *bereit*, wie Psyche es war, als sie den Rat des Schilfrohrs annahm – und die Aufforderung der zornigen Göttin: Feuer, wie es sich durch Schütze zeigt.

Wie wir gesehen haben, kann Feuer im Charakter einer Frau auf vielen Ebenen zum Ausdruck gebracht werden, aber wir werden uns mit der grundlegendsten beschäftigen, dem

Zugang zur Leidenschaft. Der Widder in Psyches Geschichte ist von besonderer Bedeutung, denn er zählt zu den eindeutig sexuellsten Geschöpfen der Natur. Das Frühlingsäquinoktium auf 0° Widder (natürlich nach *dem* Widder benannt) ist die Zeit, wenn die Mutterschafe ihre Lämmer zur Welt bringen, eine Zeit, die zurückgeht auf den Herbst, als die Berge widerhallten vom Klang der aufeinanderprallenden Hörner, als die Böcke gegeneinander um das Recht kämpften, so viele Weibchen zu besteigen wie möglich. Mir war leider nicht das Glück beschieden, Zeugin der Brunstzeit der Widder zu sein, ich habe aber einen ihrer Geweihe tragenden Verwandten gesehen, einen voll ausgewachsenen Elch, der im vollen Besitz sieben reizender Weibchen war – ein ehrfurchtgebietender Anblick. Ein Freund von mir, ein Wildhüter, erzählte mir, daß er noch einen viel größeren Elch mit einem Harem von 47 Weibchen gesehen hatte, der innerhalb von fünf Stunden acht Rivalen abgewehrt und vier Weibchen bestiegen hatte! Die Weibchen selbst waren kaum passiv zu nennen, denn sie entfernten sich von der Herde, wobei sie anscheinend Rivalen »einluden« und recht wählerisch waren, was Zeit und Ort anging, bevor sie auf die Aufmerksamkeiten der Bullen eingingen. Bei Feuer geht es um Leidenschaft – *sexuelle* Leidenschaft.

Die Feuer-Aufgabe verlangt von einer Frau, in ihre volle Kraft zu kommen, besonders ihre sexuelle, indem sie das Vlies des Widders besitzt, den gefährlichsten Teil des solaren Bewußtseins, ihre Urinstinkte und ihre eigene animalische Natur. Psyche lernt, sich mit der solaren, heißen, maskulinen (Eros) Energie in sich selbst zu verbinden, indem sie ihren eigenen Mut kennenlernt und ihre Handlungskraft erlebt, und im Laufe des Prozesses angemacht wird, wobei sie in Kontakt mit ihrer eigenen erotischen Leidenschaft zu kommen beginnt. Natürlich ist für Frauen innerhalb der patriarchalen Kultur sexuelle Leidenschaft und eigentlich jede Form der Leidenschaft problematisch. Nur »böse Mädchen« haben sie, oder Frauen, die in einer monogamen Beziehung mit einem Mann eingesperrt sind. Aber auch dies ändert sich heute glücklicherweise. Das Patriarchat zerbröckelt wie die Statue von Ozymandias, und Frauen suchen sichere, verantwortliche, aber äußerst leidenschaftliche Lebensformen in der Welt der Liebe und der Welt der Arbeit. Es gibt Pionierinnen, die es dem Rest von uns leichter machen, so wie beispielsweise die Sexlehrerin Betty Dodson[18], die in ihren Workshops Frauen beibringt, ihren eigenen Körper zu lieben – und ganz besonders jene Teile, die wir uns nur selten ansehen und an die wir *niemals* als an etwas Schönes denken. Oder wie Annie Sprinkle, Lehrerin, Performance-Künstlerin, komödiantisches Genie der Sexinstruktionen, deren Video[19] uns alles über die »Huren und Göttinnen« in uns selbst mitteilt, ganz zu schweigen davon, daß sie uns einen siebenminütigen Orgasmus vorführt! Meine eigene Reihe von »Erotischen Frauengruppen« hat viele Frauen zusammengebracht, um über das »Unaussprechliche« zu reden, um ihr Wissen über Liebe und Sexualität miteinander zu teilen, spirituell-sexuelle Techniken aus uralten tantrischen Disziplinen zu erlernen und um damit zu experimentieren, Grenzen und Verbote zu überschreiten sowie sich von Verletzungen zu heilen, die Beziehungen und sexuelle Begegnungen immer zu verursachen scheinen.

Hier ein paar »Überschreitungen«, die ich in meinen Gruppen verwendet habe. Ich schlage vor, Sie picken sich eine oder mehrere heraus, die Ihnen gefallen – die Ihnen gerade genug, aber nicht zuviel Schrecken einjagen – und somit Ihren Mut dazu einladen, leidenschaftlicher und kenntnisreicher zu werden.

1. Frauen sind sich kaum bewußt, daß ihre äußeren Genitalien sich von Frau zu Frau stark voneinander unterscheiden und ein Ort verborgener Schönheit sind. Ich weiß natürlich, daß uns beigebracht wird, uns »da unten« weder anzusehen noch anzufassen, aber ich ermutige Sie dazu, sich einen Spiegel zu nehmen und genau das zu tun. Wenn Sie Betty Dodsons Video oder das (erstaunliche) *Cunt Coloring Book*[20] nicht bekommen können, versuchen Sie es doch

irgendwie zu erhalten, aus Gründen des Vergleichs. Und werfen Sie nicht nur einen flüchtigen Blick darauf, sehen Sie genau hin. Nehmen Sie die subtilen Schattierungen in Farbe und Struktur wahr, sehen Sie, woran ihre (ja, *ihre*) Form Sie erinnert – eine festlich gekleidete Gestalt? Vielleicht sogar eine Göttin? Wenn Sie ein bißchen mehr Mut gefaßt haben, zeichnen oder malen Sie sie, so gut Sie können, oder beschreiben Sie sie detailliert in all ihrer Schönheit. Und noch mutiger geworden, beschreiben Sie sie, oder zeigen Sie sie sogar einem Liebhaber oder Partner. Noch mehr? Gründen Sie Ihre eigene Erotikgruppe? Es liegt ganz bei Ihnen!

2. Besonders wenn Sie nicht schnell zum Orgasmus kommen, kaufen Sie sich einen Vibrator. Solche »Massagestäbe« sind heute ganz einfach im Versand oder in Erotikläden zu bekommen, es gibt auch spezielle Läden nur für Frauen. Nehmen Sie sich die Zeit, um zu lernen, wie Sie damit umgehen, um dadurch mehr und mehr Verantwortung für Ihre eigenen Orgasmen zu übernehmen.

3. Wenn es einen »Sexshop« in Ihrer näheren Umgebung gibt, der nicht zu schäbig ist (ja, es gibt solche und solche), wagen Sie einen Besuch, und sehen Sie, welche Sexspielzeuge, Bücher und Videos Sie interessieren könnten. Nehmen Sie Ihren Ehemann oder Ihre Freundin mit, wenn Sie zu schüchtern sind.

4. Riskant, falls Sie Ihren Partner noch nicht gut kennen oder wenn einer von Ihnen beiden sehr eifersüchtig ist: Erzählen Sie Ihrem Partner Ihre sexuelle Geschichte, all jene Abenteuer, die Sie erlebt haben, bevor Sie sich trafen. Manchmal ist das eine *großartige* Anmache, die dann zu anderen Dingen führt.

5. Nehmen Sie sich einen neuen Liebhaber …

Bei Feuer geht es natürlich nicht nur um Sex oder nur um die wärmere Seite einer Liebesbeziehung. Körperliche Aktivität erwärmt das Blut für alle kreativen Belange. Also treiben Sie Sport. Lernen Sie Karate. Oder versuchen Sie es mit diesem

Experiment: Kaufen Sie sich ein *Schwert*. Lernen Sie, was es mit einer Waffe auf sich hat, die Jungen offenbar schon immer fasziniert hat. Psyche muß Aphrodites Dolch nehmen und den Widdern gegenübertreten, um ihren Mut zu finden. Ich habe erfahren, daß das Stoßen und Parieren mit dem knapp einen Meter langen Schwert, das ich in einem Militärshop gekauft habe, mein Feuer herausbringt. Wenn ich es mit einer Hand hochnehme, ist das Schwert zu schwer, und mein ganzer Arm sackt herunter, wenn ich versuche, es zu halten. Aber wenn ich das Heft mit beiden Händen halte, kann ich es mit ihm aufnehmen und es mit ganzer Seele führen. Indem Sie mit einer Waffe in der Hand experimentieren, mögen Sie vielleicht Einsicht in Zerstörung und Schutz gewinnen; beides sind Attribute von Mars. Sie können nach vorne drängen, um (symbolisch natürlich) zu durchbohren und zu verwunden, oder jemanden zum Ritter schlagen. Mit seiner präzise geschliffenen und scharfen Klinge kann es rituell »alten Dreck« abtrennen oder Verwirrung durchschneiden.

Schon die alten Alchemisten wußten, daß das richtige Timing für die Bewältigung der Aufgabe wichtig ist. Die beste Zeit, um Feuer-Aufgaben zu initiieren, ist die Frühlings-Tagundnachtgleiche auf 0° Widder, aber die Dinge laufen auch gut, wenn Sonne oder Mond im Transit die Feuerzeichen durchlaufen, oder wenn Sie gerade einen günstigen Mars-Transit haben. Wir haben alle Feuer in uns – es ist jene elementare Lebensenergie, die unsere Neuronen anfeuert, die Glieder in Bewegung setzt und das Blut durch den Körper pulsieren läßt – aber unsere Horoskope, unsere Persönlichkeiten und unsere Lebenserfahrungen formen gemeinsam die Art und Weise, wie wir leidenschaftlich um Ausdruck ringen. Also prüfen Sie Ihre Elemente, Ihre Feuerzeichen und Planeten, und achten Sie auf die Transite, um die günstigsten Zeiten herauszufinden, in denen Sie *Ihr Feuer entzünden* können.

Psyches dritte Aufgabe

Wasser schöpfen

Ich fand Aphrodite in ihrem Schlafzimmer. Als sie mich sah, ließ sie vor Schreck ein Parfümfläschchen zu Boden fallen, wodurch sich kostbares Parfüm auf den Marmorfußboden ergoß. »Du hältst dich gut, Psyche! Ich muß wissen ... bist du nur eine Reflexion? Kannst du dich selbst erkennen? Ohne Verständnis kannst du niemals lieben. Nimm dieses leere Parfümfläschchen, und fülle es mit kühlem Wasser aus der Quelle des Flusses Styx. Wenn es dir gelingt, die Wächterdrachen zu passieren und den mörderischen Strömungen in der Höhle zu widerstehen, könnte ich versucht sein, dir zu vergeben.«

Ich reiste drei Tage lang. Als ich den Fluß Styx erreichte, lehnte ich mich völlig erschöpft an einen kalten Felsblock. Ich erschauerte beim Anblick des fauligen, eisigen Wassers und der tückischen Strudel, die Schrecken und Pestilenz aus der Unterwelt nach oben brachten. Ich sah die beiden Drachen, die die Quelle des Flusses bewachten. Sie beobachteten jede meiner Bewegungen und reckten ihre eidechsenähnlichen Köpfe auf ihren geschuppten Hälsen.

Nur ein Schritt, dachte ich bei mir, einen kleinen Sprung in jene Wasser, und ich bin frei. Ganz langsam bewegte ich mich auf das Ufer zu. Plötzlich erschien ein Adler, stieß herab und ließ sich auf dem Felsblock nieder. Er sprach: »Niemand kann die Wasser des Styx ohne mein Wissen betreten, denn ich bin Zeus' Auge. Deine Bereitschaft, in die dunklen Wasser des Schattens hinabzusteigen, ist die einzige Kraft, die du brauchst, um diesen Wassern zu gebieten. Ich werde die Aufgabe für dich zu Ende führen.«

Der königliche Vogel spreizte seine Flügel, ergriff die Kristallphiole mit seinen messerscharfen Krallen und flog auf die dunkle Höhle zu. Die Drachen versuchten, sich in einem wütenden Tanz auf ihn zu stürzen. Der Adler hielt mitten in der Luft an, stieß einen ohrenbetäubenden Schrei aus, und die Drachen senkten ihre Köpfe gehorsam vor Zeus' Boten. Er füllte die Phiole und übergab sie mir.

»Wasser ist die beste Medizin«, erzählte mir ein Medizinmann der Lakota einmal, »es heilt alles.« Aber Wasser verlangt als Heiler von uns – wie unsere Träume uns so häufig wissen lassen –, daß wir hineintauchen, hinunter in die kalten Tiefen des Unbewußten. Wasser hat Strömungen, ist naß und geheimnisvoll – es löst sich in Nichts und schimmert in Visionen auf. Als elementare Aufgabe zieht uns das Wasser einen Fluß hinunter an das Ufer der Unterwelt, so wie es bei Psyche geschah. Wir können dort im Reich der Gefühle und Illusionen verlorengehen. Wir können hineinfallen und »sterben«, überwältigt von den Instinkten. Ohne jenes Reich zu besuchen und die Wasser-Aufgabe zu lösen, sind wir aber auch verloren – wir bleiben seicht und oberflächlich.

Wasser heilt, *stellt wieder her*, teilweise dadurch, daß es von uns verlangt zu fühlen, was wir lieber nicht fühlen würden. Tränen sind das wichtigste Heilmittel der Seele – eine Art Erste Hilfe. Wasser als das Unbewußte wühlt immer etwas auf in Träumen, in Erinnerungen, in Symptomen und Versprechern, um uns einzuladen in die schmerzlichen Tiefen jenseits von Ego und persönlicher Geschichte. Wenn wir die Einladung annehmen, wie es Psyche unter Protest tat, werden wir Monster dort finden und sowohl Unterscheidungsvermögen als auch Mut brauchen, um die heilende Flüssigkeit zu bekommen. Als Hilfe zur Lösung der Aufgabe mögen wir gut daran tun, eine Tiefenpsychotherapie in Betracht zu ziehen, eine experimentelle Wachstumsgruppe und intensive Körperarbeit oder spirituelle Disziplin, wenn unsere Arbeit im Reich des Wassers gefunden werden soll. Die Reise führt *durch*, nicht *über* das Wasser hin zu einer größeren Fähigkeit zu Mitgefühl und Intimität. Wie wir an diese Aufgabe herangehen, hat viel mit unseren grundlegenden Sicherheitsbedürfnissen zu tun und ist abhängig davon, wie wir als Kinder bemuttert und genährt wurden und wie wir seitdem gelernt haben, uns selbst zu bemuttern und für uns selbst und andere zu sorgen. Während wir bei der Feuer-Aufgabe mit Vater-Themen konfrontiert werden, treffen wir hier beim Wasser ganz sicher auf unsere Mutter.

Im Zyklus der Jahreszeiten beginnt die Zeit des Wassers zu Sommeranfang, wenn die Sonne zur Sommersonnenwende über 0° Krebs läuft. Unsere Knochen beginnen, sich nach der

Kälte des Winters aufzuwärmen. Unsere Körper entspannen sich, unsere Muskeln werden geschmeidig, und unsere Gefühle strömen nach außen, um eine einladende Welt zu umarmen. Der Sommer lädt zu sinnlichen Tagen und zu »Mittsommernachtsträumen« ein. Ich glaube, wir finden den Schlüssel zur Meisterung der Wasser-Aufgabe in der Traumarbeit, denn in den Träumen treffen sich die Gefühle und die Intuition von Krebs, die Instinkte und die Intensität von Skorpion und die Vision und Mysterien von Fische. Traumarbeit ist die praktische Disziplin, die ich Ihnen mit einem Vorschlag nahelegen möchte: Fangen Sie an, ein Traumtagebuch zu führen. Legen Sie sich einen Stift und Ihr Tagebuch auf den Nachttisch, und schreiben Sie, bevor Sie aufstehen, schreiben Sie mitten in der Nacht, schreiben Sie »keine Träume letzte Nacht«, falls das alles ist, was Sie aufschreiben können, aber *schreiben Sie jeden Tag etwas auf*, und lesen Sie dieses Tagebuch immer wieder. Zeichnen Sie die Traumbilder oder bilden Sie sie plastisch nach. Weben Sie eine Geschichte daraus. Verbinden Sie die Personen und Objekte mit Mythen und Symbolen, aber reduzieren Sie sie nicht durch Interpretation. Lesen Sie Jung und James Hillman, um Ihr Wissen über Traumprozesse zu erweitern. Durch dieses nächtliche Eintauchen in die Wasser werden Sie schon bald fühlen, welche Heilung die kollektiven Tiefen anzubieten haben.

Um Ihnen ein Beispiel zu geben: Gemeinsam mit dem jungianischen Analytiker John Giannini leite ich Traumgruppen, wobei wir uns sowohl auf psychologisches als auch astrologisches Wissen stützten. In einer Gruppe berichtete eine Frau von einem immer wiederkehrenden Traum, in dem sie sich auf einem Weg zu einem See befindet, an dem eine schreckenerregende schattenhafte Gestalt steht. Jedesmal flieht sie. »Nächstes Mal sieh ihm in die Augen!« sagt John. Zwei Wochen später trifft die Frau den dunklen Mann erneut, aber dieses Mal fixiert sie ihn so lange, bis er aufgibt, springt dann in den See, entsteigt ihm und verschlingt den Mann! In den folgenden Wochen ist der Mann aus ihren Träumen verschwunden, und eine seit langem bestehende Depression scheint sich aufzuhellen.

Psyches Wohltäter, der Adler, gibt uns einen Hinweis, wie wir mit Träumen und anderen Manifestationen des wäßrigen Unbewußten umgehen sollten. Als Besucher aus dem Reich der Luft ist er der Bote (wie Merkur / Hermes, Herrscher von Zwillinge) für Zeus; seine Sicht erfolgt aus der höchsten Perspektive (Wassermann), und seine Funktion ist es, ein Gleichgewicht (Waage) zwischen bewußtem und unbewußtem Prozeß zu einem integrierten Ganzen herzustellen, das, wie Jung uns gelehrt hat, für ein gut gelebtes Leben wesentlich ist. Luft formt mit Wasser den Stoff, aus dem der Geist ist – das dauerhafte Geschenk der gut getanen Wasser-Arbeit und die spirituelle Transformation der Grundimpulse eines primitiven Eros beginnen hier.

Von den vielen Belohnungen der Wasser-Arbeit möchte ich drei erwähnen. Jede einzelne kann bereits in der Jugend gesucht werden, aber ihre Erfüllung finden sie meistens erst in der Mitte des Lebens. Die erste ist das Erlangen einer gewissen Fülle und Komplexität des eigenen Charakters, eine Erweiterung und Vertiefung der Perspektive, die nicht nur eine Grundlage für Toleranz darstellt, sondern auch für Einfühlungsvermögen, für Mitgefühl. Dies ist Arbeit, die überhaupt erst eine Ehe oder jede dauerhafte Beziehung ermöglicht. Als wesentlicher Bestandteil der weiter oben genannten »Beziehung als Erlösung« lädt es dazu ein, auch in eher kürzeren oder zufälligen menschlichen Kontakten Bedeutung zu sehen. Es vergrößert den Kelch, der das Wundermittel der Liebe enthält. Zweitens wäscht Wasser-Arbeit die psychischen Trümmer weg, die unser Bewußtsein verdunkeln und unsere Freiheit, zu handeln und zu gestalten, belastet. Sie wirkt »individualisierend« und befähigt uns somit dazu, genug Distanz zu den von uns geliebten Menschen einzuhalten, um sie so zu sehen, wie sie sind, um ihnen ihre Freiheit und uns unsere Freiheit zu gewähren und den beiden eng miteinander verbundenen panischen Ängsten vor dem Verlassenwerden und dem Verschlungenwerden standzuhalten, den Geißeln jeder engen Beziehung. Schließlich scheinen die Gaben des Geistes nur mühelos in jenen zu verweilen, die die Unterwasser-Passage zur inneren Kammer des Tempels der Selbsterkenntnis finden. Ohne sie mögen wir zwar einen erfüllten Geist haben, aber eine leere Seele – und nicht besser sein als die angeblich »selbstverwirklichten Meister«, die ihre Finger nicht von den Anhängern und Anhängerinnen lassen können. Mit ihr können wir von der Unterwelt stromaufwärts navigieren und uns auf die Suche nach der Quelle zwischen den hohen Bergspitzen machen.

Tun Sie diese Arbeit, wenn Wasser in Ihrem Horoskop vorherrscht oder wenn es in Ihrem Horoskop starke Aspekte zwischen Planeten in Krebs, Skorpion oder Fische oder wichtige Aspekte zwischen Mond, Neptun oder Pluto gibt. Diese Aufgabe ist eine größere Herausforderung für Sie, wenn Sie ein eher unreflektierter feuriger Typ sind oder ein erdiger Typ, der im »Schlamm steckenbleibt«, oder wenn Sie zu den luftigen Typen gehören, die meinen, daß »Emotionen unvernünftig sind«. Wie sind Sie durch die stürmischen Wasser der elf Jahre von Frühling 1984 bis November 1995 navigiert, als Pluto im Transit durch Skorpion lief? Vielleicht brauchen Sie ein bißchen Heilung. Tauchen Sie ein in das Wasser. Nehmen Sie einen tiefen Schluck.

Psyches vierte Aufgabe

Das Wundermittel der Schönheit zurückbringen

Sterne bedeckten den Nachthimmel, als ich zum Palast zurückkehrte. Aphrodite saß wartend auf den Stufen. »Ah! Du hast auch Zeus bezaubert? Gut. Das ist gut!« Dann nahm sie meine Hände in ihre und betrachtete sie sehr aufmerksam, so als ob das Schicksal des Universums davon abhing, was sie fand. Schließlich schien sie zufrieden. Sie betupfte ihren Finger mit dem Inhalt der Parfümflasche und plazierte dreimal einen Tropfen auf meiner Stirn: »Ich muß dich für die letzte Aufgabe salben.«

Ich protestierte: »Aphrodite, du hast gesagt, daß du mir vergibst. Ich bitte dich, prüfe mich nicht länger. Überbring Eros meine Botschaft.«

»Gerade weil ich dir vergeben habe, gibt es noch eine weitere Aufgabe zu lösen. Komm, Findelkind, es bleibt wenig Zeit, und es ist noch so viel zu tun!« Sie führte mich eine Wendeltreppe zu einem geheimen Turmzimmer hinauf. Als meine Augen sich an die Dunkelheit gewöhnt hatten, sah ich, daß das Mondlicht ein Muster auf den Marmorboden warf. Aphrodite schritt ins Zentrum dieses Musters und hob eine runde Platte hoch, dann zog sie eine exquisite kleine Büchse hervor, die mit einer Einlegearbeit aus Muscheln und wertvollen Steinen verziert war. »Psyche, es gibt ein Geheimnis, das lange auf deine Ankunft gewartet hat.« Dann erhob Aphrodite die Büchse über ihren Kopf und füllte den Turm mit dem Klang ihrer Stimme: »Segne die Eine, die kommt, um die Zwei zu Drei zu machen!«

Dann überreichte sie mir die Büchse und senkte ihre Stimme wieder: »Am Morgen, Psyche, wirst du dich auf deine gefährlichste Reise machen. Ich muß dich zu Persephone schicken, der Königin der Unterwelt. Am Eingang zur Unterwelt öffne diese Büchse, und höre aufmerksam auf all ihre Instruktionen. Dann schließe sie, und öffne sie nicht wieder. Höre auf die Stimme deines Herzens, Psyche. Sie allein wird dir sagen, was zu tun ist. Vor allem erinnere dich an eines, Psyche, öffne diese Büchse danach nicht noch einmal.«

Am Morgen verließen mich Aphrodites Diener am Eingang zu Plutos dunklem Königreich. Der heiße Atem aus dem Tunnel wurde in der frischen Morgenluft zu Dampf. Ich öffnete die Büchse und hörte zu. Ich nahm vier Dinge heraus, legte zwei Goldmünzen in meinen Mund und nahm je einen Honig-Gersten-Keks in meine beiden Hände. Ich holte tief Luft, schloß die Büchse und betrat den trostlosen Durchgang.

Tief im Tunnel traf ich auf den alten Schäfer! Er hatte sich verlaufen und bat mich, ihm die Richtung zu zeigen. Ich hob zu sprechen an, aber dabei fielen mir fast die Münzen aus meinem Mund. Mein Herz sprach laut: »Lähme ihn nicht mit deinem Mitleid. Er muß seinen eigenen Weg finden.« Ich verschloß meine Augen vor seinem Schmerz und schritt schweigend weiter.

Als ich das Ufer des dunklen Flusses Styx erreicht hatte, forderte Charon, der Fährmann, brummig seine Münze. Ich hob meine Hand, wobei ich fast einen Gerstenkeks verlor. Ich brachte Charon durch meine Gesten dazu, sich die Münze selbst zu nehmen.

Von allen Seiten griffen verwesende Leichen nach der Fähre. »Hilf uns, Psyche ...« Wieder sprach mein Herz: »Sie wollen dein Leben aussaugen. Faß sie einmal an, und du wirst deinen Liebsten nie wiedersehen.«

Am Tor zu Plutos Palast stand Zerberus, der scheußliche Dämon in Hundegestalt, und fletschte wütend knurrend die Zähne. Ich warf ihm einen Keks hin. Die gierige Bestie stürzte sich sofort darauf. Drinnen begrüßte mich Persephone mit feinen Kissen und Kuchen, aber mein Herz befahl mir, beides abzulehnen. Als ich Persephone die Büchse übergeben hatte, vertraute sie mir an: »Nur der Tod kennt das Geheimnis ewiger Schönheit, und das Elixier, das ich in diese Büchse gefüllt habe, trägt dieses Geheimnis in sich. Richte meiner Schwester Aphrodite aus, wie tief geehrt ich bin, meine Kunst im Austausch mit ihrer zu teilen.«

Ich nahm die Büchse und ging denselben Weg zurück, wobei ich meinen letzten Gerstenkeks und meine letzte Münze einsetzte. Mit letzter mir verbliebener Kraft kletterte ich aus dem Tunnel zurück nach oben und lehnte mich erschöpft gegen den Stamm einer uralten Eiche. Meine Lungen waren überglücklich, wieder die süße Luft der Erde einatmen zu können!

Mein Blick fiel auf die Büchse ... diese exquisite, bezaubernde Büchse ... die verbotene kleine Büchse zog mich an, und ich hörte ein wisperndes kleines Liedchen: »Was getan werden muß, soll getan werden ... Psyche soll die Büchse öffnen. Was getan werden muß, soll getan werden ... Psyche muß die Büchse öffnen.«

Und das tat ich auch. Ich ... Psyche ... öffnete ... die ... Büchse.

Ein fauliger, dicker Nebel kroch aus der Büchse, wand sich in Spiralen um mich, lähmte mich, umhüllte mich, hielt mich in seinem Griff. Ich versuchte zu schreien, aber ach! Kein Ton kam heraus.

Und dann war plötzlich Eros an meiner Seite. Ich sah, wie er mich in seine Arme riß, obwohl ich seine Berührung nicht spüren konnte. Er bedeckte meinen Mund mit seinem, aber sein warmer Atem konnte die unsichtbare Umhüllung nicht durchdringen. Ich hörte ihn rufen: »Mächtiger Zeus! Hilf mir!« Und dann fiel ich in einen dunklen Traum und konnte nicht aufwachen, bis ...

Schönheit ist der doppeldeutigste Vorzug, mit dem die Natur eine Frau ausgestattet hat. Zu wenig Schönheit, und wir leiden unter Selbsthaß und sind benachteiligt in der Politik und der Wirtschaft der patriarchalen Kultur; zuviel Schönheit –

besonders zu früh –, und wir ziehen häufig so viel männliches Begehren auf uns, daß uns kaum noch Raum zum Atmen und zum Wachsen bleibt, und das mag uns selbst blind machen für unsere anderen Potentiale. Schönheit ist nützlich, aber damit sie es sein kann, muß sie gemeistert und ihre in hohem Maße geheimnisvolle Natur durchdrungen werden. Es ist vor allem ihre Schönheit, die Psyche in Schwierigkeiten bringt, wodurch sich die Wahrheit enthüllt, daß Schönheit uns verletzt, wenn wir uns zu sehr auf sie verlassen und ihr zuviel Wert beimessen – oder zuwenig. Frauen geben jährlich Unsummen für Schönheitspflege und Mode aus. Und doch versäumen wir es so oft, die Schönheit, die jede von uns von Geburt an besitzt, wertzuschätzen, zu verstehen und kontrolliert einzusetzen. Psyches vierte Aufgabe befaßt sich mit der Entdeckung der Schönheit an sich – eine Aufgabe, die eine entscheidende Konfrontation erfordert.

»Nur der Tod kennt das Geheimnis ewiger Schönheit.« Eine schreckliche Wahrheit klingt in Persephones Worten wider. Ihre Botschaft ist ebenso einfach wie vernichtend. Jene Form der Schönheit wird uns schließlich verlassen, und wir werden diesen Abschied als eine Art von Tod erleben. Einige unter Ihnen, meine Leserinnen, sind noch so jung, daß Sie das Gefühl haben, Ihre Schönheit würde ewig währen. Andere sind eher in meinem Alter und stehen an jener Schwelle, wo die Haut sich auf eine Weise verändert, der irgendwelche Cremes nichts mehr entgegenzusetzen haben, und wo das Gewicht langsam über Anmut und Grazie siegt. Ich habe genug Tränen vergossen über den Verlust, so daß Psyches letzte Lektion mir ganz klar geworden ist: Unsere Schönheit muß sterben, damit die Schönheit geboren werden kann!

Ich will damit nicht sagen, daß unsere Schönheit nicht wichtig ist oder daß, egal ob jung oder alt, wir uns daran nicht erfreuen sollten. Im Gegenteil, kaufen Sie das Kleid! Legen Sie das Parfüm auf! Finden (oder erziehen) Sie den Partner, der Ihre Schönheit erkennt und sie Ihnen widerspiegelt! Feiern Sie Ihre Schönheit, und erkennen Sie sie auch in anderen an. Doch seltsamerweise vermögen wir Schönheit manchmal vielleicht erst wirklich wertzuschätzen, wenn wir ein Alter erreicht haben, in dem die Schönheit langsam welkt, und wenn wir unsere Arbeit an Erde, Feuer und Wasser sorgfältig und gewissenhaft getan haben. Davor mag die Liebe zur eigenen Schönheit nicht mehr sein als Narzißmus, wo die Liebe tatsächlich zu einem Trank wird, zu einem Rauschmittel mit verhängnisvollen Nebenwirkungen. Aber eine reife, kultivierte Selbstbewunderung – Eigenliebe – ist Voraussetzung dafür, daß andere uns lieben, und führt zu höheren Zielen. Falsche Schönheit von echter zu trennen setzt Unterscheidungsvermögen voraus; das volle Potential der Schönheit hervorzubringen erfordert Leidenschaft, und die Wahrheit in dem Satz »Schönheit ist nur oberflächlich« zu erkennen erfordert ein Herzens- und Seelenwissen, das tief unter der Oberfläche liegt. Die vierte Aufgabe enthüllt eine Wahrheit, die Philosophen von Sokrates über die Neuplatoniker bis hin zu Ficino bekannt war: Durch Schönheit erlangen wir Göttlichkeit. Das *Schöne,* das für die Griechen ein Synonym für das *Exzellente* war, das *Perfekte,* das *Befriedigende*[21], ist unser bester Lehrer für die höchsten Entwicklungsstufen, nach denen die Seele streben mag.

Was die Jahreszeit anbelangt, so befinden wir uns nun im Herbst, die paradoxe Zeit, wenn die Natur uns den Überfluß ihrer Ernte kundtut – und in einem trocken blätterraschelnden Wispern spricht, das bereits das Heulen der Winterstürme ankündigt. Zur Zeit der Herbst-Tagundnachtgleiche passiert die Sonne 0° Waage, das kardinale Luftzeichen, und markiert den exakten Moment, zu dem Persephone selbst zum ersten Mal in die Unterwelt herabgezogen wurde, und den Tag, an dem sie jedes Jahr wieder hinabsteigen muß. Psyches letzte Aufgabe beginnt an jenem Tag mit ihrem eigenen Abstieg. Unsere letzte Aufgabe beginnt in jener Jahreszeit mit dem Element Luft als ihrer Aufseherin. Besonders in der späten Mitte unseres Lebens besteht unsere Herausforderung darin, uns selbst als schön anzuerkennen, auch wenn uns bewußt wird, daß wir nun »schön« eher in der tieferen, der gleichsam »fairen« Bedeutung des Wortes sind. Das können wir natürlich nicht ohne Gefühle bewältigen – Leugnen, Depression, Wut (in unserer Geschichte tobt sogar die Göttin vor Eifersucht angesichts der Schönheit der jüngeren Konkurrentin und Thronräuberin) – und ohne das Feilschen und anschließende Annehmen. Unsere gesamte Arbeit an früheren Aufgaben wird uns hier zustatten kommen, aber lassen Sie uns kein Blatt vor den Mund nehmen; welchen Frieden wir erreichen, wenn wir den Verlust bloßer Schönheit transzendieren, ist nur die Vorbereitung auf jene unwiderrufliche Einschränkung, den Tod selbst.

Aber genug gejammert. In der Jahreszeit der Luft will noch soviel Leben gelebt, so viel Glück erfahren werden. Da sind die Segnungen von Zwillinge – in dieser Zeit beherrschen wir nicht nur unsere geistigen Fähigkeiten, sondern haben auch genug Lebenserfahrung, daß es uns manchmal sogar gelingt, weise zu sein. Wir schätzen die Segnungen von Wassermann – wir sind oft diejenigen, die die wahren Veränderungen in Gang setzen und humanitäre Ziele verfolgen (besonders, wenn unsere Kinder endlich auf eigenen Füßen stehen). Wir werden mit den Segnungen von Waage belohnt, mit Harmonie in der Beziehung greifbar nahe, und einer Ausgewogenheit zwischen Bedürfnissen und erreichbaren Befriedigungen, wenn wir einfach anwenden, was wir gelernt haben. Wir müssen das Loslassen kultivieren, aber das können wir uns leisten, und die Belohnungen sind vorhersagbar.

Aber ist es auch genug? Bedenken Sie, daß es Psyche nicht genug war. Ungeachtet aller Warnungen sehnte sie sich immer noch nach der Schönheit – *sie öffnete die Büchse.* Der Tod war die unvermeidliche Konsequenz, und ich würde vorschlagen, daß wir alle weiter nach Schönheit streben müssen; ganz gleich, welche Konsequenzen uns drohen; wir müssen *alle* die geheimnisvolle Büchse öffnen, weil wir die Schönheit besitzen wollen. James Hillman hat es so ausgedrückt: »Unsere Seele wird in Schönheit geboren und ernährt sich von Schönheit, sie bedarf der Schönheit, um zu leben.«[22] In jedem Alter müssen wir die Schönheit studieren und ihre anmutigen Gefährtinnen Vergnügen und Entzücken. Praktisch gesagt ist das Hauptwerkzeug für eine solche Studie die *disziplinierte Imagination*, die magische Methode des Elements Luft. In diesem Beitrag habe ich über die unterschiedlichen Arten geschrieben, auf die der Geist seine bilderschöpfende Fähigkeit verwendet. Begreifen und Erinnern für die Erde, das eigene sexuelle Selbst jenseits der Beschränkungen der patriarchalen Kultur neu zu bewerten für die Feuer-Aufgabe, sich auf Träume und Archetypen beziehen für das Wasser, und nun eine spezielle Art des *Sehens* für die Luft- Aufgabe. Ich meine so etwas wie das *Sehen*, das Don Juan Carlos[23] lehrt, und etwas wie Hillmans *Hindurchsehen*[24]. Es handelt sich um eine bildhafte Praxis, die einfach zu benennen, aber schwer zu beherrschen ist, obwohl sie Ihnen vielleicht durch die Malerei und Dichtung der Romantiker bekannt sein mag. Es beginnt damit, sich vorzustellen, daß die Welt eine Seele hat und ein Ort der Schönheit ist, und dann diese Schönheit zu sehen, zu fühlen, zu berühren, zu riechen, zu schmecken, wohin auch immer wir uns wenden. Es ist eine Praxis und ein Gebet, das dem Navajo-*Seher* bekannt ist:

Großer Geist, mögen wir in Schönheit wandern.
Möge Schönheit über uns sein, so daß wir von Schönheit träumen.
Möge Schönheit vor uns sein, so daß uns Schönheit leitet.
Möge Schönheit zu unserer Linken sein, so daß wir Schönheit empfangen.
Möge Schönheit zu unserer Rechten sein, so daß wir Schönheit geben.
Möge Schönheit hinter uns sein, so daß jene, die nach uns kommen, Schönheit sehen.
Möge Schönheit in uns sein, so daß wir Schönheit werden können.
Großer Geist, mögen wir in Schönheit wandern.[25]

Hier einige Praktiken, damit Sie mit dem *Sehen* experimentieren können:

1. Lernen Sie, Ihre eigene Schönheit so vollkommen und so tief wie möglich zu erkennen. Verbringen Sie an einem beliebigen Tag eine ganze Stunde vor einem Spiegel, der so

groß ist, daß Sie sich von Kopf bis Fuß sehen können, zuerst in Straßenkleidung, dann in Ihren besten Ausgehsachen, die Sie tragen, wenn Sie tanzen gehen, dann in Ihrer schönsten Reizwäsche. (Falls Sie so etwas nicht haben, sollten Sie sich schleunigst welche anschaffen!), und dann nackt. Studieren Sie jeden Teil von sich, sehen Sie sich jede köstliche Einzelheit genau an. Welche drei Dinge mögen Sie am meisten? Und welche am wenigsten? Wenn wir diese Übung in meinen Erotikgruppen machen, sind wir jedesmal völlig verblüfft darüber, welche schönen Stellen Frauen an sich selbst nicht leiden können.

2. Wenn Sie auf der Straße einem hinreißenden Mann oder einer wunderschönen Frau begegnen, versuchen Sie die tantrische Praktik des »Einatmens ihrer Energie«; prägen Sie sich deren Bild ein, und nehmen Sie beides mit zur nächsten Begegnung mit Ihrem Partner. Dies ist eine Luft-Übung ersten Grades.

3. Rufen Sie sich eine schöne Naturerfahrung ins Gedächtnis. Halten Sie das Gefühl fest, und stellen Sie sich eine Erfahrung an einem wunderbaren Ort vor, an dem Sie nie gewesen sind. Tun Sie dasselbe mit einer sexuellen Begegnung oder einem liebevollen Zusammensein – zuerst die Erinnerung, dann die Vorstellung. Auf diese Weise können Sie lernen, inwiefern die Praxis der Erinnerung als eine Disziplin der Schlüssel zu einer intensiveren Imaginationspraktik ist.

4. Lesen Sie Rilke. Er hat die Schönheit in der Welt gesehen und kannte sie gut.

5. Beten Sie, singen Sie, meditieren Sie; begeben Sie sich auf den spirituellen Pfad, oder beschreiten Sie ihn weiterhin.

Ich bin nicht sicher, ob »Luft-Menschen« (Zwillinge, Waage oder Wassermann) einen besonderen Vorteil bei dieser Aufgabe haben, denn es ist für jede von uns eine Aufgabe für Fortgeschrittene, aber achten Sie darauf, diese Aufgabe bewußt auszuführen, falls Ihre Sonne, Ihre Venus oder Ihr Mars in einem Luftzeichen stehen, oder falls Ihre Venus gut aspektiert ist, besonders wenn sie einen günstigen Aspekt zu Saturn bildet – oder sogar, wenn das nicht der Fall ist. Die Aufgabe mag für wasserbetonte Menschen eine größere Herausforderung sein, denn Sie können leicht verlorengehen, während Sie andere retten oder Ihrem Mitgefühl gestatten, Ihrem Erfolg im Weg zu stehen. Schwierige Aspekte zwischen Venus und Saturn (Selbstwertprobleme, »Ich bin nicht hübsch« und Angst vor Zurückweisung) machen es notwendig, an dieser Aufgabe hart zu arbeiten. Falls in Ihrem Horoskop Feuer, Erde oder Wasser vorherrschen, könnten Sie lernen, diese Aufgabe zu lösen, indem Sie von Ihren luftigen Freunden und Freundinnen lernen, die über eine eingebaute Fähigkeit zum Loslassen zu verfügen scheinen. Aber wie alle anderen Aufgaben ist auch diese nur für jene eine Option, die es vorziehen, unbewußt zu bleiben.

Aber es bleibt noch das Geheimnis der Schönheits-Büchse. Damit wir es lösen können, müssen wir uns ansehen, wo diese Büchse ihren anderen großen Auftritt hat – im Mythos von Pandora. Als sie, die erste Frau, den Behälter öffnete und alle Arten von Dunkelheit in die Welt entließ, blieb nur eine Sache darin zurück. Und das war die Hoffnung. Die fortgesetzte Suche nach Schönheit, Vergnügen, Entzücken – der aktive Einsatz der Imagination, um zu *sehen*, was die Sinne erfreut – lehrt uns zu hoffen, informiert uns, daß wir ein Leben jenseits der Sinne kennenlernen können, jenseits materieller Belange. Auch die Hoffnung ist eine imaginative Disziplin – die Fähigkeit, sich zukünftige Möglichkeiten vorzustellen –, und sie wird folglich durch den Einsatz der Erinnerung, durch die eigene Neubewertung, das Träumen und das *Sehen* erlernt. Öffnen Sie also die Büchse, ergreifen Sie die Hoffnung, die Sie darin finden, und zählen Sie auf die Möglichkeit der göttlichen Wiedergeburt.

Psyche fährt fort:

Ein Tropfen einer kühlen Flüssigkeit fiel auf mein linkes Auge. Und dann noch einer, und noch einer auf meine Wange ... dann hörte ich meinen Eros: »Psyche, ich liebe dich!« Langsam schmolz die Umhüllung. Ich öffnete meine Augen ... und blickte in seine. Eros! Es waren seine Tränen, die auf mein Gesicht fielen. Seine salzigen Tränen erlösten mich aus meinem dunklen Traum!

Dann erzählte er mir alles! Seine warmen, starken Hände umfingen mein Gesicht, als er mir die Geheimnisse seines Herzens offenbarte: »... Ich verliebte mich in dich anstatt ... aber Apollo half mir, dich zu stehlen und zu verstecken. Ich dachte daran, mich selbst zu verstecken, um dich zu schützen, aber in Wahrheit habe ich mich versteckt, um mich selbst zu schützen. Ich hatte Angst. O meine süße Psyche, vergib mir. Ich wußte nicht, wie sehr ich dich liebte, bis ich dich dem Tode so nah sah, und dann hatte ich Angst, daß es zu spät sei.« Ich badete in dem köstlichen Duft seiner Liebe! O mein Eros!

In jenem Moment erschien Zeus, der Gott des Olymp! Er erhob einen goldenen Kelch mit dem Nektar der Unsterblichkeit und hielt ihn an meine Lippen. »Obwohl du noch nicht zu den Göttern gehörst, sollst du doch nicht länger sterblich sein. Psyche, für alle Zeiten sollst du zwischen beidem stehen; zwischen dem Himmel und der Erde, zwischen den Göttern und den Menschen, du bist die EINE, die die ZWEI zu DREIEN macht!« Und dann flüsterte er mir meinen neuen Namen in mein Ohr und befahl mir, meinen Namen zum Himmel zu sprechen.

Auf einmal erschienen Aphrodite und ihr Gefolge kichernd um mich herum und hüllten mich geschäftig in neue Gewänder. Als sie zurücktraten, waren hauchdünne, glitzernde Stoffe in Falten drapiert, und hinter mir, neu gesprossen aus meinen Schulterblättern, erblickte ich die Flügel eines Schmetterlings! Ich trat neben meinen geliebten Eros und nahm seine Hand. Ich streckte meine andere Hand nach Aphrodite aus und nahm auch ihre. Ich, die EINE, gesellte mich den ZWEIEN zu! Nun sind wir DREI! Mein Name stieg aus meinem Bauch auf, wirbelte durch meine Brust, erntete das Glück meines Herzens. So laut ich konnte, schrie ich ihn in den Himmel hinauf, ich sang meinen neuen Namen: »Ich bin die Seele!«

Wir haben den Kreis vollendet und sind doch gleichzeitig viel höher auf dem Pfad, so als seien wir die Wendeltreppe hinaufgereist, die Aphrodite Psyche vor ihrer letzten Reise zeigte. Wir haben die Jahreszeiten durchlebt, Winter bis Herbst, und stehen nun erneut vor dem Winter – aber jetzt mit dem Wissen, daß auf jeden Winter wieder ein Frühling folgt. Wir haben sortiert, gesammelt, sind eingetaucht und haben getrunken, und wir sind um der Schönheit willen sogar in die Hölle gegangen. Ich hoffe, wir sind nun besser für die Reise gerüstet. Psyche ist es jedenfalls. Ich weiß, ich bin es auch, denn ich habe in meinem Leben dieselbe Reise unternommen. Psyches letzte Worte sagen aus, worum es geht: um das Werden der Seele durch das Streben nach Liebe. Natürlich ist dies ein Initiationsweg für Frauen. Ein heiliger Pfad. Aber wir sollten nicht außer acht lassen, welchen Wandel die Reise, auch in der Liebe selbst, hervorgerufen hat. In dem Maße, wie Psyche wächst, wächst auch Eros. Er, die Leserin und Aphrodite sind die Beobachter, die *Zeugen und Zeuginnen* von Psyches Prüfungen und inneren Kämpfen. Eros hat eine besondere Verbindung zu Psyche und ein persönliches Interesse daran, sie zu beobachten, denn er ist ihr eigener männlicher Anteil, ihr eigener heranreifender Animus. Indem er Zeuge ist, beginnt er, sich wahrhaftig in sie zu verlieben, und wird sich bewußt, wer sie wird – seine andere Hälfte auf der Suche nach Ganzheit. Als Frauen haben wir ein persönliches Interesse daran, Zeuginnen dieser Geschichte zu sein, denn in dem Maße, in dem Psyche wächst, wachsen auch wir, aber wir haben auch ein Interesse daran, uns mit Männern zu verbinden, die die Liebe neu bewerten, so wie es Apuleius vor so vielen Jahrhunderten zu tun begann. Lassen Sie uns gemeinsam mit der Arbeit – und dem Spiel – fortfahren.

Gloria Star
Wie man gesunde Beziehungen gestaltet

Wir sind an allen möglichen Beziehungen beteiligt, aber Familien- und Liebesbeziehungen strapazieren uns am meisten und erfordern das größte Fingerspitzengefühl. Zu lieben und geliebt zu werden, diese poetische Suche hat Frauen in ekstatische Höhen und an den Abgrund der Verzweiflung gebracht und ist doch gleichzeitig die Kraft, die zu großen Veränderungen antreibt und Herausforderung bedeutet. Tiefe Liebesbeziehungen können tatsächlich schwierig sein, und angesichts aller damit verbundenen Probleme ist es manchmal ein Geheimnis, warum Frauen sie sich immer noch wünschen. Bei dieser Suche geht es um mehr als nur Vergnügen. Es ist die Suche nach einer machtvollen Bestätigung des Selbst durch die Öffnung des Herzens. Unsere Liebhaber, Partner und Kinder halten viele der Schlüssel zur Öffnung jener heiligen Tür in ihren Händen.

Anstatt die Vorstellung von »erfolgreichen« Beziehungen (für wen erfolgreich?) näher zu erforschen, untersuchen wir das Konzept der *gesunden* Beziehungen. Beziehungen, die Wachstum zulassen, zu positiver Interaktion anregen und Unterstützung, Fürsorge und Zärtlichkeit geben, sind gesünder als Beziehungen, die angefüllt sind mit exzessiven Konflikten, mit Verzweiflung, Sucht oder Mißbrauch. Der Weg zur Gestaltung einer gesunden Beziehung ist voller Biegungen und Windungen, aber er beginnt an einem bestimmten Ort: in Ihnen selbst.

In dem Maße, wie sich die Gesellschaft verändert hat, hat sich auch die Rolle der Frau verändert. Frauen werden sich zunehmend bewußt, wie wichtig Selbsterkenntnis und persönliche Erfüllung für ein befriedigenderes Leben sind. Die Frau von heute konzentriert sich wahrscheinlich genauso auf den Aufbau einer beruflichen Karriere wie ihr männlicher

Kollege. Einst galt es als die größte Erfüllung, einen »erfolgreichen« Mann zu finden. Gloria Steinem sagte 1995 in ihrer Ansprache zur Abschlußfeier des Smith Colleges: »Bei meiner eigenen Abschlußfeier dachte ich, wir müßten heiraten, was wir selbst gern geworden wären. Nun werden Sie die Männer, die Sie sich einst zu heiraten gewünscht hätten.«[1]

Trotzdem bleibt das Bedürfnis, sich mit einem wichtigen Partner zu verbinden, für Frauen wie für Männer gleichermaßen wirksam. Wenn sich die Gesellschaft auch allmählich weiterentwickelt, was die Rolle der Frau angeht, geht der Kampf und die Befreiung aus Stereotypen nur in kleinen Schritten vor sich, indem Frauen jetzt ihre eigene Wahl treffen und ihnen auch mehr Wahlmöglichkeiten zur Verfügung stehen. Ob eine Frau aktiv als Single oder verheiratete Frau eine Karriere verfolgt oder Vollzeit-Hausfrau ist, spielt nur eine sehr kleine Rolle im Hinblick auf ihre Fähigkeit, genau die Beziehung zu gestalten, die sie braucht. Es ist einfach eine Frage der Prioritäten.

Der Drang, aus dem Zug der Co-Abhängigkeit auszusteigen, führte in den achtziger und neunziger Jahren des 20. Jahrhunderts zu einer anderen Herangehensweise bezüglich der Einschätzung emotionaler Bedürfnisse in Beziehungen, aber es war nicht so leicht, die alten Beziehungsmuster zu verändern, wie es schien. Ein Nebenprodukt dieser Bewegung war das zunehmende Bewußtsein dafür, daß jede von uns eine wichtige Rolle in der Gestaltung unserer Beziehungen spielt. Beziehungen passieren nicht einfach: sie werden gemacht.

Durch meine astrologischen Beratungen mit Klientinnen und Klienten hatte ich die Gelegenheit, Tausende von Beziehungen zu erforschen. Trotz der Vielschichtigkeiten, die aus individuellen Persönlichkeiten resultieren, gibt es eine Reihe von Faktoren, die in befriedigenden, gesunden Beziehungen immer wieder herausragen. Auch die Faktoren, die in schwierigen Beziehungen auftreten, sind höchst auffällig. Um das Geheimnis der gesunden Beziehung zu enträtseln, werden wir mit Ihnen, der individuellen Frau, beginnen.

Ein Blick in den Spiegel

Bestimmen, was Sie von einer Beziehung erwarten

In vieler Hinsicht funktioniert Ihr Geburtshoroskop wie ein Spiegel. Es liefert Informationen, die es Ihnen erlauben, sich selbst klarer zu sehen. Die Symbole der Planeten, Zeichen, Häuser und Aspekte in einem Horoskop spiegeln Ihnen Ihr eigenes Selbst wider. Häufig werden Sie im Laufe der Entwicklung einer Beziehung wichtige Informationen über sich selbst entdecken. Was Sie auf einen anderen Menschen projizieren, ist häufig das, was Sie tief in sich selbst empfinden. Umgekehrt ist das, was eine andere Person in Ihnen sieht, vielleicht eine Reflexion von ihr selbst. Wenn Sie sich selbst Ihre Gefühle und Bedürfnisse ehrlich eingestehen, können Sie ein Bild von sich reflektieren, das andere leichter lesen können. Das ist jedoch nur selten ein einfacher und unkomplizierter Prozeß.

Einige der wichtigsten Hinweise auf unsere fundamentalen Bedürfnisse betreffen den Ausdruck der Energien von Mond, Venus und Saturn. Der Mond erzählt die Geschichte Ihres tiefen, nährenden seelenvollen Selbst. Dies ist die Energie, auf die Sie sich verlassen, um Ihre automatischen Reaktionen in Gang zu halten. Die Eigenschaften des Mondes ähneln sehr dem vegetativen Nervensystem des Körpers, das die überlebensnotwendigen Funktionen regelt, und sie symbolisieren Ihre wichtigsten Grundbedürfnisse. Der Mond ist eine überwiegend weibliche Funktion, weil er aufnimmt, reflektiert und hält. Diese Ebene des Weiblichen ist nicht notwendigerweise rein weiblich, sondern Teil jenes Prozesses, bei dem es um Polarität geht. Weiblich/männlich ist eine so grundlegende Polarität wie hell/dunkel. Die eine ist nicht notwendigerweise besser als die andere, aber man muß sie als Einheit begreifen, um die wahre Qualität jeder einzelnen zu verstehen.

Auch venusische Bedürfnisse sind ein äußerst wichtiger

Bestandteil von Partnerschaften und Beziehungen. Venus ist die Energie, durch die Sie anziehen, was Sie sich wünschen. Sie regt Ihre Fähigkeit an, Werturteile zu treffen, sie wohnt Ihrer Erfahrung von Vergnügen und Harmonie inne. Als archetypische Qualitäten steuern Mond und Venus die Musik zum Tanzen bei.

Der Ausdruck Ihres Saturn unterstreicht ebenfalls Ihre Grundbedürfnisse, aber auf andere Weise als Mond und Venus. Dies ist der Anteil in Ihnen, der Ihre Stabilität, Ihr Zentrum und Ihr Engagement bestimmt. Saturn kann ein strenger Lehrmeister sein oder Ihr inspirierendster Mentor. Diese Energie kommt ins Spiel, wenn Regeln wichtig sind, und hier lagern auch Ihre beunruhigendsten Ängste.

Die energetisierende Kraft von Mars ist am Werk, wenn Sie bereit sind, aktiv zu werden. Sie sind in Kontakt mit Mars, wenn Sie sich durchsetzungsfähig fühlen und wenn Sie das Objekt Ihrer Begierde verfolgen. Mars ist auch der Ausdruck von Wut und Aggressivität. Diese Eigenschaft in Ihrer Persönlichkeit ist für impulsive Handlungen und direkte Konfrontation verantwortlich. Mars ist Ihr Mut und Ihre Antriebskraft.

Wenn Sie von der Position Ihres Mondes und Ihrer Venus aus handeln, befinden Sie sich im Reich der Emotionen. Wenn dann Saturn ins Spiel kommt, sind Sie im Reich der kritischen Beurteilung, der Autonomie und der Kontrolle. Ob Sie mit Ihrem Geburtshoroskop vertraut sind oder nicht, Sie können erkennen, wann diese Energien eine hohe Priorität einnehmen. Wenn es um Beziehungen geht, sind dies die Energien, die häufig Ihren Ausdruck beherrschen. Wenn Sie einmal in Kontakt mit dem kommen, was Sie sich von einer Beziehung wirklich wünschen, können Sie sich mit ein wenig Hilfe von Mars, der den Zündfunken beisteuert, jene dringenden Bedürfnisse und Wünsche erfüllen, indem Sie aktiv werden.

Es gibt in Ihrer Psyche noch andere Energien, aber es sind genau diese Qualitäten, die Sie im Laufe Ihrer Interaktionen mit anderen Menschen am leichtesten erkennen können. Wenn Sie einen ehrlichen Blick in den Spiegel Ihrer Seele werfen, müssen Sie sich zuerst mit sich selbst auseinandersetzen. Wenn Sie Ihre eigene Schönheit, Güte, Ihren pfleglichen Umgang mit sich selbst, Ihre Kraft und Stabilität anerkennen, können Sie diese Anteile von sich selbst annehmen und nach außen in die Welt bringen. Wenn Sie diese Qualitäten nicht in sich entdecken können und unbewußt versuchen, sie in anderen zu finden, werden Sie lediglich eine Reihe von Enttäuschungen erleben. Häufig kann das Bewußtsein für das eigene Selbst Ihnen abhanden kommen. Schließlich ist das Leben anstrengend und oft genug ein Kampf. Es braucht ein gewisses Maß an Anstrengung, um in Kontakt mit Ihren inneren Bedürfnissen und in Verbindung mit sich selbst zu bleiben. Manchmal hilft es, sich daran zu erinnern, was im Kern Ihres Wesens liegt.

Auf der Suche nach Ihrem Mond und Ihrer Venus

Damit Sie mehr in Kontakt mit Ihrem Mond kommen, probieren Sie folgendes:
- Wenn Sie noch menstruieren, achten Sie mehr auf Ihren Menstruationszyklus. Ehren Sie die unaufhörlich sich verändernden Kräfte, die in Ihrem Wesen wirken. Hören Sie auf Ihre Bedürfnisse. Achten Sie auf die Ähnlichkeiten und Unterschiede, die Sie jeden Monat erleben. Lernen Sie Ihren Körper und dessen innere Uhr kennen.
- Nehmen Sie sich jede Woche etwas Zeit, um es sich gemütlich zu machen und zu entspannen. Lesen Sie Ihre Lieblingsbücher oder Zeitschriften. Schreiben Sie in Ihr Tagebuch. Hören Sie Ihre Lieblingsmusik. Verbringen Sie Zeit mit sich selbst.
- Wenn Sie einen Partner haben, nehmen Sie sich Zeit für Zärtlichkeit.
- Achten Sie darauf, was Sie essen. Stellen Sie fest, was Ihrem Körper am besten bekommt und gut tut und wie Sie Ihren Körper und Ihren Geist am besten nähren können. Schwelgen Sie gelegentlich in etwas, das Sie lieben, von

dem Sie aber meinen, daß es nicht gut für Sie ist. Totale Verweigerung kann teuer werden.

- Gönnen Sie sich kostbare Badezusätze.
- Gestalten Sie Rituale, die das Vergehen der Zeit markieren. Denken Sie darüber nach, wo Sie gewesen sind. Fühlen Sie, wohin Sie gehen möchten.
- Verbringen Sie Zeit mit anderen Frauen.

Um mehr in Kontakt mit Ihrer Venus-Energie zu kommen, probieren Sie folgendes:
- Finden Sie heraus, welches Ihre Lieblingsfarben sind. Tragen Sie sie. Verwenden Sie sie in Ihrer Wohnung und Ihrem Büro.
- Lassen Sie sich einen Tag lang verwöhnen: vielleicht in einem Bad oder einem Schönheitssalon. Gönnen Sie sich eine Rundumverschönerung. Lassen Sie eine Pediküre machen oder sich eine Massage geben. Fühlen Sie sich schön.
- Nehmen Sie sich Zeit, um regelmäßig Ihre liebsten künstlerischen Tätigkeiten auszuüben.
- Schenken Sie anderen etwas an Ihrem Geburtstag.
- Flirten Sie.
- Umgeben Sie sich mit allem, was Sie schön finden.
- Finden Sie den Ort, wo die Liebe in Ihrem Herzen wohnt.
- Schauen Sie in einen Spiegel, und sagen Sie: »Ich liebe dich.« Meinen Sie es.

Entdecken Sie Ihre eigenen Beziehungsmuster

Bevor Sie sich darum kümmern können, genau die Art von Beziehung zu gestalten, in der Sie sich wünschen zu leben, kann es hilfreich sein zu untersuchen, wo Sie bis jetzt gewesen sind. Psychologen werden sowohl gescholten als auch verehrt dafür, daß sie vorschlagen, daß ihre Klienten auf ihre Kindheit und ihre Beziehungen mit Eltern und Familie zurückblicken, aber genau hier beginnen Ihre frühesten Muster, und genau hier wird auch Ihr Verhalten konditioniert und erlernt. Eine weitere Funktion Ihres Mondes ist die Erinnerung an die Vergangenheit, und Sie können sehr viel über Ihre aktuelle Lebenssituation lernen, indem Sie darüber nachdenken, wo Sie gewesen sind. Beginnen Sie zunächst mit den geistigen Bildern, die Sie von Ihren Eltern haben, von deren Beziehung und deren Austausch miteinander. Was haben Sie am Beispiel Ihrer Eltern darüber gelernt, wie Männer und Frauen einander behandeln? Was wünschten Sie sich erfahren zu haben? Wenn beides sich voneinander unterscheidet, schaffen Sie sich direkt einen Zugang zu Konflikten, die im Lager jener Energie aufbewahrt werden, die wir als Ihren Mond definieren. Diese inneren Konflikte können Sie dazu bringen, Ihren Eltern sehr ähnlich oder ganz anders als diese zu werden. Selbst wenn Sie sich bewußt eine bestimmte Erfahrung wünschen, wirken Ihre unbewußten Antriebe durch das Muster, das aus Ihren früheren Erfahrungen programmiert wurde, und ehe Sie nicht bewußt diese Programme oder Muster verändern, werden sie weiterwirken.

Zusätzlich zur Erforschung des Rollenmodells, das Ihre Eltern Ihnen gaben, waren Sie auch anderen Modellen ausgesetzt. Kinofilme, Bücher, Fernsehen und wichtige Personen spielen alle eine Rolle bei der Entstehung Ihrer Verhaltensmuster. Überdies haben Sie auch ein eigenes Muster geprägt, das auf Ihren früheren Erfahrungen in Beziehungen basiert. Sie haben von Ihren Liebhabern oder Partnern gelernt, und Ihr inneres Selbst erinnert sich an alles. Die Komplexität dessen, was Sie gelernt haben, verbindet alles miteinander. Wenn Sie Unterstützung und Zärtlichkeit in Liebesbeziehungen erlebt haben, dann wollen Sie mehr davon, denn es ist das, was Sie kennen. Aber wenn Sie erlebt haben, wie es ist, verlassen oder mißbraucht zu werden, wenn Sie übermäßig viele Konflikte oder Zorn erlebt haben, während Sie gleichzeitig Liebe empfanden, dann mag es nicht so einfach sein, die Vielschichtigkeit zu durchdringen. Vielleicht fragen Sie sich, ob ein gewisses Maß an Mißbrauch vielleicht einfach zum Geliebtwerden gehört. Das mag das Muster sein, das Sie kennen, und Ihr Leben ist nur so, wie Sie es kennen – bis Sie es verändern!

Sie können diese Muster verändern, aber zuerst müssen Sie sie erkennen. Eine sorgfältige Analyse Ihres Geburtshoroskops kann Ihnen dabei helfen, die Muster zu ermitteln. Jedes Muster hat häufig die »Signatur« einer bestimmten Planetenenergie. Wenn Sonne und Mars stark gestellt sind, müssen Sie entschlossen auftreten und im Zentrum der Aufmerksamkeit stehen, oder Sie könnten Männer anziehen, die sehr mit sich selbst beschäftigt sind. Machtkämpfe können ein Merkmal Ihrer Beziehungen sein. Wenn Mond und Venus stark gestellt sind, könnten Sie sich in der Rolle der Partnerin und Hausfrau recht wohl fühlen und am zufriedensten sein, wenn Sie eine Möglichkeit haben, von sich selbst zu geben. Jupiters Signatur steht für ein Bedürfnis nach Abenteuer und eine Sehnsucht danach, viele Bereiche von sich selbst und das Leben generell durch Aktivitäten wie Erziehung und Bildung, Reisen oder Spiritualität zu erforschen. Mit einem starken Saturn ist Autonomie für Sie wichtig, aber Sie verschließen sich vielleicht vor Intimität. Wenn Uranus eine wichtige Rolle in Ihrem Horoskop spielt, brauchen Sie Unabhängigkeit und viel Raum, um Ihre Individualität zu verwirklichen. Mit einem starken Neptun sind Sie möglicherweise in die Liebe verliebt und können sich in einer Beziehung verlieren. Plutos Signatur kann auf zwanghaftes Verhalten hinweisen und sicherlich ein Anzeichen dafür sein, daß Sie dazu neigen, sich von einer Beziehung zu sehr absorbieren zu lassen. Zugegeben, ein gewisses Maß an emotionaler Reife liefert den Antrieb, um tiefsitzende Muster zu verändern, aber das Unterbewußtsein ist hartnäckig und läßt Ihre Psyche nicht so leicht aus dem Griff. Selbst wenn Sie denken, daß Sie Ihre Muster verändern wollen, ist das sehr viel leichter gesagt als getan!

Der erste Schritt zur Transformation wird häufig von einer Krise begleitet oder durch eine traumatische Erfahrung herbeigeführt, die wie eine Alarmglocke funktioniert. Während dieses Veränderungsprozesses in Ihrem inneren Selbst fühlen Sie sich vielleicht etwas verloren oder verwirrt. Es ist wichtig, weiterhin damit in Kontakt zu bleiben, wie Sie sich fühlen, und sich ins Gedächtnis zu rufen, was Sie sich wünschen und brauchen. Diese Kontrollpunkte werden Ihnen helfen, ein Gefühl von Integrität und Stärke zu bewahren, besonders in jenen Zeiten, die am schwierigsten zu sein scheinen.

Es gibt eine Reihe von Mustern, die auftauchen können, und vielleicht entdecken Sie, daß Sie ein Muster für ernsthaftere Beziehungen haben und ein anderes für jene Beziehungen, in denen es mehr darum geht, Spaß zu haben. Möglicherweise liegt ein Schlüssel zur Veränderung darin, beides miteinander zu verbinden! Aber Sie müssen sich immer wieder selbst daran erinnern, daß oberste Priorität ist, zu ehren, was Sie brauchen, wer Sie sind und wohin sich Ihr Leben entwickeln soll.

Herausfinden, was Sie in einer Beziehung brauchen

Vor einigen Jahren unterrichtete ich als Gastdozentin an einer Universität, wobei wir uns in den Kursen auf die Bedürfnisse von Frauen nach Glück und Wohlstand konzentrierten. Obwohl ich bereits in meinen Astrologiekursen viel mit Klientinnen gearbeitet hatte, hatte ich bis dahin noch nicht mit einer Frauengruppe gearbeitet, in der es um unsere speziellen Bedürfnisse und Probleme ging. Eine der verblüffendsten Erkenntnisse, die im Verlauf des Kurses auftauchten, war die Tatsache, daß die Mehrheit dieser Frauen sich noch nie die Zeit genommen hatte herauszufinden, was sie sich in Beziehungen wirklich für sich selbst wünschte. Für jene Frauen, die entweder in einer Beziehung oder verheiratet waren, war es schon schwierig, allein die Vorstellung anzusprechen. Eine Frau brachte ihre Angst davor zum Ausdruck, daß ihr Mann sie verlassen würde, wenn sie anfinge, um das zu bitten, was sie sich wünschte oder brauchte. »Ich möchte nicht als fordernd erscheinen!« sagte sie. Eine andere kommentierte, daß sie gar keine Zeit habe, um über ihre eigenen Bedürfnisse nachzudenken, weil ihre Umgebung sie stark forderte und Ansprüche an sie stellte. Eine Rechtsanwältin im Kurs erzählte, daß sie neben den beruflichen Anforderungen und den Ansprüchen ihrer Kinder keine Vorstellung davon habe, wie sie sich genug Zeit nehmen könne, um sich auszumalen, ob es irgend etwas gäbe, was sie wirklich brauchte.

Für einige Frauen scheint es leichter zu sein, sich einfach darauf zu konzentrieren, die Bedürfnisse eines anderen Menschen wichtiger zu machen, oder sich völlig auf die Probleme eines Partners zu konzentrieren und die eigenen zu ignorieren. Diese Haltung tritt häufig im Zusammenhang mit den Energien von Neptun und Pluto in engem Aspekt zu den persönlichen Planeten Sonne, Mond, Venus und Mars auf. Neptuns Energie löst Grenzen auf, und er ist jene Qualität, die unsere Verbindung zu den subtileren Bereichen des Bewußtseins, zur Welt der Imagination und zur Erfahrung von Spiritualität anregt. Diese Energie stimuliert auch Verleugnung, Täuschung, Betrug und Illusion. Plutos Energie liefert die Erfahrung von Macht, Transformation und Heilung, er kann aber auch der Zerstörer sein. Wenn Pluto in Ihrem Horoskop schwierige Aspekte zu persönlichen Planeten bildet, kann es einen starken Machtkampf geben, der die positive Stärke von Selbstwert oder Selbsterhaltung unterminiert. Sie werden wissen, daß Sie Probleme mit Pluto haben, wenn Sie unter einem extremen Scham- oder Schuldgefühl leiden oder unter selbstzerstörerischen Neigungen. In späteren Abschnitten dieses Kapitels werden Möglichkeiten beschrieben, wie Sie Ihre persönliche Macht zurückgewinnen und diese Energien neu ausrichten können.

Als in den achtziger Jahren des 20. Jahrhunderts das Konzept der dysfunktionalen Beziehungen auftauchte und klar wurde, welche Schwierigkeiten aus co-abhängigen Beziehungen resultieren, begannen viele Frauen, sich Gedanken über ihre eigenen Bedürfnisse und Erwartungen zu machen, anstatt grundsätzlich immer die Bedürfnisse anderer über ihre eigenen zu stellen. Diese Qualitäten anzuerkennen kann hilfreich sein, aber die Tendenz zu überwinden, diesen alten Mustern zu gestatten, daß sie über Ihren Bedürfnissen stehen, erfordert Geduld, Übung und Eigenliebe. Die Co-Abhängigkeit ist nicht verschwunden, aber das Bewußtsein für dieses Muster hat zugenommen, und inzwischen achten mehr Frauen auf ihr Bedürfnis, Grenzen zu setzen und einzuhalten – aber diese Grenzen müssen um etwas herum aufgebaut werden!

Um zu entdecken, was Sie von einer Beziehung brauchen, beginnen Sie damit, zuallererst anzuerkennen, was Sie von *sich selbst* erwarten. Ungeachtet Ihrer sexuellen Ausrichtung müssen Sie eine Bestandsaufnahme Ihrer persönlichen Bedürfnisse, Wünsche und Hoffnungen machen. Wenn Sie die Angewohnheit haben, sich selbst zu ignorieren, dann nehmen Sie sich jetzt die Zeit, um mit den weiter oben vorgestellten Mond/Venus-Übungen zu arbeiten. Sie könnten auch versuchen, eine persönliche Bestandsaufnahme zu machen. Nehmen Sie sich die Zeit, um regelmäßig darüber nachzudenken, wo Sie emotional stehen. In »normalen« Situationen wird es manchmal Tage geben, an denen Sie sich ausgeglichen fühlen, andere, an denen Sie sich niedergeschlagen fühlen, und wieder andere, an denen Sie sich fühlen, als würden Sie tanzen. Wenn Sie regelmäßig Ihre Aufmerksamkeit darauf richten, in welchem Zustand Sie sind und wie Sie sich fühlen, werden Sie Ihre persönlichen Gezeiten entdecken, und es wird Ihnen immer leichter fallen, die Signale zu erkennen, die Ihnen zeigen, daß etwas aus dem Lot geraten ist.

Diese inneren Übungen schenken Ihnen die Kraft der Selbsterkenntnis und werden Ihnen mehr Selbstvertrauen geben, wenn Sie Entscheidungen treffen, die Ihr Leben in irgendeiner Weise verändern werden. Von dieser Position aus fragen Sie sich selbst, was Sie wirklich von einer engen, intimen Beziehung erwarten. Spiegeln diese Bedürfnisse Defizite in Ihnen selbst wider? Wenn sie es tun, können Sie eine Möglichkeit finden, sie zu befriedigen? Die ehrlichen Bedürfnisse nach Kameradschaft, nach gegenseitiger Unterstützung und Ermutigung, danach, eine Familie zu gründen, oder andere Bedürfnisse, die es Ihnen erlauben werden, auf mehreren Ebenen zu wachsen, können gesund und lebensbejahend sein. Wenn Ihre Bedürfnisse aus Gefühlen von Defiziten, Ängsten oder Wertlosigkeit entstehen, könnten Sie statt dessen eine Beziehung anziehen, die diese Probleme verstärkt, anstatt sie zu lösen!

Sicherheitsbedürfnisse haben in Beziehungen häufig oberste Priorität, und Ihr Bewußtsein dafür, daß Sie selbst dazu beitragen, Ihr eigenes Sicherheitsgefühl zu kreieren, wird Ihre Stabilitätsgrundlage stärken. Wenn Sie mit Ihrem Geburtshoroskop vertraut sind, gibt es einige Faktoren, auf die Sie sich konzentrieren können und die Ihnen Hinweise darauf geben, was Sie in einem Partner suchen und was Sie sich von ihm wünschen. Dieselben Faktoren sagen Ihnen auch, welche Art von Partner Sie bekommen müssen! Das Tierkreiszeichen an der Spitze des siebten Hauses und der Herrscher dieses Zeichens sind ausgezeichnete Schlüssel zu Ihrem tiefsten Wunsch nach einer idealen Partnerschaft und beschreiben auch jenen Typ von Partner, den Sie brauchen und sich wünschen.

Über jenen Sockel

Vom Sockel herunterzusteigen (oder vor allem: gar nicht erst hinaufzusteigen!) kann die Qualität einer intimen Beziehung sehr stark verändern. In ihren Träumen möchte jede Frau bewundert und über alles geliebt werden. Ist es möglich, Bewunderung zuzulassen oder sogar dazu zu ermutigen, ohne in eine Falle zu gehen? Ihr Selbstwert und der Wert, den Sie Ihrem Partner beimessen, hängt eng mit dieser Bedürfnisebene zusammen. Wir werden durch Bücher, Kinofilme und Fernsehbilder dazu ermutigt, daran zu glauben, daß es eine ideale Liebe gibt und daß Ihre wahre Liebe Sie für immer lieben und verehren wird, wenn sie erst einmal auf der Bühne erscheint. Neptunische Romantik in all ihrer Herrlichkeit hat eine schmerzhafte Nebenwirkung. Sie könnten meinen, daß die einzige Form der Liebe, die real ist, eine unrealistische, traumähnliche Qualität erfordert, oder daß die einzige Liebe, die Sie annehmen können, die eines Seelengefährten ist. Und wenn Sie das Objekt der unrealistischen Anbetung eines anderen geworden sind, kann es für beide zerstörerisch sein, wenn Sie beide entdecken, daß Sie schließlich auch nur ein Mensch sind.

Selbst wenn Sie sich bewußt diese Erfahrung nicht wünschen, können Sie einen Partner haben, der Sie auf eine unrealistische Weise sieht. Auf einer tieferen Ebene der Intimität erkennen Sie sicherlich, daß es etwas jenseits der Körperlichkeit gibt, das Sie mit Ihrem Partner verbindet. Häufig ist es eine tiefe spirituelle Sehnsucht, die jemanden dazu drängt, einen anderen Menschen auf einen Sockel zu stellen. Es ist möglich, daß Sie diese spirituelle Verbindung mit Ihrem Partner haben und ihn immer noch realistisch sehen, und Sie können Ihrem Partner erlauben, auch Sie realistisch zu sehen. Der echte Respekt und die Bewunderung, die aus einer gesunden Beziehung entsteht, unterscheidet sich ziemlich stark von unrealistischen Idealen.

Sockel und Podeste – wer braucht sie? Wenn Sie so hoch über allem stehen müssen, müssen Sie vielleicht zuallererst Ihre Füße fest auf den Boden bekommen und eine Weile mitten durch die realen Lebensumstände gehen. Schließlich ist jenes Podest ein weit entfernter, entlegener Ort, an dem man auch ziemlich einsam sein kann.

Die Chemie genießen, ohne am Rauch zu ersticken

Am Beginn einer neuen Beziehung zieht etwas Ihr Interesse auf sich. Die Energien, die Sie zu einem anderen Menschen hinziehen – die Macht der Anziehung – verursacht so etwas wie einen kurzen stechenden Schmerz aus Aufregung und Erwartung, sie erwecken die Sehnsucht und entzünden das Begehren. In wissenschaftlichen Untersuchungen wurde diese Erfahrung analysiert und mit dem Anstieg von Endorphinen in Zusammenhang gebracht. Es werden mehr Endorphine ausgeschüttet, wenn es zur sexuellen Erregung kommt. Jenseits der Biochemie ist es schwierig, das alchemistische, pikante, ekstatische Gefühl des Verliebtseins zu handhaben. Dichter mögen hohe Endorphinpegel erleben, aber sie rücken die chemische Formel nicht heraus!

In dieser Phase einer Liebesbeziehung kann der gesunde Menschenverstand leicht abhanden kommen. Wenn die beteiligten Energien Lebensveränderungen oder revolutionäre Veränderungen auslösen, dann kann diese Zeit in einer Beziehung mit plötzlichen Veränderungen einhergehen, die für Beobachter wenig Sinn zu machen scheinen. Falls Sie sich vorher ganz gemütlich in Ihrem Leben eingerichtet hatten, kann dies nun der perfekte Anreiz für eine Lebensveränderung sein. Es gibt aber auch Anziehungskräfte, die sich negativ auf Ihren Verstand auswirken können, was sich darin äußert, daß Sie sich benommen oder betäubt fühlen. In diesem Zustand können Sie nur sehen, was Sie sehen wollen, und Sie schaffen es nicht, die betreffende Person oder den Umstand realistisch einzuschätzen.

Wenn es derart zwischen Ihnen gefunkt hat, sind Sie gerade dabei, sich mit den Energien von Venus, Mars, Uranus, Neptun und Pluto zu verbinden. Wo Venus die Anziehungskraft ist und Mars die Aktion, wird das Zusammenspiel von Anziehungskraft, Jagd und Eroberung ständig auf der Bühne des Lebens aufgeführt. Wenn die *äußeren* Planeten – Uranus, Neptun und Pluto – im Verlauf einer Liebesbeziehung angeregt werden, intensiviert sich die Energie noch, wobei sie hypnotischer wird und das Leben transformiert.

Wenn Ihr Geburtshoroskop harmonische Aspekte oder Verbindungen zwischen Ihren persönlichen Planeten (Sonne, Mond, Merkur, Venus und Mars) und den äußeren Planeten aufweist, mag es Ihnen leichter fallen, die Chemie des Verliebtseins und die Aufrechterhaltung Ihrer Objektivität im Hinblick auf Ihre eigenen Bedürfnisse im Gleichgewicht zu halten. Falls es in Ihrem Horoskop jedoch Spannungsaspekte zwischen diesen Planeten gibt, weisen sie darauf hin, daß Sie Ihre Objektivität verlieren könnten.

Uranische Chemie entspricht der hochintensiven, elektrischen Energie, die Schockwellen durch Ihren Körper schickt und Ihre Sinne durcheinanderbringt. Dies ist auch die Energie, die das Gewohnte zum Einsturz und das Außerordentliche zum Ausdruck bringt. Aber diese Energie ist auch dafür bekannt, daß sie »verrückt« und unvorhersehbar ist und daß sie sich von einem Moment zum anderen auf etwas völlig anderes richten kann. Diese Energie läßt sich nicht gern kontrollieren.

Neptunische Energie ist geheimnisvoll und faszinierend, und sie kann süchtig machen. Neptun ist pure Romantik. Die Blumen, die Musik, die Düfte und die Magie der Liebe sind neptunisch. Der Traum, die Flucht und die Illusion, in einer eigenen Welt zu leben, sind neptunisch. Und die Sehnsucht, jemanden zu retten, der in Not ist, die Fähigkeit zu sehen, was in der Seele eines anderen Menschen liegt, und die Verleugnung von Problemen sind ebenfalls neptunisch. Durch Neptun können Sie zum Opfer werden, und wenn Ihre persönlichen Planeten durch Aspekte mit Neptun verbunden sind, könnten Sie herausfinden, daß es Ihnen schwerfällt, Ihre persönlichen Grenzen aufrechtzuerhalten.

Plutos Energie kann verzehrend sein, voller Verlangen und zwanghaftem Sehnen. Plutos Energie lauert in jenem dunklen Raum, wo Ihre Kraft darauf wartet, entfesselt zu werden, und wo Sie die Wiedergeburt erwarten. Wenn diese Energie in einer Liebesbeziehung angeregt wird, ist es schwierig, die Bindung aufzulösen, die sich entwickelt. Wenn Pluto in Ihrem Horoskop durch Aspekte eng mit den persönlichen Planeten, also mit den persönlichen Energien innerhalb Ihrer Psyche, verbunden ist, dann werden Sie sich stärker nach dieser Anregung sehnen, aber Sie können auch leichter zwanghaft werden, und es könnte Ihnen schwerfallen, Machtkämpfe zu vermeiden.

Manche Frauen lieben es, verliebt zu sein, sind dann aber enttäuscht, wenn jenes Gefühl nicht bestehen bleibt. Wenn Sie neptunischen Täuschungen aufgesessen sind, werden Sie wahrscheinlich aufwachen, wenn Sie erkennen, daß Ihr Liebster immer noch seine schmutzigen Socken und seine Unterwäsche im Wohnzimmer herumliegen läßt; der Funke verglimmt. Wenn Sie sich von uranischen Lockungen blenden lassen, könnte Ihr Süßer so plötzlich von der Bildfläche verschwinden, wie er aufgetaucht ist. Und wenn Sie in plutonischer Besessenheit gefangen waren, könnten Sie Ihrer Liebe noch lange, nachdem sie vorbei ist, nachtrauern, aber Sie sind nicht verloren, nur weil diese Qualitäten vielleicht im Laufe einer Beziehung aktiviert werden. Indem Sie sich selbst weiterhin aufmerksam und wachsam beobachten, können Sie eine Möglichkeit finden, diese Energien dafür einzusetzen, daß Aufregung oder Verspieltheit und Ausgelassenheit in Ihrer Beziehung auf beständigere Weise zum Ausdruck kommen können. Die einzige Voraussetzung ist, daß Sie mit jenem Anteil in sich selbst verbunden bleiben, der wachsen und von den Freuden des Lebens inspiriert werden muß.

Wie Sie Ihre Bedürfnisse, zu umsorgen und umsorgt zu werden, zum Ausdruck bringen

Damit etwas wachsen kann, braucht es die richtige Nahrung und Fürsorge. Jahrhundertelang waren Frauen für die »Hege und Pflege« zuständig, sowohl der ihrer Kinder als auch ihrer Partner. Dies ist eine der wichtigsten Funktionen Ihrer Mondenergie. Obwohl der Mond mit der Empfänglichkeit verbunden ist, reflektiert er auch Licht. Indem Sie sich auf das Wesen Ihres Mondes konzentrieren, auf das Zeichen und das Haus, in dem er steht, können Sie entdecken, wie Sie Ihre fürsorgliche Seite anderen gegenüber zum Ausdruck bringen müssen. Gleichzeitig zeigt es Ihnen, wie Sie fühlen und wie Sie von anderen umsorgt werden möchten.

Wenn Sie dazu neigen, die Bedürfnisse anderer über Ihre eigenen zu stellen, während Sie selbst mit dem vorliebnehmen, was übrigbleibt, werden Sie sich schließlich leer und ausgebrannt fühlen. Sie werden plötzlich keine Energie mehr haben. Der einzige Mensch, dem Sie daran die Schuld geben können, sind Sie selbst, denn Sie selbst entscheiden darüber, wo, wie und an wen Sie sich verströmen. Wenn Sie zu diesen Menschen gehören, dann haben Sie sich wahrscheinlich mit den Einflüssen von Saturn, Neptun oder Pluto im Aspekt zu Ihrem Mond (oder einer Kombination dieser Einflüsse) auseinanderzusetzen. Es gibt in Ihnen wahrscheinlich einen Teil, der gelernt hat oder glaubt, daß Sie schließlich Ihre Belohnung bekommen werden. Dies mag gut möglich sein, aber möglicherweise sind Sie dann schon viel zu erschöpft, um sie noch genießen zu können!

Ich meine damit nicht, daß Sie sich nur noch mit sich selbst beschäftigen sollten, aber Sie sollten möglicherweise anfangen, in Begriffen von »Selbsterfüllung« und »Selbstverwirklichung« zu denken – was der wahre Schlüssel dazu ist, andere Menschen wirklich zu nähren, Sie selbst eingeschlossen. Der erste Teil dieser Konzentrationsverschiebung besteht darin, herauszufinden, was Ihrer Seele Erfüllung gibt. Erlauben Sie sich selbst, sich auf Erfahrungen auszurichten, die Ihnen ein Gefühl von Wohlbehagen, Befriedigung, Zufriedenheit oder Glück vermitteln. Machen Sie, falls nötig, eine Liste, und erweitern Sie diese Liste, wenn nötig. Vielleicht fühlen Sie sich lebendiger, wenn Sie Zeit haben, einen Abendspaziergang zu machen, oder wenn Sie in Ihrem Garten arbeiten. Vielleicht können Sie mit den Anforderungen Ihres Lebens leichter klarkommen, wenn Sie sich gestatten, Ihre kreativen oder künstlerischen Neigungen auszuleben. Was immer Ihre Augen zum Leuchten bringt und Ihrem Herzen Freude macht, wird Sie mit Liebe zu sich selbst erfüllen und Ihnen erlauben, andere leichter und von ganzem Herzen zu lieben.

Diese Veränderung in der Ausrichtung, die es Ihnen erlaubt, Ihren eigenen Bedürfnissen eine hohe Priorität einzuräumen, kann ziemlich schwierig sein, wenn Sie daran gewöhnt sind, sich selbst immer erst an die letzte Stelle zu setzen. Wenn Sie dies jedoch ändern, erhalten Sie die Möglichkeit, gesund und ganz zu bleiben. Wenn Sie ständig erschöpft sind, werden Sie anderen nur sehr wenig zu geben vermögen. Falls Sie Kinder haben, werden Sie erkennen, daß Ihnen mehr Energie zur Verfügung steht, um auf deren Bedürfnisse und Ansprüche einzugehen. In einer Ehe oder einer anderen verbindlichen Partnerschaft gilt das gleiche. Jeder Mensch hat ein Bedürfnis nach Kontakt, Berührung, Unterstützung und Zärtlichkeit – besonders Sie.

Die andere Seite der Münze mit der Prägung »Sich selbst umsorgen« besteht darin zu lernen, um Unterstützung zu bitten. Stark einseitige Beziehungen sind leider eher die Norm als Beziehungen, in denen beide Partner sich gegenseitig helfen. Es ist etwas anderes, ob Sie Ihren Partner um Unterstützung bitten, oder ob Sie sich auf ihn verlassen, weil Sie sich weigern, für sich selbst einzustehen. Ein Teil Ihrer Bitte mag aus praktischen, alltäglichen Situationen entstehen. Ganz einfache alltägliche Pflichten, wie Kochen und Hausarbeit, können Ihnen manchmal über den Kopf wachsen. Um Hilfe zu bitten kann hier bedeuten, daß Sie Hilfe in diesen Bereichen erbitten – von Ihrem Partner oder anderen Familienmitgliedern. Sich umsorgen zu lassen oder um Hilfe zu bitten, kann aber auch in subtileren oder schwierigeren Situationen erforderlich sein.

Sich Zeit zu nehmen, um zu schmusen, Händchen zu halten oder einander zu umarmen, kann Ihre Bindung festigen und beiden Partnern Erfüllung schenken. In Krisen sollten Sie Ihre Bedürfnisse und Sorgen zum Ausdruck bringen, anstatt davon auszugehen, daß Sie die Last allein tragen müssen. Seien Sie auch offen für die Bedürfnisse Ihres Partners, denn die besten Beziehungen bestehen aus zwei Menschen, die bereit sind, offen füreinander zu sein, und genau das ermöglicht beiden Partnern, sich selbst zu verwirklichen.

Umsorgen kontra Bemuttern

Umsorgen ist zwar eine Form des Bemutterns, dennoch besteht ein Unterschied. Im Laufe einer intimen Beziehung regt umsorgende Unterstützung Stabilität, Wachstum und Vertrauen an. Sogar einige der Handlungen, die im allgemeinen der Mutter zugeordnet werden, wie Beschützen, sich um etwas kümmern und Zärtlichkeit geben, können in einer Beziehung zwischen zwei Erwachsenen auf positive Weise nährend sein. Weil die Mondenergie in engen Beziehungen ins Spiel kommt, folgt daraus, daß einige dieser Faktoren des Einander-Beschützens und -Umsorgens sich auch zwischen Partnern entwickeln werden.

Kinder brauchen vor allem Fürsorge, aber sie brauchen bei ihrer Entwicklung auch Führung. Nur weil Sie eine Frau sind, wissen Sie nicht »von Natur aus«, wie man jemanden bemuttert. Bemuttern ist eine Kombination aus dem, was Sie lernen, und Ihrer intuitiven Empfänglichkeit. Das erlaubt es Ihnen, sich zu einer Mutter und als Mutter zu entwickeln.

Im Gegensatz zu Kindern, die in schneller Abfolge eine Reihe von Entwicklungsstadien durchleben, erreichen Erwachsene ein gewisses Maß an Selbstbewußtsein. Dadurch brauchen sie weniger Führung und Unterstützung von außen. Ungefähr alle sieben Jahre, wenn Saturn im Transit einen Spannungsaspekt zu sich selbst bildet, erlebt jeder Mensch eine Phase von spürbarem Wachstum und Stabilität. Das erste zunehmende Quadrat, die erste Opposition und das erste abnehmende Quadrat im Saturn-Zyklus – mit ungefähr sieben, vierzehn und einundzwanzig Jahren – haben noch mit Umständen zu tun, die mit wichtigen Entwicklungsstadien zwischen Mutter und Kind zusammenhängen. Danach wird jeder Mensch immer selbständiger, während er gleichzeitig emotional heranreift.

In einer Beziehung zwischen zwei erwachsenen Menschen kommt es während dieser Phasen des Saturn-Zyklus häufig zu Krisen. In diesen Phasen wird die fürsorgliche Qualität der Beziehung einer Prüfung unterzogen. Teil dieser Fürsorglichkeit ist es zu lernen, wann es gilt, wegzugehen oder loszulassen und einem anderen Menschen zu erlauben, selbst mit etwas fertig zu werden. Wenn Sie in die Mutterrolle verfallen, indem Sie versuchen, etwas besser zu machen, oder falls Sie in Versuchung geraten, in einer schwierigen Situation den Schmerz zu übernehmen, so daß Ihr Partner sich nicht mit seinen eigenen Gefühlen auseinandersetzen muß, könnten Sie die Integrität der Beziehung untergraben. Wenn Ihr Mond stark steht, wenn Aspekte zwischen Mond und Saturn oder Pluto (oder mit beiden) bestehen, oder falls das Element Wasser in Ihrem Horoskop betont ist – dann neigen Sie eher dazu, auf diese Weise zu handeln. Richten Sie sich neu aus, und probieren Sie es aus!

Wie man positive Formen der Kommunikation entwickelt

Der vielleicht wichtigste Schlüssel zu einer gesunden Beziehung ist eine gute Kommunikation. Vom Moment des ersten Kontakts an kommunizieren Sie in einer Beziehung. Wie effektiv Sie kommunizieren, läßt sich wahrscheinlich daraus ableiten, ob die Beziehung im Laufe der Zeit aufrechterhalten werden kann oder nicht. Es gibt viele Ebenen der Kommunikation. Vom verbalen Austausch bis hin zur Körpersprache erlaubt Kommunikation Ihnen, Ihre eigenen Gedanken und Gefühle mit denen Ihres Partners zu verbinden. Voraussetzung dafür sind Ehrlichkeit und Integrität. Für Lügen und Betrug ist in einer gesunden Beziehung kein Platz.

Merkur ist die Planetenenergie, die am häufigsten der Kommunikation zugeordnet wird. Seine Funktion innerhalb der Persönlichkeit besteht darin, Verbindungen herzustellen. Er ist sehr wichtig für den Ausdruck Ihrer Gedanken und Ideen. Weil Merkurs wichtigste Funktion darin besteht, Verbindungen herzustellen, können Sie erkennen, warum er in Beziehungen so wichtig ist. Um eine Beziehung aufrechtzuerhalten, ist das Gefühl der Verbindung untereinander äußerst wichtig. Merkur ist im Spiel, wenn Sie einander verstehen und sich dadurch auch Ihre Herzen füreinander öffnen.

Ihr philosophisches Verständnis wird von Jupiter symbolisiert. Er fördert auch Wohlwollen, Großzügigkeit und Humor innerhalb Ihrer Beziehungen. Indem Sie die Energien von mentaler Kommunikation und philosophischem Verständnis in eine Beziehung einbringen, können Sie ein Gefühl der Hoffnung für Ihre Zukunft entwickeln. Optimismus stattet die zwischen Ihnen und Ihrem Partner bestehende Verbindung mit Vertrauen aus.

Gute Kommunikation bedeutet, daß Sie einander verstehen und daß Sie sich beide vom anderen verstanden fühlen. Es bedeutet nicht, daß Sie immer einer Meinung sind. Ähnlichkeiten sind ein Hinweis auf grundsätzliche Übereinstimmung mit einem Partner, aber weil Sie beide verschiedene Menschen sind, werden Sie auch unterschiedliche Standpunkte einnehmen. Um eine gute Kommunikation zu erreichen, müssen Sie eine Möglichkeit finden, den Kontakt und die Verbindung aufrechtzuerhalten, wodurch auch der Energiefluß am Laufen gehalten wird.

Positive Kommunikationsmodelle lassen viele verschiedene Ausdrucksformen zu. Dauerhafte Beziehungen sind leicht zu erkennen, weil Sie die Sprache, die zwei Menschen miteinander entwickelt haben, erkennen können. Ein ganz bestimmter Blick, ein bestimmtes Lächeln oder Lachen hat Bedeutung. Bestimmte Sätze, Kosenamen, Lieblingsmusik, Farben oder Gesten gehören ebenfalls zur Sprache der Liebe. Ich habe mehrere Jahre mit einem Paar gearbeitet, das auf ganz eigene Weise mit Spannungen umging. Im zweiten Jahr ihrer Ehe kauften sie ein neues Haus und bauten eine übergroße Badewanne ein. (Bei beiden steht der Mond in einem Wasserzeichen.) Am Anfang lieferte die Badewanne vielfältige Möglichkeiten für Spiel und Entspannung. Dank dieser Badewanne entdeckten beide sogar gewisse Einsichten über ihre jeweiligen sexuellen Vorlieben. Was der Ehefrau aber als besonders wichtig auffiel, war, daß beide nach einem anstrengenden Tag oder einer schwierigen Woche in einer heißen Wanne sitzen und über alles reden konnten, während sie vorher dazu geneigt hatten, ziemlich schroff miteinander umzugehen. Nachdem ein paar weitere Jahre vergangen waren, erkannte sie, daß er manchmal seine Gedanken oder Gefühle blockierte, besonders, wenn es Schwierigkeiten gegeben hatte – wie Probleme mit der Steuer oder Ärger am Arbeitsplatz. Nach einer längeren Krisenzeit sagte sie eines Abends nach dem Essen: »Ich denke, wir könnten ein heißes Bad gebrauchen.« Fünfzehn Minuten später bemerkte sie, daß er nicht im Erdgeschoß war, guckte nach ihm, fand ihn im ersten Stock, wie er sich in der Badewanne entspannte, und gesellte sich zu ihm. Er zog sie eng an sich und flüsterte: »Weißt du, es ist viel zu lange her, daß wir richtig miteinander geredet haben.«

Nun verwenden sie die Worte »heißes Bad«, um einander zu signalisieren, daß sie sich Zeit füreinander nehmen müssen. Das ist Kommunikation.

Eine weitere Kommunikationsebene besteht darin, Zuhören zu lernen. Aktives Zuhören gehört zu den besten Möglichkeiten, die Kommunikation in einer Beziehung zu verbessern. Wenn Sie beginnen, Ihre Gefühle und Bedürfnisse mitzuteilen, wird es Ihnen kaum gut tun, wenn Ihr Partner Ihnen nicht zuhört! Umgekehrt gilt, daß Sie dem, was Ihr Partner sagt, mehr Aufmerksamkeit zukommen lassen müssen, wenn Sie einander wirklich näherkommen wollen. Zuhören und Verstehen mag bedeuten, daß Sie eher zu einer Teilnehmerin werden müssen, anstatt einfach passiv zu warten, bis die andere Person gesagt hat, was sie sagen wollte, so daß Sie jetzt wieder dran sind!

Das Wort, das mit einem großen »B« beginnt

Bindung. In jeder Beziehung taucht irgendwann das Wort »Bindung« auf. In einer Welt, die immer mehr darauf eingestellt ist, wegzuwerfen, was nicht mehr funktioniert, ist »Bindung« im Sinne von »Verpflichtung« beinahe schon ein Fremdwort, aber wenn Sie erst mal über die reine Anziehung hinausgewachsen sind und sich entschlossen haben, daß Sie sehen wollen, was sich entwickelt, gehen Sie Ihre erste Verpflichtung ein. Zukünftige Stadien der Bindung könnten beinhalten, daß Sie zusammenziehen, sich verloben oder heiraten. Trotz all dieser Formen ist die Hauptsache Ihre Bindung an sich selbst. Niemals verpflichten Sie sich wirklich jemand anderem – im Brennpunkt stehen Sie selbst! Wieder einmal schließt sich der Kreis, und Sie sind der Mittelpunkt!

Versprechen sind komplizierte Mechanismen. Ich weiß noch, wie überrascht ich über meine eigene Reaktion war, als ich vor meiner ersten Heirat das Ehegelübde las. Mir wurde bewußt, was die Worte wirklich aussagten: »Liebe, ehre und gehorche.« Den Teil mit der »Liebe« war ich völlig bereit zu erfüllen. »Ehren« schien ein vernünftiger Wunsch zu sein und löste ein positives Gefühl aus, aber dieses »gehorchen« haute mich glatt um. Ich sagte dem Pfarrer, daß ich das nicht sagen könnte. Er erwiderte: »Das ist so üblich, und außerdem sind es ja nur Worte.« Das fand ich ganz und gar nicht! Mein zukünftiger Ehemann muß damals zum ersten Mal mein rebellisches und stures Wesen erfaßt haben, denn ich weigerte mich, mit der Zeremonie fortzufahren, bis wir übereinkamen, das Wort »gehorchen« wegzulassen. Da ich nichts mehr von den alten patriarchalen Vorstellungen halte, war dies kein großes Problem, aber für mich war es ein Erwachen – im »zarten« Alter von fast neunzehn Jahren.

Während vieler Beratungssitzungen mit Klienten kam es oft zu einer Krise, wenn wir besprachen, wie man eine Bindung eingeht oder ob es überhaupt notwendig ist. Diese Verpflichtung zum Ausdruck zu bringen oder sich öffentlich dazu zu bekennen, gestattet einem Paar, zu bestimmen, warum sie zusammen sind. Das Wesen der Verpflichtung zu gestalten ist eine persönliche Angelegenheit. Das eine Modell funktioniert für die einen, aber ich weise immer darauf hin, daß Paare selbst bestimmen, was sie dadurch erreichen möchten, daß sie zusammen sind. Diese Hoffnungen und Wünsche bilden die Grundlage für ihre gegenseitige Verpflichtung. Im Laufe der Zeit bringt das Leben unvermeidliche Veränderungen mit sich, und ich empfehle dann, die Verpflichtung und Bindung neu zu bewerten und neu zu gestalten. Soziologen und Psychologen haben Untersuchungen durchgeführt, die darauf hinweisen, daß Männer und Frauen hinsichtlich Beziehungen unterschiedliche Prioritäten setzen. Frauen haben mit größerer Wahrscheinlichkeit den Wunsch, eine Beziehung »aufrechtzuerhalten«, und bringen sich selbst dadurch manchmal in eine Art von emotionaler Leibeigenschaft, um genau das zu erreichen. Bevor Sie in Betracht ziehen, eine Verpflichtung einzugehen oder eine bereits bestehende Verpflichtung zu bestätigen, untersuchen Sie sorgfältig Ihre Gründe dafür. Finden Sie eine Möglichkeit, Ihre merkurischen und saturnischen Energien als Unterstützung dafür einzusetzen, die emotionaleren Energien von Mond, Venus und Mars zu integrieren.

Die Energie von Saturn ist einer der wichtigsten Faktoren in Ihrem Verhalten im Hinblick auf die Versprechen, die Sie geben, und die Versprechen, die Sie einzuhalten vermögen. Saturn ist Konzentration und Disziplin, aber auch Klarheit und Realität. Wenn Sie Ihre Saturnkraft auf gesunde Weise einsetzen, dann stehen Sie mit offenen Augen auf einer festen Grundlage. Dies ist die perfekte Ausgangsposition, um Ihre Verpflichtungen zu formulieren. Ihre Versprechen und Gelöbnisse sind heilige Mantras, die die Strukturen schaffen, auf denen Sie Ihre Beziehung aufbauen. Sogar wenn Sie nur versprechen, etwas für sechs Wochen zu probieren, ist es doch ein Versprechen, das Sie sich selbst geben. Jene lebenslangen Versprechen bedürfen natürlich einer etwas gründlicheren Prüfung. Denken Sie immer daran, daß alles sich verändert, und Ihre Verpflichtungen müssen Raum für diese Veränderungen lassen, während sie gleichzeitig ein stabiles Fundament darstellen.

Aber es war doch sein Fehler!

Moment mal! Was meinen Sie damit, daß die Beziehung nicht funktioniert? Meinen Sie damit, daß Sie nicht mehr miteinander auskommen, oder daß Sie einander einfach nicht mehr verstehen? Meinen Sie, der andere Mensch ist ein Trottel? Vielleicht stimmt das, aber wie steht's mit Ihnen? In jeder gesunden Beziehung gibt es auch kritische Phasen.

In einigen Beziehungen existiert eine Fülle von Schwierigkeiten, die gleichzeitig der einzige Grund dafür sein mögen, daß die beiden betreffenden Menschen überhaupt noch zusammen sind. Probleme in einer Beziehung, ob eingebildet oder real, sind nicht der Fehler der anderen Person. Ihre persönliche Verantwortung erlaubt es Ihnen nicht, so schnell zu flüchten, und wenn Sie ständig anderen die Schuld geben, werden Sie wahrscheinlich überrascht sein, daß immer wieder dieselben Probleme auftreten. Verantwortung zu übernehmen erlaubt es Ihnen, Ihr Selbstwertgefühl zu stärken, auch wenn dazu gehört, daß Sie sich Ihre Schwächen selbst eingestehen müssen!

Denken Sie immer daran: Jemanden zum Sündenbock zu machen ist eine Form des Leugnens.

Ihre sexuellen Bedürfnisse und Wünsche erforschen

Obwohl Männer diejenigen sind, die sich traditionell ihrer sexuellen Erlebnisse rühmen, sind wir Frauen außergewöhnlich sexuelle Wesen. Eine Frau, die ihre eigene Sexualität anerkennt und sie sich zugesteht, verfügt über eine enorme Kraft. Diese Kraft strahlt durch die Essenz der Frau aus, die sich wohler mit sich selbst fühlt und ihrem gesamten Wesen mehr vertraut. Die Rolle der Sexualität innerhalb einer Beziehung unterliegt Veränderungen, genau wie jeder andere Aspekt einer engen Beziehung sich verändert. Den körperlichen Aspekt einer intimen Beziehung zu erforschen hilft, sich einen Zugang zu größerer emotionaler und spiritueller Alchemie zu öffnen.

Während die alten patriarchalen Rollenmodelle vorsehen, daß die Frau den Bedürfnissen eines Mannes dient, ohne daß viel Rücksicht auf ihre eigenen Vorlieben oder Wünsche genommen wird, besteht Ihre gesunde Beziehung aus zwei Menschen, die einander Bedürfnisse und Wünsche erfüllen. Anteil zu nehmen, sich zu berühren, zu halten, zu streicheln, einander zu respektieren und in dasselbe Energiefeld einzutauchen zieht Sie in einen heiligen Raum – das Wesen der transformativen Ekstase. Ekstase ist leichter zu erlangen, wenn Sie offen zu sich selbst sind und wenn Sie auf freie, spielerische Weise im Einklang mit Ihren Gefühlen sind. Blockierungen aufzulösen ist ein höchst persönlicher Prozeß. Dieser Prozeß kann auch Teil der Evolution einer engen Beziehung sein.

Ihre Sexualität beginnt in Ihrem Kopf. Wenn in Ihrem Horoskop die Feuer- und Luftzeichen betont sind, dann können Worte und Gespräche Sie außerordentlich erregen! Ganz gleich, wie die Elementeverteilung in Ihrem Horoskop beschaffen ist: Wenn Sie sich auf ein erfüllteres, befriedigenderes Liebesleben ausrichten wollen, dann fangen Sie mit Ihrem Verstand an. Prüfen Sie immer wieder, was und wie Sie über Ihre sexuellen Bedürfnisse denken. Manchmal kann das, was Sie wissen oder was Sie zu wissen meinen, Ihnen in die Quere kommen. Befreien Sie Ihr Denken. Lassen Sie Ihrer Phantasie freien Lauf, und malen Sie sich erfüllende sexuelle Begegnungen aus. Lesen Sie einen kitschigen Liebesroman. Führen Sie Tagebuch über Ihre geheimsten Wünsche und Sehnsüchte. Schreiben Sie Liebesbriefe, und lassen Sie dabei Ihrer Phantasie freien Lauf. Lesen Sie Bücher, die dazu ermutigen, größere sexuelle Befriedigung zu entwickeln. Und nicht zu vergessen: Sprechen Sie mit Ihrem Liebhaber.

Venus und Mars sind jene Energien, die die meisten Menschen mit sexueller Anziehung in Verbindung bringen. Die Zeichenstellung von Venus gibt wichtige Hinweise auf die Dinge, die Ihre Liebe in Wallung bringen. Durch Venus fließt die Liebe in Ihnen selbst und hinaus zu anderen. Venus ist die Art, wie Sie lieben. Mars entspricht dem Ausdruck von Leidenschaft und Verlangen in einer aktiveren Form. Häufig kann das, was Sie in Ihrem Liebhaber suchen, anhand des Zeichens beschrieben werden, in dem Mars in Ihrem Horoskop steht. In der Mythologie waren Venus und Mars ein Liebespaar. In Ihrer Psyche spielt sich dieselbe Geschichte ab. Diese Energien werden häufig körperlich und emotional zum Ausdruck gebracht, aber das geht leichter, wenn ihnen keine Hindernisse im Wege stehen.

Eine der Blockierungen, die der Erreichung eines rundum befriedigenden Liebeslebens entgegensteht, ist der emotionale Ballast, der die Sexualität so häufig belastet. Jeder hat unterschiedliche Vorstellungen darüber, was sexuell richtig oder falsch ist, und viele Frauen leiden unter übermäßig großen Schuldgefühlen, wenn es darum geht, sich das eigene sexuelle Verlangen einzugestehen. Manche Frauen sind mißbraucht worden, emotional und/oder sexuell, und können sich aufgrund des Schmerzes aus der Vergangenheit nicht erlauben, diese Türen zu öffnen. Emotionale Schwierigkeiten oder andere Zwänge können die sexuelle Energie im Laufe jedes normalen Lebens behindern, und manchmal, wenn Sie das Gefühl haben, überhaupt kein sexuelles Verlangen zu empfinden, kann es auch einfach sein, daß Sie diese Energie gerade woanders einsetzen.

Sich diesen Blockierungen zuzuwenden erfordert Zeit und Geduld, aber wenn Sie sie nicht beachten, werden Sie wahrscheinlich gegen eine Reihe von sehr massiven Hindernissen laufen, selbst wenn Sie das Gefühl haben, daß Sie sie gerne überwinden würden. Viele der Wände und Türen in Ihrer emotionalen Rüstung haben Sie aufgebaut, um Ihre Verletzlichkeit zu schützen, und einige von ihnen sind wichtig und notwendig, bis Sie in einer engen Partnerschaft eine sichere Vertrauensgrundlage aufgebaut haben. Wenn Sie weiterhin gegen Ihre Hindernisse laufen, seien Sie freundlich zu sich selbst. Versuchen Sie, immer nur eine Tür auf einmal zu öffnen. Sie halten die Schlüssel zu diesen Schlössern in Ihren Händen, und Sie könnten sich vielleicht wohler fühlen, wenn Sie erst einmal allein erforschen, was eigentlich hinter diesen Türen liegt, bevor Sie sie Ihrem Partner öffnen. Es kann auch hilfreich sein, mit einer unterstützenden und verständnisvollen Beraterin oder einem Berater zu arbeiten.

Wenn Sie eine jüngere Frau sind und noch wenig Erfahrungen mit Beziehungen gemacht haben, können Sie ebenfalls auf ein paar Hindernisse stoßen. Viele hängen mit der Furcht vor dem Unbekannten zusammen. Ganz gleich, wie alt Sie sind: Es ist gesund und völlig normal, Ihren eigenen Körper kennenzulernen und sich mit ihm vertraut zu machen, mit Ihren eigenen Gefühlen und Ihren eigenen Reaktionen. Ehe Sie wirklich mit einem anderen Menschen intim werden können, müssen Sie sich mit sich selbst wohl fühlen. Ihr Körper ist das Gefäß, das Sie bewohnen, und die Empfindungen, die Ihre Körpersinne erregen, rufen auch eine emotionale Reaktion hervor. Erotische Energie macht manchen Frauen (und Männern!) angst, weil die Reaktion darauf überwältigend sein kann. Zu lernen, wie sich diese Energie anfühlt, und sich selbst zu erlauben, sich hinzugeben und diese Energie durch sich hindurchfließen zu lassen, kann pures Vergnügen sein.

Sexuelle Energie mit einem Partner zu teilen, wirkt auf vielen Ebenen, um Ihre Bindung mit einem anderen Menschen aufzubauen. Am Beginn einer Beziehung stellt der Schritt, sexuell miteinander intim zu werden, einen wichtigen Test dar, um zu bestimmen, ob Sie zueinander passen. Die Erregung stimuliert eine Reihe von Veränderungen in Ihren Gefühlen über sich selbst. Während Frauen früherer Epochen es für nicht wichtig gehalten haben mögen, ob sie sexuell gesehen zu ihren Partnern paßten, ist sich eine Frau von heute dessen bewußter. Frauen übernehmen in einer sexuellen Beziehung nun eher die Führung, anstatt passiv darauf zu warten, daß ihr Partner das Feuer der Leidenschaft in ihnen entzündet. Selbst Frauen, die normalerweise nicht gerne die Führung übernehmen, gehen heute wahrscheinlich doch offener mit ihrem Wunsch um, Sex mit ihrem Partner zu haben.

Und die Liebe?

Viel wurde über die Bedeutung der Liebe nachgedacht und diskutiert – und trotzdem bleibt es schwierig, sie zu definieren. Wir erkennen sie, wenn wir sie fühlen – oder etwa nicht? Es ist ein äußerst persönliches Gefühl. Die Energie der Liebe ist ein Ausdruck von Venus. Mitgefühl ist ein Ausdruck von Neptun. Wilde, unbändige, stürmische Anziehung kommt durch Uranus zum Ausdruck, Leidenschaft durch Mars. Die

Energie, deren Ausdrucksbreite sich von tiefer Verbindung bis hin zu zwanghafter Besessenheit erstrecken kann, ist Ausdruck von Pluto. Wie wir gesehen haben, regt die Energie Ihres Mondes Pflege und Fürsorglichkeit an, während Saturns Energie ebenfalls beschützend, wenn auch kritisch ist. All diese Qualitäten und noch mehr gehören zu einer Liebesbeziehung, und so ist Ihr ganzes Wesen an einer Beziehung beteiligt.

So wie es im Laufe Ihres Lebens Veränderungen geben wird, werden sich auch Ihre Bedürfnisse in Beziehungen verändern und wandeln. Je besser Sie sich selbst kennenlernen, desto mehr entdecken Sie Ihre Motivationen, Beziehungen weiterzuentwickeln, und möglicherweise wird Ihnen auch klar, daß Sie bestimmte Dinge nicht mehr brauchen. Was die Liebe angeht, so ist sie vor allem nicht etwas, das Sie von außerhalb Ihrer selbst bekommen. Die Liebe wohnt *in* Ihnen und wird *durch* Sie zum Ausdruck gebracht. Wenn Sie dazu angeregt werden, in einer bestimmten Weise zu fühlen, dann sind das *Ihre* Gefühle! Zwei Schlüsselfaktoren für gesundes Lieben scheinen Miteinander-Teilen und gegenseitige Unterstützung zu sein, was bei beiden Partnern ein positives Selbstwertgefühl anregt.

Als Astrologin habe ich gelernt, das Leben auf eine Weise zu sehen, die die Integration vieler Faktoren mit einbezieht, und die Erfahrung und der Prozeß des Liebens hat wirklich vielseitige Ausdrucksformen. Wenn man die Liebe als abstrakte Vorstellung untersucht, dann gibt es immer eine Dynamik, die verlangt, daß Energie fließen kann. Lieben ist niemals nur Geben, und sie bedeutet genausowenig nur Nehmen. Lieben heißt, das Herz von innen zu öffnen, der Flamme der Liebe zu gestatten, daß sie Sie wärmt und Sie dazu inspiriert zu empfinden. Der nächste Schritt besteht darin, dieses Gefühl in Ihr Leben zu projizieren – durch Ihre Kreativität, dadurch, daß Sie anderen geben, oder indem Sie einfach Liebe ausstrahlen. In dem Maße, wie diese Energie nach außen fließt, müssen Sie sich auch dafür öffnen, Liebe zu empfangen und sie anzunehmen, weil nun immer etwas zurückkommt! Dies entspricht dem Wesen der Verbindung zwischen dem fünften und dem elften Haus in Ihrem Horoskop: dem Geben und Empfangen von Liebe. Viele Frauen kommen einfach gut mit der Rolle der Gebenden klar, haben jedoch Schwierigkeiten damit, wenn es darum geht, einfach Liebe zu empfangen und anzunehmen. Sie können unendlich viele Einschränkungen und Vorbehalte gegen sich selbst aufbauen: Ich bin nicht gut genug, nicht hübsch genug, nicht erfolgreich genug usw. Oder es können Blockierungen vorhanden sein wie etwa: »Die Liebe hat mich einmal verletzt, daher werde ich nie wieder jemandem erlauben, mir nahezukommen.« Oder: »Ich habe versagt, weil ich es nicht geschafft habe, meine Erwartungen im kreativen Bereich, in der Liebe, oder was auch immer, zu erfüllen, also werde ich es nie wieder versuchen.« Mit diesen Einstellungen und Ängsten kann die Liebe nicht frei fließen. Also sind Sie möglicherweise in der Lage, Liebe auszusenden (in begrenztem Maße), aber es fällt Ihnen schwer, diesen Fluß zu Ihnen zurückkehren zu lassen. Seltsamerweise scheint zu lieben nicht vollständig und sicherlich auch weniger erfüllend zu sein, wenn Sie eine Seite des Energiespektrums blockieren – egal, ob es das Geben oder das Nehmen ist.

Indem Sie das fünfte und elfte Haus in Ihrem Geburtshoroskop analysieren, können Sie herausfinden, auf welche Weise Sie sich diesem Prozeß am leichtesten öffnen können, der auf seiner höchsten Ebene ein natürlicher Energieaustausch sein kann. Die Planetenherrscher dieser Häuser (die Planeten, die Herrscher jener Zeichen sind, in das die betreffenden Häuser fallen) geben Ihnen deutliche Hinweise auf das, was Sie in Liebesbeziehungen suchen. Falls in Ihrem Horoskop solch sture und unbeugsame Energien wie Saturn oder Pluto in einem der beiden Häuser stehen, ist es sehr wahrscheinlich, daß Liebe zu geben und zu nehmen Ihnen niemals »ausgeglichen« erscheint. Sie kontrollieren die Art und Weise, wie diese Energien wirken. Vielleicht sind Sie es aber, die den Energiefluß blockiert!

Wertschätzung zu zeigen und sich daran zu erinnern, was

Sie an Ihrem Partner schätzen, spielt eine wichtige Rolle in einer Liebe, die beide Partner nährt. Frauen neigen jedoch dazu, ihre Wertschätzung zum Ausdruck zu bringen und das Ego ihres Partners zu unterstützen. Vielleicht werden sie aber von ihnen nicht genauso behandelt. Wenn Sie diese Bestärkung brauchen (und wer braucht sie nicht?), müssen Sie vielleicht anfangen, mit Ihrem Partner über Ihre Belange zu sprechen. Selbst wenn Sie sich am Anfang extra Zeit dafür nehmen müssen und es Ihnen zuerst ein bißchen peinlich ist, versuchen Sie es mal. Bedürfnisse zum Ausdruck zu bringen, nährt eine Liebesbeziehung im wahrsten Sinne des Wortes.

Manchmal vergrößert ein Gefühl von Mangel die Anziehungskraft noch, und das kann dazu führen, daß Sie eine Beziehung eingehen. Wenn Sie sich beispielsweise auf irgendeine Weise unzulänglich fühlen, könnten Sie versuchen, dieses Defizit zu füllen, indem Sie jemand anderes anziehen, der es gemeistert hat. Meistens ist dies ein unbewußter Prozeß. Das Zeichen an der Spitze des siebten Hauses in Ihrem Horoskop zeigt an, was Sie unbewußt in einem Partner suchen. Häufig geben das Zeichen und die Planeten im siebten Haus Hinweise darauf, was Ihnen schwerfällt, in sich selbst »in Besitz zu nehmen«. In Wirklichkeit zeigt dieser Bereich Ihres Horoskops an, welche Art von Partnerin *Sie selbst* werden müssen! Wenn Sie diese Eigenschaften in sich selbst erst einmal erkannt und in Besitz genommen haben, wird sich Ihre gesamte Einstellung zu Partnerschaften verändern!

Ein weiterer Faktor, der im Zentrum einer intimen Beziehung steckt, ist die Frage des eigenen Wertes. Abgesehen von den bereits erläuterten Planeteneinflüssen gewinnen Sie mehr Einsicht, indem Sie die zwischen dem zweiten und achten Haus bestehende Dynamik untersuchen. Wenn das zweite Haus Ihren persönlichen Wert, Ihren Selbstwert, darstellt und das achte Haus den Wert, den Sie von Ihrem Partner wahrnehmen, ist es möglich, daß Sie versuchen, sich auf die eine oder andere Seite zu konzentrieren, und dadurch ein sehr einseitiges Wertesystem innerhalb Ihrer Beziehung aufbauen. Wenn Sie einander gegenseitig Ihre Wertschätzung zum Ausdruck bringen, wächst das Selbstwertgefühl bei beiden Partnern. Wenn Sie sich in einer Situation befinden, die die andere Person unterstützt und Sie im Regen stehen läßt, sehen Sie noch einmal genau hin! Was fehlt Ihnen, was vermissen Sie? Es *gibt* den vielzitierten Streit zwischen Herz und Kopf: »Ich weiß, es ist nicht alles, was ich mir wünsche, aber ich liebe ihn/sie doch so sehr!« Weil es so viele Ebenen der Liebe und des Liebens gibt, gibt es auch viele »Gründe« dafür, darin verwickelt zu werden. Doch wenn Sie »Liebe« als Entschuldigung dafür benutzen, in einer Situation zu bleiben, die Sie oder Ihre Bedürfnisse verletzt, unterminiert oder mißbraucht, dann denken Sie noch einmal genau nach. Wenn Sie aus lauter Bequemlichkeit und der »praktischen Annehmlichkeiten« wegen in einer Beziehung bleiben, ohne Liebe zu empfinden, haben Sie ein weiteres Problem am Hals! Letzten Endes geht es hier um den Selbstwert, das Herzstück der Liebe. Wieder einmal sind *Sie* am Ball!

Krisen meistern

Gegenüberstellen und Vergleichen

Eine der faszinierendsten Tatsachen des Lebens ist, daß Sie mit jedem Atemzug eine neue Chance bekommen! Unablässig bestimmen Sie die Erfahrungen und Umstände, die Ihnen positive Unterstützung bringen und gute Gefühle bereiten, und vielleicht verfügen Sie auch über eine ständig aktualisierte Liste jener Dinge, die Sie nicht leiden können oder wertschätzen. Beziehungen zwingen Sie, etwas über sich selbst zu lernen: eine Art der Erleuchtung, die manchmal angenehm, ein anderes Mal jedoch erschreckend und schmerzhaft ist, aber Sie erinnern sich trotzdem daran. Ob bewußte Erinnerung, unterbewußte Erinnerung oder unterdrückte Erinnerung, Sie erinnern sich an das, was vorher passiert ist. Jeder Mensch lernt so.

Zusammen mit dieser Erinnerung existieren häufig unerledigte, nicht abgeschlossene emotionale Angelegenheiten. Wir haben uns selbst Dinge sagen hören, die wir unsere Mutter sagen hörten, als wir jung waren. Wir hielten inne und dachten: »Das gibt es nicht! Ich kann nicht glauben, daß ich das gesagt habe!« Hier ist Ihr Unterbewußtsein am Werk (Ihr Mond). Abgesehen von dem offensichtlichen Fauxpas, einen aktuellen Liebhaber oder Partner beim Namen eines Verflossenen zu nennen, tun wir dasselbe in Beziehungen. Eine meiner Klientinnen besitzt kein Bügeleisen. In ihrer ersten Ehe wollte ihr Ehemann alles gebügelt haben. (Schließlich hatte seine Mutter alles gebügelt: inklusive der Bettlaken, Taschentücher und sogar die Socken seines Papas!) Am Beginn ihrer Ehe (in den fünfziger Jahren) bügelte sie ihre Kleidung und die ihres Ehemannes, und als die bügelfreien Stoffe erfunden wurden und auf den Markt kamen, war sie froh, mit dem Bügeln aufhören zu können. Als sie anfing, außer Haus zu arbeiten, ließ sie einige Dinge, beispielsweise Hemden, in der Wäscherei bügeln. Andere Dinge ließ sie einfach bleiben. An einem Wochenende ließ ihr Ehemann eine Bemerkung fallen, daß sie wohl faul geworden sein müsse. Sie wurde wütend: »Faul? Was meinst du damit? Ich habe einen Ganztagsjob, koche allein für uns, erledige die meisten Reinigungsarbeiten und alles andere!«

»Nun«, sagte er, »du schaffst es nicht zu bügeln.«

Zugegeben, es gab andere, offensichtliche Probleme in dieser Beziehung, die wie drohende Gespenster in obigem Gespräch lauerten. Das Endergebnis dieser Beziehung war, daß die Frau das Bügeleisen und das Bügelbrett aus dem Fenster warf und sich gelobte, nie wieder zu bügeln – wenigstens nicht für einen Mann! Jahre später äußerte sie in einer Sitzung mit mir, daß sie sehr an einer Beziehung interessiert sei. Wir untersuchten die beiden Horoskope und redeten gerade über Möglichkeiten, Stärken und Fallstricke, als sie fragte: »Können Sie mir sagen, ob er will, daß ich bügele?« Wir lachten beide. Der Himmel stehe dem Mann bei, falls er es vorgeschlagen hat. Ich riet ihr, mit ihm über dieses Thema zu sprechen, bevor es zu etwas anderem führte, und mit ihm über ihre Sorgen bezüglich der Wahrung einer Balance oder der Gleichheit innerhalb der Beziehung zu sprechen.

Andere, traumatischere emotionale Umstände können ebenfalls Narben hinterlassen und dazu führen, daß Sie in Situationen auf eine Weise zurückschrecken, die rational zunächst nicht nachzuvollziehen ist. Wenn dies geschieht, kann es sein, daß Sie es gerade mit alten Erinnerungen zu tun bekommen, die durch ein unglückliches, schwieriges oder ungelöstes emotionales Trauma aus der Vergangenheit ausgelöst werden. Frauen, deren Horoskop gespannte Saturn- und Plutoaspekte zu persönlichen Planeten aufweist, halten häufig viel hartnäckiger an der Vergangenheit fest. Wenn in Ihrem Horoskop die fixen Zeichen (Stier, Löwe, Skorpion oder Wassermann) betont sind, könnte es Ihnen ebenfalls schwerfallen, die Vergangenheit loszulassen.

Frühe Konditionierungen, die auf der Erzeugung von Angst, Scham oder Schuld basieren, hinterlassen ebenso ihre Spuren in Beziehungen, und sie können Verwirrung stiften. Wenn ein junges Mädchen in einem Zuhause groß wird, wo Scham und Schuld ständig dazu eingesetzt werden, um ihr Verhalten zu beeinflussen, dann wird sie sich als erwachsene Frau wahrscheinlich genau die gleichen Umstände in ihren Beziehungen aussuchen. Viele Leute schütteln den Kopf und fragen sich, wie jemand in einer Beziehung bleiben kann, in der es ständig zu Mißbrauch kommt. Dazu kommt es nur allzu leicht, wenn Sie nirgendwo sonst hingehen können und wenn Ihr Selbstwert so gering ist, daß Sie meinen, Sie verdienten es nicht besser.

Selbst wenn Sie nicht in diesen Extremen gefangen sind, finden Sie wahrscheinlich, daß Sie aufgrund früherer Umstände auf Ihren jetzigen Partner reagieren. Diese Reaktionen zu ändern muß einer bewußten Anstrengung entspringen. Die Vergangenheit loszulassen muß ebenfalls in bewußter Weise erfolgen, aber bevor Sie damit beginnen können, ist noch ein Schritt nötig. Sie müssen sich selbst die Erlaubnis geben, Ihre Verhaftung an eine alte Beziehung zu lösen.

Um sich in Beziehungen weiterzuentwickeln, ist es notwendig, die Vergangenheit loszulassen. Wenn Sie Probleme haben, werden sie immer da sein, aber es sind *Ihre* Probleme, und *Sie* müssen damit klarkommen. Viele Frauen hängen immer noch alten Lieben nach, als ob sie in irgendein heiliges Sammelalbum gehörten. Dieses emotionale Festhalten wird jede zukünftige Beziehung prägen, wenn die jetzige Beziehung beendet ist.

Falls es Ihnen überhaupt möglich ist, verabschieden Sie sich von Ihrem Ex, wenn Sie eine Beziehung beenden. Sehen Sie ihn bewußt an, und sagen Sie: »Lebewohl.« Und meinen Sie es auch. Danach tun Sie Ihre innere Arbeit. Lassen Sie Ihr Bedürfnis, weiter an ihn gebunden zu bleiben, los. In einem meiner Kurse über das Thema »Weibliches Wohlergehen« machte ich einige Vorschläge, um das Loslassen alter Beziehungen zu üben. In einer der besten Übungen, die mir eine Freundin vor Jahren beibrachte, geht es um das eigene Festhalten an einer alten Liebe.

Übungen zum Loslassen

Legen Sie sich an einem behaglichen Platz hin. Falls möglich, legen Sie sich im Freien hin, unter der Sonne oder dem Mond, auf eine Decke oder eine Luftmatratze. Atmen Sie tief, und lassen Sie soviel Spannung los, wie Sie nur können. Stellen Sie sich vor, daß Sie eingewickelt sind wie eine Mumie. Diese Umhüllung stellt Ihre Bindung an Ihren ehemaligen Liebhaber oder Partner dar. Bitten Sie um Hilfe, Führung und Beistand von Ihrem höheren Selbst, und falls Sie eine starke Verbindung zu spirituellen Führern oder Wesen fühlen, wie beispielsweise zu Engeln, oder eine besondere Verbindung zu Archetypen wie Astarte oder Isis haben, erbitten Sie deren Unterstützung. Beginnen Sie bei Ihren Füßen, fühlen Sie, wie sich die Bande lösen. Atmen Sie tief. Ihre Helfer lösen diese Verpackung sanft und Schritt für Schritt. Bleiben Sie währenddessen mit Ihren Gefühlen in Kontakt. Irgendwann erinnern Sie sich vielleicht an eine Berührung oder eine Liebkosung. Lassen Sie sie los. Wenn Ihr Körper ausgewickelt ist, empfinden Sie vielleicht einen tiefen Verlust oder eine tiefe Verletzung. Lassen Sie sie los. Wenn Sie weinen müssen, lassen Sie Ihre Tränen fließen. Wenn die gesamte Umhüllung entfernt ist, tragen Ihre Helfer sie zu einem Feuer und verbrennen sie. Erlauben Sie sich einige Minuten lang, zu entspannen und die Freiheit zu fühlen. Wenn Sie aufstehen, kommen Sie sorgfältig in Ihre gegenwärtige Wirklichkeit zurück. Duschen oder Schwimmen ist häufig eine gute Begleitung nach dieser Übung.

In einem anderen Kurs schlug ich eine Übung zum Loslassen alter Beziehungen oder einer Beziehung, die zu Ende geht, vor. Stellen Sie sich selbst und Ihren ehemaligen Liebhaber oder Partner vor, wie Sie gemeinsam auf ein Auto (oder Boot, wenn das besser paßt) zugehen. Bleiben Sie vor dem Auto stehen, und bitten Sie darum, daß das Auto mit dem schützenden Licht der bedingungslosen Liebe gesegnet sein möge. Wenden Sie sich Ihrem Partner zu, und sehen Sie ihm in die Augen. Sagen Sie ihm Lebewohl. Öffnen Sie die Autotür, geleiten Sie ihn hinein, und übergeben Sie ihm den Schlüssel. Dann sehen Sie zu, wie er wegfährt. Sie gehen davon und steigen in Ihr eigenes Fahrzeug ein, das geschützt und abgeschirmt ist, und gehen Ihrer eigenen Wege.

Im Kurs fragte eine Frau, ob sie all ihre alten Beziehungen auf einmal bearbeiten könne. Ich antwortete, daß es funktionieren könnte, wenn sie ein größeres Fahrzeug benutzen würde. »Nehmen Sie einen Lieferwagen oder einen Bus«, schlug ich vor, »und reihen Sie all Ihre alten Liebhaber auf, sagen Sie ihnen Lebewohl, lassen Sie sie in den Lieferwagen einsteigen und wegfahren.«

»Ein Lieferwagen wäre nicht groß genug«, sagte sie. »Kann ich einen Zug nehmen?«

Also verwenden Sie einen Zug, falls nötig!

Mit Konflikten umgehen

Konflikt gehört notwendigerweise zum Leben und tritt gewiß in jeder Beziehung auf. Manche Frauen (und auch Männer!) haben mir mitgeteilt, daß sie das Gefühl haben, Konflikt bedeute, daß etwas falsch läuft. Denn wenn Sie miteinander kämpfen, lieben Sie einander doch nicht, oder? Falsch! Gesunde, offene Konflikte können eine positivere Verbindung mit Ihrem Partner herbeiführen. Konflikte zu vermeiden kann Ihre Beziehung vergiften. Natürlich gibt es einen Unterschied zwischen Meinungsverschiedenheiten, verständlichem Ärger und niederschmetternden, quälend langen Kämpfen! Auch körperlicher und seelischer Mißbrauch qualifizieren sich nicht als gesunde Konflikte.

In einigen Beziehungen, in denen starke Marsenergie die Verbindung zwischen den Liebenden oder Partnern herstellt, treten Konflikte regelmäßig auf. Tatsächlich haben wir alle schon Beziehungen gesehen, die aus irgendeiner Art von Konflikt heraus zu entstehen scheinen, beispielsweise aus politischen Meinungsverschiedenheiten. Anziehung kann auch Konflikt hervorrufen. Das Risiko auf sich zu nehmen, mit jemandem überhaupt zusammenzukommen, bedeutet, innere Konflikte der einen oder anderen Art zu erleben, aber wenn es innerhalb einer Beziehung zu Konflikten kommt, gibt es Möglichkeiten, so mit ihnen umzugehen, daß die Beziehung davon profitiert.

Zunächst müssen Sie sich erlauben, Ihre eigenen Grenzen zu kennen, wenn es Ärger gibt und Sie wütend werden. Bringen Sie sich selbst bei, diese gewisse Grenze zu kennen, wenn Sie einen bestimmten Punkt erreichen und nicht länger vernünftig sein oder ein vernünftiges Gespräch weiterführen können. Verabreden Sie mit Ihrem Partner, daß Sie beide es respektieren werden, falls einer von Ihnen um eine »Auszeit« bittet, um sich abzukühlen. Dazu beizutragen, daß ein Konflikt weiter eskaliert, kann zu schweren Problemen führen, falls Sie nicht wissen, wie Sie aufhören können. Sie müssen auch vereinbaren, daß Sie auf das Schlachtfeld zurückkehren und gemeinsam untersuchen werden, was passiert ist. Konflikte ungelöst zu lassen funktioniert nicht. Sie werden irgendwann von selbst wieder auftauchen, falls Sie es versäumen, sie anzusprechen und zu lösen.

Eine der besten Übungen, die ich mit meinen Klienten einsetze, um aufmerksamer auf Konflikte zu reagieren, ist recht einfach. Sie brauchen dazu nur zwei Stühle, dicht voreinander gestellt. Setzen Sie sich einander gegenüber auf die Stühle, und rücken Sie sie so dicht zueinander, daß sich Ihre Knie berühren. Dann fangen Sie an, darüber zu reden, was Sie vor allem aufgeregt und verletzt hat. Jedesmal, wenn Sie wütend werden, stellen Sie sicher, daß Sie einander noch berühren. Tauchen Sie wirklich in den Konflikt ein. Im Laufe des gesamten Prozesses darf keiner von Ihnen dem anderen die Schuld zuschieben. Sie können Ihre Ängste, Frustrationen und Ihre Wut zum Ausdruck bringen, aber Sie müssen bei Ihren eigenen Gefühlen bleiben. Häufig entdecken Paare, daß ihre Aufregung aus mangelndem Verständnis resultiert oder daß das Maß der Aufregung in keinem Verhältnis zur Größe des Anlasses mehr steht.

Zu Ihrem Zorn, Ihrem Ärger oder Ihrer Frustration stehen

Frauen vermeiden häufig Konflikte und unterdrücken ihren Ärger. Botschaften wie: »Es ist nicht nett, Ärger / Wut / Zorn zu zeigen« oder »es ist nicht spirituell, wütend zu werden« sind sowohl nutzlos als auch destruktiv. Welche Gefühle Sie auch immer haben mögen, sie sind nun mal da. Diese Gefühle gehen nicht einfach davon weg, daß Sie sich selbst einreden, sie würden gar nicht existieren. Frustration, Ärger oder Zorn, den Sie nicht zum Ausdruck bringen, wird emotional und spirituell gesehen zu Gift. Das kann nicht nur eine gesunde Beziehung schädigen, sondern es kann auch Sie selbst verletzen. Die Lösung besteht darin, eine Möglichkeit zu finden, jene Gefühle auszudrücken, was weit weniger destruktiv ist. Wenn Sie frustriert, ärgerlich und zornig sind, dann sind Sie in Kontakt mit Ihrer Mars-Energie – und mit Mars geht es darum, aktiv zu werden! Sie mögen keine Wahl haben, die Gefühle sind nun mal da, aber Sie können entscheiden, wie Sie sie zum Ausdruck bringen. In extremen Fällen von Ärger oder Wut suchen manche Menschen sich eine Möglichkeit, um die Energie einzusetzen, so daß diese ihr Leben nicht auf zerstörerische Weise auffrißt. Zum Beispiel setzen sich manche Verbrechensopfer, die gelitten haben und empört sind, dafür ein, daß Gesetze geändert werden oder daß deren Durchsetzung verbessert und dadurch für einen besseren Schutz gesorgt wird. So motiviert sie ihre Wut dazu, selbst aktiv zu werden.

Wenn Sie Ärger oder Zorn zurückhalten, könnte es Ihnen passieren, daß Sie in Situationen ärgerlich werden, wo Ärger unangebracht ist. Wenn Sie begründeten Ärger empfinden, dann haben Sie auch das Recht, diesen zu zeigen, und Sie sind sich selbst gegenüber dazu verpflichtet, ihn auf irgendeine Weise zum Ausdruck zu bringen.

Ich habe Hunderte von Umständen gesehen, wo Frauen an irgendeinem Punkt in ihrer Vergangenheit mißbraucht worden sind und nicht in der Lage waren, ihren Zorn darüber auszudrücken. Dieser Zorn kann wie ein Magnet wirken und einen Partner anziehen, der ebenfalls zornig ist, der aber seine Wut an Ihnen ausläßt. Diese Situationen können äußerst unberechenbar sein und zerstörerisch werden, es sei denn, einer der Partner oder beide entscheiden sich dafür, ihre Gefühle ehrlich auszusprechen und sie dadurch heilsam zu kanalisieren.

Das Gleichgewicht zwischen den *Zuständen* (kardinal, fix und veränderlich) der Elemente in Ihrem Horoskop kann Sie darüber ins Bild setzen, welche Ausdrucksform Ihnen am »angenehmsten« ist. Mit einer Betonung des kardinalen Zustandes (Widder, Krebs, Waage und Steinbock) werden Sie wahrscheinlich die Sache in die Hand nehmen und die Dinge, die getan werden müssen, einfach tun (und dabei ungeduldig sein!) und Veränderungen initiieren, die Raum für Wachstum geben. Mit einer Betonung des fixen Zustandes

(Stier, Löwe, Skorpion oder Wassermann) können Sie bis in alle Ewigkeit ausharren, Ihre Probleme für sich behalten (oder sogar zulassen, daß diese Probleme Sie irgendwann unter sich begraben). Möglicherweise erlauben Sie Ihren eigenen sturen Verhaltensweisen sogar, daß sie Ihnen selbst im Wege stehen! Mit einer Betonung des veränderlichen Zustandes (Zwillinge, Jungfrau, Schütze und Fische) fühlen Sie sich mit der Vorstellung von Übereinstimmung, von allgemeiner Zustimmung und Kompromissen wohl und arbeiten vielleicht sogar gerne an Problemlösungen.

Ein weiterer Umstand, der ebenfalls allzu oft auftritt, betrifft den »typischen« Austausch zwischen Männern und Frauen. Frauen erlauben ihren Männern, Aggression, Ärger und Macht/Kraft (Sonne und Mars) auszudrücken. Männer erlauben ihren Frauen, Zärtlichkeit, Emotionalität und Feingefühl (Mond und Venus) zu artikulieren. Wir wissen alle, daß dieses Modell nicht funktioniert, aber es durchdringt sogar die bewußtesten Beziehungen in irgendeiner Form. Vielleicht fällt es dem einen Partner leichter, bestimmte Emotionen zum Ausdruck zu bringen – schließlich haben wir ja alle unsere Stärken und Schwächen. All Ihre Gefühle anzuerkennen und zu ihnen zu stehen ist ein guter erster Schritt auf dem Weg zum Ganzwerden, und es ist ein äußerst wichtiger Bestandteil einer auf Wachstum ausgerichteten Beziehung.

Machtkämpfe: Kontrolle, Sex und Geld

Ein vernünftiges Kräftegleichgewicht innerhalb einer Beziehung ist eine große Leistung. In manchen Beziehungen gibt es eine stark einseitige Kräfteverteilung, bei der der eine Partner alles in die Hand nimmt, das Sagen hat und alles bestimmt. Der andere Partner (der sich ständig wie eine Unperson fühlt) nimmt die Befehle entgegen, sehnt sich nach Anordnungen und stellt die Autorität niemals in Frage. Das ist das Modell einer ungesunden Kräfteverteilung.

Es ist kein Zufall, daß Waage das Zeichen mit der Affinität

für Partnerschaften ist. In seiner höchsten Ausdrucksform erlaubt dieses Zeichen kontinuierliche Veränderungen innerhalb des Gleichgewichts der Kräfte. Wenn das Gewicht auf der einen Seite eines Problems die Waagschale sinken läßt, dann muß die andere Seite des Problems angesprochen werden. Bei einer echten Waage-Qualität kommt es nur selten vor, daß die Waagschalen stillstehen. Der Akt des Ausbalancierens geht ununterbrochen vor sich, weil die Umstände und die Energie sich ebenfalls ständig verändern. In ihrer negativen Form kann die Waage so scheinen, als hielte sie eine Balance nur der Form halber und um den Schein zu wahren, ohne sie wirklich ganz zu erreichen. Dies entspricht dem Verhalten einer Person, die um des lieben Friedens willen zustimmt. Auch in Ihrem Horoskop steht irgendwo das Zeichen Waage, daher werden Sie dieses Verhalten wahrscheinlich in einem bestimmten Lebensbereich von sich selbst kennen. Wenn es in Ihrem Horoskop schwierige Aspekte zu Venus und/oder zu Mars gibt, könnten Sie auch diejenige sein, die besänftigt und beschwichtigt, wodurch die unvermeidliche Konfrontation mit der Wahrheit letztendlich nur aufgeschoben wird. In einer funktionierenden Partnerschaft müssen beide Seiten geben und nehmen.

In einer Beziehung zwischen zwei Einzelpersonen besteht das Ideal darin, daß jeder durch die Partnerschaft eine positive Bestätigung der eigenen Autonomie erfährt. Sie haben wahrscheinlich gelernt, daß es nicht funktioniert, wenn Sie versuchen, alles in zwei Hälften zu »teilen«. Vielleicht verfügen Sie über einige Fertigkeiten oder Stärken, die Ihr Partner nicht besitzt, wie auch umgekehrt. Im Reich der Kontrolle ist das Streben nach dem Ideal des »Gleichgewichts der Kräfte« beinahe eine Voraussetzung, wenn eine Beziehung überleben und gedeihen soll.

Negative Kontrolle resultiert häufig aus den Gefühlen von Mangel oder Verlust, die ein Mensch empfindet, und diesen Gefühlen liegen gewöhnlich Ängste zugrunde. Saturn, Pluto und Mars in ihren ungünstigsten Ausdrucksformen wirken durch negative Kontrolle: Versuche, einem anderen Ihren

Willen aufzuzwingen. Wenn Sie diejenige sind, die negative Kontrolle ausübt, halten Sie einen Moment inne. Was fürchten Sie zu verlieren? Was würde passieren, wenn Sie einem anderen Menschen erlaubten, die Dinge auf seine eigene Weise zu tun? Können Sie Ihre eigenen persönlichen Grenzen aufrechterhalten? Manchmal üben Sie vielleicht Kontrolle aus, weil Sie keine eigenen Grenzen gesetzt haben oder weil Sie nicht wissen, wie Sie diese wahren sollen!

Wenn Sie ein Opfer negativer Kontrolle werden, dann gilt es für Sie, eine Reihe anderer Fragen zu beantworten. Was gewinnen Sie dadurch, daß Sie einem anderen Menschen erlauben, Macht über Sie zu haben? Könnte es vielleicht sein, daß Sie nicht wissen, wie Sie Verantwortung für sich selbst übernehmen sollen (oder daß Sie sie nicht übernehmen wollen)? Woraus beziehen Sie Ihre Sicherheit?

Um eigenmächtig zu handeln, müssen Sie zuerst erkennen, daß niemand anders Macht über Sie hat! Vielleicht halten Sie unbewußt Ihre eigene Kraft verborgen oder vielleicht haben Sie eine Erfahrung gemacht, in der sie Ihnen genommen zu werden schien. Aber Sie *können* diese Macht erlangen. Es braucht nur Übung, Geduld und inneren Mut. Kleine Schritte sind der beste Anfang. Beginnen Sie, indem Sie wieder in den Spiegel schauen. Sagen Sie sich selbst, daß Sie eine ehrliche, offene Beziehung verdienen, und daß Sie damit beginnen werden, ehrlich zu sich selbst zu sein.

Häufig kommt es im Schlafzimmer zu Machtkämpfen. Um sich einer sexuellen Begegnung mit einem anderen Menschen öffnen zu können, braucht es ein gewisses Maß an Verletzlichkeit. Da Frauen heute offener über ihre sexuellen Bedürfnisse und Wünsche sprechen, sind die alten Vorstellungen über Sexualität so gut wie nutzlos. Lange Zeit hindurch bestand die einzig akzeptierte Form einer sexuellen Begegnung darin, daß ein Mann die Führung übernahm, seine Wünsche erfüllte und die Frau lediglich passiv blieb. Das ist nicht nur ein trauriges Bild, es ist auch ziemlich langweilig. Dieses Modell (und auch andere innerhalb der patriarchalischen Gesellschaft) ermöglichte es Männern, Frauen auszunutzen und zu mißbrauchen, und es hielt Frauen in der Opferrolle. Ein extremes Beispiel einer gescheiterten sexuellen Beziehung ist sicherlich Lorena Bobbitt (Anmerkung: L. Bobbitt hatte ihrem Mann, dem US-Soldaten John Wayne Bobbitt, den Penis abgeschnitten). Während Pluto von 1984 bis 1995 durch Skorpion lief, war, was den Sex anging, sehr wenig für die kollektive Phantasie übriggeblieben, weil einfach alles bereits möglich war. Da sich nun die Türen geöffnet haben – inwiefern wird sich das Wesen sexueller Beziehungen verändern? Bedenken Sie, daß auch Sie aktiv an dieser Geschichtsschreibung teilnehmen.

Eine sexuelle Begegnung, in der beide Partner sich einander hingeben, ermöglicht es Ihnen, einen Grad der Intimität mit einem anderen Menschen zu erreichen, der Ihre Bindung stärkt. Es ist ein Teil der Alchemie der Liebe. Sex ist nicht ein Gefallen, den man jemandem erweist oder vorenthält als eine Form der Erpressung. Es ist, unter anderem, eine Form der Kommunikation. Aber Sex kann Teil eines Machtspiels sein und wird häufig sowohl von Männern als auch von Frauen so wahrgenommen. Wenn Sie wütend sind, benutzen Sie Sex vielleicht auf irgendeine Weise als Teil Ihrer Rachepläne.

Geldprobleme sind eine andere Form des Machtkampfes. In der Astrologie hängt der Bereich Ihres Horoskops, der etwas über gemeinsame Ressourcen aussagt, auch mit Sex zusammen. Sicherlich haben auch Sie schon Kämpfe gefochten, die diese Zusammenhänge verdeutlichten? Ihr Sexleben leidet darunter, wenn es um Ihre Finanzen schlecht steht. Paare, die sich und alles andere freudig auf jeder Ebene miteinander teilen, können größere Fülle kreieren. Sind auf irgendeiner Ebene Blockierungen vorhanden, so sickern diese in alle Elemente einer Beziehung ein – finanzieller Wohlstand (oder das Fehlen finanziellen Wohlstands) eingeschlossen. Wie oft haben Sie ein junges Paar gesehen, arm wie die Kirchenmäuse, die einander von ganzem Herzen lieben. Sie denken bei sich, daß junge Liebe all das ändern wird und die Dinge irgendwie wenden wird. Dieser Mythos ist nicht falsch. Es ist eine universelle Wahrheit: Wo Liebe miteinander geteilt und genährt wird, wachsen auch alle anderen Dinge!

Die Kontrolle der Finanzen innerhalb einer Beziehung kann keine Einbahnstraße sein, anderenfalls leidet die Beziehung. In vorehelichen Beratungen von Klienten sind finanzielle Angelegenheiten ebenso wichtig wie Diskussionen über Liebe, Familienplanung, spirituelle Belange, körperliche Anziehung und andere Faktoren, die eine Rolle in einer verbindlichen Beziehung spielen. In den frühen Stadien einer Ehe empfehle ich Paaren immer, drei Bankkonten einzurichten – eines für jeden einzelnen und ein gemeinsames Konto, besonders wenn beide Partner arbeiten. (Nein, ich arbeite nicht für eine Bank!) Die Art, wie mit diesen Konten umgegangen wird, sollte diskutiert und geplant werden. Geheimnisse und unredliche Planungen funktionieren nicht. Sollten solche Dinge nötig sein, dann gibt es innerhalb der Beziehung ein Problem mit dem Vertrauen. Ein Mensch kann allein nicht die Last der finanziellen Verantwortung tragen, wenn es um zwei Menschen oder eine ganze Familie geht. Sogar wenn nur ein Partner eine Anstellung hat, sollten Entscheidungen über Ausgaben, die die Partnerschaft oder Familie betreffen, gemeinsam besprochen werden, um ein bestmögliches Ergebnis zu erzielen. Wichtige finanzielle Einzelheiten zu verbergen kann Symptom für ein tieferliegendes Problem sein. Vielleicht ist es kein großes Problem, aber Sie müssen es wenigstens zur Kenntnis nehmen, wenn es eines gibt.

Eifersucht

Eifersucht hängt eng mit Machtkämpfen in intimen Beziehungen zusammen. Häufig kommt es zu Eifersucht, wenn die Kernverbindung in einer Beziehung ausgehöhlt und die Vitalität der Beziehung selbst untergraben ist. Dann kann alles, was die Integrität Ihrer Verbindung gefährdet, wie eine Bedrohung erscheinen. Wenn Sie Eifersucht empfinden, befinden Sie sich zwangsläufig in einem Kampf mit sich selbst. Im Kern geht es um Ihr Selbstwertgefühl.

Eifersucht kann auftauchen, wenn eine Beziehung auf einem schwachen Fundament gebaut ist, besonders wenn Sie das Gefühl haben, daß Sie den Erwartungen Ihres Partners niemals ganz gerecht werden können. Wenn Sie dann mit einer Situation konfrontiert werden, in der Ihr Partner mehr an jemand anders oder an etwas anderem interessiert zu sein scheint, fangen Sie an, sich unsicher zu fühlen. Manchmal ist ein ziehender Schmerz vor Eifersucht ein guter Hinweis darauf, daß Sie vielleicht etwas an Ihrer eigenen Selbstbewertung arbeiten sollten, und es zeigt vielleicht nicht an, daß irgend etwas in Ihrer Beziehung falsch läuft. Wenn Sie jedoch ständig das Gefühl haben, daß Sie konkurrieren oder besonders hart arbeiten müssen, damit Ihr Partner nicht das Interesse an Ihnen verliert, dann ist es Zeit, sich die Beziehung genauer anzusehen und zu untersuchen, inwieweit diese Beziehung Ihren eigenen Wert unterstützt und fördert. Wenn Sie die Beziehung zu einer Zeit eingegangen sind, in der Sie sich persönlich an einem Tiefpunkt befanden, und damals merkten, daß Ihr Partner Ihnen eine große Hilfe war und Ihnen positive Unterstützung gab, dann könnte es sein, daß Sie Ihren Partner als Krücke für Ihren eigenen Selbstwert benutzen.

Auch das Gegenteil kann zutreffen. Ich berate häufig Frauen, die sich darüber beklagen, daß sie die gesamte Arbeit allein getan haben, was Ermutigung, Unterstützung und auch Verständnis anging, um ihrem Partner dabei zu helfen, sich zu entwickeln, nur um schließlich mit ansehen zu müssen, wie er sie später verließ. »Ich habe das Gefühl, als hätte ich ihn für seine nächste Beziehung gut vorbereitet«, ist keine seltene Aussage. Wenn Sie eine Reihe von Beziehungen hinter sich haben, in denen sich dieses Thema wiederholte, dann arbeiten Sie gerade darauf hin, einen Preis für Co-Abhängigkeit verliehen zu bekommen. Ihr Horoskop weist vielleicht starke Einflüsse von Mond, Venus oder Neptun auf, wodurch es Ihnen schwerfallen könnte, sich auf gesunde Weise abzugrenzen. Möglicherweise fällt es Ihnen auch schwer, Ihre eigene Sonne und Ihren Mars zum Ausdruck zu bringen. Damit meine ich, daß Sie möglicherweise Durchsetzungsfähigkeit, starken Willen und persönliche Stärke auf den Mann in Ihrem Leben projizieren, sich aber nicht wohl damit fühlen, diese Eigenschaften als Ihre eigenen Anteile anzunehmen. Zu einer gesunden Beziehung gehört normalerweise auch Unterstützung, und das beinhaltet, daß in manchen Zeiten der eine Partner der Stärkere zu sein scheint, während der andere auf die Füße kommt. Idealerweise kann sich das Blatt auch wenden, und die Beziehung gedeiht immer noch.

Eifersucht kann auch innerhalb einer Beziehung zwischen Partnern auftreten. Es ist nicht ungewöhnlich, daß ein Mann eifersüchtig ist, wenn seine Frau oder seine Liebhaberin finanziell erfolgreicher oder selbstsicherer ist. Auch Sie könnten eine Art von Eifersucht empfinden, besonders wenn Sie denselben Beruf ausüben oder im gleichen Bereich tätig sind. Eines der besten Heilmittel für diese Gefühle ist es, daran zu arbeiten, positive persönliche Durchsetzungsfähigkeit zu entwickeln – zu beginnen, Ihre eigene Mars-Energie zu nutzen, um Ihre persönlichen Ziele zu erreichen.

Falls Eifersucht auftritt, weil Sie sich von etwas oder jemandem außerhalb Ihrer Beziehung bedroht fühlen, konzentrieren Sie sich auf die Bereiche, in denen Sie sich verletzlich fühlen. Fragen Sie sich, was Sie in diese Bereiche investiert haben. Finden Sie heraus, was Sie tun können, um den Druck zu lindern, den Sie sich selbst gemacht haben, indem Sie versuchten, diese Ansprüche zu befriedigen. Konzentrieren Sie sich statt dessen darauf, ein Gefühl von größerer Selbstannahme zu erzeugen. Füllen Sie sich mit der Energie und Lebenskraft der Liebe, was nicht nur persönlich befriedigend, sondern auch äußerst attraktiv ist!

Die Evolution der Liebe

Eine enge, intime Beziehung betrifft nicht nur das Leben und die Energien der beteiligten Menschen, sondern entwickelt auch ein Eigenleben. Wir erwarten Veränderungen in unseren Beziehungen mit unseren Kindern, weil sie wachsen und im Laufe ihrer unterschiedlichen Entwicklungsphasen auch unterschiedliche Dinge von uns brauchen. Der Prozeß des Bemutterns ist tatsächlich ein Prozeß persönlicher Evolution für die betreffende Frau und das betreffende Kind oder die Kinder. Es ist eine lange Reise, sich von der Rolle einer Frau, die absolute Unterstützung gibt und intensive Liebe schenkt, weiterzuentwickeln zu der Erfahrung, ein Kind hinaus in die Welt zu schicken. Doch Ihre Beziehungen mit Geliebten und Partnern entwickeln sich ebenso und verändern sich im Laufe der Zeit. Viele Paare machen sich jedoch Sorgen, weil einige der Veränderungen die Qualität oder Leidenschaft innerhalb der Beziehung zu verringern scheinen.

Als Astrologin zeichne ich den Verlauf einer Beziehung gewöhnlich dadurch nach, daß ich die astrologischen Indikatoren untersuche, die es in den Horoskopen der beiden Menschen gibt, und das Horoskop der Beziehung selbst. Die Techniken des *Composits* und des *Combins* sind sehr nützlich, und ich versuche auch, die Daten wichtiger Ereignisse in einer Beziehung zu bekommen, um die Horoskope daraufhin zu untersuchen. Das Horoskop der ersten Begegnung ist immer wichtig, ebenso wie das Horoskop einer Heirat. Es handelt sich um Techniken, die ich an dieser Stelle nicht näher erläutern werde, mit denen Sie sich aber vielleicht näher beschäftigen möchten. Von diesen »Kern«-Horoskopen ausgehend, die die Energiegrundlage der Beziehung aufzeigen, erforsche ich anschließend die Zyklen, die im Laufe einer Beziehung auftreten. Es ist immer wieder faszinierend, Veränderungen – wie die Entscheidung, zusammenzuleben; Heirat, Geburt von Kindern, Kauf eines Hauses etc. – mit den Zyklen einer Beziehung zu verknüpfen. Aber die erhellendsten Faktoren betreffen die »inneren« Veränderungen, die in einer Beziehung vor sich gehen. Lieben ist kein statischer Prozeß. Dazu gehören Phasen starker Aktivität, ungeduldiges Warten, leidenschaftliche Umarmungen, kühle Distanz, angenehme Nähe und vieles mehr. All diese Veränderungen färben und strukturieren die Beziehung.

So wie Sie selbst auf persönlicher Ebene heranreifen, machen auch Ihre Beziehungen einen Reifeprozeß durch. In der Astrologie ist alles mit *Zyklen* verbunden. Die Idee eines Zyklus besteht darin, daß er sich an einem bestimmten Punkt selbst wiederholt. Manche Zyklen wie der von Saturn dauern lange. Er braucht 29 Jahre, um einen Zyklus zu vollenden. Andere, wie der des Mondes, wiederholen sich alle 29 Tage! Doch durch jeden dieser sich wiederholenden Zyklen gewinnen wir eine andere Perspektive. Unser erster Blick auf eine Beziehung ruft einen Eindruck hervor, gibt jedoch nur selten ein umfassendes Bild. Es braucht die Erfahrung von Zeit, die Wiederholung von Zyklen, um dieselbe Sache mit anderen Augen zu sehen.

Eines der schönsten Dinge an der Astrologie war für mich das Wissen um die sich verändernde Perspektive. Ich habe Zyklen kommen und gehen sehen, für mich selbst und für meine Klientinnen und Klienten. Im Prozeß wird etwas Neues hinzugefügt, jedesmal, wenn etwas »Altes« sich wiederholt. Eine gesunde Beziehung wird wachsen, sich verändern, reifen und sich wandeln. Manchmal enden Beziehungen durch Trennung, Scheidung oder Tod, aber als Frau haben Sie und ich gelernt, daß, auch wenn wir uns verändern, immer bleibt, was in den Stoff unserer Seelen eingewoben wurde. Ungeachtet dessen, wie eine Beziehung endet oder sich wandelt, das Erwachen, daß Sie durch die Beziehung erlebten, hat Ihr Selbstgefühl verändert, und das ist, was bleibt. Wieder einmal sind Sie und ich zum Ausgangspunkt zurückgekehrt. Nehmen Sie sich selbst in die Arme.

Madalyn Hillis-Dineen
Über das Single-Sein:
Die Entscheidung, ich selbst zu sein

Während wir uns einem neuen Jahrtausend nähern, leben immer mehr Frauen ihr ganzes Leben lang oder auch nur einen Teil davon als Single. Ganz gleich, ob sie sich diese Lebensform aus vollem Herzen selbst gewählt haben oder ob sie ihnen durch die äußeren Umstände aufgezwungen wurde – all diese Frauen sehen sich ähnlichen sozialen, ökonomischen und psychologischen Herausforderungen gegenüber. Wenn Sie den Statistiken glauben, werden die meisten wahrscheinlich Single bleiben. Tatsächlich ist die Wahrscheinlichkeit, daß eine 40jährige Frau noch heiratet, angeblich ungefähr genauso hoch wie die, von einem Terroristen entführt zu werden. Auf das Risiko hin, ein bißchen wie Dan Quayle zu klingen: Es ist nicht so leicht, die Herausforderungen des Alleinlebens zu bestehen (mit oder ohne Kinder), wie Murphy Brown, eine amerikanische TV-Serien-Heldin, es aussehen läßt. Wenn Sie es nicht glauben, verbringen Sie doch mal einige Zeit dort, wo Frauen sich versammeln, und hören Sie sich an, was sie zu erzählen haben.

Wir denken gerne, daß wir aufgeklärt sind und daß wir in einer Gesellschaft leben, die eine Vielzahl unterschiedlicher Lebensstile toleriert. Schließlich leben wir in den neunziger Jahren – es ist keine Schande mehr, als Single zu leben. Während Redewendungen wie »alte Jungfer« oder »älteres Fräulein« aus unserem Vokabular verschwunden sein mögen, definieren viele von uns den Wert einer Frau immer noch anhand ihrer Beziehung zu Männern. Obwohl sich die Einstellung der Gesellschaft gegenüber der Institution der Ehe – wenn auch langsam – verändern mag, haben sich unsere unbewußten Einstellungen bezüglich der Beziehungen zwischen Männern und Frauen bis jetzt erst wenig geändert. Falls das nicht zutreffen sollte, warum gibt es dann immer noch so viele verheiratete und unverheiratete Frauen, die bereit sind, in seelisch, ganz zu schweigen von körperlich mißbräuchlichen Beziehungen zu bleiben, anstatt dem Tag ohne einen Mann an ihrer Seite gegenüberzutreten?

Viele Frauen glauben, daß sie Single sind, einfach weil sie anscheinend nicht den Richtigen finden können – Sie wissen schon, jenen einen verheirateten Mann, der seine Frau verlassen *wird*. Wie viele Frauen sind von einem unerreichbaren oder distanzierten Mann zum anderen gegangen, gefangen in einem endlosen Zyklus aus Hoffnung und Verzweiflung? Sie scheinen sich an Beziehungen festzuklammern, die einer Berg-und-Tal-Fahrt ähneln und sie abwechselnd in schwindelerregende Höhen tragen und in tiefe Abgründe stürzen lassen – manchmal innerhalb einer Woche, eines Tages oder auch nur einer Stunde. Tatsächlich gibt es den nie endenden Glauben, daß *diese* Beziehung anders sein wird, worauf dann wieder das übliche damit verbundene Schamgefühl und die gewohnte Qual folgt, wenn sich herausstellt, daß es einfach nur eine weitere Variation desselben Themas war: Sie haben alles mit ihm gemeinsam, aber er lebt 3000 Meilen entfernt. Oder er ist Ihr Nachbar, aber er ist exzentrisch, emotional distanziert und nur an Ihnen interessiert, wenn Sie nicht an ihm interessiert sind. Er ist geschieden, aber seine Ex-Frau besitzt ihn noch immer – emotional und auch finanziell gesehen –, und er hat dieses ganze Beziehungszeug sowieso schon satt. Er ist Ihr Seelengefährte, Ihre einzige, wahre Liebe, aber Sie können aus dem einen oder anderen tragischen Grund nicht zusammensein, was Ihre Beziehung mit ihm ganz besonders verführerisch macht, denn die Illusion von Perfektion bleibt dadurch erhalten.

Manche Frauen finden sich plötzlich durch Scheidung oder Witwenschaft als Single wieder. Viele von ihnen kämpfen, und zwar täglich, mit der finanziellen Unsicherheit und der emotionalen Angst, die es bedeutet, allein zu leben. Das gilt ganz besonders, wenn eine Frau zum ersten Mal Single ist. Manche leben vielleicht zum allerersten Mal allein. Selbst wenn eine Frau in ihrer Ehe finanzielle Not oder Zeiten der

Einsamkeit erlitten haben mag, stellt allein die Tatsache, nun Single zu sein, eine neue Schwierigkeit in ihrem Leben dar.

Denken Sie an den Kinofilm »Eine entheiratete Frau«. Er zeichnet nach, wie eine frisch geschiedene Frau den Prozeß durchläuft, Single zu werden – von ihrem anfänglichen Zorn und ihrem Groll bis hin zu dem Moment, in dem ihr eigenes phantastisches Selbst auftaucht. Indem sie sich selbst kennenlernt und ihre eigene Wahl trifft, kommt sie mit einer inneren Stärke in Kontakt, von der sie bis dahin gar nicht wußte, daß sie sie besitzt, aber die Menschen um sie herum, einige ihrer Freundinnen eingeschlossen, wissen nicht genau, wie sie darauf reagieren sollen. Nach einer Scheidung oder einem Todesfall erleben viele Frauen, die wieder als Single leben, Veränderungen in ihren Freundschaften. Manche Freundschaften enden sogar. Warum tun wir das einander und uns selbst an? Manche von uns halten wirklich die Männer für den Feind.

Die Welt von Selbstzweifel, Einsamkeit und Angst ist jedoch nicht nur die Domäne der »Singles wider Willen«. Sogar die aufgeklärtesten Karrierefrauen, die ihr Leben als Single selbst gewählt haben, ertappen sich manchmal dabei, daß sie ihre Entscheidung in Frage stellen, und als ob ihre eigenen ökonomischen und emotionalen Belastungen nicht schon genug wären, sind sie auch noch häufig gutgemeinten, aber verletzenden Kommentaren von Familie und Freunden ausgesetzt. »*Ich möchte einfach, daß du häuslich und glücklich wirst, bevor ich sterbe.*« (Versteckte Botschaft: »Du brauchst einen Mann, der auf dich aufpaßt. Du bist nicht in der Lage, auf dich selbst aufzupassen, und du kannst dich wahrscheinlich nicht vollkommen fühlen und glücklich sein, wenn du allein bleibst.«) »*Du hast so viel zu bieten. Warum hat dich nicht schon längst irgendein netter Kerl geheiratet?*« (Versteckte Botschaft: »Du hast eine Menge zu tun, aber wirklich wertvoll bist du erst, wenn ein Mann es dadurch bestätigt, daß er dich will.«) »*Na gut, du hast wirklich keine Zeit für eine Beziehung. Du gehst ja so in deiner Arbeit auf.*« (Versteckte Botschaft: »Bist du frigide, einfach selbstsüchtig oder emotional schon zu sehr gestört, als daß du dein Leben noch mit jemand anderem teilen könntest?«) Aufgrund der immer noch weitverbreiteten Annahme, daß keine Frau sich aus freiem Willen dafür entscheidet, unverheiratet zu bleiben, und daß deshalb mit ihr etwas nicht stimmen kann, ist es auch heute noch beinahe unmöglich – außer für die besonders Tapferen –, sich offen und unbeeindruckt für das Alleinleben zu entscheiden. Also wird sich auch die selbstsicherste, selbstbewußteste und unabhängigste Frau unvermeidlich fragen – und sei es auch nur für einen Moment –, ob ihr Leben nicht tatsächlich besser sein würde, wenn sie die Hälfte eines Paares wäre statt als ganze Person allein zu leben.

Natürlich ist das Leben als Single nicht nur Schmerz und Leiden, besonders wenn eine Frau in Kontakt mit den Möglichkeiten kommt, die in ihr selbst liegen. Vielleicht ist dies der Grund, daß so viele von uns heutzutage allein leben – um die Freude zu erfahren, uns selbst zu entdecken. Sogar die Single-Frauen, die nur widerwillig allein leben, erkennen oft, daß ihnen ihre innere Kraft, Schönheit und Stärke immer deutlicher wird, je länger sie allein leben. Je mehr Sie sich selbst erkennen und je mehr Sie sich schätzen lernen, desto unterscheidungsfähiger sind Sie wahrscheinlich auch im Hinblick auf die Qualität Ihrer Beziehungen. Unglücklich mit einem Mann zusammenzuleben ist keine akzeptable Alternative mehr, wenn eine Frau erst einmal glücklich mit sich selbst ist. Wenn eine Frau die Kontrolle und die Verantwortung für ihr eigenes Leben übernimmt, wird es unmöglich für sie, Beziehungen einzugehen, die nicht auf gegenseitigem Respekt aufbauen und in denen nicht die persönliche Autonomie beider Partner gefördert wird.

Wenn Sie die Horoskope allein lebender Frauen untersuchen, scheint das Bedürfnis, sich selbst zu bestimmen, allen gemeinsam zu sein. In Horoskopen von Frauen, die sich offen und enthusiastisch dafür entscheiden, allein zu leben, sind gewöhnlich die männlichen oder aktiven Energien besonders betont. Achten Sie darauf, ob Sonne, Mars, Saturn und/oder Pluto stark gestellt sind. Häufig stehen die weiblichen Planeten, Mond und Venus, in Feuer- und Luftzeichen. Die Horoskope dieser Frauen scheinen unpersönlicher und auf Arbeit oder Dienst ausgerichtet zu sein und eine Art Jungfrau/Wassermann-Tönung zu haben. Sie werden jedoch häufig Faktoren finden, die darauf hinweisen, daß in den Horoskopen von Frauen, die gewissermaßen ungern Single sind, Konflikte zwischen dem Bedürfnis nach Raum und dem Bedürfnis nach Intimität bestehen. Die weiblichen Zeichen können stärker betont sein, aber normalerweise gibt es auch eine stark saturnische und/oder uranische Färbung. Sie haben sich vielleicht nicht bewußt dafür entschieden, als Single zu leben, aber ihr Verhalten und die Wahl ihrer Beziehungen sagen gewöhnlich etwas anderes aus. Häufig ist es gerade das Fehlschlagen von Beziehungen, das sie dazu drängt, Unabhängigkeit, eine erfolgreiche Karriere und größere Selbstachtung zu entwickeln.

Es überrascht nicht, daß das Horoskop einer der Leitfiguren der modernen feministischen Bewegung, Gloria Steinem, ein wunderbares Beispiel für die Dominanz aktiver, männlicher Energien gibt. Sie hat einen Skorpion-Aszendenten, und dessen Herrscher Mars steht in Konjunktion zu Sonne in Widder im fünften Haus. Ihr Mond in Löwe im neunten Haus bildet ein Trigon zu dieser feurigen Kombination. Venus steht in Konjunktion mit Saturn in Wassermann, und beide nehmen den IC in ihre Mitte. In diesem Horoskop deutet nur wenig auf jene Art emotionaler Erfüllung hin, die man traditionell gesehen in einer Ehe findet. Tatsächlich beschreibt es statt dessen treffend und präzise, wer sie ist – Verlegerin, Autorin und Vorkämpferin für die Gleichberechtigung von Frauen und Männern.

Im Gegensatz dazu können wir uns das Horoskop von Prinzessin Diana ansehen, die sich für die Ehe entschieden hat, aber durch ihre Scheidung zweifellos ihre Unabhängigkeit und Autonomie entwickeln mußte. Als Krebs wünschte sich Prinzessin Diana sicherlich emotionale Nähe, aber der Mond, Dispositor der Krebs-Sonne, steht im distanzierten und alles andere als emotionalen Zeichen Wassermann. Hier

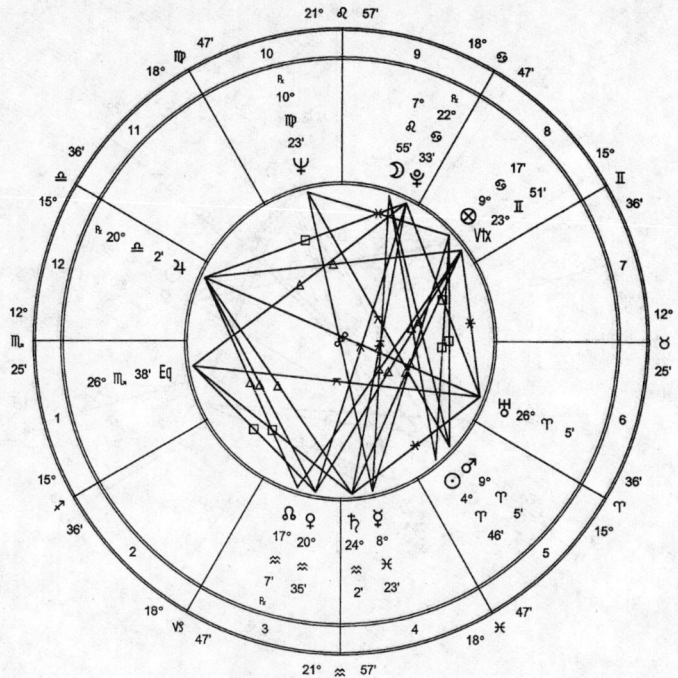

Horoskop 1: Gloria Steinem[1]

geht es um emotionale Unabhängigkeit, aber die lernt frau gewöhnlich nur durch schmerzhafte Erfahrungen im Zusammenhang mit unberechenbarem Verhalten und emotionalen Extremen. Dianas Venus steht im eigenen Zeichen, in Stier. Das zeigt eine große Sehnsucht nach Loyalität und Vertrauen an. Aber Venus steht in Quadrat zu Uranus, und das verspricht alles andere als Zuverlässigkeit. Darüber hinaus – für alle Welt sichtbar – liegt die Halbsumme Mars/Saturn auf 15° Stier/Skorpion, was ihr Streben nach Verständnis und Annahme ihrer eigenen Sexualität tatsächlich zu einer eher öffentlichen Angelegenheit macht.

Was den Horoskopen von Frauen, die allein leben – egal,

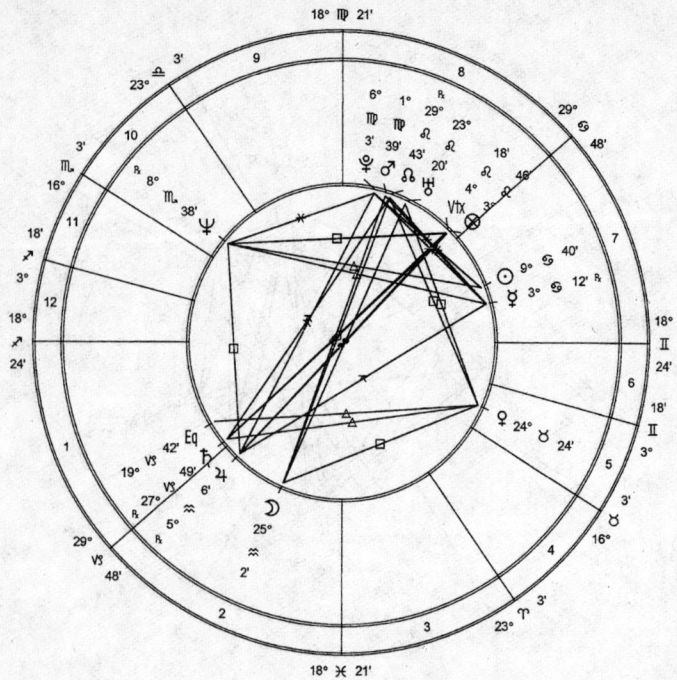

Horoskop 2: Prinzessin Diana[2]

ob sie das wollen oder nicht –, gemeinsam zu sein scheint, ist das Bedürfnis und die Möglichkeit, Ganzheit in sich selbst zu entwickeln. Astrologinnen und Astrologen werden Ihnen erzählen, daß viele Frauen ihre Sonne und ihren Mars durch ihre Männer verwirklichen und daß Männer ihren Mond und ihre Venus häufig durch ihre Frauen erleben. Wenn wir aber unsere männlichen und weiblichen Energien in uns selbst integrieren, erfahren wir ein berauschendes Gefühl von Ganzheit. Das gilt ganz besonders für diejenigen, in deren Horoskopen es schwierige Aspekte zu persönlichen Planeten gibt, weil es bedeutet, daß sie angefangen haben, ihre Wunden zu heilen. Wenn wir erst einmal eine gesunde Ehe dieser Energien in uns selbst zu gestalten vermögen, haben wir die Chance, jene seelenvolle Vereinigung auch in einer Beziehung mit einem anderen Menschen widerzuspiegeln. Single zu sein muß nicht bedeuten, daß Sie Single bleiben, aber sich selbst zu kennen und zu lieben ist gewiß eine Grundvoraussetzung für eine gesunde, tiefergehende Beziehung.

Selbstbeherrschung und Eigenverantwortung

Persönliche Autonomie gehört zu den wichtigsten Lektionen des Lebens als Single. Sie ist ein wesentlicher Bestandteil für jene, die auf der Suche nach Ganzheit und Glück sind. Verantwortung für das eigene Leben zu übernehmen ist notwendig, um glücklich zu sein, ganz gleich, ob wir verheiratet sind oder allein leben. Wenn Sie Verantwortung für den Zustand Ihrer Beziehungen, Gefühle, Finanzen und Ihres Berufes übernehmen – dann schieben Sie nicht jemand anderem die Verantwortung zu oder geben irgend jemand anderem die Schuld, wenn etwas schiefgeht. Das bedeutet, daß Ihr Geist, Ihre Arbeit oder Ihre Gesundheit nicht von den Stimmungsumschwüngen oder Telefongewohnheiten des aktuellen Mannes in Ihrem Leben abhängig ist. Sie sind dann selbst verantwortlich für Ihr Glück und tragen mit Ihrem eigenen Verhalten und Ihren Wahrnehmungen selbst dazu bei. Ihr Wohlergehen ist nicht abhängig von irgend jemandem oder irgend etwas anderem, das außerhalb von Ihnen selbst liegt. Wahre persönliche Freiheit wird nur möglich, indem Sie zuallererst Verantwortung für sich selbst übernehmen.

Frauen, die ein Gefühl für ihre eigene Autonomie entwickeln, treffen gern Entscheidungen für ihr eigenes Leben. Sie neigen weniger dazu, jene unklugen Entscheidungen zu treffen, die ihre Autonomie und ihren Selbstwert im Namen der Liebe unterminieren. Falls das bedeutet, allein zu bleiben, dann ist es eben so. Viele Frauen müssen dazu erst einmal den nötigen Mut aufbringen. Oft ist es viel einfacher, mit einem Mann zusammenzuleben, als allein zu sein. Dr. Laura

Schlessinger zufolge, Autorin des Buches *Ten Stupid Things Women Do To Mess Up Their Lives* (sinngemäß: *Zehn blöde Sachen, mit denen sich Frauen ihr Leben verhunzen*), benutzen Frauen häufig Beziehungen, um die harte Arbeit zu vermeiden, die erforderlich ist, wenn sie ihr eigenes Potential entfalten wollen. Eine Frau ohne ausgeprägtes Selbstwertgefühl verhält sich wahrscheinlich »blöd«, wenn es um diese zehn Dinge geht: Zuneigung, Werbung, Hingabe, Leidenschaft, Zusammenleben, Erwartungen, Empfängnis, Unterwerfung, Hilflosigkeit und Vergeben. Dagegen tritt eine Frau, die sich selbst achtet, dem Leben als aktiv Entscheidende und nicht als Bettlerin gegenüber. Wenn Sie anfangen, selbst zu wählen und klare Entscheidungen zu treffen, werden Sie Ihr Leben vollkommener und ohne Schuldgefühl leben – und ohne anderen Vorwürfe zu machen.

Astrologisch gesehen ist Saturn der Schlüsselfaktor, wenn Sie herausfinden wollen, wie wichtig die Lektion der Unabhängigkeit in Ihrem Leben ist. Durch Saturns Stellung in Zeichen, Haus und Aspekten bekommen wir Hinweise darauf, wie und wo wir in unserem Leben autonom werden können. Nicht zufällig sind wir auch in genau diesen Bereichen wahrscheinlich verletzt worden. Die Quelle unserer Zweifel und Ängste ist immer der geeignete Kampfplatz, um sie zu überwinden. Angst lähmt uns und schneidet uns von unserem eigenen Potential ab. Wenn wir der Furcht einmal die Stirn bieten, können wir einen Durchbruch erzielen und zu wahrer Selbstverwirklichung gelangen.

Viele Menschen bleiben einfach wie gelähmt in selbstzerstörerischen Verhaltensmustern, sie halten fest an ihrer Furcht, als ob es um das nackte Leben ginge. Die Angst verschwindet, wenn Sie sie durch ein klares Selbstbewußtsein ersetzen, das daraus entsteht, daß Sie Ihrer eigenen inneren Stärke vertrauen.

Das Saturn-Thema findet sich überall in den Horoskopen zahlreicher allein lebender Frauen, und es wird auf unterschiedlichste Art zum Ausdruck gebracht. Saturn bildet häufig Aspekte (meist Spannungsaspekte) zu auf Beziehung ausgerichteten Planeten wie Sonne, Mond, Venus und Mars. Saturn kann an den Achsen stehen (direkt an den Achsen oder in den Häusern 1, 4, 7 und 10). Oder Sie finden vielleicht eine Anzahl persönlicher Planeten in Steinbock und Wassermann, jenen Zeichen, die von Saturn regiert werden. Ein gutes Beispiel für jemanden, der all diese Kriterien erfüllt, ist Louisa May Alcott. Bei ihr steht die Sonne in Schütze. Saturn befindet sich am Jungfrau-Aszendenten in Quadrat zu Merkur, ebenfalls in Schütze. Ihr Vater war Pädagoge, der mit den damals berühmten Vordenkern Henry David Thoreau und Ralph Waldo Emerson bekannt war, aber nicht genug verdiente, um seine Familie vor Armut zu bewahren. Aufgrund der Verantwortungslosigkeit ihres Vaters war sie gezwungen, ihr schriftstellerisches Talent zu nutzen, um sich selbst und ihre Schwestern finanziell abzusichern. Wie Sie es von jemandem mit Wassermann-Mond erwarten würden, interessierte sie sich sehr stark für gesellschaftliche Probleme und kämpfte für das Frauenstimmrecht. Sie setzte sich für die Bildung von Frauen und für Gefängnisreformen ein, aber ganz besonders engagierte sie sich für das Recht der Frauen auf Arbeit, damit sie sich selbst ernähren können, und sie kämpfte auch für deren ökonomische Gleichstellung. Dies läßt sich zweifellos auf die Tatsache zurückführen, daß in ihrem Horoskop Venus in Steinbock steht. Saturn bildet jeweils einen kleineren Spannungsaspekt zu ihrem Mond und ihrer Venus.

Jemand, in dessen Horoskop die Sonne in Aspekt zu Saturn steht, fühlt sich normalerweise vom Vater ungeliebt oder abgelehnt. Bei einer Frau beeinflußt dieser Aspekt gewöhnlich ihre gesamten späteren Beziehungen zu Männern. Wenn die Vaterfigur sehr stark ist, worauf dieser Aspekt hindeutet, könnte das Kind das Gefühl haben, niemals gut genug zu sein oder genug Liebe vom Vater zu bekommen. Häufig strebt ein solcher Mensch vergeblich danach, sich die Liebe und den Respekt des Vaters zu verdienen, weil dieser höchstwahrscheinlich jemand ist, dem man es nie recht macht, und weil das Kind meist nie genug tun kann, um sich die so heiß ersehnte Anerkennung zu sichern. Eine Verbindung zwischen

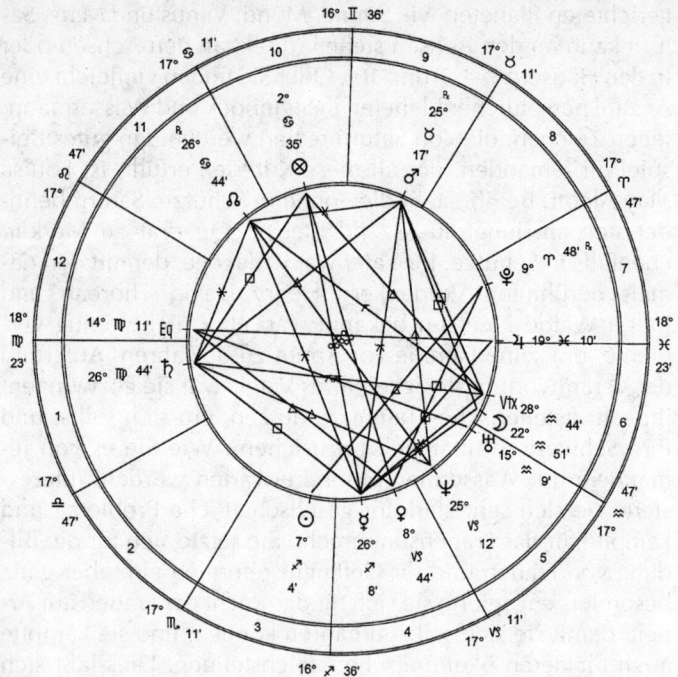

Horoskop 3: Louisa May Alcott [3]

Sonne und Saturn kann sich auch in Gestalt eines schwachen, kraftlosen oder abwesenden Vaters manifestieren. In vielen Fällen kommt es auch zu echten ökonomischen Härten. In jedem Fall aber muß ein Mensch, in dessen Horoskop es einen Sonne/Saturn-Aspekt gibt, letztendlich seine eigene Identität entwickeln – er muß erkennen, daß er auf sich selbst gestellt ist, und lernen, unabhängig zu sein.

In Beziehungen mit Männern werden Frauen mit Sonne/Saturn-Aspekten häufig feststellen, daß sie von einer unerfüllten und kalten Beziehung zur nächsten gehen, während sie nach Unterstützung oder Liebe suchen, die sie aber selten finden. Viele Sonne/Saturn-Typen übertragen ihre gesamte

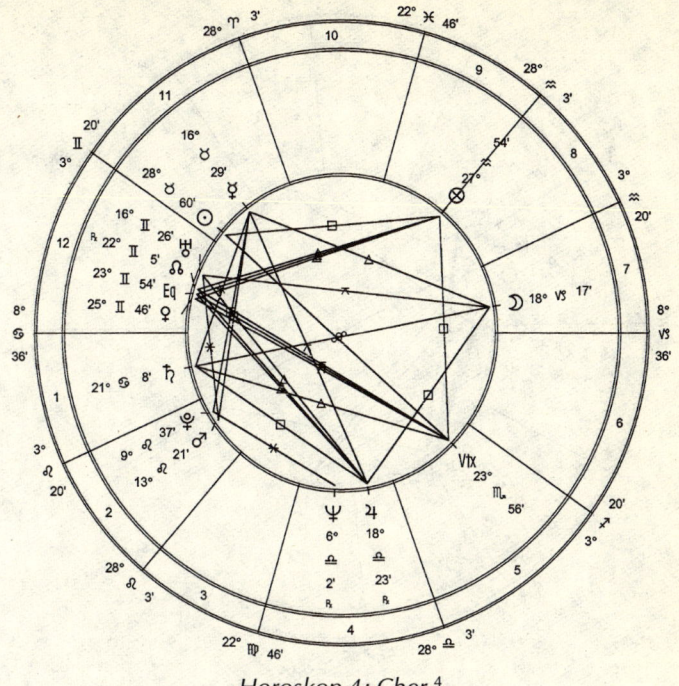

Horoskop 4: Cher [4]

emotionale Abhängigkeit vom Vater auf ihre Ehemänner, nur um dann schließlich zu erkennen, daß sie sich nicht auf diese Männer verlassen können, wenn sie sie am meisten brauchen. Manche Frauen fühlen sich unerklärlicherweise zu unzuverlässigen Männern hingezogen, wodurch sie dazu gezwungen werden, sich auf sich selbst zu verlassen. Viele dieser Frauen haben irgendwann nur noch Verachtung und Geringschätzung für Männer übrig. Die Zurückweisung bringt Menschen mit Sonne/Saturn-Themen dazu, hart daran zu arbeiten, sich selbst zu verstehen. Mit dieser Kombination ist echte Selbstbeherrschung möglich, wie wir noch sehen werden, wenn wir später Oprah Winfreys Horoskop detailliert analysieren.

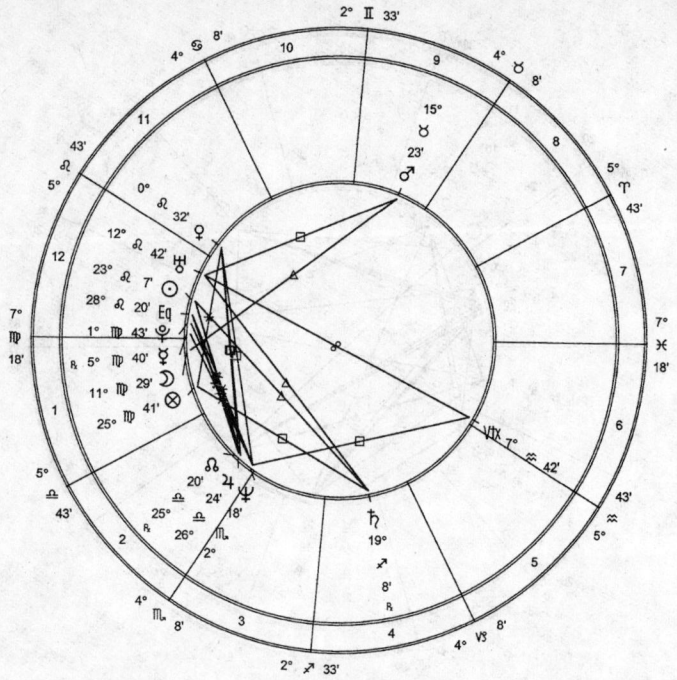

Horoskop 5: Madonna [5]

Mit einem Mond/Saturn-Aspekt werden Frauen häufig ihre
eigene Weiblichkeit in Frage stellen und ihre Fähigkeit zu
nähren, was sich meistens auf eine schwierige Beziehung zur
eigenen Mutter zurückführen läßt. Sie haben vielleicht das
Gefühl, daß ihre Mutter ständig ärgerlich auf sie war, indem
sie sie permanent an die harte Arbeit und an die vielen Opfer
erinnerte, die ihr zuliebe gebracht werden mußten. Um sich
die Liebe und Fürsorglichkeit zu verdienen, nach der sie sich
so sehnen, verhalten sie sich häufig unterwürfig, wobei sie
ihre Bedürfnisse denen anderer unterordnen. Sie neigen
dazu, pragmatisch mit Emotionen umzugehen, und es könnte
ihnen schwerfallen, ihre Gefühle frei fließen zu lassen. Die

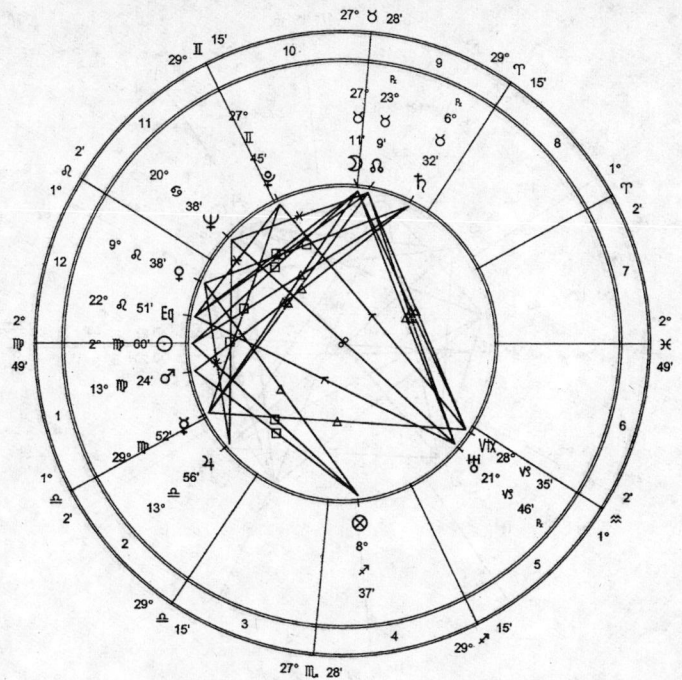

Horoskop 6: Mutter Teresa [6]

Umstände belasten diese Frauen häufig so sehr, daß für andere zu sorgen zu einer Pflicht oder einem Zwang wird, anstatt ihnen Freude zu machen. Dieser Aspekt bietet dem Menschen aber auch die Gelegenheit, echte emotionale Freiheit zu erlangen, wenn er gelernt hat, seine eigenen Bedürfnisse anzuerkennen. Dann sind diese Menschen in der Lage, freiwillig für andere zu sorgen, ohne dabei Ärger oder Schuld zu empfinden. Interessanterweise gibt es sowohl im Horoskop von Cher als auch von Madonna einen gespannten Aspekt zwischen Mond und Saturn. Ihre Musik feiert das Recht von Frauen, ihre eigene Sexualität aktiv zu verwirklichen, statt passiv auf ihre Erfüllung zu warten.

265

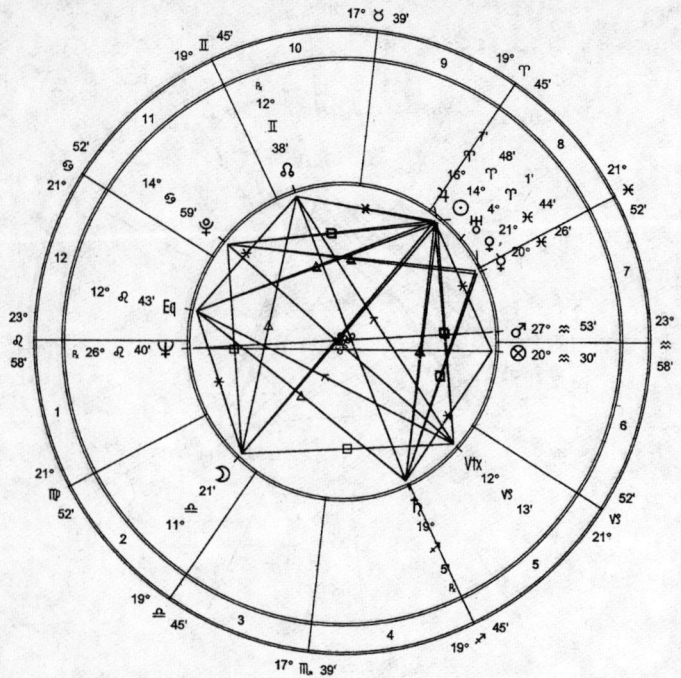

Horoskop 7: Maya Angelou[7]

Weiblichkeit ist auch ein Thema für Frauen mit Venus/Saturn-Aspekten. Selbstwert ist für sie immer ein echtes Problem, und vielleicht fühlen sie sich niemals attraktiv genug, ganz gleich, wie gut sie auch aussehen mögen. Sie scheinen sich immer auf ihre Unvollkommenheiten zu konzentrieren, anstatt ihre Stärken zu betonen. Gewöhnlich machen sie in Liebesbeziehungen schmerzhafte Erfahrungen, und die Angst, wieder verletzt zu werden, führt dazu, daß sie extrem vorsichtig sind, wenn es um Beziehungen geht. Oder sie suchen Begegnungen, denen es an Bedeutung oder Substanz fehlt, anstatt den Verlust von etwas Bedeutungsvollerem zu riskieren. Menschen mit Venus/Saturn-Aspekten finden es

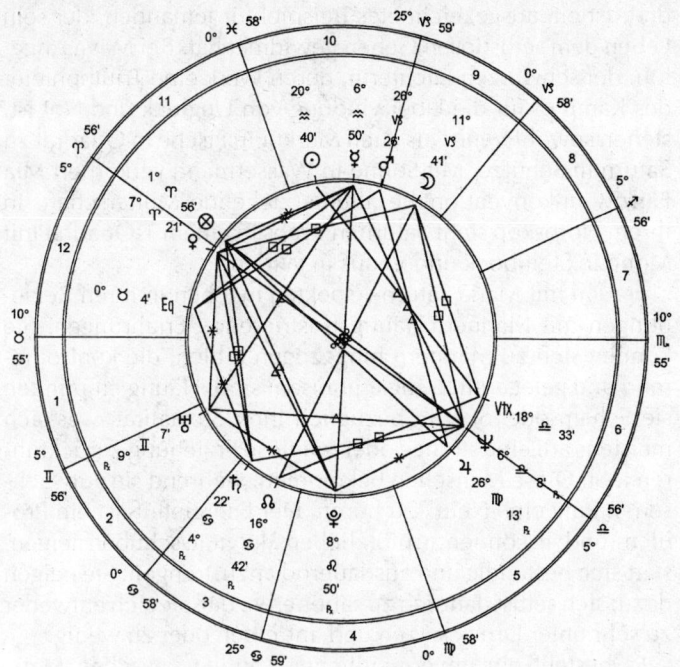

Horoskop 8: Mia Farrow[8]

oft schwierig, ihre Liebe oder ihr Geld mit anderen zu teilen, weil sie das Gefühl haben, weder von dem einen noch von dem anderen jemals genug zu haben. Menschen mit Venus/Saturn-Aspekten leiden unter quälender Unsicherheit, die sich im allgemeinen darauf zurückführen läßt, daß sie fürchten zu verlieren, was sie besitzen, weil sie tief innen das Gefühl haben, sie verdienten es nicht. Wenn diese Menschen jedoch lernen, sich selbst anzunehmen und zu lieben, sind sie fähig, Liebe und Zärtlichkeit zu geben und anzunehmen. Gerade durch ihr Verständnis für Verlust und Leiden haben sie die Möglichkeit, echtes Mitgefühl zu entwickeln. Mutter Teresa, mit Sonne in Jungfrau und einem Venus/Saturn-Qua-

267

drat, ist ein ausgezeichnetes Beispiel für jemanden, der sein Leben dem selbstlosen Geben gewidmet hat. Bei Maya Angelou, der schwarzen Dichterin, deren Werk eine Triumphfeier des Kampfes für die Überwindung von Unglück und Not ist, stehen sowohl Venus als auch Merkur in Fische in Quadrat zu Saturn in Schütze. Mit Sonne in Wassermann verkörpert Mia Farrow unkonventionelle alleinerziehende Mutterschaft. In ihrem Horoskop steht Saturn in Krebs in einem T-Quadrat mit Mond in Steinbock und Venus in Widder.

Frauen mit Mars / Saturn-Aspekten machen in ihren Beziehungen mit Männern häufig frustrierende Erfahrungen. Sie können sich zu Männern hingezogen fühlen, die kontrollierend und gelegentlich sogar grausam sind. Häufig empfinden sie Scham oder Schuld bezüglich ihrer Sexualität, was sich meistens auf eine strenge oder religiöse Erziehung zurückführen läßt. Diese Menschen bekommen, während sie aufwachsen, häufig ein »Nein« zu hören. Der Energiefluß ist ein Problem, und sie können zu plötzlichen Aktivitätsschüben neigen, statt sich beständig und ausdauernd anzustrengen. Sie neigen dazu, sich selbst dadurch zu sabotieren, daß sie sich entweder zu sehr unter Druck setzen und antreiben oder zu wenig.

Es besteht ein unvermeidlicher Konflikt zwischen Mars, der handeln will, und Saturn, der eher verweigert, in Frage stellt oder Aktionen behindert. Viele mögen dies damit überkompensieren, daß sie auf der Suche nach einem Partner, mit dem sie sexuelle Befriedigung erleben können, zahlreiche sexuelle Begegnungen haben. Sie vermögen auch zölibatär zu leben, was sie häufig auch phasenweise tun. Wie bei den anderen Saturnaspekten, so ist auch für diese Menschen Befriedigung nicht etwas, das sich außerhalb ihrer selbst finden läßt. Es hat vielmehr damit zu tun, sich zu erlauben, ohne Angst aktiv zu werden und daran zu glauben, daß sie erreichen und bekommen können, was sie sich wünschen. Wenn sie erst einmal gelernt haben, ihre Sexualität zu verstehen und anzunehmen, sind sie recht gut in der Lage, sexuelle Befriedigung zu erlangen und sich daran zu erfreuen. Menschen mit Mars / Saturn-Aspekten haben die Möglichkeit, ziemlich

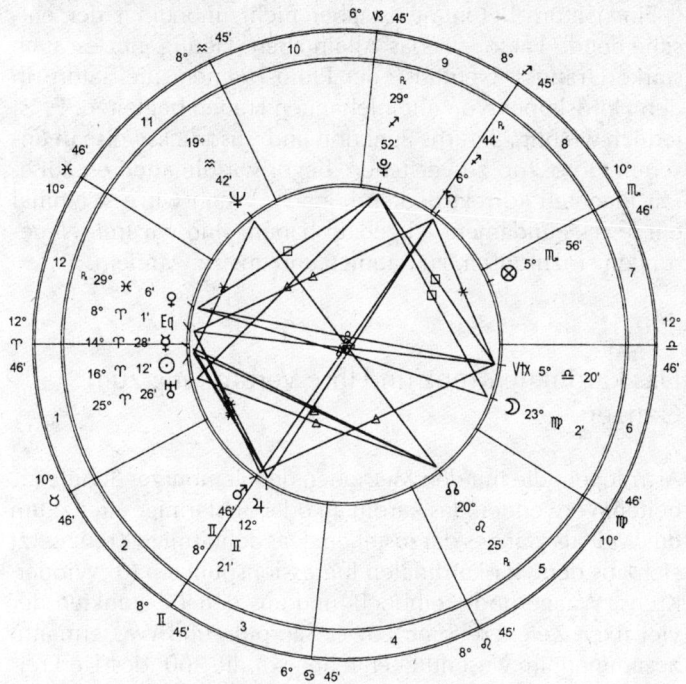

Horoskop 9: Teresa von Avila[9]

viel Disziplin zu entwickeln und sowohl in ihrem Verhalten als auch in ihren Energiemustern Beständigkeit zu erlangen. In ihrem höchsten Ausdruck befähigt die Mars/Saturn-Energie den betreffenden Menschen dazu, verantwortlich und integer zu handeln und so mit anderen umzugehen, wie sie sich dies auch von anderen wünschen. Die heilige Teresa von Avila, mit Sonne in Widder und einem Widder-Aszendenten, setzte ihre Mars/Saturn-Opposition dafür ein, ihr Karmeliterinnen-Kloster von einer Zufluchtsstätte für reiche Mädchen, die dort einer Heirat entgingen, zu einem kontemplativen Nonnen-Orden zu reformieren, der sich durch Gebet und Meditation der Veränderung der Welt widmete.

269

Eine Saturn-Betonung ist aber nicht unbedingt der entscheidende Faktor für das Alleinleben. Häufig gibt es auch starke Uranus-, Neptun- oder Pluto-Themen, die Saturn in den Horoskopen von alleinlebenden Frauen begleiten. Es ist jedoch wichtig, Saturns Funktion und Ausdrucksweise in unserem Horoskop zu verstehen, bevor wir die anderen äußeren Planeten korrekt deuten können. Wenn wir erst einmal ein festes Fundament aufgebaut haben, sind wir frei, Neuerungen einzuführen, zu träumen und uns zu wandeln.

Das kardinale Kreuz und Ihre Verbindung zum Ganzen

Astrologen, die mit den Methoden der Hamburger Schule arbeiten, verwenden das kardinale oder achtarmige Kreuz, um die Welt als Ganzes darzustellen. Das achtarmige Kreuz setzt sich aus den vier kardinalen Ingressionspunkten (0° Widder, Krebs, Waage und Steinbock) und aus den 15°-Punkten der vier fixen Zeichen (Stier, Löwe, Skorpion und Wassermann) zusammen. Im wesentlichen teilen wir die 360° des Tierkreises durch 8. Die kardinalen Ingressionspunkte entsprechen jeweils dem Beginn der vier Jahreszeiten und markieren für uns die Wendepunkte in der Beziehung der Erde zur Sonne, der Spenderin von Licht und Leben. Viele Astrologen, die sich darauf spezialisieren, Weltereignisse vorherzusagen, verwenden die Horoskope der kardinalen Ingressionen als eine Art von vierteljährlichem Geburtshoroskop für die Erde. Der 15°-Punkt der fixen Zeichen markiert die Hälfte jeder Jahreszeit und damit die höchste Intensität dieser Periode. Weil die Beziehung zwischen der Sonne und der Erde auf diesem Kreuz dargestellt ist, stellt es die Welt im ganzen dar. In allen Zeitaltern haben Kulturen diese acht Wendepunkte mit zahlreichen Feiertagen oder Traditionen zelebriert, so wie wir heutzutage Weihnachten, Ostern und Halloween (Allerseelen) feiern. Diese achtfache Teilung wird nicht nur exklu-

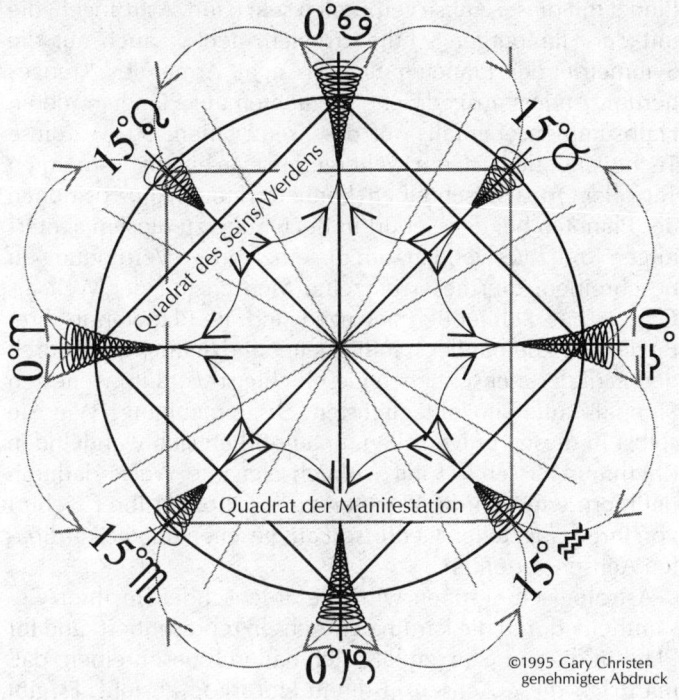

Abbildung 1: Das achtarmige Kreuz

siv auf die Beobachtung der Sonne angewendet. Wir folgen auch den acht Phasen des Mondes, von Neumond zu Vollmond und wieder Neumond, und wir singen die acht Töne der Tonleiter.

So wie die Planeten sich durch Zeit und Raum bewegen, so verändert sich auch ihre Verbindung zu diesem Kreuz, wodurch sich jeder Tag vom vorherigen und vom nächsten unterscheidet. Neue Planeten sind gewiß mit dem kardinalen Kreuz verbunden, wenn sie in Konjunktion oder auch in einem kleineren Spannungsaspekt zu einem der acht Arme des Kreuzes stehen, aber dies ist nicht die einzige Art, wie ein

271

Planet mit dieser Achse verbunden sein kann. Astrologen, die mit der Hamburger Schule arbeiten, achten auch auf die Symmetrie der Planeten um die acht Arme des Kreuzes herum. Anders ausgedrückt: Sie achten auf Planeten, deren Halbsummen ebenfalls auf das Kreuz fallen. So wie diese Technik nützlich ist, um Weltereignisse an einem bestimmten Tag oder Ort zu beschreiben, können wir auch die Positionen der Planeten bei der Geburt in Beziehung zu diesem achtarmigen Kreuz verwenden, um die einzigartige Verbindung zu beschreiben, die dieser einzelne Mensch mit der Welt als Ganzes hat. Schließlich bewegen sich die Planeten in ihrer Beziehung zueinander ständig weiter und definieren dadurch den Lauf der menschlichen Geschichte sowohl im weitesten Sinn als auch im alltäglichsten Zusammenhang. Wie Sie selbst in diesen universellen, unaufhörlich sich wandelnden Rhythmus passen, ist auf wirklich elegante Weise dadurch definiert, wie sich die Planeten zum Zeitpunkt Ihrer Geburt von Ihrem speziellen Geburtsort aus gesehen um die kardinalen Achsen verteilten.

Astrologisch gesehen wird die »Menschheit in ihrer Gesamtheit« durch die kardinalen Achsen repräsentiert, und Ihr Platz in diesem Ganzen läßt sich dadurch beschreiben, daß man sich diese Achsen in Ihrem Horoskop ansieht. Es gibt viele Möglichkeiten, dies zu tun. Astrologen, die mit der Hamburger Schule arbeiten, verwenden häufig 360°-Scheiben, um zu sehen, wie sich die Planeten um das achtarmige Kreuz herum verteilen. Sie können sich aber auch einfach den Halbsummen-Ausdruck Ihres bevorzugten Computerprogramms ansehen oder einen solchen Ausdruck bei einem astrologischen Horoskop-Berechnungsservice bestellen. Sehen Sie nach, ob Halbsummen mit einem Orbis von 1° auf 0° Widder, 0° Krebs, 0° Waage und 0° Steinbock, und 15° Stier, 15° Löwe, 15° Skorpion und 15° Wassermann fallen. Wir analysieren die vier kardinalen Punkte, um unsere subjektiven Verbindungen zur Welt zu definieren, was es uns gestattet, die Saat für unsere Selbstentfaltung zu säen. Die fixen Punkte haben mehr mit der materiellen Manifestation dessen zu tun, wer wir in der äußeren Welt sind. Dies ist eine Analogie zu den Eckhäusern (1, 4, 7 und 10) im Horoskop, die auf subjektive Weise etwas über uns selbst aussagen, über unsere emotionalen Wurzeln, unsere Beziehungen und unseren Beruf. Die nachfolgenden Häuser (2, 5, 8, 11) beschreiben die meßbaren, materiellen Ergebnisse dessen, wer wir sind – unser Geld, unsere Kinder, unsere Steuern und unsere Gruppenaktivitäten. Wenn wir gleich das Horoskop von Oprah Winfrey detailliert analysieren, wird die Bedeutung dieses achtarmigen Kreuzes noch veranschaulicht werden.

Jegliche Suche nach Ganzheit im Horoskop beginnt korrekterweise mit der Prüfung der kardinalen Achsen. Jeder einzelne Moment innerhalb der Zeit ist einzigartig, so wie es auch keine zwei Menschen gibt, die exakt gleich sind. Wir mögen zwar allein geboren werden und allein sterben, aber wir leben unser Leben nicht in Isolation. Unsere Verbindung zum Ganzen zu bestimmen ist ein wichtiger Schritt in dem Prozeß, das Leben auf allen Ebenen glücklich und erfolgreich zu leben – körperlich, geistig, emotional und spirituell. Eine der größten Dichotomien im Leben ist die, daß wir zwar getrennte Wesen sind, aber gleichzeitig Teil eines größeren Ganzen. Alles was Sie tun, beeinflußt die Menschen um Sie herum und tatsächlich auch die ganze Welt. Dennoch fühlen wir uns manchmal völlig unbedeutend. Wenn Sie einmal damit in Berührung kommen, wo und wie Sie mit dem Universum verbunden sind, mit Ihrer höheren Bestimmung sozusagen, erkennen Sie, daß nichts, was Sie tun, unwichtig ist. Ihren Platz in der größeren Ordnung der Dinge zu erkennen ist der erste Schritt hin in Richtung darauf, daß Sie Verantwortung für Ihr eigenes Leben übernehmen.

Oprah Winfrey: eine alleinlebende »Jedefrau«

Bei ihren zahllosen sie bewundernden Fans einfach als Oprah bekannt, lebt dieser Superstar mit Sonne in Wassermann als Single, trotz einer langen, hingebungsvollen Bezie-

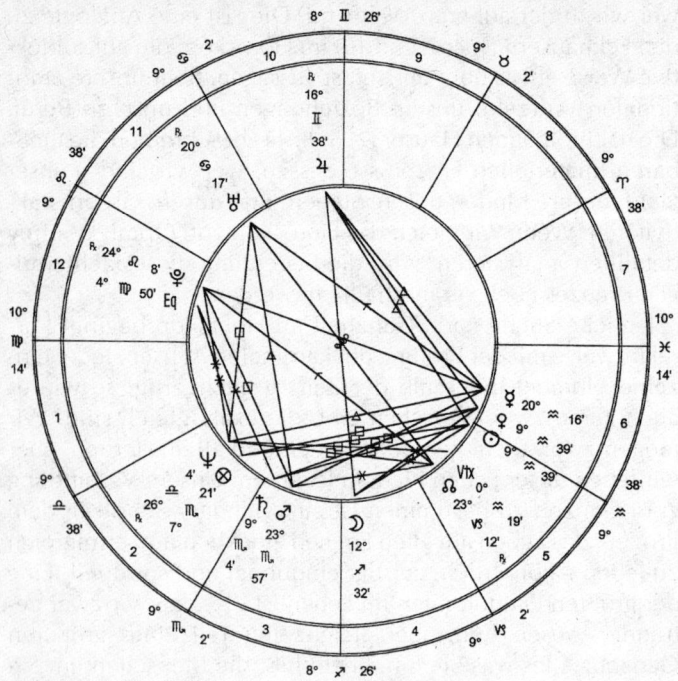

Horoskop 10: Oprah Winfrey[10]

hung mit Stedman Graham. Obwohl es so scheint, als hätten sie den ganzen Medienrummel um die Frage »Werden sie heiraten, oder werden sie nicht heiraten?« hinter sich gelassen, der vor einigen Jahren um sie gemacht wurde, ist ihr ehelicher Status einmal ein sehr heißdiskutiertes Thema gewesen. In Amerika konnten Sie damals keinen Supermarkt betreten, ohne daß Sie Oprahs Bild von irgendwoher anstarrte, wie ein pathetisches Postergirl, das für das Single-Dasein wirbt. Das ist in gewisser Weise lächerlich. Sich zu fragen, ob Oprah Stedman heiraten wird, ist ein bißchen so, als frage man, ob Golda Meir tippen kann, aber die spöttischen Schlagzeilen der Boulevardpresse, die andeuteten, daß es

274

Oprahs Gewicht war, was Stedman davon abhielt, zum Altar zu schreiten, scheinen immer noch übertrieben unbarmherzig und verletzend, besonders wenn man sich Oprah Winfreys Horoskop ansieht.

Noch hinterhältiger (wenigstens für den Rest von uns) und zweifellos eine echte Frage für Oprah selbst war die unterschwellige Botschaft in dieser Spekulation: daß sie glücklicher wäre und irgendwie mehr in Ordnung, wenn sie verheiratet wäre. Und wenn das für die unglaublich talentierte und erfolgreiche Oprah Winfrey zutrifft, wo auf der Welt bleiben dann wir anderen? Momentan scheint es so, als hätte sie die Frage beantwortet, indem sie sagt, daß es ihr allein gut genug geht und daß sie mit ihrem Leben, ihrer Arbeit und ihrer Beziehung zu Stedman weitermacht wie bisher. Sie hat uns allen einen großen Dienst erwiesen, indem sie sich dieser Art von Druck nicht gebeugt hat, aber das sollte uns auch nicht besonders überraschen. Ihr Horoskop spiegelt eindeutig wider, daß ihr Leben sich im Kern nicht um ihren Reichtum oder Ruhm und auch nicht um die immens großen Hindernisse dreht, die sie überwinden mußte, um so phantastisch erfolgreich zu sein. Es geht überhaupt nicht um persönliches Glück. Letztlich geht es in ihrem Leben darum, sich der ihr zu Verfügung stehenden Macht, das Leben von Millionen Menschen zu verändern, und der damit verbundenen heiligen Verantwortung bewußt zu sein.

Oprah Winfrey wurde am 29. Januar 1954 um 19.50 Uhr, CST in Kosciusko, Mississippi, USA[11] beinahe genau in dem Moment geboren, als Sonne und Venus in Wassermann eine obere Konjunktion bildeten. Oprah hat nicht nur eine phänomenale Popularität und Erfolg (Sonne/Venus) im Fernsehen (Wassermann) erlangt, sondern ist für Millionen von Menschen, die sie täglich sehen, »jederfraus« beste Freundin. Diese Vertrautheit mit den Massen paßt ausgesprochen gut zu einer Frau, in deren Horoskop sowohl Sonne als auch Venus in Wassermann stehen, im sogenannten »unpersönlichsten« Zeichen des gesamten Tierkreises. Das soll nicht heißen, daß Menschen, in deren Horoskop das Zeichen

Wassermann betont ist, weniger zu persönlichen Beziehungen fähig sind, sondern es bedeutet einfach nur, daß ihr Lebensziel häufig mit weiter gefaßten, universelleren Themen verbunden ist. Ihre eigene Selbstverwirklichung entsteht gewöhnlich aus der Gemeinschaft mit Gleichgesinnten, und Gruppeninteraktionen versetzen diese Menschen in die Lage, ihr Bestes zu geben. Sie fühlen sich wohl in Beziehungen, die zunächst als Freundschaft beginnen und deren Fokus außerhalb der Beziehung liegt, wie beispielsweise auf gemeinsamen Interessen, politischem Engagement oder Philosophie.

Oprah hat einen Jungfrau-Aszendenten, wodurch ihre so überaus wichtige Sonne/Venus-Konjunktion im sechsten Haus (Gesundheit, Dienst und Arbeit) landet. Merkur als Herrscher ihres Aszendenten steht ebenfalls in Wassermann und im sechsten Haus, was die Jungfrau/Wassermann-Betonung noch mehr hervorhebt. Sie ist als Perfektionistin bekannt, als unermüdliche Arbeiterin, und sie ist für ihre Gewichtsprobleme ebenso berühmt wie für ihre beruflichen Erfolge. Sie hält viel von sozialem Engagement und tut mehr, als nur Schecks auszustellen. Sie engagiert sich aktiv für die Menschen und die Dinge, die sie unterstützt, aber zweifellos spiegelt die Besetzung des sechsten Hauses mit einer Wassermann-Sonne und -Venus auch einige Schwierigkeiten wider, besonders, was die eigene Selbstannahme angeht. Die Suche nach Perfektion wurzelt häufig in extremer Selbstkritik, und welche beiden Zeichen werden mehr mit der Fähigkeit zu kritischer Analyse in Zusammenhang gebracht als Jungfrau und Wassermann? So anspruchsvoll und fordernd Oprah vielleicht zu den Menschen in ihrer Nähe auch sein mag – sich selbst gegenüber ist sie bestimmt noch strenger. Diese Stellung von Sonne und Venus betont einmal mehr, daß sie ihr persönliches Glück wahrscheinlich durch Arbeit und Dienst an den Menschen findet, und daß dieses Thema auch in ihren engeren Beziehungen häufig einen roten Faden darstellt.

Oprahs Sonne/Venus-Konjunktion bildet »zufällig« auch ein ziemlich exaktes Quadrat zu Saturn in Skorpion, wodurch dieses beeindruckende Planetenpaar in zwei der schwierigsten astrologischen Aspekte eingespannt wird, die in einem Horoskop vorhanden sein können. Dies sind zwei von genau jenen Aspekten, die am häufigsten mit Gefühlen von Verlassenheit, Ablehnung und niedrigem Selbstwertgefühl assoziiert werden. Saturn steht im dritten Haus, was darauf hinweist, daß sich ihre geistige Einstellung und ihre Gefühle für sich selbst in ihrer Gesundheit und in ihrer Ernährungsweise widerspiegeln. Trotzdem stattet Saturn in Skorpion einen Menschen mit Entschlußkraft aus und mit der Fähigkeit, falls nötig, unüberwindlich scheinende Hindernisse zu überwinden. Für Oprah besteht der Kampf genau darin, sich zu lieben, und das ist der Schlüssel zu ihrem enormen Erfolgspotential.

Es ist wichtig zu erforschen, welche Bedeutung es für Oprahs Leben hat, daß sie zu solch einem wichtigen Zeitpunkt innerhalb des Venus-Zyklus geboren wurde: im Moment einer oberen Konjunktion. Weil die obere Konjunktion dann eintritt, wenn die Sonne zwischen Venus und Erde steht, hat diese Kombination eine dualistische Qualität, und sie ähnelt der Wirkung eines Oppositionsaspekts. Es gibt ein enormes Potential – entweder zum Guten oder zum Schlechten, und die entscheidende Lektion dieser Stellung dreht sich um die Wahl zwischen beiden. Die Frage von Recht und Unrecht, von Richtig und Falsch, ist nicht nur von zentraler Bedeutung für die Erfahrungen der betreffenden Person, sondern sie hat auch die Tendenz, ziemlich offen gestellt zu werden. Es ist kein Zufall, daß Oprah eine ganze Nation dazu brachte, endlich über jene Art von Dingen zu sprechen, über die höfliche Menschen niemals redeten – Dinge wie Inzest, Kindesmißbrauch, Vergewaltigung und Diskriminierung. In diesem Prozeß sprach sie auch über die Schmerzen, die sie selbst als Überlebende erlitten hatte, und inspirierte dadurch andere dazu, dasselbe zu tun. Während schon seit langem öffentlich bekannt ist, daß sie als Kind mißbraucht wurde, enthüllte sie erst 1995, daß sie eine besonders zerstörerische Beziehung eingegangen war, während derer sie Kokain genommen hatte. Was Enthüllungen wie diese so wichtig für uns alle macht, ist nicht die Tatsache, daß sie sich entschieden hat, diese intimen Sachverhalte mit der gesamten Welt zu teilen. Der besondere Wert liegt darin, daß sie anderen ein Beispiel dafür gegeben hat, wie man über jene Art von Lebensumständen hinausgelangt, die die meisten Menschen in Verzweiflung zurückbleiben lassen. Ihre Hingabe an die schwierige Aufgabe, zu Selbsterkenntnis, Selbstannahme und Eigenliebe zu gelangen, gibt Millionen anderer Menschen Kraft, die sich auf demselben Pfad der Selbstheilung befinden und Verantwortung für ihr eigenes Wohlergehen übernehmen.

Die Horoskope von Kindern, deren Eltern nicht verheiratet oder geschieden waren, weisen häufig Sonne oder Venus in Verbindung mit Saturn auf, und Oprah ist da keine Ausnahme. Sie war das Kind eines jungen unverheirateten Paares und litt in ihrer Kindheit an Selbstwertproblemen, die in Gefühlen von Scham und Unzulänglichkeit wurzelten, weil sie arm, unehelich und schwarz war. Bald nach Oprahs Geburt zog ihre Mutter nach Milwaukee, um dort Arbeit zu finden, und Oprah blieb in der Obhut ihrer Großmutter väterlicherseits zurück, die als strenge Zuchtmeisterin charakterisiert worden ist. Ihrer Wassermann-Natur entsprechend erwies sich das temperamentvolle, vor Geist sprühende Kind als zu anstrengend für ihre Großmutter und wurde daher zu ihrer Mutter nach Milwaukee geschickt, um bei ihr zu leben. Hier lief es auch nicht besser für sie, und 1962 entschied ihre Mutter, daß die acht Jahre alte Oprah zu ihrem Vater geschickt wurde, um bei ihm und ihrer Stiefmutter in Tennessee zu leben. Das Leben in Tennessee erwies sich für Oprah als vorteilhaft. Ihr Vater und ihre Stiefmutter ermutigten sie in ihrer schulischen Arbeit und sorgten für ein liebevolles (Sonne/Venus), aber dabei Struktur (Saturn) gebendes Umfeld. Oprah blühte in dieser Umgebung auf und entwickelte sich im schulischen und gesellschaftlichen Umfeld hervorragend. Daß dieses erste Aufscheinen ihres wahren Potentials in ihrem achten Jahr geschah, ist bemerkenswert, weil es sich mit dem achtjährigen synodischen Sonne/Venus-Zyklus deckt.

Genau in jenem Jahr trafen sich Sonne und Venus wieder zu einer oberen Konjunktion auf genau demselben Grad wie bei Oprahs Geburt. Oprah Winfrey bekam eine erste Kostprobe von echtem Erfolg.

Diese positive Situation dauerte jedoch nur ein Jahr. Oprah fuhr in den Sommerferien zurück nach Milwaukee, um ihre Mutter zu besuchen, und als es für Oprah Zeit war, nach Tennessee zurückzukehren, ließ ihre Mutter sie nicht gehen. Wie es so typisch ist bei gespannten Saturn-Aspekten: Gerade wenn Träume und harte Arbeit endlich anerkannt werden, taucht irgend etwas auf, um die vollkommene Freude und Verwirklichung zu behindern. Häufig wird die betreffende Person die Situation selbst sabotieren, aber besonders, wenn es früh im Leben geschieht, liegen die Umstände außerhalb der eigenen Kontrolle, und dann sind sie es, die das unerwünschte Ergebnis diktieren. Wir können uns den Zorn, den Selbsthaß und die Schuld, die Oprah in dieser Zeit empfunden haben muß, nur vorstellen. Ihr Vater hatte zwar gegen die Entscheidung der Mutter protestiert, aber hat Oprah ihn dafür verurteilt, daß er sich nicht stärker dafür eingesetzt hat, daß sie bei ihm bleiben konnte? Sicherlich war sie wütend auf ihre Mutter, weil diese sie erneut entwurzelt hatte, aber welches Kind würde sich nicht fragen, was es selbst falsch gemacht hatte – »wenn ich nur gut genug wäre, liebenswerter wäre, vielleicht wäre dies dann nicht passiert«.

Und es kam noch schlimmer. In den folgenden fünf Jahren in Milwaukee wurde sie durch männliche Verwandte und deren Bekannte sexuell mißbraucht. Sie litt und ertrug diese Demütigung schweigend, obwohl sie mit dem für Teenager typischen rebellischen Verhalten »reagierte«. 1968 wurde sie wieder zu ihrem Vater nach Tennessee geschickt, um dort zu leben, und 1970, zur Zeit der zweiten Wiederkehr der oberen Sonne/Venus-Konjunktion, hatte sie sich erneut an ihre Umgebung angepaßt und war dabei, das Fundament für ihre bemerkenswerte Karriere zu legen. Es ist wichtig, hier darauf hinzuweisen, daß 1986, im Jahr der vierten synodischen Wiederkehr der oberen Konjunktion von Sonne und Venus, ihre Fernseh-Talkshow erstmals landesweit gesendet wurde (8. September) und daß sie Stedman Graham kennenlernte, nachdem sie jahrelang Mißbrauch und Instabilität in Beziehungen erlebt hatte. 1994, im Jahr der fünften synodischen Wiederkehr, sah Oprah so gut aus wie nie zuvor, nachdem sie ihr sportliches Trainingsprogramm und ihre Ernährungsweise umgestellt und dadurch abgenommen hatte. Sie schrieb sogar die Einleitung zu einem Kochbuch mit Rezepten kalorienarmer Gerichte – *In the Kitchen with Rosie: Oprah's Favorite Recipes* –, geschrieben von ihrer eigenen Köchin, Rosie Daley.

Schwierige Aspekte, besonders Quadrate, sowohl von Sonne als auch von Venus zu Saturn sind eine doppelte Belastung für jede Frau. Solche Aspekte zeigen meistens Schwierigkeiten an, sowohl in Beziehungen zu Männern (Sonne/Saturn) als auch durch die Entstehung von Zweifeln über die eigene Weiblichkeit (Venus/Saturn). Ehe ein Mensch mit Sonne/Saturn im Horoskop lernt, wirklich unabhängig und autonom zu sein, neigt er dazu, sich auf Beziehungen einzulassen, die in der Kindheit erlittene Verletzungen wiederaufleben lassen, anstatt auf Bindungen, die Heilung und Ganzheit fördern. Manche gehen Beziehungen lieber ganz aus dem Weg, um nicht wieder Gefühle von Verlassenheit und Zurückweisung durchleben zu müssen, die in ihren Beziehungen mit Männern immer enthalten zu sein scheinen. Mit Venus/Saturn muß die betreffende Person lernen, sich selbst zu lieben und auf ihren eigenen Wert zu vertrauen. Häufig sehnt sie sich nach Liebe, obwohl sie aus reinem Selbstschutz kühl und uninteressiert scheinen mag. Sie empfindet eine innere Leere, die scheinbar niemals gefüllt werden kann, ganz gleich, wie sehr sie geliebt wird oder wieviel Besitz sie anhäuft. In Wahrheit wird diese Leere so lange andauern, bis sie lernt, sich selbst zu lieben und anzunehmen. Wenn sie einmal diese Leere gefüllt hat, ist sie zu echtem Teilen und zu echter Bindung fähig.

Beide Aspekte können auch zum Erfolg einer Frau in der von Männern geprägten Geschäftswelt beitragen. Jemand mit

Sonne/Saturn arbeitet oft das ganze Leben hindurch sehr hart. Dies kann aus bloßem Überlebenswillen geschehen – »Wenn ich nicht für mich sorge, wird es keiner tun«. Doch es kommt auch oft vor, daß diese Menschen angesichts ihres beruflichen Erfolges beginnen, sich zu mögen und an sich zu glauben, und wenn Beziehungen sie enttäuschen, bleibt ihnen immer noch die Arbeit, aus der sie Anerkennung beziehen. Venus/Saturn-Typen beziehen aus ihrer Arbeit wirklich sehr viel kreative Anregung und widmen sich oftmals sehr loyal und hingebungsvoll einer bestimmten Arbeit, einem Chef oder einer Firma. Obwohl Frauen mit Venus/Saturn-Aspekten an ihrer Weiblichkeit zweifeln mögen, fühlen sie sich wohl, wenn sie mit Männern zu tun haben oder mit von Männern geprägten Bedingungen.

Zweifellos hat Oprah Winfrey sowohl die positivsten als auch die negativsten Seiten ihrer Sonne/Venus/Saturn-Aspekte kennengelernt, aber sie konnte auf positive Weise mit diesen Energien umgehen, so daß die Analyse ihres Horoskops sehr wertvoll für andere Menschen ist, deren Horoskope ebenfalls starke Saturn-Themen aufweisen. Saturn symbolisiert zwar Herausforderungen, Begrenzungen und Hindernisse, aber er symbolisiert auch gleichzeitig die Chance, allen Planeten, zu denen er Aspekte bildet, Struktur zu verleihen. Oprah hat die Gelegenheit, die Kraft des Ego (Sonne) mit Disziplin (Saturn) zu verbinden, und sie kann in dem Bewußtsein um die Wichtigkeit persönlicher Verantwortung und als Meisterin ihres eigenen Schicksals ihr Leben selbst in die Hand nehmen. Indem sie lernt (Saturn), sich selbst zu lieben und sich anzunehmen (Venus), werden Mitgefühl, Verständnis und wahre Bindung in ihren Beziehungen möglich.

Ein genauer Blick auf diese Sonne/Venus/Saturn-Kombination enthüllt, daß sie noch eine weitere wichtige Planetenverbindung bildet, eine, die sehr genau erklärt, warum Oprah in der Lage war, diese recht schwierigen Aspekte so positiv zu nutzen. Merkur, der Planet der Kommunikation, steht in Antiszium zu Saturn.[12] Das bedeutet, Merkur spiegelt ihren Saturn auf 0° der Krebs / Steinbock-Achse, Teil des acht-armigen Kreuzes. Deshalb arbeiten Merkur und Saturn in der weltlichen Arena zusammen. Weil Sonne und Venus un-trennbar mit Saturn verknüpft sind, wird deren öffentlicher Ausdruck auch durch Merkur verwirklicht. Darüber hinaus spiegelt Merkur Sonne und Venus auf 15° der Löwe / Wasser-mann-Achse, was die Manifestation von Kreativität und Gruppenwerten in der Welt als Ganzem darstellt. Deshalb ist Kommunikation (Merkur) für sie das geeignete Mittel, um Popularität und Erfolg (Sonne / Venus) in der äußeren Welt zu erlangen.

Ein weiterer beeindruckender Aspekt in Oprahs Horoskop ist ein ziemlich genaues Quadrat zwischen einem Skorpion-Mars im dritten Haus und einem Löwe-Pluto im zehnten Haus. Während dieser Aspekt sicherlich für den sexuellen Mißbrauch und die Gewalt steht, die sie erlitten hat, statten diese Planeten sie auch mit der Fähigkeit aus, sich dagegen zu wehren. Sicherlich beschreibt dieser Aspekt auch ihre Rolle als Produzentin – ganz gewiß wollte *sie* die Show leiten! Mer-kur ist auch an diesem Aspekt beteiligt, denn er bildet ein T-Quadrat mit Mars und Pluto. Wir wissen bereits, daß Mer-kur durch Sonne, Venus und Saturn mit der kardinalen Achse verbunden ist, und daher besteht eine direkte Verbindung zwischen der Wirkung sexuellen Mißbrauchs und ihrer Fähig-keit, diese zerstörerischen Erfahrungen in eine Gelegenheit zu verwandeln und all jenen Menschen eine Stimme zu ver-leihen, die nicht für sich selbst sprechen können.

Der Mechanismus, anhand dessen sie die Kontrolle über ihr Leben ausübt, ist ganz eindeutig durch diese Mer-kur / Mars / Pluto-Kombination beschrieben. Sogar in der Zeit, als sie sexuellem Mißbrauch ausgesetzt war, entkam sie durch Lesen und Forschen in die Welt der Vorstellung, und es ist kein Geheimnis, daß sie fest an die Vorstellung glaubt, daß Sie Ihr Leben durch die Macht Ihres Geistes gestalten können. Dar-über hinaus teilt sie ihre wertvollen Geheimnisse mit jedem, der sich die Mühe macht zuzuhören. Ihr Fernsehprogramm ist ein künstliches Schaufenster für körperliche, geistige, emotionale und spirituelle Techniken zur Selbstverwirklichung, aber ihre spontanen Reaktionen auf ihre Gäste bieten uns ein echtes Fenster zu ihren Gedanken und zu ihrer Seele. Während ich diesen Beitrag schrieb, schaltete ich eines Nachmittags Oprahs Sendung ein, um mich inspirieren zu lassen. Sie enttäuschte mich nicht. Die Show drehte sich vor allem um mißglückte Hochzeitstage. Ein entnervtes Paar aus Kalifornien zeigte ein Video vom Tag ihrer Hochzeit, als das Hochzeitszelt, das sie im Garten aufgestellt hatten, aufgrund plötzlich einsetzender sintflutartiger Regenfälle und Hagelschauer in sich zusammengebrochen war. Die Braut verriet, daß sie als Ergebnis dieser Tragödie glaubte, daß ihre Ehe von Beginn an zum Scheitern verurteilt sei. »Aber«, entgegnete Oprah, »ich dachte, Regen ist ein Zeichen für Glück. Als es dann anfing zu hageln, warum haben Sie nicht einfach gedacht, daß das irgendwie bedeutete, daß die Dinge sich festigen?«

Oprah weiß, daß die wahren Wunder geschehen, wenn wir uns entscheiden, unsere Denkweise zu verändern. Mehr noch, sie strebt danach, andere in den Stand zu versetzen, daß sie in ihrem eigenen Leben Wunder geschehen lassen, in vollem Bewußtsein dessen, daß es diese Veränderungen ihrer Wahrnehmung sind, die letztlich unsere Welt verändern. Ob Oprah Winfrey jemals Stedman Graham oder irgend jemand anderen heiratet oder nicht, ist schließlich egal und scheint im Licht ihres Lebens und ihres Horoskops irrelevant zu sein. Ihre wahre Bestimmung liegt in ihrer Fähigkeit, Millionen von Menschen zu beeinflussen, damit sie sich ihr auf dem Weg zu Eigenliebe und spirituellem Wachstum anschließen. Denn schließlich ist sie jeden Nachmittag da, um uns daran zu erinnern, daß wir es auch tun können, wenn sie es kann!

Das Männliche und das Weibliche ehren

Seit Pluto durch Waage gelaufen ist, scheinen wir uns in einem Prozeß zu befinden, der mehr Frauen und Männer dazu gebracht hat, allein zu leben. Die Scheidungsrate ist in den USA zwischen 1972 und 1983 explosionsartig gestiegen, und wir alle haben immer noch mit den Wirkungen zu tun, die dieser Transit auf unsere Vorstellung von den Rollen von Männern und Frauen in Beziehungen hatte. Es ist interessant zu erkennen, daß jene, die am meisten von diesem Transit beeinflußt wurden, mit dem spirituell machtvollen Sextil zwischen Neptun in Waage und Pluto in Löwe geboren wurden. Dies ist die Generation, die die Gelegenheit hat, wahre spirituelle Einheit zu erreichen, indem sie die Macht des Selbst verstehen.

Als Pluto durch Waage lief und direkt am Stoff der neptunischen Träume von den perfekten Beziehungen zerrte, begannen sich die Unterschiede zwischen den Rollen von Männern und Frauen zu verwischen. Weil sie emotional und ökonomisch gesehen überleben mußten, waren viele Frauen gezwungen, härter zu werden, aggressiver zu sein und am Arbeitsplatz mit Männern zu konkurrieren. Auch Männer mußten mit der »Verwüstung« umgehen lernen, die Pluto in ihren Beziehungen angerichtet hatte. Viele Männer waren nun gezwungen, all jene Dinge selbst zu tun, die – wie sie gelernt hatten, als sie aufwuchsen – eine Frau für sie tun würde. Auch Männer wurden nun zu Alleinerziehenden und mußten sowohl lernen, ihre Kinder zu trösten als auch die Mahlzeiten selbst zuzubereiten, die sie von ihrem Gehalt gekauft hatten. Mehr noch, sie mußten lernen, mit ihren eigenen Emotionen klarzukommen. Verheiratet oder nicht, sie waren gezwungen, ihre weibliche Seite zu entwickeln und über ihre Gefühle zu reden, während Frauen trainierten, sich durchzusetzen, und anfingen, berufliche Positionen zu bekommen, die traditionell Männern vorbehalten gewesen waren. Somit säte Plutos Transit durch Waage für eine ganze Generation die Möglichkeit, spirituelle Ganzheit zu erlangen, indem sie das Männliche und das Weibliche als gleich wichtige und mächtige Anteile versteht und ehrt. Zur selben Zeit bildete Neptun im Transit durch Schütze ein Trigon zum Löwe-Pluto einer ganzen Generation, und Selbsthilfe-Gruppen, -Techniken und -Philosophien entstanden, die auf dem Weg zur Selbstverwirklichung vorankommen halfen.

Pluto lief in Skorpion und Neptun in Steinbock, wobei sie Quadrate zu den Radixstellungen in den Horoskopen einer ganzen Generation bildeten und diese zwangen, sich mit ihren Handlungsweisen auseinanderzusetzen. In gewisser Weise schien sich die tiefe Kluft zwischen Männern und Frauen, besonders bei den Singles, zu vertiefen. Es wurde nun immer offensichtlicher, daß Scheidungen sich ökonomisch gesehen wirklich desolat auswirkten, und es war leicht, einander die Schuld an finanziellen Engpässen zuzuschieben. Mit Neptun in Steinbock waren die wirtschaftlichen Strukturen sowieso nicht mehr so sicher wie zuvor. Die gewohnten Wachstumsprognosen und die wirtschaftliche Hochkonjunktur der vorangegangenen Jahre gehörten nun der Vergangenheit an, und AIDS brachte die sexuelle Revolution schlagartig zum Stillstand. Obwohl die sexuellen und wirtschaftlichen Gegebenheiten Männer und Frauen hätten einander näherbringen sollen, schienen sie das bereits feindselige Mißtrauen noch weiter anzufachen. Böse über Männer herzuziehen wurde zu einem Sport, wo immer alleinlebende Frauen zusammenkamen, während die Gewalt von Männern gegenüber Frauen eskalierte. Genau die Frauen, die Männer als Feinde behandeln, wundern sich, wieso sie keine Beziehung haben, und es scheint, als bringe die Angst der Männer, in einer Welt der Gefühle zu ertrinken, sie dazu, Mauern zu errichten und zu leugnen, daß sie genau jene Frauen mögen, die am ehesten fähig sind, ihren emotionalen Bedürfnissen entgegenzukommen.

Während Pluto durch Schütze und Uranus, und schließlich Neptun durch Wassermann laufen, werden diese Planeten das Neptun/Pluto-Sextil wieder aktivieren und die Herausforderung für die »Ich«-Generation deutlicher in den Brennpunkt rücken. Natürlich können wir die Straße zur Isolation weitergehen. Schließlich können wir in virtuellen Realitäten schwelgen, definitiv ein Plus für eine älterwerdende Generation. Wahrscheinlich wird unser soziales Netz eine Transformation durchlaufen, und wir werden erfinderisch sein müssen, um neue Wohnformen zu entwickeln (beispielsweise in

Gruppen zu leben) und Lösungen für die Probleme im Zusammenhang mit Gesundheitspflege und Rente zu finden, aber all das setzt schließlich den Prozeß zur Erlangung spiritueller Ganzheit fort, der wirklich wichtig ist.

Frauen, die Unabhängigkeit und Selbständigkeit gemeistert haben, beginnen nun gerade, sich mit der wirklichen Kraft des Weiblichen neu zu verbinden, die in ihnen selbst liegt – die Fähigkeit, fürsorglich, intuitiv und liebevoll zu sein. Vielleicht haben Frauen es in die sogenannte Männerwelt geschafft, damit sie die besonderen spirituellen Gaben beisteuern können, die sie anzubieten haben. Die Göttin taucht wieder auf und fordert gleiche Zeit. Der Glaube an Engel lebt wieder auf, an diese wunderbaren Wesen, die Männliches und Weibliches in sich vereinen. Erinnern Sie sich: die Erzengel waren Männer, die in Kontakt mit ihrer spirituellen Seite waren. Die Männer in unserem Leben haben auch die Möglichkeit, Engel zu sein. Ein Mann, der in Kontakt mit seinem inneren Selbst ist, wird von derselben spirituellen Freude in die Lage versetzt, Ganzheit zu finden. Es sind unsere Brüder und Söhne, und auch unsere Freunde und Liebhaber. In Zukunft geht es darum, einander bei der Selbstverwirklichung zu unterstützen.

Marianne Williamson formuliert es in *A Woman's Worth* sehr schön: »Spirituelles Wachstum ist wie die Geburt eines Kindes. Du weitest dich, du ziehst dich zusammen. Du weitest dich, du ziehst dich wieder zusammen. So schmerzhaft sich alles anfühlt, dieser Rhythmus ist notwendig, um schließlich das Ziel, totale Offenheit, zu erreichen. Der Schmerz, ein Kind zu gebären, ist erträglicher, wenn wir erkennen, wohin er uns führt. Uns selbst zu gebären, unser neues Selbst, unser wirkliches Selbst, ob wir Männer sind oder Frauen, ähnelt sehr dem Gebären eines Kindes. Es ist eine Idee, die empfangen wird und dann heranreift. Ein Kind zu gebären ist schwierig, aber das Kind dann im Arm zu halten, lohnt den Schmerz. Und so ist es auch, wenn wir schließlich einen kurzen Blick auf unsere eigene Vollendung als menschliche Wesen werfen können – ganz gleich, ob wir einen Ehemann haben oder nicht, ob wir Geld haben oder nicht, Kinder oder nicht, oder was immer wir sonst zu brauchen meinen, um erblühen und glücklich sein zu können. Wenn wir schließlich kurz eine spirituelle Höhe berührt haben, die echt und beständig ist, dann wissen wir, daß der Schmerz, den wir durchleiden mußten, um dorthin zu kommen, es wert war, und die vor uns liegenden Jahre werden niemals mehr einsam sein.«[13]

Ronnie Gale Dreyer
Die Bedeutung der Selbstachtung

Was ist Selbstachtung?

Mit der gegenwärtig zunehmenden Verbreitung der Zwölf-Schritte-Programme, mit denen Gruppen wie die *Anonymen Alkoholiker* über *Erwachsene Kinder von Alkoholikern* bis hin zu den *Anonymen Schuldnern* arbeiten, läuft der Begriff »Selbstachtung«, der im *Webster's Dictionary* als »Vertrauen in sich selbst und Zufriedensein mit sich selbst« definiert wird, Gefahr, nicht nur falsch verwendet, sondern auch zwangsläufig in unserem Wortschatz verändert zu werden.

Erstens scheint niemand mehr eine »hohe Selbstachtung« oder Selbstvertrauen zu haben. In letzter Zeit scheint es so, als ob immer mehr Menschen unter »niedrigem Selbstwertgefühl« leiden, eine Allerweltsphrase für jede Unsicherheit, die wir vielleicht empfinden mögen, und gleichzeitig modische, aber oberflächliche Antwort auf die Frage: »Woran krankt unsere Gesellschaft?« Tatsächlich reicht die Bandbreite von mangelndem Selbstvertrauen – oder das, was man gewöhnlich »Minderwertigkeitskomplex« nennt (den zu haben niemand zuzugeben wagt) – von einem einfachen Mangel an Vertrauen in einem ganz bestimmten Bereich, was die meisten von uns schon irgendwann erlebt haben, bis hin zu Selbsthaß, der uns paralysiert und uns davon abhält, glücklich zu sein oder Erfolg zu haben. Weil dieses Schlagwort inzwischen viel zu häufig verwendet wird, ist die wahre Bedeutung dessen, was es heißt, echtes Selbstvertrauen zu besitzen und Selbstachtung sowie Eigenliebe zu empfinden, die uns dazu befähigen, den Gipfel des Erfolges zu erreichen, beinahe verlorengegangen.

Obwohl Probleme mit der eigenen Selbstachtung offenbar beide Geschlechter gleichermaßen betreffen, werde ich mich in diesem Beitrag darauf konzentrieren, wie das Selbstbild einer Frau nicht nur ihren Selbstausdruck, sondern auch ihre Fähigkeit, in der Auswahl ihrer Beziehungen ein kritisches Urteilsvermögen walten zu lassen, beeinflußt. Während auch Männer unter niedriger Selbstachtung leiden und von den Vorzügen hoher Selbstachtung profitieren können, ist es wahrscheinlicher, daß Frauen kraft dessen, was Dr. Susan Forward »gesellschaftliche Beihilfe zur Abhängigkeit der Frauen« nennt, sich in beruflichen und privaten Beziehungen in die Rolle der Abhängigen begeben. Dr. Forward zufolge sind Frauen schneller davon überzeugt, daß sie schwächer sind, d. h. daß sie jemand »Stärkeren« brauchen, sogar wenn diese Stärke letztlich in Form von Mißbrauch zum Ausdruck kommt, wobei Mißbrauch »jedes Verhalten« meint, »das dazu bestimmt ist, einen anderen Menschen durch den Einsatz von Angst, Demütigung und verbalen oder körperlichen Angriffen zu kontrollieren und zu unterwerfen. Anders ausgedrückt: Sie müssen nicht geschlagen werden, um mißbraucht zu werden.«[1]

Andererseits wurden Männer schon immer auf Selbstdarstellung und Unabhängigkeit konditioniert, so daß jede Andeutung von Problemen mit der Selbstachtung häufig unter der Oberfläche eines nach außen hin erfolgreichen Lebensstils verborgen bleibt. Tatsächlich überkompensieren Männer zu einem großen Teil, weil es für Männer eine größere Stigmatisierung bedeutet, irgendeine Unsicherheit offen zuzugeben.

Astrologische Signifikatoren für Selbstachtung

Um zu bestimmen, ob das Erlangen von Selbstachtung, d. h. zufrieden mit sich selbst zu sein und sich gut mit sich selbst zu fühlen, eine leichte Aufgabe ist oder ein mühevoller Weg, der über bewußte Anstrengung zur eigenen Weiterentwicklung führt, ist es notwendig, sich das gesamte Horoskop im Zusammenhang mit den Planetenzyklen anzusehen. Ungeachtet der Tatsache, daß eine gründliche Horoskopanalyse schließlich immer anzuraten ist, bevor Talente und Problemstellungen eingeschätzt werden können, ist es auch möglich, Schlüsselfaktoren herauszuarbeiten, während man versucht, einen ganz bestimmten Bereich des Horoskops zu verstehen.

Obwohl schwierige Konstellationen und Aspekte – egal, welche Planeten daran beteiligt sind – Konflikte darstellen, die am Selbstvertrauen nagen, betrachte ich die Sonne, die das Selbst repräsentiert, und Venus, die die Liebe symbolisiert sowie den Wert, der diesem Selbst beigemessen wird, als grundlegende Signifikatoren für Selbstachtung. Indem wir diese beiden Planeten herausgreifen, können wir sofort ganz genau einschätzen, wie eine Frau sich selbst sieht und wie dieses Selbstbild sie bei der Auswahl ihrer Partner beeinflußt. Umgekehrt können wir beurteilen, wie es um den Selbstwert eines Mannes bestellt ist, ob es ihm möglicherweise daran mangelt und inwieweit dies die Reise seiner Gefährtin hin zur Ganzheit erleichtert oder behindert, indem wir seine Sonne und Venus untersuchen. Auch in den Horoskopen von Männern empfiehlt es sich, Sonne und Venus zu analysieren, weil es aber in diesem Buch um die Situation von Frauen geht, werde ich nachfolgend die weibliche Form verwenden.

Während eine günstig gestellte Sonne in einem Horoskop die Fähigkeit symbolisiert, autonom zu bleiben, einen Sinn für das eigene Lebensziel zu bewahren und generell das Leben in die eigene Hand zu nehmen, wird es einer Frau mit einer ungünstig gestellten Sonne im allgemeinen an Selbstvertrauen mangeln, sie wird ein schwaches oder undeutliches Selbstgefühl haben oder einfach unfähig sein, auf ihren eigenen Füßen zu stehen. Falls Venus in unserem Horoskop günstig steht, besitzen wir innere Stärke, Schönheit und ganz allgemein ein Gefühl für den eigenen Wert, was nach außen strahlt und Menschen anzieht, die etwas von dieser »Ich fühl' mich gut«-Energie absorbieren möchten. Umgekehrt haben wir das Gefühl, die Freuden und Geschenke des Lebens nicht zu verdienen und sie daher zurückweisen zu müssen, wenn wir uns weigern, unsere innere Schönheit und Stärke zu erkennen oder anzunehmen. Das kann sich darin manifestieren, daß wir unsere venusischen Talente und Vorzüge verleugnen, was sich auf die körperliche Erscheinung und private Beziehungen bis hin zu sexuellem Genuß und finanzieller Sicherheit auswirken kann.

Indem wir Venus im Horoskop analysieren, erkennen wir umgehend, daß die Fähigkeit zur Eigenliebe bestimmt, wie wir uns selbst innerhalb unserer privaten und beruflichen Beziehungen bewerten. Wenn wir uns liebenswert, also der Liebe wert, fühlen, werden wir einen Partner finden, der uns mit Hochachtung behandelt. Mit einem gewissen Maß an Selbsthaß versagen wir uns vielleicht Freude und Vergnügen als eine Form des »Ich verdiene es nicht, mich gut zu fühlen«, was dazu führt, Beziehungen zu negieren oder sich zu jemandem hingezogen zu fühlen, der unerreichbar oder schwierig ist, oder der uns im extremsten Fall mißbraucht.

Obwohl es im Horoskop viele Hinweise gibt, die zu der Art und Weise beitragen, wie wir uns mit uns selbst fühlen und welches Bild wir von uns haben, werden Verletzungen der anderen Planeten die eigenen Beziehungen insgesamt nicht derartig lähmen, wie es bei Verletzungen von Sonne und ganz besonders Venus der Fall ist. Während ein besonders betonter Mars große körperliche Kraft und den Mut zu Durchsetzung und Direktheit symbolisiert, wird sich ein schwacher Mars nicht unbedingt nachteilig auf unser Selbstwertgefühl auswirken, es sei denn, er wird von einer schwachen Sonne und/oder Venus begleitet. Sogar der dominanteste Mars kann die Wirkungen einer schwachen Sonne oder Venus erst dann auffangen oder umwandeln, wenn zuvor marsische Durchsetzungsfähigkeit und Eindringlichkeit ausreichend verinnerlicht wurden. Wie wir im Abschnitt über O. J. und Nicole Brown Simpson sehen werden, fungierte das aggressive Wesen ihrer starken Mars-Energien als behelfsmäßige Fassade, bis ihre wahren Unsicherheiten – jeweils von einer schwachen Venus symbolisiert – auf den Prüfstand kamen.

Nachdem wir das Horoskop daraufhin untersucht haben,

wie es um die eigene Selbstachtung bestellt ist, betrachten wir die Zyklen unseres Lebens, wie sie durch die Transite und Progressionen widergespiegelt werden, um zu bestimmen, wann wir mit neuem Selbstvertrauen gesegnet sein werden oder wann ungünstige Umstände unsere Moral sinken lassen könnten. Meistens zeigen gespannte Transitaspekte zu Sonne und Venus Zeiten in unserem Leben an, in denen Werte und Selbstachtung auf die Probe gestellt werden. Falls einige dieser Konflikte bereits bearbeitet wurden, bevor die Konstellation aktiviert wird, läßt sich diese Zeit etwas leichter bewältigen, weil wir wissen, was uns erwartet, und wir dadurch Widrigkeiten in Gelegenheiten zur eigenen Weiterentwicklung und zum eigenen Wachstum verwandeln können.

Fallstudien:
Nicole Brown Simpson und Hillary Rodham Clinton

Um zu veranschaulichen, wie unterschiedlich zwei Frauen im Laufe ihrer verschiedenen Lebenszyklen mit dem Thema Selbstachtung umgingen, habe ich die Horoskope von Nicole Brown Simpson (siehe Horoskop auf S. 295) und Hillary Rodham Clinton (siehe Horoskop auf S. 314) verwendet. Obwohl diese Frauen zunächst nichts gemeinsam zu haben scheinen, gibt es doch Ähnlichkeiten: ihre Attraktivität und die spätere Heirat mit charismatischen Männern, mit denen sie ein aufsehenerregendes Leben im Lichte der Öffentlichkeit führten bzw. führen, und das Bewußtsein, daß Mutterschaft ein wichtiger Schlüssel zur Selbstverwirklichung ist.

Während Nicole Brown Simpson sich auf ihre Schönheit und ihre sexuelle Anziehungskraft verlassen konnte, waren Hillary Rodham Clintons große Vorzüge immer ihre Intelligenz und ein leidenschaftlicher Einsatz für ihre Überzeugungen. Zwar kämpfte jede darum, ihre eigene Nische zu finden. Dabei war aber Nicole Brown Simpsons Weg zur eigenen Identitätsfindung unklarer als der von Hillary Rodham Clinton, die aufgrund ihrer markant stehenden Sonne immer wußte, wer sie war und wohin sie ging.

Weil Hillary Rodham Clinton gewisse Unsicherheiten überwand und schließlich als Akademikerin zur routinierten Fachfrau wurde, zog sie einen selbstsicheren Mann an, der sich durch eine intelligente, erfolgreiche Ehefrau nicht bedroht fühlte. Bill Clinton lernte die Lektionen seiner harmonisch aspektierten Venus und wünschte sich daher eine Frau, mit der er eine funktionierende Partnerschaft und Arbeitsgemeinschaft eingehen konnte. Im Gegensatz dazu verfügte Nicole Brown über kein besonders starkes Identitätsgefühl, als sie O. J. Simpson (siehe Horoskop S. 297) kennenlernte. Infolge seiner eigenen verletzten Venus betrachtete O. J. Nicole als schmückenden Ausrüstungsgegenstand, der seinen eigenen Mangel an Selbstachtung außerhalb des Spielfelds ausgleichen würde. Anstatt eine Ehe zwischen einander Ebenbürtigen einzugehen, versuchten diese beiden bedürftigen Menschen, sich durch den anderen das zu verschaffen, was ihnen innerlich fehlte.

Von den beiden Frauen ist Nicole Brown Simpson diejenige, deren Horoskop mehr gespannte Aspekte aufweist: drei voneinander getrennte T-Quadrate, von denen eines die Sonne und ein anderes Venus einbezieht. Aufgrund einer Reihe von Transiten und Progressionen, die abwechselnd jedes T-Quadrat aktivierten, verlief ihre Reise zur Selbstachtung mühselig und endete unglücklicherweise tragisch. Hillary Rodham Clinton dagegen vermochte ihre starke Sonne zu nutzen, um die Quadrate zu ihrer Venus auszugleichen und ein glühendes Selbstwertgefühl zu entwickeln, wodurch sie Erfolg im Leben hat, während Nicole Brown Simpson dies nicht konnte. Während Sonne und Venus tatsächlich Hinweise darauf geben können, wie es um die Selbstachtung bestellt ist, läßt sich nur durch eine gründliche Prüfung des gesamten Horoskops und der entsprechenden Transite und Progressionen ganz verstehen, wo die Ursache für bestimmte Schwierigkeiten liegt und wie diese überwunden werden können.

Obwohl sich ein Horoskop mit den unterschiedlichsten Methoden analysieren läßt, werde ich die Horoskope auf sehr elementare Weise deuten (Planeten in Zeichen, Häusern und in ihren Aspekten zueinander), um so den Charakter herauszuarbeiten, und ich werde die Transite, Sekundärprogressionen und Sonnenbogendirektionen dazu verwenden, die sich entfaltenden Ereignisse im Leben dieser bemerkenswert unterschiedlichen und doch in gewisser Hinsicht ähnlichen Frauen zu veranschaulichen.

Nicole Brown Simpson[2]

Wer außer Astrologen oder Therapeuten hätte geglaubt, daß sich hinter der Fassade der schönen, reichen und glamourösen Nicole Brown Simpson eine Frau voller Widersprüche verbarg, voller Komplexitäten und Unsicherheiten, die sie möglicherweise auch nie vollkommen hätte überwinden können, selbst wenn sie überlebt hätte. Ein genauerer Blick auf eines der schwierigsten Horoskope, das ich jemals gesehen habe, enthüllt letztlich die wahre Geschichte hinter der Maske – ein großes Trigon in den Wasserzeichen und drei getrennte T-Quadrate (Venus-Saturn-Mond, Sonne-Jupiter-Pluto, Merkur-Uranus-Neptun).

Großes Trigon (Venus-Neptun-Aszendent). Das große Trigon zwischen Venus (09°28′ Krebs), Herrscherin von Sonne in Stier und Mond in Waage, Neptun (05°00′ Skorpion), Herrscher ihres Fische-Aszendenten, und dem Aszendenten selbst (07°36′ Fische) wird normalerweise als eher vorteilhafte Aspektfigur angesehen. Weil Neptun, ihr Geburtsherrscher, sowohl zu Venus, dem Planeten der Schönheit, als auch zum Aszendenten, Indikator für die äußere Erscheinung und den Charakter, ein Trigon bildet, war Nicole mit einem schönen Gesicht und einer guten Figur gesegnet und entwickelte sich zu einer charmanten, gewinnenden Persönlichkeit, was sich mit ihrem äußeren Erscheinungsbild deckte. Angesichts der Tatsache, daß ihre Sonne in Stier steht und der

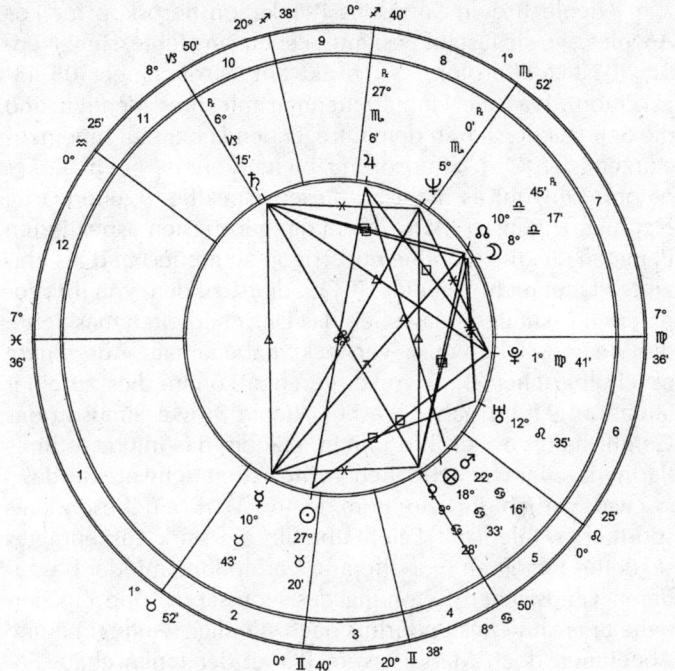

Horoskop 1: Nicole Brown Simpson[3]

Mond in Waage, zwei von Venus regierten Zeichen, überrascht es nicht, daß Sinnlichkeit, Vergnügen und die ständige
Sorge um Aussehen und Geld eine wichtige Rolle in ihrem
Leben spielten. Aufgrund der Verbindung zwischen Venus
und dem Aszendenten war sie außergewöhnlich schön.
Hinzu kam noch Neptuns Einfluß, der ihr eine geheimnisvolle, romantische und idealistische Note verlieh. Dies
machte sie auch überaus stark beeinflußbar und anfällig für
von Illusionen verschleierte Beziehungen, und es ließ sie sich
zu O. J. Simpson hingezogen fühlen, einem Mann, dessen
Angebot eines romantisch überhöhten, glamourösen, aber etwas unrealistischen Lebensstils sie falsch einschätzen sollte.

In Nicole Brown Simpsons Relokationshoroskop für Los Angeles, wo sie fast ihr gesamtes Leben lang lebte, steht Neptun (05°00' Skorpion) fast exakt am Aszendenten (05°43' Skorpion), was die Unzufriedenheit mit ihrer Identität und die Sehnsucht, sich in den aufregenden Lebensstil hineinzustürzen, den O. J. Simpson ihr bieten konnte, noch stärker betont. Obwohl es nicht zu dieser Aspektfigur gehört, trug Neptuns Trigon zu Mars, ihrem am günstigsten aspektierten Planeten (Sextil zu Sonne und Trigon zu Jupiter) und als einziger Planet nicht Teil eines T-Quadrats, zu dem von ihr projizierten sexuellen Image bei, das Unsicherheiten maskierte, die sie möglicherweise versteckt haben mag. Aus einem psychologischen Blickwinkel gesehen könnte dies zu einer Situation geführt haben, in der Nicole Brown Simpson das Gefühl hatte, es sei ihre Pflicht, ständig das Interesse ihres Partners an ihr wachzuhalten – eine extrem schwere Bürde.

Zwar verlieh ihr ein dominanter Mars ein besonderes sportliches Talent für Leichtathletik, ein stark ausgeprägtes sexuelles Begehren (vor allem in Verbindung mit der besonderen venusischen Betonung des Horoskops) und ein beinahe unersättliches Bedürfnis nach ständiger Aufregung und Abenteuer, doch Mars ist kein Planet der Innenschau. Solange Nicole Brown Simpson die ständige Abwechslung und Anregung genoß, die ihr das »Leben auf der Überholspur« mit O. J. Simpson bot, waren alle Konflikte oder Unsicherheiten, die sie vielleicht wahrgenommen haben mag – und sei es nur unbewußt –, vorübergehend beiseite geschoben.

Obwohl Mars körperliche Kraft verleiht, bedeutet seine Betonung im Horoskop nicht, daß instinktmäßige Unsicherheiten, die unter der Oberfläche liegen, notwendigerweise getilgt sind. Wie auch immer, Nicole und O. J. Simpson verfügten jeweils über einen sehr starken Mars, dessen Erregung, Leidenschaft und Aggression zum Kennzeichen ihrer Beziehung wurde, indem er die Gelassenheit und Selbstsicherheit, die die bei beiden verletzte Venus und Nicoles Sonne nicht ausreichend liefern konnten, vollständig überrannte. Erst später lernte sie, Mars auf positive Weise zum Ausdruck zu

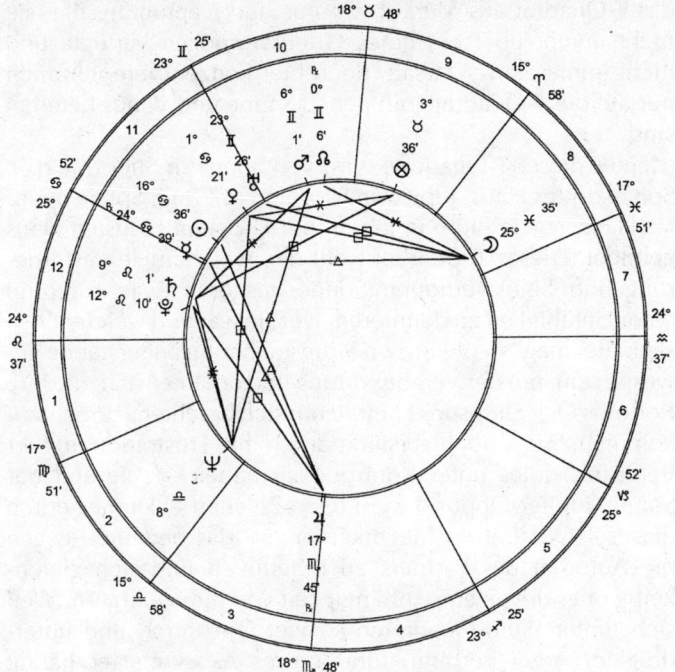

Horoskop 2: O. J. Simpson[5]

bringen – in Form von Unternehmungsgeist, Durchsetzungsfähigkeit, Abenteuer und Enthusiasmus – ohne sich unbedingt nur auf ihre Schönheit oder sexuelle Ausstrahlung zu
verlassen.

T-Quadrat (Sonne-Jupiter-Pluto). Obwohl die Trigone Nicoles
Persönlichkeit vorteilhafte Züge verliehen und ihre günstigen
Lebensumstände initiierten, wozu auch ihr erstes Treffen mit
O. J. Simpson gehört, führte die äußerst seltene Kombination
von drei T-Quadraten und der Reihe von Transiten und Progressionen, die diese T-Quadrate auslösten, zur destruktiven
und letztlich verhängnisvollen Seite ihres Lebens. Zwar zeigt

297

das T-Quadrat aus Merkur, Uranus und Neptun an, daß sie nicht immer über ein gutes Urteilsvermögen verfügte und nicht immer ganz klarsah, doch hier konzentriere ich mich nur auf die T-Quadrate, an denen Sonne und Venus beteiligt sind.

Eines dieser T-Quadrate wird von Sonne in Stier (27°20′), Spitze drittes Haus, Jupiter in Skorpion (27°06′), Spitze neuntes Haus, sowie Pluto in Jungfrau (01°41′) im sechsten Haus gebildet. Dieses T-Quadrat stellt dar, welchen Herausforderungen ihr Selbstvertrauen (Sonne) ausgesetzt war. Aufgrund einer Unfähigkeit zu definieren, wer sie war und welche Ziele sie hatte, mag Nicole Brown Simpson häufig außerstande gewesen sein, mit der Verantwortung und der Intensität, die ihre Rolle als O. J. Simpsons Ehefrau mit sich brachten, zurechtzukommen. Sogar noch verstärkt durch ihre Frustration und ihr Bedürfnis, alles unter Kontrolle zu haben – aufgrund der Sonne / Jupiter-Opposition in fixen Zeichen –, kam es durch dieses T-Quadrat zu Machtkämpfen – das bedeutet, gegen die Autorität des Partners zu rebellieren und sich gleichzeitig über die eigene Abhängigkeit von ihm zu ärgern. Weil sich hinter Pluto-Quadraten so viel Frustration und unterdrückter Ärger verbirgt, führt dieses Aspektmuster häufig zu selbstzerstörerischen Verhaltensweisen und, in Nicole Brown Simpsons Fall, zu Wut und Gewalt als einer Möglichkeit, aufgestaute Frustration und / oder Selbstbestrafung freizusetzen.

Sonne in Stier in Opposition zu Jupiter in Skorpion (der exakteste Aspekt in ihrem Horoskop) symbolisiert auch die Auflösung der eigenen Energien aufgrund von Jupiters viel zu nachgiebigem und maßlos undiszipliniertem Wesen, das viel zuviel Zeit für gesellschaftliche Anlässe aufwendet. Mit einem Gespür für das Dramatische und einer Sehnsucht, über das Gewöhnliche hinauszugehen, basierte Nicole Brown Simpsons Selbstvertrauen (Sonne) auf hochfliegenden, aber unrealistischen Visionen, die sie aufgrund ihres Wissensmangels nicht in die Realität umsetzen konnte. Pluto an der Spitze dieses T-Quadrats zeigt sich – wenn er günstig aspektiert ist –

in Form von Anziehungskraft und Macht, aber wenn er so ungünstig aspektiert ist wie hier, symbolisiert er die Unfähigkeit, mit dieser Macht umgehen zu können. Es kommt hier zu einer Unterdrückung von Selbstvertrauen (Sonne) und zu einer Unfähigkeit, den eigenen Horizont zu erweitern (Jupiter), die sich mit dem Bedürfnis abwechseln, Konfrontationen herbeizuführen und, in extremen Situationen, gewalttätig zu sein (Pluto).

Weil Quadrate mit Pluto ständige Herausforderungen für ihre Autonomie (Sonne) und potentielle Destruktivität auslösen können, wäre Nicole, wie die meisten anderen Leute mit Horoskopen voller Quadrate, nach ihrem 35. Lebensjahr – dem Jahr ihres Todes – besser mit den ihr auferlegten Verpflichtungen klargekommen. Wäre Nicole Brown Simpson noch am Leben, hätte ich keinen Zweifel daran, daß sie eine extrem willensstarke, kompetente Frau geworden wäre, während sie gelernt hätte, ihr Leben und vielleicht sogar eine Firma oder Organisation in die eigene Hand zu nehmen – Muster, die zum Zeitpunkt ihres Todes sichtbar zu werden begannen. Ironischerweise ist das Versprechen ihres T-Quadrats durch ihren Tod erfüllt worden: Ihr Name wurde für Selbsthilfegruppen mißhandelter Frauen zu einem nationalen Symbol.

Obwohl Mars mit seinen Sextilen und Trigonen theoretisch ein positives Ventil für Sonne und Jupiter darstellen sollte, betont seine Stellung im Zeichen seines Falls, im emotionalen Krebs im fünften Haus, körperlichen Genuß, Abenteuer und Sexualität, mindert aber kaum die Genußsucht der Opposition. Tatsächlich fungiert die Unbeständigkeit von Mars in Krebs im fünften Haus, wenn auch günstig aspektiert, nicht als ausgleichender Faktor für dieses besondere T-Quadrat. Es war jedoch ihre Rolle als Mutter, angezeigt vom fünften Haus, die ihr schließlich jene Autonomie gab, nach der sie gesucht hatte, und etwas, das sie ihr eigen nennen konnte.

T-Quadrat (Venus-Saturn-Mond). Obwohl Nicole Brown Simpsons Horoskop voller Schwierigkeiten, Konflikte und

Widersprüche ist, enthüllt sich ihr Mangel an Selbstachtung vor allem in dem T-Quadrat aus Venus, Saturn und Mond in kardinalen Zeichen, das direkt den Kern ihrer heftigen Beziehung mit O. J. Simpson berührt. Ihre Reise zur Selbstentdeckung beginnt sich auch durch die Transite und Progressionen zu diesem T-Quadrat zu entfalten.

Bei diesem speziellen Aspektmuster steht Venus in Krebs (09°28′) im fünften Haus in Opposition zu Saturn in Steinbock (06°15′) im zehnten Haus, beide im Quadrat zu Mond in Waage (08°17′) im siebten Haus. Zunächst einmal fördert eine verletzte Venus im von Mond regierten Zeichen Krebs Unsicherheit, was es für diese Leute erforderlich macht, sich eine schützende, vertraute Umgebung zu schaffen. Ähnlich Venus in jedem der Wasserzeichen ruft die Instabilität dieser Stellung häufig co-abhängiges Verhalten hervor, bei dem eine Person das emotionale Klima dadurch kontrolliert, indem sie die andere Person völlig von sich abhängig macht. Weil es Menschen mit Venus in Krebs häufig leichter fällt, für andere zu sorgen, als um Hilfe zu bitten (was ihre eigene Bedürftigkeit zum Vorschein bringen würde), neigen sie dazu, die Schwächen ihrer Partner eher zu entschuldigen, statt sie sich zunächst verstärken zu lassen, wenn sie sich mehr um sich selbst kümmern.

In Nicole Brown Simpsons Fall trifft diese allgemeine Definition von Venus in Krebs ganz besonders zu, weil Venus nicht nur in Quadrat zu Mond, ihrem Dispositor (Mond regiert Krebs und ist daher Dispositor von Venus) steht, sondern weil Venus und Mond auch in Rezeption stehen (Venus in Krebs, dem von Mond regierten Zeichen, und Mond in Waage, dem von Venus regierten Zeichen), was die nachgiebige Natur dieses Quadrats noch besonders intensiviert. Da O. J. Simpsons Venus ebenfalls in Krebs steht, wurde er von seiner Unsicherheit dazu angetrieben, Nicole davon abzuhalten, ihn zu verlassen, indem er sie mit Geschenken überschüttete und sie nach ihrer Scheidung auf diese Weise auch dazu überreden wollte, zu ihm zurückzukehren. Diese beiden Menschen, in deren Horoskop Venus jeweils in Krebs steht (eine unsichere Venus), schafften es nicht, ihre individuellen Stärken zu entwickeln, die schließlich ihre Ehe hätten zusammenhalten können.

Ich habe herausgefunden, daß gespannte Aspekte von Saturn zu Sonne und Venus für eine Frau wahrscheinlich die schwierigsten Aspekte sind, weil Saturn unterdrückt, leugnet und letztlich die grundlegende Identität (Sonne) des betreffenden Menschen und/oder dessen Fähigkeit zu lieben (Venus) in Frage stellt. Weil Nicole Brown Simpson in ihrem Horoskop eine Venus/Saturn-Opposition und Hillary Rodham Clinton ein Venus/Saturn-Quadrat hat, werde ich diese speziellen Aspekte näher ausführen.

Auf der grundlegendsten Ebene können Venus/Saturn-Kontakte eine Beziehung mit jemandem anzeigen, der älter, sehr verantwortlich und/oder eine Vater-/Lehrerfigur ist. Handelt es sich dabei um harmonische Aspekte, d. h. um Sextil oder Trigon, dann wird gegenseitige Bewunderung und die Fähigkeit, gemeinsam zu wachsen, vorhanden sein, selbst wenn zu Beginn der Beziehung einer zum anderen aufschaut. In Übereinstimmung mit Saturns Vorliebe für Treue, Loyalität und Dauerhaftigkeit ist diese Art von Beziehung oft sehr beständig, besonders wenn der Saturn-Aspekt im Laufe der Beziehung eine verläßliche Quelle von Stärke und Verbindlichkeit bleibt.

Wenn es sich dagegen bei dem Aspekt um ein schwieriges Quadrat oder eine Opposition handelt wie bei Nicole Brown Simpson, kann es dazu kommen, daß die Lehrerfigur in der Beziehung, d. h. in diesem Fall O. J., nicht nur als erfahrener, sondern auch als überlegener angesehen wird. Hier kommt es häufig zu Spannungen, wenn der »unterlegene« Schüler wächst, lernt und den Partner sogar überflügelt. Wenn das Wesen der Partnerschaft sich dann nicht zu einer Beziehung zwischen Ebenbürtigen wandelt, löst sich die Verbindung gewöhnlich auf. Bei den Simpsons wurde die Ehe immer wackliger, je stärker und selbstsicherer Nicole wurde.

Andererseits zeigt die Venus/Saturn-Opposition ebenso häufig Beziehungen mit jüngeren Männern an, vor allem in den Horoskopen von Frauen, die sich Jahre zuvor aufgrund von Unsicherheit und der mangelnden Bereitschaft, sich mit einem ebenbürtigen Menschen auseinanderzusetzen, zu älteren Männern hingezogen fühlten. Wenn diese Frauen Reife und Selbstvertrauen erlangt haben, fühlen sie sich häufig zu jüngeren Männern hingezogen, wodurch sich die Rollen umkehren. Nach ihrer Scheidung 1992 umgab sich Nicole Brown Simpson mit einer Menge jüngerer Männer, die sie um ihren Lebensstil beneideten, auch wenn sie aufgrund der Tatsache, daß sie O. J. Simpsons Ehefrau war, zu ihrem Vermögen gekommen war.

Während die Aussage »Beziehungen mit älteren oder jüngeren Menschen« einer der traditionellsten Deutungen dieses Aspekts entspricht, korreliert die Wirkung, die diese Aspekte auf das eigene Selbstbild haben, mit der eher psychologischen und tiefgründigeren Ausdrucksform des Venus / Saturn-Quadrats oder der Venus / Saturn-Opposition. Da Venus bereits als Signifikator für Eigenliebe vorgestellt wurde, wirkt sich die Opposition von Saturn einschränkend aus, ganz besonders, wenn beide noch in ein T-Quadrat eingebunden sind. Nach dem Genuß der Dramatik, der versteckten sexuellen Andeutungen und der Provokation, wie sie von Venus im fünften Haus in Quadrat zu Mond in Waage angezeigt werden, kommt Saturn, um zu bestrafen und / oder zu disziplinieren. Im extremsten Fall kann dies die Form einer Beziehung mit jemandem wie Simpson annehmen, der es niemals versäumte, Nicole an ihre Unterlegenheit zu erinnern und der sie schließlich körperlich und emotional mißhandelte.

Eine der besten Erklärungen von Venus / Saturn-Aspekten stammt von Liz Greene, zu finden in ihrem Buch *Saturn*:

»... die typische Venus / Saturn-Frau (wird) von Minderwertigkeitskomplexen geplagt, besonders wegen ihres Äußeren – auch wenn sie vielleicht äußerlich ganz anziehend wirkt ... Für eine solche Frau ist es ungeheuer wichtig, geliebt, angebetet und als schön gepriesen zu werden.«[6]

Weil die Unzufriedenheit mit dem Selbst quasi angeboren ist, kann es zu Überkompensation kommen, indem man eitel und beinahe zwanghaft besorgt um das eigene körperliche Erscheinungsbild ist, was häufig dazu verleitet zu glauben, die Bewunderung anderer könne die innere Unsicherheit besiegen. Liz Greene geht sogar so weit zu sagen, daß Venus/Saturn-Aspekte sich häufig in den Horoskopen von Prostituierten finden lassen, die Schönheit und Sex einsetzen, um die Tatsache zu kompensieren, daß sie sich selbst nicht für schön halten. Obwohl Liz Greene meint, dies sei vor allem für Frauen ein Problem, bin ich der Ansicht, daß Männer von mangelnder Selbstachtung genauso beeinträchtigt werden.

Der Mond als Brennpunkt des T-Quadrats in Waage im siebten Haus stellt Nicoles Wunsch dar, vor allem eine anpassungsfähige Ehefrau und hingebungsvolle Mutter zu sein. Kanalisiert durch ihre Identität als Ehefrau eines berühmten Ehemannes, diente ihr »Bedürfnis, gebraucht zu werden« als Ventil für die Spannung, die durch das Gefühl der Unzulänglichkeit, dargestellt durch die Venus/Saturn-Opposition, erzeugt wurde, und dem, wie sie sich selbst sah, einen extrem niedrigen Wert beimaß. Dieses spezielle T-Quadrat scheint zu sagen: »Ich kann es nicht alleine schaffen. Wenn ich aber dafür sorge, daß mein Partner sich wunderbar mit sich selbst fühlt, werde ich gebraucht und deshalb geliebt. Dadurch werde ich mich dann auch als Frau wohler fühlen.«

Weil der Mond im siebten Haus ständig Feedback und Bestätigung durch den Partner braucht, betont sein Quadrat zu einer bereits unsicheren Venus, die auch noch in Rezeption mit dem Mond steht, die Maßlosigkeit, Eitelkeit und Extravaganz des Aspekts – Eigenschaften, die durch ihre Beziehung mit O. J. Simpson, in dessen Horoskop ebenfalls Venus in Krebs in Quadrat zu Mond in Fische steht, permanent aufrechterhalten werden.

Weil der Nordknoten jenen Lebensbereich anzeigt, mit dem man sich auseinanderzusetzen hat, um spirituelle Erfüllung zu erlangen, ist es wegen der Konjunktion mit Mond im siebten Haus für Nicole unabdingbar, eine erfolgreiche Ehe zu führen. Da die Fähigkeit, ihre Ehe aufrechtzuerhalten, wahrscheinlich den Schlüssel zu ihrem Selbstwertgefühl als Frau darstellte, versuchte sie, ein Scheitern um jeden Preis zu vermeiden, und blieb auch unter widrigen Umständen. Zusätzlich lehrt die indische Astrologie uns, daß der Nordknoten zwanghaft ist. Deshalb nimmt jeder Planet, der mit ihm in Kontakt kommt, diese Eigenschaft an; hier nimmt also ihr »Bedürfnis«, von einem Partner »gebraucht zu werden«, beinahe zwanghafte Züge an. Am Ende war es die Mutterschaft (Mond), die Nicole Brown Simpson in ihre eigene Kraft brachte und infolgedessen die Spannung des T-Quadrats löste. Aber daß sie ihrer Ehe so große Bedeutung beimaß, hielt sie davon ab, ihre Stärken zu entdecken, was unbewußt erneut die Venus / Saturn-Opposition betont.

Nicole Brown Simpsons Weg zur Selbstachtung

Nachdem wir nun analysiert haben, wie Nicole Brown Simpsons T-Quadrate mit Sonne und Venus ihr Selbstbild beeinflußt haben könnten, wollen wir untersuchen, inwieweit Transite und Progressionen jene T-Quadrate aktiviert und ihre Entscheidungen auf dem Weg zur Selbstachtung beeinflußt haben. Um bestimmte Ereignisse herauszuarbeiten, habe ich mich auf einige Wendepunkte in ihrer Beziehung zu O. J. Simpson konzentriert – ihre erste Begegnung im Mai 1977, ihre Hochzeit am 2. Februar 1985, die Körperverletzung am 1. Januar 1989, die Einreichung der Scheidung 1992 und die Ereignisse im Jahr 1994, die zu ihrer Ermordung führten.[7]

Mai / Juni 1977 – Erste Begegnung mit O. J. Simpson. Nicole Brown schloß die High-School ab, zog nach Los Angeles und lernte einen Monat nach ihrem 18. Geburtstag O. J. Simpson kennen – eine berühmte Persönlichkeit –, dessen Herkunft und Lebensstil sich vollkommen von ihrem eigenen unterschied. Weil sich ihr Leben bis dahin immer um High-School-

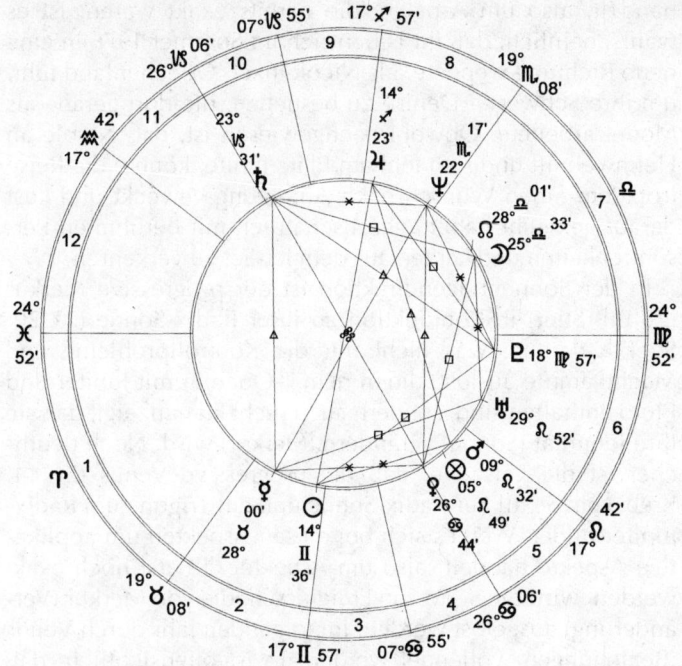

Sonnenbogendirektion: Nicole Brown Simpson[8]

Aktivitäten gedreht hatte – sie war beispielsweise bei einem Klassentreffen nach Schulabschluß zur beliebtesten und attraktivsten Schülerin gewählt worden –, wäre es nicht ungewöhnlich gewesen, wenn sie in eine Identitätskrise geraten wäre, nachdem sie von zu Hause weggezogen war und nun allein lebte.

Wenn wir ihr Progressionshoroskop auf den 19. Mai 1977, ihren 18. Geburtstag, berechnen (indem wir sowohl den Solarbogen als auch Sekundärprogressionen verwenden), dann erkennen wir, daß mehrere bemerkenswerte Konjunktionen zwischen ihren progressiven und ihren Radix-Planeten entstanden sind. Weil es sich bei einigen um separative Aspekte handelt, also um Aspekte, die bereits exakt waren, ist es wahrscheinlich, daß ihr Leben sich im Sommer 1976 in eine neue Richtung wendete, als Nicole nach Griechenland fuhr, um ihre Schwester Denise zu besuchen, die dort gerade als Model arbeitete. Obwohl nachgewiesen ist, daß Nicole an Heimweh litt und sich fehl am Platz fühlte, könnte die Reise trotzdem einen Wunsch nach Aufregung geweckt und Lust darauf gemacht haben, gesellschaftlich mit berühmten Persönlichkeiten und Leuten aus dem Jet-Set zu verkehren.

In der Sonnenbogendirektion ist der progressive Merkur (28°00' Stier) in Konjunktion zu ihrer Radix-Sonne (27°20' Stier) gelaufen, was nicht nur die Kontrollprobleme und Machtkämpfe auslöst, die in dem T-Quadrat mit Jupiter und Pluto enthalten sind, sondern auch recht klar anzeigt, daß sie ihre Identität (Sonne) verändern (Merkur) wird. Noch deutlicher ist die Tatsache, daß die progressive Venus (26°44' Krebs) ein Sextil zur Radix-Sonne und ein Trigon zum Radix-Jupiter bildet. Weil es sich bei diesen Aspekten um applikative Aspekte handelt, also um Aspekte, die erst noch exakt werden, wird die Serie von Ereignissen, die von Merkur (Veränderung) ausgelöst werden, im folgenden Jahr durch Venus (Beziehungen) vollendet werden. Es ist offensichtlich, daß O. J. Simpson nicht nur ihr gesellschaftliches Leben (Jupiter), sondern auch ihr Selbstgefühl (Sonne) anregte, als er im Juni 1977 in Nicoles Leben trat. Weil die Opposition zwischen Sonne und Jupiter der exakteste Aspekt in ihrem Horoskop ist, werden alle Transite oder Progressionen, die diesen Aspekt aktivieren, außerordentlich starke Veränderungen auslösen.

Aber die exaktesten Progressionen zur Zeit ihres Kennenlernens waren das Halbsextil zwischen dem um den Sonnenbogen dirigierten Mars (09°32' Löwe) und Radix-Venus (09°28' Krebs) und das Trigon zwischen dem um den Sonnenbogen dirigierten Neptun (22°17' Skorpion) und Radix-Mars (22°16' Krebs). Zusammen beschreiben diese Aspekte perfekt die sexuelle, impulsive, romantische und trügerische Natur ihrer Beziehung zu O. J. Simpson. Bei dieser Art von progressiven »Treffern« ist es kein Wunder, daß Nicole im Begriff stand, eine enorm große Transformation durchzumachen.

Weitere Hinweise darauf, daß diese Phase in ihrem Leben einen unglaublichen Wendepunkt darstellen würde, geben Transit-Uranus, der das große Trigon von Venus, Neptun und Aszendent auslöst, und ihr progressiver Neumond. Progressiver Neumond bedeutet, daß die progressive Sonne und der progressive Mond im Mai 1977 eine Konjunktion bildeten. Der progressive Neumond ist immer eine Zeit der Veränderung und der Beginn eines völlig neuen Zyklus, der fünfzehn Jahre später im progressiven Vollmond seinen Höhepunkt erreicht. Wann immer ein progressiver Neumond eintritt, sollte man mit inneren und äußeren Veränderungen rechnen. Hätte Nicole Brown Simpson gewußt, daß dies eine Zeit werden sollte, in der sich ihr die Gelegenheit zur inneren Transformation bieten würde, hätte sie sich möglicherweise nicht O. J. Simpson gewidmet, sondern einen ganz anderen Kurs eingeschlagen.

2. Februar 1985 – Hochzeit von O. J. Simpson und Nicole Brown. Während sie mit ihrem ersten Kind Sydney schwanger war, heiratete Nicole Brown am 2. Februar 1985 O. J. Simpson, als Transit-Saturn (27°14' Skorpion) ihr T-Quadrat auslöste, indem er eine beinahe exakte Konjunktion zum Radix-Jupiter (27°06' Skorpion) und eine Opposition zu ihrer Radix-Sonne (27°20' Stier) bildete. Mit Saturns Last, die Jupiter niederdrückte – der als Planet Überfluß symbolisiert und in der indischen Astrologie Signifikator für die Geburt eines Kindes ist –, werden das eigene Glück und die eigenen optimistischen Einstellungen sofort gedämpft. Darüber hinaus belebte Saturns Opposition zur Sonne wahrscheinlich wieder Gefühle der eigenen Unzulänglichkeit und könnte Nicole gleichzeitig auf schmerzhafte Weise die Begrenzungen bewußt gemacht haben, mit denen sie nun konfrontiert wurde. Wenn Saturn in einem Horoskop nicht sehr harmonische Aspekte bildet und günstig steht, ist dies bestimmt nicht der beste Transit, um zu heiraten. Hätte sie eine Astrologin oder einen Astrologen konsultiert, wäre die Hochzeit möglicherweise nicht auf einen Tag gelegt worden, an dem Transit-Saturn eine Konjunktion zu ihrem Radix-Jupiter und eine Opposition zu ihrer Radix-Sonne bildete, wodurch noch einmal die Machtkämpfe des T-Quadrats zwischen Sonne, Jupiter und Pluto ausgelöst wurden. Was ein freudiger Tag hätte sein sollen, markierte den Beginn einer Ehe, in der körperliche und emotionale Mißhandlungen als Manifestation ihrer Ungleichheit eskalierten, was dazu führte, daß es mit ihrer Beziehung unaufhaltsam abwärts ging.

Wären diese beiden Menschen, und besonders Nicole, auf ihrem Weg zur Selbstachtung schon weiter vorangekommen gewesen, so hätte Saturn möglicherweise seine Weisheit in diese schwierige Planetenkonstellation weben können. Unglücklicherweise hatte Nicole noch nicht ihre Saturn-Wiederkehr hinter sich – eine Zeit, die den Übergang zwischen kindhaften Phantasien und emotionaler Realität kennzeichnet – oder die Mutterschaft kennengelernt, die in ihrem speziellen Horoskop den Schlüssel zu ihrer Autonomie und Erfüllung als Frau darstellte.

Weil O. J. Simpsons Neptun (08°08′ Waage) eine genaue Konjunktion zu Nicoles Mond (08°17′ Waage) und ein Quadrat zu ihrem Saturn (rückläufig auf 06°15′ Steinbock) und zu ihrer Venus (09°28′ Krebs) bildet, aktivieren Transite, die ihren Mond und damit auch das kardinale T-Quadrat auslösen, gleichzeitig auch seinen Neptun. Wenn zwei Menschen denselben schwierigen Transit durchmachen, ist es für beide unmöglich, objektiv zu bleiben. Weil Neptun nicht besonders gut mit der Realität umgehen kann, führte das Quadrat, das sein Neptun zu ihrem Saturn bildet, zu einem Konflikt zwischen der Illusion und dem Glamour (Neptun), mit der er ihre Beziehung sah, und Nicoles Wunsch nach Sicherheit (Saturn), besonders mit der bevorstehenden Mutterschaft. Dies gilt besonders während ihrer Saturn-Wiederkehr, als Saturn im Transit in Konjunktion zu ihrem Radix-Saturn lief, dabei jedoch ein Quadrat zu O. J. Simpsons Neptun bildete.

Neujahrstag 1989 – O. J. Simpson mißhandelt Nicole Brown Simpson schwer / Nicole Brown Simpsons Saturn-Wiederkehr.
Im Laufe der Jahre habe ich herausgefunden, daß Menschen, in deren Horoskopen es viele Quadrate gibt, so wie in Nicole Brown Simpsons Horoskop, erst nach ihrer Saturn-Wiederkehr, wenn Saturn im Alter zwischen 29 und 30 Jahren an seine Radixposition zurückkehrt, anfangen, sich mit sich selbst wohl zu fühlen – in manchen Fällen sogar erst im Alter von 35 Jahren, wenn Saturn nach der Saturn-Wiederkehr im Transit zum ersten Mal wieder ein Quadrat zu seiner Radixposition bildet. Erst nach der Saturn-Wiederkehr kann ein Mensch die nötige Reife entwickeln, um jene Herausforderungen zu bewältigen, die durch eine Anhäufung von Quadrataspekten im Radixhoroskop angezeigt werden.

Sehr häufig spiegeln Beziehungen, die vor der Saturn-Wiederkehr eingegangen werden, ungelöste Probleme in der Beziehung zu den Eltern wider. Einige dieser Probleme werden dann mit dem Ehepartner bearbeitet. Weil wir schließlich beginnen, ein Gefühl für unsere eigene Identität zu entwickeln, bringt die Saturn-Wiederkehr eine neue Ebene von Reife mit sich, wodurch eine Partnerschaft, in der einer das Kind und der andere einen Elternteil spielt, die Gelegenheit bekommt, sich in eine Beziehung zwischen zwei Erwachsenen zu verwandeln. Falls dieser Übergang nicht möglich ist, wird die Verbindung sehr wahrscheinlich enden oder einfach so weiterlaufen wie zuvor. Andererseits besitzt jede nun neu eingegangene Partnerschaft das Potential zu Reife und daher Erfüllung.

Bei Nicole Brown Simpson bildete die Konjunktion zwischen Saturn und Neptun im Transit eine genaue Konjunktion zum Radix-Saturn und aktivierte dadurch erneut das T-Quadrat zwischen Venus, Saturn und Mond, womit Probleme im Zusammenhang mit der Reflexion ihrer Rolle als abhängige Ehefrau und Mutter ausgelöst wurden. In dieser Zeit erreichte sie eine neue Ebene der Reife, wodurch die Rollen, die vorher ihr Leben bestimmt hatten, sie nicht mehr befriedigen konnten. Mit zunehmender Selbstachtung und einem wachsendem Bedürfnis nach Selbstbestimmung mußte die Beziehung nun diese Veränderungen widerspiegeln – oder auseinanderbrechen.

Genau das passierte während des inzwischen berühmt gewordenen Vorfalls am Neujahrstag 1989, als O. J. Simpson sie schwer mißhandelte. Sheila Weller zufolge, der Autorin von *Raging Heart*, kehrten die Simpsons damals von einer Party zurück, auf der Nicole wahrscheinlich ein bißchen mehr geflirtet hatte, als es O. J. lieb war, abgesehen davon, daß sie Alkohol (Neptun) getrunken hatte. Hätte es deswegen eine Meinungsverschiedenheit zwischen zwei Menschen gegeben, die einander vertrauten, wäre es vielleicht nicht zu einer solch gewalttätigen Reaktion gekommen. Da der Transit jedoch nicht nur Nicoles T-Quadrat, sondern auch O. J. Simpsons Mond in Fische aktivierte, der als Einzelgänger im achten Haus steht, war seine Reaktion emotional und unkontrollierbar. Die Tatsache, daß sein Mond Dispositor von Venus in Krebs ist, bringt seine Wut in engeren Zusammenhang mit seinen grundlegenden Unsicherheiten. Zur selben Zeit wurde Nicoles T-Quadrat aus Sonne, Jupiter und Pluto wieder vom transitierenden Jupiter (rückläufig auf 26°41′ Skorpion) aktiviert, der eine Konjunktion zu ihrer Radix-Sonne und eine Opposition zu ihrem Radix-Jupiter bildete und die eher negativeren Jupitereigenschaften wie Fanatismus, Expansion im Sinne von sich größer machen, als man ist, Extravaganz und natürlich Machtkämpfe hervorbrachte.

Weil das T-Quadrat zwischen Venus, Mond und Saturn ihren Konflikt aktiviert, sich durch eine Beziehung zu definieren, war diese Aktivierung gleichzeitig eine Aufforderung, die Beziehung zu restrukturieren, wenn sie nicht zum Scheitern verurteilt sein sollte. Zusätzlich stand ihr sekundärprogressiver Mond (11°13′ Skorpion) gerade im Begriff, in Konjunktion zu ihrem progressiven Deszendenten auf 12°25′ Skorpion zu laufen, und die sekundärprogressive Venus auf 10°59′ Löwe bildete eine separative Konjunktion zum sekundärprogressiven Mars auf 09°57′ Löwe.

Zwischen 1989 und 1992 war jeder Mensch, in dessen Horoskop es wichtige Konstellationen in kardinalen Zeichen gibt, zwangsläufig tief berührt durch den transitierenden Saturn, der Uranus und Neptun auf ihrem Weg durch Steinbock begleitete. Da sowohl bei O. J. als auch bei Nicole Venus im wechselhaften Zeichen Krebs steht, kam es innerhalb der Ehe zu großen Umbrüchen. Jeder erlebte gerade wichtige Transite zur Radix-Venus, d. h., ihre grundlegenden Definitionen von Selbstwert wurden in Frage gestellt und damit natürlich auch die Qualität ihrer Beziehung.

An diesem speziellen Tag stand Transit-Uranus in O. J. Simpsons Horoskop auf 1° Steinbock in Opposition zu seiner Radix-Venus, wodurch ein T-Quadrat mit Radix-Neptun entstand. Zusätzlich bildete Transit-Neptun ein Quadrat zu Radix-Neptun, was die Spannung des Quadrats noch verstärkte. Dieser Transit bringt an sich zwar nicht unbedingt Gewalt mit sich, stellt jedoch genau das in Frage, wodurch man sich im Laufe einer Beziehung machtvoll oder im Gegenteil verletzlich fühlt. Weil sowohl O. J. als auch Nicole zwischen 1989 und 1992 wichtige Transite erlebten, war es offensichtlich, daß ihre Ehe nicht mehr so weitergehen konnte wie zuvor.

1992-1994 – Scheidung, Versöhnungsversuche und Ermordung.
Aufgrund der Tatsache, daß Nicole Brown Simpsons Saturn-Wiederkehr mit körperlicher Mißhandlung zusammenfiel, war es vorhersagbar, daß die Gewalt entweder weiter eskalieren oder die Ehe enden müssen würde, falls sich ihre Beziehung nicht wandelte. Dr. Susan Forward zufolge, von der sich Nicole Brown Simpson im März 1992 beraten ließ, erkannte Simpson sich und O. J. Simpson in gewisser Hinsicht in Forwards Buch *Men Who Hate Women and the Women Who Love Them*[9]. Weil Dr. Forward speziell mit Männern und Frauen arbeitet, die unter mangelnder Selbstachtung leiden, könnte Nicole Brown Simpson schließlich erkannt haben, daß diese Dynamik auch ihre eigene Ehe kennzeichnete. Kurz danach reichte sie die Scheidung ein. Der Impuls, die Scheidung einzureichen und ihre Unabhängigkeit zu erklären, wurde von mehreren astrologischen Faktoren ausgelöst.

311

Eine der bemerkenswertesten astrologischen Konstellationen 1992 war der progressive Vollmond, eine Zeit der Erfüllung. In Nicole Brown Simpsons Fall geschah dies in Form einer Unabhängigkeitserklärung – die Einreichung der Scheidung. Es war das Ende des Zyklus, der fünfzehn Jahre zuvor während ihres progressiven Neumondes 1977 begonnen hatte, als sie ihre Beziehung mit O. J. Simpson aufnahm.

Obwohl sie sich deutlich bewußt war, daß ein Bedürfnis nach Unabhängigkeit sie in eine neue Richtung führte, war sie unfähig, einen vollständigen Bruch zu vollziehen, und hatte schnell wieder Grund zu der Annahme, sie könne allein nicht überleben. Wären ihr Selbstwertgefühl und ihre Selbstachtung weiter entwickelt und verinnerlicht gewesen, hätte sie wahrscheinlich nicht wiederholt Versöhnungsversuche unternommen, sogar noch, nachdem die Scheidung endgültig war.

Astrologisch gesehen bildete die um den Sonnenbogen vorwärts dirigierte Venus eine Konjunktion zu Uranus, was nicht nur eindeutig nach Unabhängigkeit verlangt, sondern auch Vertrauen einflößt und ihre Versuche, es allein zu schaffen, unterstützt. Weil diese Konjunktion auch das Quadrat zwischen Uranus und Merkur, den Herrschern des vierten und siebten Hauses, aktivierte, zeigte ihre neugewonnene Unabhängigkeit auch an, daß sie erst ihre eigene Herrin werden konnte, wenn es eine einschneidende Veränderung, also Bewegung, in ihren häuslichen Angelegenheiten gab. Weil O. J. Simpsons Pluto in Konjunktion zu Nicoles Uranus steht, löste ihre Unabhängigkeitserklärung bei ihm umgehend heftige Gefühle aus. Aus dieser Zeit stammen auch die berüchtigten Tonbänder der Notrufnummer 911, die telefonisch aufzeichneten, wie O. J. die Tür zu Nicoles Haus eintrat und ihr Gewalt androhte.

Ironischerweise deuten einige der Progressionen (progressiver Vollmond und progressive Venus in Konjunktion zu Uranus) dieser letzten paar Jahre auf Autonomie, Emanzipation und Erfüllung. Sie geben Hinweise darauf, daß Venus endlich die Bestätigung bekam, nach der sie immer gesucht hatte. Einen Monat vor ihrem Tod im Juni 1994 überwand Nicole schließlich ihre Unsicherheiten und erklärte, daß es keine weiteren Versöhnungen mehr geben würde.

Leider traf Nicole O. J. nicht erst zu einer Zeit in ihrem Leben, zu der sie bereits ein Gefühl der Befreiung und Selbstachtung entwickelt hatte. Aber wäre es so gewesen, dann hätte jemand wie O. J. sie nicht mit dem Versprechen verführen können, ihr Dinge zu geben, die sie vielleicht selbst hätte erlangen können.

Hillary Rodham Clinton

Nachdem wir nun gesehen haben, zu welch katastrophalen Ergebnissen eine Beziehung zwischen zwei Menschen führen kann, die beide unter einem schlechten Selbstbild leiden, sticht Hillary Rodham Clinton als Vorbild für Leistung, Stärke und Empfindsamkeit für Frauen hervor, die darum kämpfen, ein Gleichgewicht zwischen ihrem Privatleben und ihrem Berufsleben herzustellen. Aus astrologischem Blickwinkel gesehen gibt es in Hillary Rodham Clintons Horoskop nicht dieselben komplexen Aspektmuster, die den inneren Druck widerspiegeln, dem Nicole Brown Simpson ausgesetzt war. Daher ist sie auch nicht beinahe ständig derart schwierigen Transiten und Progressionen ausgesetzt.

Während ihre Triumphe durch die Presse und in populären Biographien festgehalten worden sind, lassen sich Informationen über ihr Privatleben viel schwieriger ermitteln, im Gegensatz zu Nicole Brown Simpson, deren intimste Geheimnisse in allen Medien groß herausgebracht wurden. Daher ist dieser Abschnitt etwas kürzer, bietet aber hoffentlich nicht weniger Erkenntnisse im Hinblick auf die Schwierigkeiten, mit denen Hillary Rodham Clinton in ihrem Privatleben und manchmal auch in ihrem Berufsleben konfrontiert worden sein mag. Obwohl es schwierig ist, Faktoren isoliert zu betrachten, um den Grad an Selbstvertrauen einschätzen zu können, werde ich mich vor allem darauf konzentrieren, wie

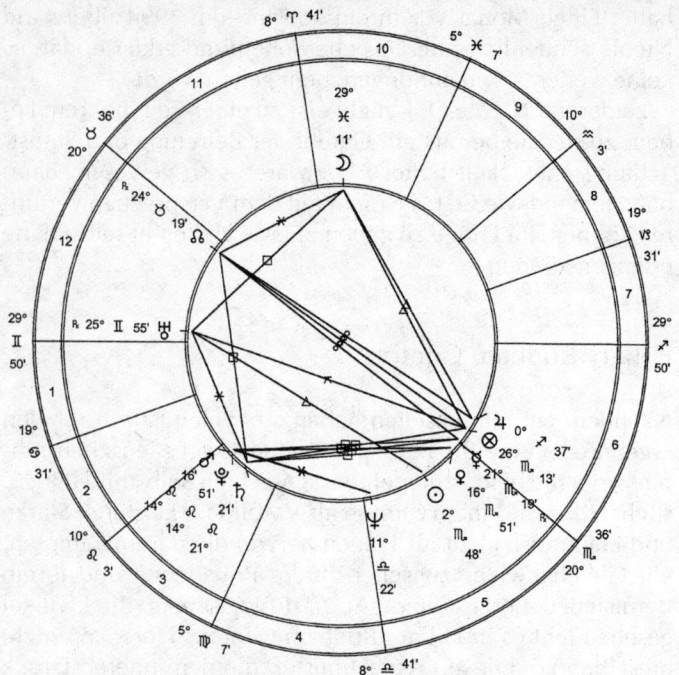

Horoskop 4: Hillary Rodham Clinton[10]

ihre dynamische Sonne, aber verletzte Venus zu Hillary Rodham Clintons beruflichem Erfolg und privaten Schwierigkeiten beitrugen, soweit sie uns bekannt sind oder soweit wir mutmaßen können. (In diesem Kapitel werde ich Mars und Pluto als gemeinsame Herrscher von Skorpion verwenden.)

Hillary Rodham Clintons Sonne (02°48' Skorpion) steht in Skorpion (regiert von Mars und Pluto) im fünften Haus und bildet Trigone mit Uranus (rückläufig auf 25°55' Zwillinge), dem Aszendenten (29°50' Zwillinge) und dem MC (05°07' Fische). Wegen der für Skorpion typischen körperlichen und psychischen Intensität stattet sie die Stärke ihrer gut gestellten Sonne in Aspekt zu Uranus, dem Aszendenten und MC

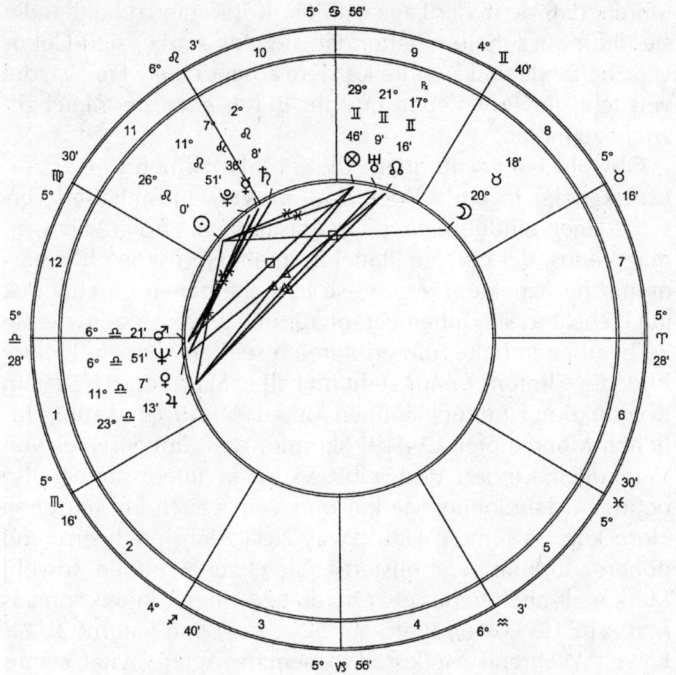

Horoskop 5: Bill Clinton[11]

mit der Hartnäckigkeit, dem nötigen Selbstvertrauen und Ehrgeiz aus, um ihre Ziele zu verfolgen und auch zu erreichen. Die Sonne hat in Hillary Rodham Clintons Horoskop keine schwierigen Aspekte. Daher verfügte Hillary Rodham Clinton immer über ausgeprägtes Zielbewußtsein, das ihr in den Höhen und Tiefen ihres Lebens Kraft gab. Das Trigon zu Uranus ermöglichte es ihr, den fixen Konservatismus – durch den sich skorpionbetonte Menschen manchmal auszeichnen – zu durchbrechen und in vollen Zügen ihr Bedürfnis auszuleben, anders zu sein, provokativ und manchmal ein bißchen revolutionär. Es läßt sich nur auf die innere Stärke ihrer gut aspektierten Sonne im selbstdarstellerischen fünften Haus zurück-

315

führen, daß sie in der Lage war, der Kritik standzuhalten, die sie dafür auszuhalten hatte, daß sie eine starke, sich Gehör verschaffende und auf ihre Karriere ausgerichtete Frau ist, die versucht, ihr Privatleben und ihr Berufsleben im Gleichgewicht zu halten.

Obwohl Hillary Rodham Clinton als Partnerin einer Anwaltskanzlei in Little Rock und als Vorstandsmitglied verschiedener einflußreicher Organisationen erfolgreich war, mag Venus, der einzige Planet in ihrem Horoskop ohne harmonische Aspekte, für gewisse Unsicherheiten im Hinblick auf Liebe und Schönheit verantwortlich gewesen sein, die sie zu bearbeiten hatte, um erfolgreich sein zu können. Hillary Rodham Clintons Venus steht im Fall in Skorpion (16°52′), in Konjunktion zum rückläufigen Merkur (21°19′) und zum südlichen Mondknoten (24°19′ Skorpion) im fünften Haus von Vergnügen, Kindern und Selbstausdruck. (Interessanterweise befinden sich Sonne, Merkur und Venus auch im indischen Horoskop im fünften Haus, was zusätzlich Intelligenz und höhere Bildung symbolisiert.) Gleichzeitig bilden sowohl Merkur als auch Venus ein Quadrat zu einer Konjunktion aus Mars (14°16′ Löwe), Pluto (14°52′ Löwe) und Saturn (21°21′ Löwe). Während Merkur die mentale Aggressivität seines Quadrats zu dieser Konjunktion durch sein Trigon zum mitfühlenden Mond in Fische (29°12′) im zehnten Haus lösen kann, ist Merkur Venus' einziges Ventil. Weil Venus schnell durch Merkur gefiltert wird, machte Hillary Rodham Clintons Intelligenz und mentale Aggressivität sie für andere anziehend und beneidenswert. Tatsächlich war auch Bill Clinton von diesen Eigenschaften fasziniert, der Hillary das »smarteste Mädchen an der Yale Law School« nannte.

Es läßt sich leicht erkennen, warum Hillary Rodham Clinton während der Präsidentschaftskampagne 1992 beschuldigt worden sein mag, sie hätte in ihrer Ehe die Hosen an. Nicht nur, daß Venus' Dispositor Mars ist, ein feuriger Planet, der nicht gerade für sein Understatement oder sein Taktgefühl bekannt ist, sondern Venus steht auch noch in einem Feuerhaus, was die mit ihrem »im Fall« stehen zusammenhängenden Eigenschaften noch stärker betont. Weil der Begriff »Fall« sich auf die Stellung von Venus in den von Mars regierten Zeichen Widder und Skorpion bezieht, sieht Hillary Rodham Clinton Beziehungen wahrscheinlich nicht in den üblichen Kategorien der männlichen und weiblichen Geschlechterrollen und, auch wenn Skorpion ein emotionales Wasserzeichen ist, sind Diplomatie, Kooperation und eine sanfte Art des Ausdrucks nicht unbedingt typische Eigenschaften ihrer Venus.

Mit Venus in Skorpion im fünften Haus zieht Hillary Rodham Clinton es eher vor, sich selbst so individualistisch und intensiv wie möglich auszudrücken. Sie könnte sich dabei ertappen, daß sie sich zurückhält oder sich erst einmal verstohlen umsieht aus einer Angst heraus, daß ihre energische Art als Aggression angesehen werden und daher inakzeptabel sein könnte. Darüber hinaus durch Quadrate von Merkur und Venus zu den drei ehemals »Übeltäter« genannten Planeten Mars, Saturn und Pluto unter Druck gesetzt, ist sie äußerst streitbar und damit eine kämpferische, hartnäckige Idealistin – Eigenschaften, die nicht ganz dem Verhalten entsprechen, das die Gesellschaft von einer Frau erwartet. Nur weil sie sich selbst bewiesen hat, daß sie eine brillante Anwältin und Vorkämpferin für humanitäre Belange ist, war es Hillary Rodham Clinton möglich, sich über die Aggressionen und Unsicherheiten der Quadrate hinauszuentwickeln.

Wie bei Nicole Brown Simpson, deren Horoskop ebenfalls einen gespannten Venus/Saturn-Aspekt aufweist, gibt es auch hier bestimmt einen gewissen Grad an Unsicherheit hinsichtlich ihres Selbstbildes. Möglicherweise fällt es Hillary Rodham Clinton schwer, ihre Bedürfnisse innerhalb einer Partnerschaft zum Ausdruck zu bringen. Obwohl uns keine Details über ihre Ehe mit Bill Clinton zur Verfügung stehen und wir auch keine genauen Details über ihr Privatleben kennen, wissen wir doch, daß die Anpassung an das in der Gesellschaft geltende Schönheitsideal nie das Thema war, mit dem sie sich hauptsächlich beschäftigte. Hillary Rodham Clinton befaßte sich mehr damit, ihre Ideale (Uranus) mitzuteilen (Merkur), als den die Schönheit betreffenden gesellschaftlichen Maßstäben zu entsprechen. Auf frühen Fotografien wirkt sie so, als versuche sie absichtlich, ihre wohlproportionierte Figur zu verbergen, indem sie sich ohne jeden Schick und eher nachlässig kleidete und ihre Augen hinter einer riesigen, eulenhaft wirkenden Brille versteckte.

Andererseits weist dies ziemlich eindeutig auf einen unabhängigen Uranus am Aszendenten hin, der absichtlich ein Statement abgeben können muß und die eigene Einzigartigkeit geltend macht, indem er dagegen rebelliert, wie sich die Gesellschaft gegenüber Frauen verhält. Wäre ihre Venus günstiger aspektiert, hätten die Lektionen von Diplomatie und Kooperation, die ihr Ehemann so gut kennt, ein beinahe zwanghaftes Bedürfnis danach, ein persönliches Statement abzugeben, ausgeglichen. Während der exzessive Einsatz von Kosmetik, Kleidung und Schmuck dazu dienen kann, Unsicherheiten zu tarnen, ist das absichtliche Herunterspielen der eigenen Sinnlichkeit oder der Wichtigkeit traditioneller Schönheit, nur weil sie von der Gesellschaft diktiert wird, die andere Seite derselben Münze. Wenn wir uns die Entwicklung von Hillary Rodham Clinton im Laufe der Jahre ansehen, wird deutlich, daß sie zunehmend mehr Wert auf ihre äußere Erscheinung gelegt hat, ohne davon besessen zu sein – möglicherweise, weil das rebellische Mädchen gegangen ist und die reife Frau ihren Platz eingenommen hat.

Das Wichtigste an dieser Kombination von Sonne und Venus in Skorpion im fünften Haus ist tatsächlich die Bedeutung von Kindern als Mittel zur Erlangung von Selbstwert. Obwohl sie selbst nur ein einziges Kind bekommen hat (obwohl sie bei zahllosen Gelegenheiten gesagt hat, daß sie sich mehr gewünscht hätte), zählt ihr Engagement für den Kinderschutzfond, den *Children's Defense Fund*, zu den wichtigsten Aspekten ihrer Karriere.

Hillary Rodham Clintons Weg zur Selbstentdeckung

Wie bei Nicole Brown Simpson habe ich auch bestimmte Phasen aus Hillary Rodham Clintons Leben ausgewählt, in denen traditionelle Transite und Progressionen das Thema Selbstwert in den Brennpunkt gerückt haben mögen, wobei man bedenken muß, daß keine Einzelheiten über ihr Privatleben veröffentlicht worden sind und daß die Ereignisse auch nicht derart dramatisch waren wie die im Zusammenhang mit dem Tod von Nicole Brown Simpson.

April 1962. Wir wissen nicht viel über ihre Jugend, außer daß ihre Eltern, besonders ihre Mutter, sie immer in ihren Ambitionen bestärkten. David Maraniss zufolge, Autor von *First in his Class: A Biography of Bill Clinton*, war diese Zeit eine Schlüsselphase in ihrem Leben, in der ihre Vorstellungen plötzlich Gestalt annahmen und sie anfing, ihr freiheitliches Glaubenssystem zu formulieren.

Immer wenn Sonne und Venus, Signifikatoren für das Selbst und die Werte, die wir diesem Selbst beimessen, in der Progression eine Konjunktion bilden, kennzeichnet dies eine Phase, in der die eigenen tiefsten Wünsche erfüllt und verwirklicht werden. (Bill Clinton beispielsweise wurde zum Präsidenten der Vereinigten Staaten gewählt – die Verwirklichung eines Kindheitstraumes –, als seine progressive Sonne in Konjunktion zu seiner Radix-Venus lief.) Weil Venus auf der Halbsumme von Sonne und Jupiter steht, dürfen wir annehmen, daß Hillary Rodham Clinton 1962 etwas sehr Bedeutendes erlebt hat, als ihre um den Sonnenbogen dirigierte Sonne in Konjunktion zu ihrer Radix-Venus lief und gleichzeitig die progressive Venus in Konjunktion zu Radix-Jupiter stand. Obwohl sie erst 15 Jahre alt war, ermutigte Hillary Rodham Clintons Engagement in einer Gemeinde der Methodistenkirche und deren aktivistischer Pfarrer sie dazu, sich ihrer Sehnsucht entsprechend für soziale Gerechtigkeit einzusetzen, was tatsächlich zu ihrer Lebensaufgabe werden sollte. Hätte dieses Ereignis nicht während der Konjunktion zwischen Sonne (um den Sonnenbogen dirigiert) und Radix-Venus stattgefunden, hätte sich ihre Begegnung mit dem sozialen Idealismus vielleicht als isoliertes Geschehen erwiesen; Erfahrungen, die man während dieser machtvollen Progression macht, können jedoch eine wichtige Errungenschaft anzeigen und somit das eigene Selbstwertgefühl erneuern. Weil Venus in ihrem fünften Haus steht, ist es gewiß kein Zufall, daß sie sich für den Kinderschutzfond engagierte und sich auch für die Rechte von Minderheiten innerhalb unserer Gesellschaft einsetzte. (Bei Nicole Brown Simpson wäre im Alter von 43 Jahren die progressive Sonne in Konjunktion zu ihrer Radix-Venus gelaufen – man kann nur spekulieren, was dies bedeutet hätte.)

Wellesley College – 1965. Weil diese Zeit ihres Lebens durch den progressiven Neumond gekennzeichnet wurde, veränderte sich ihre Identität (Sonne) permanent, und sie schlug eine neue Richtung in ihrem Leben ein. Obwohl der Besuch eines Colleges eine wichtige Übergangszeit im Leben eines jeden jungen Menschen darstellt, wirkte diese Zeit auf Hillary Rodham Clinton intensiver, als es normalerweise bei Studentinnen und Studenten der Fall ist. Während viele Teenager sich in der Nähe ihrer Heimatstadt am College einschreiben, um nach dem Schulabschluß zurückzukehren, stellte Wellesley, eine etablierte Institution an der Ostküste, nicht nur einen Umgebungswechsel dar (sie stammt aus dem mittleren Westen), sondern auch eine politische Konversion. In dieser Zeit wandte sie sich von den Republikanern ab und wurde zur überzeugten Demokratin. Sie setzte sich für liberale Belange ein, die sie schließlich als Persönlichkeit des öffentlichen Lebens definierten. Hillary zeichnete sich in allem aus, was sie tat, und wurde anläßlich der akademischen Abschlußfeier 1969 zur Abschlußrednerin ernannt, für die sie, wie es üblich ist, eine Rede vorbereitete, die sie nach der des Gastsprechers, des republikanischen Senators von Massachusetts, Edward Brooke, halten sollte. Wütend über die ihrer Meinung nach reaktionäre Haltung Brookes gegenüber den

Studentendemonstrationen zerriß Hillary Rodham ihre Notizen und hielt spontan eine mitreißende Rede, in der sie die Freiheit der Rede und das Recht auf Protest verteidigte, wofür sie stehenden Beifall erntete.[12]

Juristische Fakultät an der Universität von Yale und Kennenlernen von Bill Clinton – 1969-1971. Hillary Rodham trat 1969 in die juristische Fakultät der Universität Yale ein, lernte 1970 Bill Clinton kennen und zog 1971 mit ihm zusammen. Astrologisch gesehen war der um den Sonnenbogen dirigierte Neptun in Konjunktion zu ihrer Radix-Sonne gelaufen und brachte Romantik, Idealismus und vielleicht ein paar Illusionen in ihr Leben. Noch bedeutsamer war, daß die sekundärprogressive Venus ein Quadrat zur Mars/Pluto-Konjunktion bildete und somit das Potential erfüllte, das bereits im Radix-Quadrat enthalten war. Zur selben Zeit trat Bill Clinton in die juristische Fakultät von Yale ein und lernte Hillary Rodham 1970 kennen, als seine progressive Venus ein Trigon zu seinem MC bildete, wodurch Liebe und Karriere vereint wurden.

Wann immer Radix-Quadrate in der Progression zu Trigonen werden, bietet sich die Gelegenheit, die dem ursprünglichen Aspekt innewohnenden Konflikte zu lösen. Weil Bill Clinton gesagt haben soll, daß er die smarteste Frau der Universität von Yale heiraten wolle, konnte er die Kraft und potentielle Impulsivität, die diesem intensiven Quadrataspekt innewohnen, der zwar zu Konfrontationen innerhalb von Partnerschaften, zu Eifersüchteleien und Machtkämpfen nötigen kann, schätzen, statt sich davor zu fürchten. Daß Hillary Rodham Bill Clinton zu einer Zeit traf, als dieses Quadrat gerade ausgelöst wurde, und daß sie ihn heiratete, als es erneut aktiviert wurde, ist ein Signal dafür, daß sie im Laufe ihres gemeinsamen Lebens tatsächlich mit diesen Problemen konfrontiert werden. Obwohl sie selbst eingestanden haben, daß es Höhen und Tiefen und – wie wir inzwischen wissen – auch Affären in ihrer Ehe gab, gibt es nicht genügend Fakten, aufgrund derer man ein Urteil darüber abgeben könnte. Wir können aber vermuten, daß Hillary Rodham Clintons starkes

Selbstbewußtsein ihr dabei half, Härten innerhalb der Ehe zu bewältigen.

August 1974-Oktober 1975 – Umzug nach Arkansas und Heirat mit Bill Clinton. Nachdem sie zahlreiche Angebote angesehener Anwaltsfirmen abgelehnt hatte, entschloß sich Hillary, »ihrem Herzen« nach Arkansas »zu folgen«. Dort nahm sie eine Dozentinnenstelle an der juristischen Fakultät der Universität von Arkansas an. Sich zwischen Liebe und Karriere zu entscheiden, ist immer schwierig, aber es ist besonders schwierig für Menschen mit gespannten Venus / Saturn-Aspekten, die normalerweise irgendwann in ihrem Leben eine solche Entscheidung treffen müssen. Weil diese Menschen ungeachtet aller Errungenschaften instinktiv immer das Gefühl haben, sie seien nicht liebenswert und würden ungeliebt bleiben, meinen sie häufig, daß sie die Gelegenheit zur Heirat ergreifen müssen, bevor es zu spät ist. Zu anderen Zeiten setzen sie dagegen ihren Beruf an die erste Stelle und versagen sich selbst die Freuden der Liebe.

Hillary Rodham Clinton hat vielleicht instinktiv erkannt, daß in ihrer Beziehung mit Bill Clinton auch ein großes berufliches Potential enthalten war, was sich auf die Tatsache zurückführen läßt, daß sie sich trafen, als die sekundärprogressive Venus ein Trigon zur Radix-Konjunktion von Mars und Pluto bildete, wodurch sich die Spannung des Quadrates löste und die darin enthaltene Hoffnung erfüllte. Weitere Faktoren sind ihre Skorpion-Venus im fünften Haus und die allgemeine Betonung der fixen Zeichen, die sie mit der Ausdauer und Geduld ausstatten, die sie in neuen Lebenssituationen braucht, und die Betonung der Wasser- und Feuerzeichen, die sie vor allem zu einer sehr emotionalen Person machen, die auf ihr Herz hört und ihm folgt. Schließlich zeigt der gefühlvolle, romantische Fische-Mond an, daß sie sich, wenn sie verliebt ist, kaum auf etwas anderes konzentrieren kann, auch wenn sie sonst immer sehr vernünftig denkt. Darüber hinaus steht in ihrem Horoskop kein Planet in einem Erdzeichen, was darin zum Ausdruck kommt, daß sie sich nach Stabilität sehnt, die Bill Clinton ihr bieten konnte, weil sie genau fühlte, daß Arkansas die Basis für seine politische Karriere sein würde.

Da ihre Sonne harmonische Aspekte bildet und Venus gut durch Merkur kanalisiert wird, entwickelte sie genug Selbstachtung, um eine anregende Partnerin für ihren politisch klugen Ehemann zu sein. Während Nicole Brown Simpsons Schönheit (Venus-Neptun-Aszendent) einen Aktivposten in den glamourösen Kreisen Hollywoods darstellte, in denen sich O. J. Simpson bewegte, kam Hillary Rodham Clintons Intelligenz der politischen Karriere ihres Ehemannes zugute. Der Wählerschaft erschienen sie als modernes Paar, deren Ehe sich auf gegenseitigen Respekt gründete und nicht auf die traditionellen Machtkämpfe zwischen Männern und Frauen. Vielleicht hat Hillary Rodham Clinton auch erkannt, daß ihre Unterstützung für die Karriere ihres Mannes ihr eine Arena eröffnete, in der sie ihre eigenen politischen Überzeugungen geltend machen konnte.

Wenn wir uns die Transite und Progressionen für die Zeit von August 1974, als Hillary Rodham Clinton nach Arkansas umzog, bis Oktober 1975, als sie heiratete, ansehen, dann gab es da Transite, die ein starkes Empfinden von Selbstbefreiung anzeigen. Im Gegensatz zum Zeitpunkt der Heirat der Simpsons, als Saturn Nicoles schwieriges T-Quadrat aus Venus, Mond und Saturn aktivierte, sind die Venus-Progressionen in Hillary Rodham Clintons Horoskop zur Zeit ihrer Heirat ausgesprochen günstig und – die meisten Astrologinnen und Astrologen würden mir zustimmen – für eine dauerhafte Verbindung geradezu perfekt. 1975 lief Venus in der Sekundärprogression in ein Trigon zu Radix-Saturn und vollendete damit die Reise, die Venus begonnen hatte, als sie im Trigon zur Mars/Pluto-Konjunktion stand – und Hillary Rodham in Yale war. Weil Venus nun im Trigon zu Saturn steht, verfügt ihre Ehe über das Potential, die Spannung zwischen Arbeit (Saturn) und Liebe (Venus), dargestellt durch das Radix-Quadrat, abzubauen. Es bedeutet auch, daß ihre Verbindung mit Bill Clinton eine Partnerschaft zwischen Liebe und Arbeit sein wird, selbst wenn die Altlasten des Radix-Quadrates noch Probleme wie Eifersucht, Feindseligkeit und Machtkämpfe zur Sprache bringen werden. Darüber hinaus war die progressive Sonne in Konjunktion zu Jupiter, dem Herrscher ihres Deszendenten, gelaufen, und Uranus hatte im Transit eine Konjunktion zur Sonne gebildet, was darauf hinweist, daß die Ehe ihren Selbstausdruck unterstützen würde. Was die Ehe zusammenzuhalten scheint, ist die Tatsache, daß keiner der beiden versucht, im anderen die eigene Identität zu finden, sondern daß sie einander lediglich unterstützen.

Geburt der Tochter Chelsea – 27. Februar 1980. Anstatt ihre erfolgreiche Karriere als Partnerin in der »Rose Lawfirm«, einer der berühmtesten Rechtsanwaltskanzleien in Arkansas, und ihre Tätigkeit als Aktivistin für soziale Belange in den Mittelpunkt zu stellen, habe ich mich auf die Ereignisse in ihrem Privatleben konzentriert und darauf, wie diese Ereignisse ihr Selbstbild als Frau verbesserten. Am 27. Februar 1980, als ihre Tochter Chelsea geboren wurde, stand Hillary Rodham Clintons sekundärprogressiver Merkur in Konjunktion zu ihrer Radix-Venus im fünften Haus. Weil zu dieser Zeit zwei ihrer Planeten im fünften Haus ausgelöst wurden, ist es ziemlich sicher, daß ihre Erfahrung als Elternteil sowie auch ihre Arbeit für den *Children's Defense Fund* ein neues Selbstvertrauen weckte und ein Mittel darstellte, ihr aggressives Quadrat zu Mars, Saturn und Pluto zu mildern. Zusätzlich erlebte sie im Februar 1980 gerade ihren progressiven Vollmond, was dafür spricht, daß die Mutterschaft ihr tatsächlich große Erfüllung und Selbstverwirklichung geschenkt hat.

Entsprechend der Wichtigkeit des progressiven Neumondes und Vollmondes könnte die Geburt von Chelsea als Ende eines Zyklus von Ehrgeiz und als Beginn eines neuen Zyklus gesehen werden, in dem ihre Fürsorge und ihre mütterlichen Qualitäten in den Brennpunkt rücken, sowie ihre öffentlichen Aktivitäten und ihre Rolle als Ehefrau des Gouverneurs. Weil der Fische-Mond im zehnten Haus in Elevation steht (im Horoskop am höchsten steht), gleichen Mutterschaft (Mond) und ihr Mitgefühl und öffentlich gezeigtes Interesse für soziale Probleme (zehntes Haus) die Quadrate zwischen dem dritten und fünften Haus aus. Obwohl sie als Anwältin große Anerkennung bekam, jedoch dafür kritisiert wurde, daß sie eine Karrierefrau ist, wird aus ihrem Horoskop recht deutlich, daß sich Hillary Rodham Clintons Selbstwert tatsächlich durch ihre Erfahrung, Mutter zu sein, vergrößerte. Es liegt mir fern, aufzeigen zu wollen, daß Frauen sich für die Mutterschaft entscheiden müssen, damit sich ihr Selbstwert vergrößert. In Hillary Rodham Clintons Fall war dies einer von vielen Faktoren, die zu ihrem starken Zielbewußtsein beitrugen.

First Lady – Scheitern der *Health Care Bill* (Gesetzentwurf zur Reformierung des Gesundheitswesens) und Rückzug aus der Öffentlichkeit – 1993-1995. Anstatt Hillary Rodham Clinton in ihrer Rolle als politische Unterstützerin und Partnerin ihres Ehemannes zu diskutieren, möchte ich die Ereignisse der Jahre 1993-1995 ansprechen, denn wieder einmal wurde sie mit sehr aufschlußreichen Transiten und Progressionen konfrontiert.

Nach ihrer Ernennung zur Vorsitzenden des Komitees zur Reformierung des Gesundheitswesens 1993 wandelte sich die öffentliche Meinung von der harten Beurteilung Mrs. Clintons und schloß sie als First Lady in die Arme. Sie veränderte ihr Image deutlich, indem sie sich nun modisch kleidete und in Interviews höflich und zuvorkommend war – traditionelle venusische Eigenschaften, die immer noch allgemein als für Frauen angemessen akzeptiert werden und gegen die sie, als sie jünger war, rebellierte.

Im Juni 1995, als ich diesen Beitrag schrieb, war Hillary Rodham Clinton fast aus den Augen der Öffentlichkeit verschwunden, teilweise aufgrund der kompletten Zerstückelung der Gesetzesvorlage zur Reform des Gesundheitswesens, die sie mit auf den Weg gebracht hatte, und auch aufgrund anderer öffentlicher Anschuldigungen und möglicher Skandale. Sie hatte sich die äußerst idealistische und lobenswerte Aufgabe gestellt, eine Krankenversicherung für alle

Amerikaner zu schaffen, und hatte dafür sowohl ihr Vermögen eingesetzt als auch Verpflichtungen übernommen, wodurch sie wieder einmal harter Kritik ausgesetzt war – so wie 1992 in der Präsidentschaftskampagne. Obwohl die öffentliche Untersuchung und die Niederlage ihr Selbstvertrauen erschüttert haben mögen, ist es schwer, definitive Schlüsse daraus zu ziehen wie sich die First Lady fühlt, weil uns darüber keine Informationen vorliegen. Wir können nur vermuten, daß ihr überaus sensibler Fische-Mond im zehnten Haus sie die öffentliche Niederlage als persönlichen Angriff wahrnehmen ließ.

Um besser erfassen zu können, was in Hillary Clinton vor sich gegangen sein mag, wollen wir die aufschlußreichen Transite und Progressionen jener Zeit genauer untersuchen. Einer der wichtigsten Transite im August 1994, als die Reform des Gesundheitswesens fast scheiterte, war die im Transit rückläufige Venus in Konjunktion zu ihrer Skorpion-Sonne und Venus. Normalerweise gehen die ein bis zwei Tage dauernden Venus-Transite über Radix-Planeten und -Achsen vollkommen unbemerkt vonstatten. Die Transite der rückläufigen Venus sind aber wichtig, wenn sie einen Radix-Planeten berühren, aufgrund der Tatsache, daß ein normalerweise ein bis zwei Tage dauernder Transit dann zwei oder drei Monate dauern kann.

In Hillary Rodham Clintons Horoskop transitierte Venus ihre Radix-Sonne das erste Mal am 11. September 1994. Nachdem sie rückläufig geworden war, wurde Venus am 19. November 1994 genau auf ihrer Sonne stationär, ehe sie schließlich am 23. November 1994 wieder direktläufig wurde. Fast gleichzeitig lief Venus im Transit auch über Radix-Venus, zwischen dem 3. bis 5. Oktober 1994, lief rückläufig über Radix-Venus zwischen dem 21. bis 23. Oktober und transitierte sie schließlich letztmalig am 24. Dezember 1994. Während Hillary Rodham Clinton diesen Transit erlebte, wandelte sich Venus vom kooperativen, friedvollen Abendstern zum aggressiven, kampfbereiten Morgenstern am 4. November 1994. Weil der Wechsel vom Abend- zum

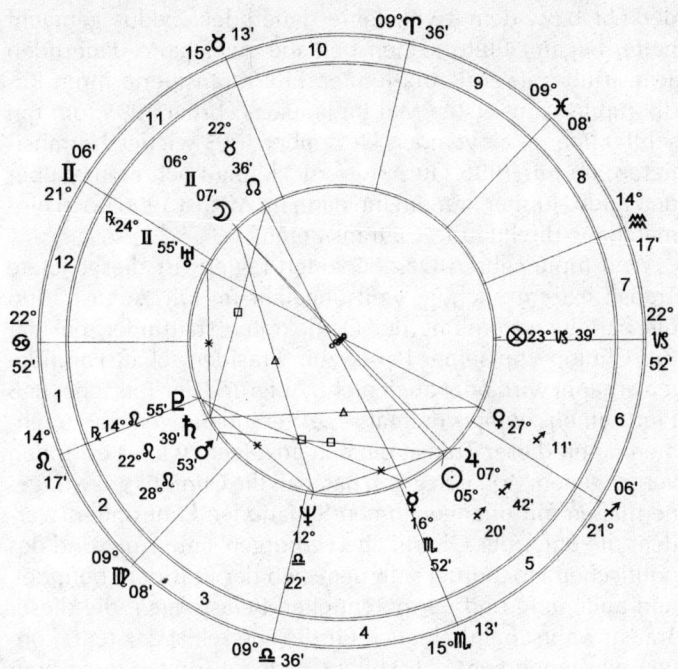

Horoskop 6: Sekundärprogression Geburt Tochter Chelsea/
Hillary Rodham Clinton[13]

Morgenstern (der nach der Hälfte von Venus' rückläufigem
Zyklus von 41 bis 42 Tagen erfolgt) von den Babyloniern als
eine Zeit erhöhter Feindseligkeit definiert wurde, wurde Hillary Rodham Clinton in Übereinstimmung mit jener Definition in die Mitte einer Schlacht plaziert, die sie unglücklicherweise verlor.

Der andere wichtige Transit, der Hillary Rodham Clintons
Leben gerade erschwerte, war ein Transit von Jupiter und
Pluto zu ihrem Radix-Jupiter, der ihren Deszendenten regiert.
Nachdem Jupiter ihren Radix-Jupiter kurz im Dezember 1994
transitiert und damit den Auftakt zur nächsten Jupiter-Wie-

derkehr bzw. dem zwölf Jahre dauernden Zyklus gemacht hatte, begann Pluto seinen beinahe zwei Jahre dauernden Transit über ihren Radix-Jupiter. Pluto transitierte ihren Radix-Jupiter zum ersten Mal im Januar/Februar 1995, um ihn schließlich im November/Dezember 1995 wieder zu transitieren. Im Juli 1996 läuft Pluto rückläufig noch einmal über den Radix-Jupiter, nur um ihn dann im August 1996 noch einmal, dann direktläufig, zu transitieren.

Weil Jupiter ihren Deszendenten regiert, ist dieser letzte Transit extrem wichtig, weil ungefähr im Juli/August 1996 die Parteiversammlung der Demokraten stattfindet, bei der Bill Clinton von seiner Partei zum Präsidentschaftskandidaten ernannt wird oder auch nicht. Aufgrund der Tatsache, daß Pluto einen zwingt, dramatische Veränderungen vorzunehmen, kann dieser Transit einfach anzeigen, wie er es in den vergangenen Monaten getan hat, daß die Clintons gezwungenermaßen mit unangenehmen Situationen konfrontiert werden, die unter der Oberfläche verborgen sind. Aufgrund des politischen Hochdrucks, in dem sich der Präsident befindet, und auch aufgrund der potentiellen Belastungen, die dieser Transit wahrscheinlich auch für die Ehe selbst darstellt, können wir annehmen, daß Hillary Rodham Clinton zwar über ein starkes Selbstbewußtsein verfügt, was es ihr erlaubt, jede öffentliche Überprüfung mit Fassung zu tragen, sie sich aber trotzdem aus der Öffentlichkeit zurückgezogen hat. Wir können zwar nicht wissen, was privat zwischen den Clintons vor sich geht, ich nehme aber an, daß diese Zeit nicht nur einen Tribut von ihrer Ehe fordert, sondern auch von der First Lady selbst, weil soviel von ihrem Selbstwertgefühl auf ihrer Fähigkeit basiert, ihrer Überzeugung entsprechend zu handeln. Zum ersten Mal in ihrem Leben hat sie mehr oder weniger versagt.

Weil dem siebten Haus auch juristische Auseinandersetzungen und öffentliche Kontakte zugeordnet werden, wissen wir, daß sie in Verbindung mit mehreren potentiell juristischen Geplänkeln im Zusammenhang mit den Nachwirkungen von Vince Fosters Selbstmord und Grundstückshandel in

Arkansas vorgeladen wurde. Diese Ereignisse haben nur noch mehr Zweifel an ihrer Glaubwürdigkeit entstehen lassen.

Zusätzlich zu den oben erwähnten Transiten erlebte Hillary Rodham Clinton im April 1994 ihren zweiten progressiven Neumond auf 19° Schütze im sechsten Haus ihres Geburtshoroskops. Wir wissen bereits von ihrem vorhergehenden progressiven Neumond und Vollmond und jenen von Nicole Brown Simpson, daß 1994-95 den Beginn einer wichtigen Übergangsphase markiert und den Anfang eines weiteren Zyklus der Veränderung. Weil die Progression in das sechste Haus ihres Geburtshoroskops fällt, können wir nur vermuten, daß ihr Interesse an allgemeinen mit dem Gesundheitswesen zusammenhängenden Problemen und Themen weiterhin bestehen bleibt, sich jedoch ihre Herangehensweise ändern wird.

Meine persönliche Deutung lautet, daß sie, anstatt an der Regierungspolitik beteiligt zu sein, eher auf persönlicher Ebene weiter an Themen im Zusammenhang mit der Gesundheitsfürsorge interessiert bleiben könnte, wobei sie ihr Augenmaß für Details und ihre Fähigkeit zu methodischer Arbeit einsetzt. Das könnte bedeuten, daß sie ihrem eigenen körperlichen und emotionalen Wohlbefinden viel mehr Interesse schenkt, und auch Kontakte zu Menschen im ganzen Land herstellt – was ihren Beliebtheitsgrad bei der amerikanischen Öffentlichkeit 1993 erhöhte. Weil sie zum Zeitpunkt, als ich diesen Beitrag schreibe, bereits begonnen hat, sich aktiv für die Aufklärungskampagnen über Brustkrebs zu engagieren, bleibt uns nur anzunehmen, daß sie die besten Eigenschaften, die ihr zur Verfügung stehen und die von ihrem Horoskop aufgezeigt werden, in Übereinstimmung mit den Planetenzyklen sinnvoll nutzt.

Kim Rogers-Gallagher
Wer soll ich werden, wenn ich mal groß bin – und wie stelle ich das an?

Alle einsteigen in den Entwicklungs-Expreß!

Manche Leute sagen, die Erde sei eine Schule – ein Platz, um zu lernen, Prüfungen zu machen und uns unsere akademischen Grade zu verdienen. Dieser Theorie zufolge werden wir alle genau in dem Augenblick geboren, den wir selbst ausgewählt haben – wenn alle Bedingungen stimmen, damit wir unsere nächste Entwicklungslektion beginnen können. Anders ausgedrückt: Schon bevor wir hier ankommen, planen wir unsere Reise, und wir springen nicht eher vom Entwicklungs-Expreß, bis nicht das gesamte richtige Zeug am richtigen Platz ist.

Ich meine natürlich das kosmische Zeug. Unser Universum ist randvoll mit allen möglichen Sorten von wunderbaren Energien – unser Geburtshoroskop ist unsere eigene, persönliche »Landkarte«, berechnet auf die genaue Geburtszeit und den Geburtsort. Auf dieser Grundlage entsteht ein runder, uhrähnlicher Plan, der anzeigt, wo jeder Planet, Stern, Asteroid und Komet genau in jenem Moment stand, als Sie gerade Ihren ersten Auftritt hatten. Kurz gesagt, es ist Ihre Blaupause – Ihr kosmischer Rucksack. Es ist Ihr persönliches Handbuch, das zeigt, welche Werkzeugausrüstung Sie für dieses Leben eingepackt haben – und wie Sie es am besten verwenden. Jeder hat eine, und keine zwei sind gleich, was an sich schon erstaunlich ist – aber das ist noch nicht alles. Weil das Horoskop eine Landkarte ist, hat jeder ein bißchen von allem. Jeder hat eine Venus, einen Mond und einen Pluto. Jeder hat ein bißchen Jungfrau und auch ein bißchen Schütze.

Ich stelle mir gern vor, daß jedes Horoskop aus vier astrologischen Zutaten konstruiert ist: Planeten, Zeichen, Häuser und Aspekte. Die zehn Planeten (d. h. eigentlich die acht Planeten plus Sonne und Mond) stellen Antriebe oder Bedürfnisse dar, die jeder einzelne hat, einfach aufgrund der Entscheidung, einen physischen Körper zu bewohnen. Die zwölf Zeichen zeigen verschiedene Verhaltensweisen, die Art, wie wir jenen Antrieben oder Bedürfnissen entsprechend handeln. Die zwölf Häuser sagen uns, in welchen Lebensbereichen – welchen Bühnenbildern – unsere Planeten, gekleidet in die Kostüme der Zeichen, in denen sie stehen, ihren Auftritt haben. Dabei sind die Aspekte »Konversationen« oder »Dialoge« oder »Streitgespräche«, die zustande kommen, wenn Planeten in Winkelbeziehungen zueinander stehen – mit anderen Worten, eine bestimmte Anzahl von Graden voneinander entfernt sind. Diese vier Gruppen bilden sozusagen die Bauklötze für das Fundament, auf dem die gesamte Astrologie basiert.

Wie Sie mit Hilfe der Astrologie Ihren Weg finden können

In dieser Lektion geht es darum, Ihnen eine Grundlage zu verschaffen und Sie auf das vorzubereiten, worüber ich wirklich gerne sprechen würde: Ihr Lebensziel – weil an dieser Stelle die Astrologie ins Spiel kommt. Zwar kann man sie auch für eine Reihe anderer Dinge einsetzen, aber der wahre Wert der Arbeit mit dem Geburtshoroskop und deren höchster Nutzen liegt darin, daß man mit ihr unsere individuellen Lebensziele aufzeigen kann, daß sie uns zu verstehen hilft, warum wir hier sind, was wir – diesmal – lernen sollen und wie unsere eigene, ganz spezielle, magische Visionssuche aussehen könnte. Unsere eigene Landkarte in die Hand zu bekommen – und zu wissen, wie man sie nutzt – ist eine großartige Möglichkeit, einen guten Start zu haben.

Sehen Sie es einmal so: Wenn Sie über Land fahren wollen, haben Sie mehrere Möglichkeiten. Sie können einfach tanken und losfahren, unterwegs nach der Richtung fragen und darauf vertrauen, daß Sie schließlich Ihren Bestimmungsort finden werden – durch Ausprobieren und Anstrengung. Wenn Sie dagegen ein bißchen besser vorbereitet sein möchten, sich aber trotzdem noch ein gewisses Maß an Spontaneität bewahren wollen, können Sie sich einen Stapel Landkarten und Reiseführer besorgen und die Reise selbst gestalten. Sie können auch zum ADAC gehen, um die schnellste oder schönste Route herauszufinden und die neuesten Informationen über mögliche Staus oder Umleitungen aufgrund von Baustellen oder anderen Behinderungen entlang der Strecke zu bekommen. Es liegt ganz bei Ihnen. Ganz gleich, für welche Art der Vorbereitung Sie sich entscheiden, wenn Sie sich in eine bestimmte Richtung wenden, werden Sie wahrscheinlich dort hingelangen.

Wenn Sie die Astrologie erst einmal kennengelernt haben und wissen, was sie leisten kann, stehen Ihnen die gleichen Wahlmöglichkeiten für Ihre Lebensreise zur Verfügung. Sie können sich dafür entscheiden, einfach aufzubrechen, sich einfach auf Ihren Instinkt zu verlassen, und darauf vertrauen, daß das Universum Straßenschilder und Wegweiser für Sie aufstellt, wenn Sie sie brauchen. Sie könnten sich auch dafür entscheiden, sich einen Ausdruck Ihres Horoskops zu besorgen und die Astrologie selbst zu erlernen – oder Sie können eine professionelle Astrologin oder einen professionellen Astrologen aufsuchen und sich dabei helfen lassen, Ihre Reise Schritt für Schritt selbst zu gestalten.

Ich persönlich würde Ihnen empfehlen, die zweite oder dritte Möglichkeit für Ihre langfristige Planung zu nutzen und die erste Möglichkeit für die kurzfristige – also jederzeit. Das Universum wird Sie immer dorthin bringen, wo Sie hingehen, und Sie werden immer nach der »Richtung« suchen müssen, die es Ihnen schicken wird und die man nicht auf jeder Karte finden kann – Dinge, die Sie nur dadurch kennenlernen und wissen können, indem Sie hingehen und da sind. Wenn Sie einen Termin im Sinn haben oder eine bestimmte Reiseform, oder wenn es bestimmte Stationen gibt, die Sie nicht verpassen wollen, empfiehlt es sich zu planen. Und genau hier kommt Ihr persönliches Horoskop ins Spiel – es ist von absolut unschätzbarem Wert.

Ungeachtet Ihres Geschlechts ist die Astrologie das beste Werkzeug, um diesen Lebenszweck, Ihr Lebensziel, zu erforschen, um herauszufinden, warum Sie so sind, wie Sie sind. Es ist besonders hilfreich für jene unter uns, die diesmal zufällig weibliche Körper gewählt haben, um darin zu leben, denn heutzutage eine Frau zu sein, ist eine viel größere Herausforderung als früher.

Es ist noch gar nicht so lange her, daß die traditionellen Geschlechterrollen strikt eingehalten wurden, und das wichtigste (und meistens einzige) Anliegen einer Frau bestand darin zu heiraten, Kinder zu bekommen und für ihre Familie und ihr Heim zu sorgen. Irgendwo unterwegs entdeckten wir jedoch uns selbst, und obwohl unsere Familien uns deshalb nicht weniger wichtig sind als zuvor, kümmern wir uns jetzt auch um unsere eigenen Bedürfnisse – und zwar zum ersten Mal im Laufe vieler Frauengenerationen.

Im Rahmen der Erfüllung dieser persönlichen Bedürfnisse haben viele von uns begonnen, eine eigene Karriere aufzubauen – das bedeutet, daß wir unsere auf Leistung ausgerichteten, durchsetzungsfähigen Seiten entdecken mußten, astrologisch dargestellt durch jene Planeten und Punkte, die traditionell als »männlich« bekannt sind. Die Unabhängigkeit und das neue Selbstvertrauen, das wir aus der Verwirklichung unserer persönlichen Ziele und der Entwicklung jener Eigenschaften, die zur Erreichung dieser Ziele erforderlich sind, gewonnen haben, haben jedoch auch ihren Tribut gefordert: Viele von uns – und ganz besonders alleinerziehende Mütter – haben nun die Rolle der Super-Mutter oder der Super-Partnerin am Hals, indem wir zwei Vollzeit-Jobs ausüben: erstens den Beruf unserer Wahl und zweitens, indem wir uns nach fünf um unsere Familien und unser Heim kümmern.

Dieses ganze Jonglieren ist, milde gesagt, anstrengend. Es ist auch keine leichte Aufgabe. Das konventionelle gesellschaftliche Rollenmodell sieht vor, daß Männer und Frauen ihre Horoskope sehr unterschiedlich leben. Traditionell wird tatsächlich jedem Geschlecht auf mehr oder weniger subtile Weise beigebracht, bestimmte Energien zu entwickeln und andere zu vernachlässigen. Sogar heute, sosehr wir es auch zu leugnen versuchen und für sosehr »New Age«-geprägt wir auch unser Denken halten mögen, werden wir als Frauen von der Gesellschaft darin bestärkt, genau die astrologischen Energien zu perfektionieren, die traditionell als weiblich gelten – d. h. unseren Mond und unsere Venus –, und die »gegensätzliche« Rolle Männern zu überlassen – unsere Sonne und unseren Mars, die typischerweise für unsere männlichen Anteile gehalten werden.

Um zu einem besseren Verständnis jener Eigenschaften zu gelangen, die wir als Frauen in uns selbst zu entwickeln ermutigt oder entmutigt werden, und um zu verstehen, wie uns diese Konditionierung beeinflußt, wenn es an der Zeit ist, sich für einen Beruf zu entscheiden, wollen wir uns sowohl unsere »männlichen« als auch unsere »weiblichen« Seiten ansehen, wie sie diesen Antrieben oder Bedürfnissen entsprechend durch die Planeten symbolisiert werden. Wir werden diese Planeten paarweise untersuchen, weil sie so auch in unseren Horoskopen zu wirken scheinen.

Bevor ich beginne, muß noch etwas klargestellt werden. Im Umgang mit der Astrologie müssen wir uns bewußt sein, daß wir es mit einer Symbolsprache zu tun haben. Die männlichen und weiblichen archetypischen Energien, die ich erwähnt habe, sind in uns allen, ganz gleich, welches Geschlecht wir zufällig haben. Obwohl diese Worte nicht das bedeuten, was sie früher bedeutet haben – anders ausgedrückt: Sie können nicht mehr buchstabengetreu in »männlich« und »weiblich« übersetzt werden –, scheinen Eigenschaften, die sich mehr auf das eine Geschlecht vordergründig beziehen als auf das andere, in jedem der Planeten eingekapselt zu sein und damit auch in jedem einzelnen Menschen. In den meisten der nun folgenden Beschreibungen der Planeten werde ich mich auf einen Planeten als »ihn« oder »sie« beziehen und sie beinahe so beschreiben, als wären sie Comicfiguren. Es könnte auch sein, daß Sie einige der Beschreibungen vom Ton her recht unbekümmert finden werden. Keine Angst! Nur weil ich so klinge, als ob ich das alles nicht ernst nehme, entspricht dies noch lange nicht den Tatsachen. Ich nehme die Astrologie sehr ernst, aber nichts bezaubert die Archetypen so sehr wie Humor, und so lernen wir besser.

Zuerst die Mondin ...

Die beste Möglichkeit, die Mondin zu erleben, ist es, in einer klaren Nacht nach draußen zu gehen, wenn sie schon beinahe voll ist, und einfach zu ihr hinaufzustarren. Um ehrlich zu sein, wenn die Mondin voll ist, ist es ziemlich schwer, nicht hinaufzustarren. Sie lädt uns ein, sie anzusehen – sie hypnotisiert uns geradezu. Sie zu beobachten ist eine absolut emotionale Erfahrung. Sie bringt Erinnerungen zurück und uns zum Seufzen. Als Frauen sind wir dank der Mondin natürlicherweise auf die Vorstellung von »Zyklen« und »Jahreszeiten« eingestimmt. Sie ist die absolute Essenz von Weiblichkeit, eigentlich perfekt durch die Tatsache veranschaulicht, daß unser Menstruationszyklus in Einklang mit ihren Phasen abläuft. Sie hat die Menschheit Jahrhunderte hindurch fasziniert, sie zu zahllosen Liebesliedern inspiriert und für mehr als nur eine zärtliche Frage genau die richtige Stimmung geliefert. Ungeachtet ihrer »Sanftheit« ist ihre Wirkung auf das menschliche Verhalten jedoch ziemlich real und tatsächlich fühlbar.

Es liegt also auf der Hand, daß die Mondin grundsätzlich eine emotionale Energie ist, jener Ort in Ihrem Horoskop, wo Ihr Inneres Ich lebt, jene Person in Ihnen, die, anstatt zu handeln, wie es die Sonne tut, auf das reagiert, was um Sie herum vor sich geht. Demzufolge ist sie auch jene Seite in Ihnen, die in der wirklichen Welt ein Nest baut, um innerlich in Sicherheit zu bleiben, jene Seite in Ihnen, die ein Zuhause schafft, das Sie und andere nährt. All jene Eigenschaften werden einfach als weibliche Funktionen angesehen – und das ist auch kein Wunder. Im Körper regiert die Mondin die Brüste, die Eierstöcke und die Gebärmutter, die notwendig sind, um neues Leben zu schaffen, zu nähren und zu beherbergen. Das Leben beginnt in unseren Körpern. Das ist das einzigartige Geschenk, das wir Frauen von unserer Mondin bekommen.

Die Mondin ist auch mit unserer Mutter verbunden, denn sie war quasi die wichtigste »Trägersubstanz«, die uns nährte, bevor wir unseren ersten Auftritt auf dem Planeten hatten. Unsere Mutter ist die Person, deren subtiler, nicht genau einzuschätzender Einfluß unser eigenes Verhalten im Hinblick auf Hege und Pflege und Fürsorge prägte. Das gilt natürlich für jeden Menschen, egal ob Mann oder Frau – es ist schwer, nicht zu »fühlen«, was Ihre Mutter fühlt, wenn Sie neun Monate in ihrem Körper leben. Als Frauen jedoch sind wir sogar noch mehr von unseren Müttern beeinflußt. Unsere Mutter hat uns nicht nur genährt, sie war auch der Elternteil, der dasselbe Geschlecht hat wie wir, das eigentliche Rollenmodell.

So unergründlich sie auch sein mag, die Mondin ist nicht die einzige Energie im Horoskop einer Frau, und gewiß nicht die einzige, die wir in Betracht ziehen müssen, wenn wir wissen wollen, wie wir uns letztlich selbst nähren können. Sie hat einen Partner, ein Yang, das zu ihrem Yin paßt und für unser Selbstbewußtsein verantwortlich ist. Diese solaren, nach außen gerichteten Qualitäten gehören zum Zuständigkeitsbereich der Sonne, wo es um Berufung geht. Viele von uns sehen ihre Berufung darin, die Mutterrolle zu erfüllen, aber auch wenn das Bedürfnis der Mondin nach Nestbau, Hege und Pflege und Sicherheit zu stillen für viele von uns sehr lange recht erfüllend ist, und selbst wenn das Großziehen unserer Kinder oberste Priorität für uns hat, so dauert es doch nicht ewig. Kinder wachsen auf und verlassen das Nest, das wir ihnen gebaut haben, wenn sie unsere Fürsorge nicht mehr brauchen. Also sollten wir am besten daran denken, unser Gesicht zur Sonne zu wenden, uns auch um uns selbst zu kümmern – ganz gleich, ob wir uns einen großen Teil unseres Lebens den Pflichten der Mondin widmen oder nicht.

Ich meine damit nicht, daß die Gefühle der Mondin ignoriert werden sollten, wenn es darum geht, sich für einen Lebensweg zu entscheiden. Ganz und gar nicht. Obwohl unsere Mondin die meiste Zeit über schweigt, sollten Sie nicht anfangen, sie deshalb für unwichtig zu halten. Denken Sie mal daran, in welcher Stimmung (im Englischen *mood*, welches übrigens von *moon* stammt) Sie sind, wenn Sie einen tollen Tag haben, und in welcher, wenn Sie völlig fertig sind. Die Art und Weise, wie wir uns fühlen und wie wir empfinden – unser emotionales Glück –, beeinflußt unseren Austausch mit anderen, unsere Produktivität und deshalb auch, wieviel wir im Laufe eines Tages vollbringen können. Die Mondin ist eine Unterströmung, eine Reaktionswelle, auf der wir surfen. Sie ist der emotionale Hintergrund, dessen Farbschattierungen in unserem Leben sichtbar werden, indem sie sich beißen oder einfach klar voneinander abheben. Bei der Wahl eines Lebensweges sollten Sie unbedingt sicherstellen, daß es ein Weg ist, mit dem auch die Mondin leben kann.

Und ihr Partner, die Sonne ...

Grundsätzlich gehört die eigene Sonne kennenzulernen – und zu füttern – zu den wichtigsten Dingen, die ein Mensch für sich selbst tun kann. Das heißt, bringen Sie soviel wie möglich über Ihre Sonne in Erfahrung, und achten Sie darauf, sich Erlebnisse zu verschaffen, durch die Sie stolz auf sich selbst sein können. Erforschen Sie das Zeichen, in dem die Sonne stand, als Sie geboren wurden, und wenden Sie es auf Lebenssituationen an, die von dem Haus, in dem die Sonne in Ihrem Horoskop steht, widergespiegelt werden. Das zeigt Ihnen, wie: anhand des Zeichens – und wo: anhand des Hauses – Sie am großartigsten Sie selbst sein können. Jedermanns und jederfraus Sonne will dieselben Dinge: scheinen, etwas Wichtiges vollbringen und dafür anerkannt werden. Tatsächlich bringe ich meinen Anfängerkursen die Bedeutung der Sonne am liebsten anhand einer Fernsehwerbung nahe, bei deren Entwurf die Werbeleute speziell dieses Bedürfnis, wichtig zu sein, im Hinterkopf gehabt haben müssen. Es ist eine Werbung für die Armee, jener Spot, der Ihr Bedürfnis zu strahlen anpiekt, indem er Ihnen sagt: »Sei all das, was du sein kannst« – »Versuch es weiter, wachse weiter« – »Finde Deine Zukunft«... Die Musik ist energetisierend, milde ausgedrückt. Sie ist anregend, erfrischend und wirksam dazu – ein Aerobic-Kurs für Ihren Stolz, der Sie garantiert aus Ihrem Stuhl hochreißt und in Marsch setzt, durch den ganzen Raum, bereit loszugehen – etwas zu tun –, Ihr Ziel zu erreichen!

Gleichgültig, ob Sie ein Mann oder eine Frau sind, Sie können nicht anders, als zu spüren, wie Ihre Sonne auf Touren kommt, wenn Sie diese Musik hören und auf die Worte achten. Es ist eine perfekte Beschreibung der Sonne – wie es sich anfühlt, das Leben zu leben, als strebten Sie unablässig danach, Ihr gesamtes Potential zu verwirklichen. Das ist es, worum es im Leben geht – versuchen und wachsen und dabei ununterbrochen unsere Zukunft finden –, und das ist es auch, worum es unserer Sonne im Horoskop geht: Es ist jene Seite in uns, die zu spezialisieren wir hergekommen sind, das innere Kind, das immer hungrig nach dem Morgen ist. Daher ist die Sonne der beste Hinweis für die Berufswahl im Horoskop – aber häufig ist sie auch der einzige Ort, der nicht besonders ausführlich erforscht wird.

Sehen Sie's mal so: In jeder Firma gibt es viele Abteilungen, jede mit ihrem eigenen Abteilungsleiter. Alle sind gleich wichtig, und alle haben ganz bestimmte Aufgaben zu erfüllen, damit die gesamte Firma erfolgreich sein kann. In einem Horoskop symbolisieren die Planeten die Abteilungsleiter innerhalb einer großen Firma: Sie haben einen Merkur, der die Kommunikationsabteilung führt, einen Jupiter, der die Abteilung für Spekulationsgeschäfte leitet, einen Pluto, der entscheidet, wann die Dinge weit genug gegangen sind und wann es Zeit ist, einfach loszulassen, und einen Saturn, der Ihre Regeln aufstellt. Jeder von ihnen muß seinen Job gut tun können, um zum Erfolg der Firma – Ihrem Erfolg – beizutragen.

Wie bei allen Management-Gruppen müssen sie sich jedoch alle vor einem leitenden Angestellten verantworten, dem großen Boß, dessen »Ja« oder »Nein« die Sache entscheidet. Die Sonne ist jener leitende Angestellte, der Chef im Horoskop, der bei allen Entscheidungen das letzte Wort hat. Die Sonne selbst ist das Zentrum unseres Universums, die Wärme und das Licht, um das alle anderen Planeten tanzen. Ihre Sonne ist also Ihr Zentrum, jener Himmelskörper, der – mehr als alle anderen Planeten in Ihrem Horoskop – Ihre Mission beschreibt, Ihren *raison d'être*, Ihr Streben. Am wichtigsten ist, daß die Sonne darstellt, was Ihnen am meisten Spaß macht, und jenen Lebensstil, der am besten zu Ihnen paßt. In Anbetracht all dessen und in Anbetracht der Tatsache, daß unser Beruf mindestens ein Drittel unseres Lebens in Anspruch nimmt, wenn wir uns einmal dafür entschieden haben, ist es dann nicht sinnvoll, dem spürbaren Hochgefühl der Sonne zu folgen, wenn wir entscheiden, wer wir wirklich sein sollten, wenn wir mal groß sind?

Natürlich ist es sinnvoll. Selbstverständlich ist das für Frauen leichter gesagt als getan. Wenn es darum geht, sich für einen Beruf zu entscheiden – d. h. unserer Freude zu folgen –, werden wir sofort mit einigen Hindernissen konfrontiert. Erstens: Wie wir bereits gesehen haben, werden die meisten von uns nicht darin bestärkt, aktiv eine Karriere anzustreben. Das war die Aufgabe, die unsere Männer hier für uns zu erledigen hatten, während wir uns um das Herdfeuer kümmerten und dabei unsere Mondfertigkeiten perfektionierten. Folglich wählten viele von uns Männer, die Energien widerspiegelten, über die wir zwar verfügten, die wir aber nicht zum Ausdruck brachten – und das gilt ganz besonders für unsere Sonne.

Ob männlich oder weiblich, die Sonne und den Mond zusammenzubringen – sie sozusagen ins selbe Team zu bringen, indem wir ihre Fähigkeiten und Ziele miteinander verbinden – ist ein wichtiger Schritt in Richtung Selbstverwirklichung. Beide Anteile in uns müssen sich dahingehend abstimmen, was wir wirklich »sein« wollen und was wir brauchen, um uns emotional sicher und geborgen zu fühlen.

Die Sonne ist die Person an der Außenseite, die hinaus ins Leben geht, um Erfahrungen zu suchen, die sie auf ihrem Pfad voranbringen. Der Mond ist jene Person in uns, die auf das, was durch die Aktionen der Sonne zu ihr kommt, reagiert – und sie kann die Sonne von deren nächsten Schritt abhalten, falls sie sich nicht beschützt und sicher fühlt. Diese beiden sind das erste Paar in uns, und beide müssen im Gleichgewicht gehalten werden, wenn wir wirklich unser Lebenswerk entdecken wollen. Sie vereinigen sich, um eine perfekte Balance von Aktion und Emotion herzustellen – und nur darum geht es schließlich!

Es gibt noch ein zweites Paar von Energien, das ebenfalls so etwas wie ein Team bildet, zwei weitere Planeten, die eine »männliche« und eine »weibliche« Seite von uns selbst darstellen. Diese Energien werden von Venus und Mars symbolisiert, und wir werden sie gleich treffen. Weil Venus der weibliche Planet dieses Paares ist, ist sie auch die Energie, die Frauen traditionell zu entwickeln gelehrt werden, und weil Mars die männliche Energie ist, ist er derjenige, den zu unterdrücken man uns beibringt. Lassen Sie uns jeden einzelnen Planeten genauer ansehen und dann darüber reden, inwieweit die beiden zusammenzubringen uns dabei helfen kann, herauszukriegen, wie wir unsere beruflichen Ziele in der Welt besser erreichen können.

Venus

Lassen Sie uns zunächst Lady Venus treffen. Sie ist die Königin des Vergnügens, der Befriedigung und des Lustprinzips – die Göttin der Liebe und Schönheit. Ihr inoffizieller Titel lautet Leiterin der Abteilung für »nette Sachen«. Sie ist jene Seite in uns, die etwas anzieht, anstatt sich dafür anzustrengen und danach zu streben, jene, die andere in ihren Bann schlägt und was wir lieben zu uns heranzieht, indem sie charmant lächelt, anstatt ihm hinterherzuhetzen. Venus bringt sich auf zwei verschiedene Arten zum Ausdruck, von denen jede durch eines der beiden von ihr regierten Zeichen dargestellt wird, Waage und Stier.

Die Waage-Seite von Venus repräsentiert unseren inneren Drang oder das Bedürfnis, eine Beziehung mit einem anderen Menschen einzugehen – zu lieben und geliebt zu werden. Diese Seite der Venus macht sie zur Leiterin der Beziehungsabteilung, weil Sie einfach mit jemandem zusammensein müssen, um diese nette, höfliche Seite mal einzusetzen, die Sie gerade auf Hochglanz gebracht haben. Sie ist die Technologie, die Sie Samstags abend hinaustreibt, um Ihre »andere Hälfte« zu finden. Sie ist der Paarungsdrang, der Sie dazu bringt, so lange nach einem Partner zu suchen, bis Sie einen gefunden haben, und dies manchmal um jeden Preis. Sie erkennen Venus schnell gleich am Beginn einer Beziehung, wenn Sie Ihre besten Manieren hervorholen, wenn absolut alles, was der Geliebte tut, in Ihren Augen einfach wundervoll ist, ganz gleich, was es ist. Er trampelt auf Ihnen herum? Na klar, in Ordnung. Sie halten alles aus, egal wie lange? Aber sicher doch. Venus kann am Beginn einer Beziehung tatsächlich sogar ein bißchen trügerisch sein, hauptsächlich deshalb, weil sie ihren Gegenspieler, den durchsetzungsfreudigen Mister Mars, vollkommen unkenntlich macht – über den wir demnächst reden werden.

Dieses Antlitz von Venus bringt die Diplomatin und die Friedensstifterin in uns hervor, und auch unsere Fähigkeit zu kooperieren, zu harmonisieren und Kompromisse zu schließen – alles dem anderen zuliebe. Diese Waage-Seite der Venus ist auch dafür verantwortlich, uns an unsere guten Manieren zu erinnern. Sie taucht auf, wenn Sie sich an charmantem Geplauder oder einem netten Plausch beteiligen und die Annehmlichkeiten eines geselligen Abends genießen. Das Wetter ist wirklich ein sehr venusisches – und waagegemäßes – Thema. Venus liebt gesellige Situationen, wo die Leute allein deshalb zusammenkommen, um sich an der Gesellschaft der anderen zu erfreuen. Ihre irdische Vertreterin ist Kupfer, ein Metall, das sich leicht mit allen anderen Metallen verbindet, und dem Pastellfarben gut stehen, wenn es erhitzt wird. Kupfer ist ein perfektes Metall zum *Mischen* – was sich schon sehr nach *Vereinigen* anhört ... und schon landet die Lady wieder in einer Beziehung ...

Dann gibt es da noch die Stier-Seite der Venus, jenen Teil von ihr, der sich eher auf nette Dinge und hübsche Umgebungen spezialisiert als auf nette Menschen. Die Stier-Seite der Venus liebt nur das Allerbeste. Diese Seite der Venus beschreibt, was Sie lieben und wie Sie es lieben. Katzen vielleicht. Schokolade. Ein Kunstwerk. Ein riesengroßes Polsterkissen, was auch immer. Venus ist dafür verantwortlich, daß Sie diese Lieblingssachen auch bekommen. Weil Geld das ist, womit wir normalerweise »anziehen«, was wir lieben, hat sie auch die Geschäfte in der Hand. Bedenken Sie, daß man mit Geld mehr kauft als nur Dinge – man kauft damit auch Erfahrungen, und Erfahrungen sind der Grund, warum wir uns in diesen Körpern niederlassen.

Ganz gleich, ob es die Stier- oder die Waage-Seite der Venus ist, jedesmal, wenn Sie lächeln, einfach nur, weil Sie sich gerade phantastisch gut fühlen, dann ist das Ihre Venus! Und wenn Sie sich so gut fühlen, ist es Ihnen einfach unmöglich, sich nicht so zu verhalten, wie es dem anderen gefällt, womit wir wieder zum Ausgangspunkt zurückkommen. Kurz gesagt: Freundlich zu sein ist eine venusische Eigenschaft.

Es ist auch eine Eigenschaft, die traditionell Frauen zugeschrieben wird. Umgänglich, nett und charmant zu sein – archetypisch die Rolle der Göttin der Liebe und Schönheit zu übernehmen – war eine Rolle, die zu spielen wir ermutigt wurden. Manches von diesem Training ging ganz offenkundig vor sich – in »Charme-Schulen« und »Mädchenpensionaten« zur Vorbereitung auf das gesellschaftliche Leben lehrte man uns, unterhaltsam zu sein, lächelnde exquisite Gastgeberinnen. Noch in den sechziger Jahren gab es an den High-Schools Wirtschaftsklassen, wo Frauen kochen, saubermachen und nähen lernten – um die perfekte Hausfrau und Gesellschafterin zu sein. Uns wurde auch auf weitaus subtilere Weise beigebracht, unsere eigenen Bedürfnisse zu ignorieren und die perfekte Ehegattin zu sein. Frauenzeitschriften gaben Tips, »wie man sich einen Mann angeln« konnte – angefangen davon, daß man ihm seine Lieblingsgerichte kochte, bis hin dazu, daß man sich für seine bevorzugte Motorradmarke interessierte. Dieses ganze Benimm- und Nettigkeits-Training war nur noch ein weiteres Hindernis, das es zu überwinden galt, wenn wir uns erst einmal dafür entschieden hatten, in die Welt hinaus zu gehen und einen Beruf zu wählen. Nettsein ist aber nicht gerade ein Wettbewerbsvorteil – ganz besonders in der heutigen Geschäftswelt. Heutzutage wird von uns etwas mehr Durchsetzungsvermögen und eigenes Selbstvertrauen verlangt – und hier sind wir schon bei Mars.

Mars

Es ist an der Zeit, unseren nächsten Kandidaten kennenzulernen – Mister Mars. Achtung: Dieser Kerl ist eben keine Venus; er ist der Leiter der Abteilung »Wenn du mir blöd kommst, bring' ich dich um«, der aggressive Macker, der Kerl, der dafür sorgt, daß niemand – und zwar absolut niemand – Ihnen auf Ihre blauen Wildlederschuhe tritt und dann noch überlebt, um die Geschichte zu erzählen ... Dies ist der Teil in Ihnen, der etwas einfach nicht mehr aushält, der zu den Waffen greift, wenn er sich bedroht fühlt – egal, wie viele Gegner ihm gegenüberstehen –, der zurückschlägt, wenn Sie sich angegriffen fühlen. Ihr Mars ist Ihr innerer Krieger, Ihre eigene private Eingreiftruppe. Kurz und knapp: Mars ist Ihr Schwert – jener tapfere, furchtlose und mutige Anteil in Ihnen, der entscheidet, ob er mit der Bombe oder der perlmuttbesetzten Pistole Vergeltung übt, wenn jemand Sie beleidigt – und Sie können darauf wetten, daß wir Frauen diesen Anteil auch in uns haben! Mars ist der Planet, den wir einsetzen, wenn es Zeit ist, die Venus-Seite – d. h. das »Wir« – zu stoppen und wieder das »Ich« handeln zu lassen, und er ist besonders gut darauf trainiert, das »Ich« handeln zu lassen, wenn es wütend ist.

Viele Bilder, die wir verwenden, um zu beschreiben, wie wir uns fühlen, wenn wir wütend sind, haben etwas mit dem Bild des Feuers zu tun. Das macht auch Sinn – Mars ist der rote Planet, und daran erkennen wir ihn auch am schnellsten. Denken Sie mal daran, wie wir Wut beschreiben. Wir »sehen rot«, unsere Wut »entzündet« sich an etwas oder uns wird »heiß vor Wut«. Obwohl Mars tatsächlich eine Ähnlichkeit mit dem Element aufweist, aus dem er gemacht ist, und obwohl Mars eine wirklich spontane Energie ist, ist er keine geladene Kanone, die lose auf dem Schiffsdeck umherrollt. Er hat einen Zweck zu erfüllen. Er ist Ihre Willensstärke, die Ihnen übermenschliche Kraft verleiht, den nötigen Energieschub, der Sie über die Ziellinie bringt, ganz gleich, ob Sie körperlich dazu fähig sind oder nicht, einfach nur, weil Sie das Ziel erreichen wollen. Wenn Ihr Mars heraufbeschworen wird, sind Sie bereit, alles zu tun, um sich zu rächen – ganz egal, ob Sie dem Angreifer körperlich gewachsen sind oder nicht. Mars achtet nicht darauf, wie groß das Hindernis ist, oder darauf, wie seine Gewinnchancen stehen. Ihr Mars will einfach, daß Sie gewinnen. Er ist für die Muskeln Ihres physischen Körpers verantwortlich, die Seite in Ihnen, die Wettkampf, ebenbürtige Rivalen und würdige Gegner mag.

Mars steht auch in Verbindung mit dem Adrenalin, das vom Körper in Zeiten von extremem Streß produziert wird. Wenn Sie also eine Extraportion Energie brauchen, um auf sich aufzupassen, wird sie Ihnen zur Verfügung stehen. Waren Sie jemals so wütend, daß es Sie geschüttelt hat? Auch das ist Mars. Wenn etwas Sie irgendwie herausfordert, sei es, daß jemand Sie anschreit oder einfach etwas tut, das Ihnen das Gefühl gibt, jetzt sei eine Linie in den Sand gezeichnet worden, reagiert Ihr Mars, als ob Sie gleich angegriffen würden, und schmeißt die Adrenalinmaschine an. Sie werden energetisiert und aufgeladen mit Verteidigungsenergie. Das kann problematisch sein, weil Wut nicht immer das geeignete Mittel ist, aber wenn Mars erst einmal gerufen wurde, können Sie ihn nicht einfach still und heimlich wegschicken. Sie müssen seine Energie umsetzen, weil sie nicht einfach so von selbst weggeht.

Wenn Sie Mars erst einmal heraufbeschworen haben, ist es tatsächlich so, daß Sie sich selbst eine sehr anstrengende körperliche Arbeit auferlegen müssen – d. h. Ihrem Mars eine Aufgabe geben müssen –, damit er seinen eigenen Weg nach draußen finden kann. Normalerweise ist es sein Stil, Opfer zu finden, denen er einen kleinen Schlag versetzt, anstatt dem Menschen, der ihn gerufen hat, eine große Wunde zuzufügen. Es kostet ihn vielleicht einen Tag oder sogar eine Woche, in der er unschuldigen Zuschauern kleine Hiebe versetzt, um all diese Energie loszuwerden. Mars will raus – koste es, was es wolle.

Natürlich ist Mars nicht nur einfach dazu da, Ihren Ärger auszuagieren. Mars beschreibt auch, wie Sie »handeln«, auf welche Weise Sie aktiv werden. Wann immer Sie also etwas »tun«, wann immer Sie sich dazu entschließen, eine Entscheidung in die Tat umzusetzen, wann immer Sie vorwärtsdrängen, ziehen, reißen, schwimmen oder gleiten, wann immer Sie Ihre Umgebung wechseln, weil sie nicht mehr Ihrem Geschmack entspricht, anstatt umgekehrt, setzen Sie Ihren Mars ein.

Weil die Muskeln des physischen Körpers in den Zuständigkeitsbereich von Mars fallen, war Mars traditionell auch eine Energie, die auszudrücken Männern leichter fiel, weil sie dazu ermutigt wurden, Sport zu treiben und an Wettbewerben und Wettkämpfen teilzunehmen. Wenn also Mars den Drang spürte, ein bißchen »die Muskeln spielen« zu lassen, die Dinge ein bißchen anzuheizen, wurden Männer – und werden es noch immer – dazu ermutigt, die martialische »Ich-zuerst-Energie!« in ihrem beruflichen Umfeld zum Ausdruck zu bringen. Wenn ein Mann merkte, daß sein Mars langsam ein bißchen griesgrämig wurde, arbeitete er einfach etwas mehr, trainierte härter oder spielte ein bißchen Fußball. Er ließ sich seinen Mars jedenfalls gut ausarbeiten.

Auch Mars ist ein Planet, den einzusetzen und zu nutzen Frauen nicht ermutigt wurden. Wütend werden? Ein Mädchen? In der Öffentlichkeit? Kaum. Es ist nicht »nett« und auch nicht »hübsch«, wütend zu werden. Den meisten von uns wurde beigebracht, in unser Zimmer zu gehen, wenn wir dabei waren, uns »so aufzuführen«. Wut gefällt dem anderen nun mal nicht, und wir wurden darauf konditioniert zu gefallen – wenigstens wenn es nach der Gesellschaft ging.

Wenn also Venus die Art symbolisiert, wie wir anziehen, was wir uns wünschen, dann ist Mars die Art, wie wir uns holen, was wir wollen. Manchmal bedeutet, uns zu holen, was wir wollen, daß wir aggressiv sein und uns durchsetzen müssen und nicht aufhören, ehe wir auch bekommen haben, was wir wollen. »Aggressiv« zu sein ist jedoch nichts, was Frauen traditionell beigebracht wurde. Tatsächlich ist »aggressiv« ein Wort, das häufig verwendet wird, um eine negative Eigenschaft in einer Frau zu beschreiben. Also wurde uns auch nicht beigebracht, uns dafür einzusetzen, was wir wollen, auch nicht im Zusammenhang mit Beruf und Karriere. Es ist eine Eigenschaft, die wir selbst lernen mußten, und dies erst seit kurzer Zeit. Das Gleichgewicht zwischen Venus und Mars zu finden, d. h. uns einerseits nach den Wünschen eines anderen Menschen zu richten und andererseits unsere Rechte zu schützen, ist eine der wichtigsten Fähigkeiten, die wir erwerben können – und das ganz unabhängig vom Geschlecht.

Der Punkt des Gleichgewichts

Wir haben gesehen, wie uns als Frauen traditionell beigebracht wurde, bestimmte Anteile unseres Horoskops auszuleben und andere nicht, wie also unser familiärer Hintergrund und unsere Erziehung dazu beitrugen, unsere weibliche Seite auszuleben, aber unsere männliche nicht. Wir haben gesehen, wie wir – sosehr wir auch denken mögen, daß wir modern geworden sind – immer noch mehr darüber lernen, für unser Heim und andere zu sorgen, als daß uns beigebracht wird, unsere Individualität zum Ausdruck zu bringen und die richtige Berufswahl zu treffen. Wir haben die Planeten kennengelernt, die daran beteiligt sind, die Grenzen zwischen den Geschlechtern zu ziehen, haben uns angesehen, welche Rolle sie bei der Suche nach unserem Lebensziel spielen und wie wir ihre positiven Seiten in positive Fähigkeiten umwandeln können.

Bevor es nun weitergeht, werfen Sie bitte einen Blick auf die Mondin, die Sonne, die Venus und den Mars in Ihrem Horoskop, und versuchen Sie zu beurteilen, ob Sie sie in ihrer bestmöglichen Ausdrucksform einsetzen oder nicht. Untersuchen Sie, inwieweit die gesellschaftliche Konditionierung Sie darin beeinflußt hat, wie Sie diese Energien zum Ausdruck bringen. Wenn wir uns erst einmal darüber bewußt werden, daß diese Planeten Anteile von uns selbst darstellen, wenn wir einmal gelernt haben, sowohl unsere männlichen als auch die weiblichen Seiten in uns selbst ins Gleichgewicht zu bringen und beide auszudrücken, wirken wir als ganzheitliches Wesen, ohne gesellschaftlich auferlegte Blockierungen. Das ist keine leichte Aufgabe, aber wie immer ist sich dessen bewußt zu werden der erste Schritt.

Nach alledem ist es nun Zeit, das Horoskop auf weniger geschlechtsspezifische Weise zu analysieren. Ungeachtet des Geschlechts gibt es in jedem Horoskop Planeten und Punkte, die etwas über die Zukunft aussagen, andere, die etwas über die Vergangenheit enthüllen, und wieder andere, die zeigen, worin unsere persönlichen Blockierungen bestehen könnten und wo sie liegen. Zunächst werden wir uns ansehen, welche Hinweise auf die Zukunft und auf die Vergangenheit uns bestimmte Paare von Planeten und Punkten geben können.

Hinweise auf die Vergangenheit und die Zukunft – was wir mitgebracht haben und wonach wir suchen

Wenn es um die Zukunft und die Vergangenheit geht, stimmen die meisten Astrologinnen und Astrologen darin überein, daß bestimmte Planeten und Punkte Hinweise darauf geben, woher Sie kommen – was Sie diesmal mitgebracht haben – und wohin Sie gehen – was Sie also hier lernen wollen. Diese Punkte wirken wie eine Art Verkehrsschild, indem sie Lebenserfahrungen anzeigen, die uns bereits vertraut sind, Erfahrungen, die uns völlig neu sind, Eigenschaften, die wir noch nicht gut genug kennen, um uns absolut sicher zu sein, wie wir sie zum Ausdruck bringen sollen, und Charakterzüge, die wir mehr oder weniger automatisch an den Tag legen. Punkte, die Hinweise auf die Vergangenheit geben, zeigen uns, wo wir, ausgehend von dem, was wir bereits wissen, handeln. Punkte, die mit der Zukunft zusammenhängen, zeigen, wo es bei uns Bereiche gibt, in denen wir noch unerfahren sind, wo wir sozusagen erst noch laufen lernen müssen.

Sonne und Mondin

Über dieses Paar ist uns schon einiges bekannt. Die Mondin ist natürlich eine Dame, deren Zustand in unserem Horoskop – wenn auch subtil – einen enormen Einfluß auf unser Leben hat. Sie ist unsere Unterströmung, unser emotionales Skript, die Bequemlichkeitszone, die wir immer und immer wieder neu zu erschaffen versuchen, sowohl durch die Beziehungen, in denen wir Sicherheit finden, als auch durch das Heim, das behagliche Nest, das wir uns bauen. Der Mond symbolisiert vertrautes Territorium und vertraute Gefühle – wie wenn man zum Klassentreffen nach Hause zurückkehrt. Unser Lebenswerk sollte auch Elemente der Mondin enthalten, damit wir uns wohl und sicher fühlen und zufrieden sein können in dem Wissen, daß das, was wir werden, genau das ist, was wir innerlich bereits sind.

Die Sonne ist natürlich archetypisch gesehen der Gegenspieler der Mondin, der Held auf der Suche nach dem Abenteuer, der nicht weiß, wohin der Weg ihn führt, ihm aber trotzdem folgt, weil er einfach muß. Die Sonne in unserem Horoskop zeigt uns die Eigenschaften, die wir diesmal in uns entwickeln wollen, die Spezialisierung, die wir auf dem kosmischen College anstreben. Die Sonne ist jener Teil in uns, der auf die Zukunft ausgerichtet ist, weil er versteht, daß jeder Mensch aus einem ganz bestimmten Grund hier ist. Es ist auch eine Suche, die nie aufhört. Die Sonne ist jener Anteil in uns, nach dem wir ständig suchen, derjenige Aspekt unserer Persönlichkeit, den wir nie vollständig verwirklichen – denn wenn wir das täten, gäbe es keinen Grund mehr weiterzumachen. Einmal mehr ist unser Lebenswerk an die Sonne gekoppelt, mehr als an jeden anderen Horoskopfaktor. Womit wir unseren Tag verbringen, muß uns unbedingt in die Lage versetzen, immer wieder die Lektionen der Sonne zu lernen, das erforderliche Feedback von anderen zu bekommen, damit wir uns selbst in unseren Schöpfungen erkennen können.

Der nördliche und südliche Mondknoten

Hier ist ein besonders interessantes Paar: die Mondknoten. Die Mondknoten »existieren« nicht wirklich. Sie bezeichnen einfach die Schnittpunkte zwischen der scheinbaren Bahn der Sonne um die Erde und der Bahn des Mondes. Die beiden Punkte, wo sich beide Bahnen schneiden, sind insoweit bedeutsam, als sie zeigen, wo Sie die Energien der beiden Lichter, von Sonne und Mond, miteinander verbinden werden. Weil die Sonne unser Streben nach der Zukunft symbolisiert und der Mond die Erinnerung an die Vergangenheit, enthält diese Achse sowohl Schicksal als auch Bestimmung – was wir sind und was wir sein müssen. Der südliche Mondknoten weist auf die Vergangenheit, der nördliche Mondknoten auf die Zukunft.

In der indischen Astrologie werden die Mondknoten als äußerst wichtig angesehen, denn dort gelten sie als die wichtigsten Indikatoren für die Absicht der Seele. James Braha bezeichnet sie in seinem Buch *How to Be A Great Astrologer* als »wunderbares Leitsystem, das Hinweise darauf gibt, welche Aktivitätsbereiche anzustreben (nördlicher Mondknoten) sind und worin sich solche Interessen begründen (südlicher Mondknoten)«.

Worauf die Mondknoten in beruflicher Hinsicht hinzudeuten scheinen, ist kurz gesagt folgendes: Wenn der südliche Mondknoten tatsächlich ein Ort ist, wo wir – wie es der in Seattle wohnende Astrologe Antero Alli nennt – »Meister« sind, dann sind jene Eigenschaften uns vertraut, und es fällt uns leicht, sie anzuwenden. Wenn es uns leichtfällt, sind sie uns leicht zugänglich – so wie wir ganz bequem und beinahe automatisch das Radio oder die Scheibenwischer in einem Auto einschalten, das wir schon lange fahren. Obwohl viele Astrologinnen und Astrologen der Meinung sind, daß es letztlich ungesund ist, mit dem Südknoten zusammenhängenden Eigenschaften anzuhängen, oder meinen, das würde uns möglicherweise zurück in die Vergangenheit ziehen, scheint die Erfahrung das Gegenteil zu beweisen, besonders im Fall des südlichen Mondknotens. Was vertraut ist, ist quasi ein Aktivposten – also sind jene Eigenschaften, die wir gut genug kennen, um sie als etwas Vertrautes anzusehen, echte Vorteile auf unserem Lebenspfad. Sie sind Teile unserer Persönlichkeit, die so tief in uns verwurzelt sind, daß wir uns bequem auf ihre permanente Verfügbarkeit verlassen können.

Andererseits sind uns die durch den nördlichen Mondknoten symbolisierten Eigenschaften unbekannt oder irgendwie fremd. Sie zeigen uns, wo unsere wahren Herausforderungen liegen, neue Fähigkeiten, die wir erwerben und entwickeln müssen. Die Stellung des Nordknotens ist so etwas wie eine Immatrikulation an der Universität. Das Zeichen, in dem der nördliche Mondknoten steht, beschreibt die Eigenschaften, die zu kultivieren wir hier sind, und das Haus beschreibt, in welchem Lebensbereich uns diese Lektion erwartet. Wenn der nördliche Mondknoten beispielsweise im sechsten Haus steht, geschieht es durch die Herausforderungen, mit denen wir im Alltag konfrontiert werden, während wir unsere Pflicht am Arbeitsplatz erfüllen, und wir erhalten dort das nötige Training für unsere weitere Entwicklung. Weil es schwer ist, mit dem Nordknoten zusammenhängende Tätigkeiten gut auszuführen, zumindest am Anfang, bekommen wir auch genau hier nicht nur anerkennendes Schulterklopfen, wenn wir erfolgreich sind, sondern wir empfinden auch tiefe Befriedigung, und wir sind stolz auf unsere neuen Fertigkeiten. Der Nordknoten weist aufwärts hin auf das, was wir sein sollten, weg von dem, was wir bereits sind.

Die Knoten gehören jedoch zusammen, sie sind ein Paar von Gegensätzen, das einander ausgleicht; keiner kann ohne den anderen auskommen. Die Idee hinter der erfolgreichen Integration der Mondknoten in unser Streben ist es, die absolut höchste Ausdrucksebene von Haus und Zeichen des südlichen Mondknotens zu nehmen und sie in Balance mit der höchsten Ausdrucksebene des nördlichen Mondknotens zu bringen. Anders ausgedrückt: Das, was wir bereits sind, als Sprungbrett und als Unterstützung zu nehmen, um zu werden, was wir sein sollten.

Mehr über Zeichen im allgemeinen

Ob Sie die Zeichen analysieren, weil Sie sich fragen, was Ihre Sonne und Ihr Mond wirklich bedeuten, oder ob Sie herausfinden möchten, was die Zeichen der Mondknoten Ihnen anzeigen – es hilft, sich immer wieder klarzumachen, was ein Zeichen ist. Hier also nochmal eine Wiederholung: Planeten oder Punkte sind die Dinge, die wir tun. Zeichen sind Verhaltensweisen, Geschmäcker, Filter oder Kostüme, die Planeten oder Punkte tragen und die beschreiben, wie wir diese Art von Verhalten umsetzen. Das Zeichen, das ein Planet oder ein Punkt wie der nördliche oder südliche Mondknoten quasi als Kostüm trägt, ist eine Beschreibung dessen, wie wir die Dinge tun, die wir tun. Dabei gibt es für jedes Zeichen eine ganze Reihe von Ausdrucksmöglichkeiten.

Waage beispielsweise ist ein Zeichen, das traditionell mit dem Konzept von Ausgleich in Zusammenhang gebracht wird, und das stimmt auch – aber es bedeutet, daß Waage danach strebt, diese Balance zu erreichen. Folglich sehen sich Waage-Planeten häufig vor die Aufgabe gestellt zu lernen, wie man das Gleichgewicht wiederherstellt. Es gibt natürlich viele Möglichkeiten, die Balance wiederherzustellen in Situationen, in denen ebendiese Balance gestört ist. Es gibt die Schnell-Reparatur-Situation, in der ein Waage-Planet es sich selbst leicht macht, indem er die Dinge ruhig hält und einfach das sagt, was einer von zwei Kontrahenten hören will. Hier stützt sich momentane Balance ziemlich unsicher darauf, ob der andere sich noch damit zufrieden gibt, wenn die gegnerische Seite ein bißchen deutlicher wird. Die langfristigere Lösung und die etwas mehr Arbeit erfordernde Seite von Waage besteht darin, die Wahrheit zu erkennen und sie beiden Seiten zu sagen, um eindeutig die Fakten zu klären und auf das Gute in beiden hinzuweisen.

Um dies etwas mehr aus weiblichem Blickwinkel zu betrachten, würde ich an dieser Stelle gerne erwähnen, daß die Hälfte der Zeichen männlich und die andere Hälfte weiblich ist, so daß es auch hier wieder bestimmte zeichentypische Verhaltensweisen gibt, die wir als Frauen zu entwickeln von klein auf angehalten werden. Beispielsweise sind die Feuer- und Luftzeichen männlich, und die Wasser- und Erdzeichen sind weiblich. Sie werden Punkte und Planeten in Ihrem Horoskop finden, die Eigenschaften beider Geschlechter tragen, aber es lohnt sich, noch einen weiteren Blick in die Vergangenheit zu werfen, um erkennen zu können, ob es im Zusammenhang mit den einem Zeichen eigenen Ausdrucksmöglichkeiten etwas gibt, das Sie aufgrund Ihrer Erziehung zurückzuhalten gezwungen waren. Sollte dies der Fall sein, dann denken Sie daran, daß die Verfeinerung Ihres Ausdrucks eines bestimmten Zeichens nur eine weitere Möglichkeit ist, die Energie des Planeten oder des Zeichens, das er trägt, zu verfeinern, und ein weiterer Schritt in Richtung auf die Perfektionierung der Energien, die wir benötigen, um zu werden, was wir werden müssen.

Mehr über Zukunftspunkte, via zehntes Haus oder MC – Wo Ihr Agent oder Ihre Agentin lebt

Wir haben gesehen, wie sich Zeichen von Planeten unterscheiden – es waren die astrologischen Zutaten Nummer 1 und Nummer 2. Um weiter nach unserer Lebensaufgabe Ausschau zu halten, müssen wir noch eine weitere Zutat untersuchen: die Häuser. Häuser sind keine Energiequellen wie Planeten, und sie stellen auch keine Verhaltensweisen dar wie die Zeichen. Sie zeigen Lebensbereiche an, bestimmte Umstände, mit denen wir klarkommen müssen, Umstände, um mit denen klarzukommen wir verschiedene Seiten von uns selbst agieren lassen müssen. Beispielsweise unterscheidet sich der Persönlichkeitsanteil, den wir am Arbeitsplatz zeigen, ziemlich stark von der Seite, die wir an den Tag legen, wenn wir bei unseren Müttern sind, und jene Seite unterscheidet sich wiederum recht stark von der, die unsere Freunde und unsere Liebsten zu sehen bekommen.

Im Horoskop gibt es ein Haus, das speziell Beruf und Karriere zugeordnet wird, ein Bereich, den wir uns näher ansehen sollten, wenn wir beschreiben wollen, welche Art von Lebensweg am besten zu uns passen würde – und das ist der Bereich ganz oben, direkt dort, den ich für mich gern als das »Dach« des Horoskops betrachte – das MC (Himmelsmitte) oder das zehnte Haus. Genau hier, im sichtbarsten aller Häuser, wohnt jene Seite von uns, die darüber entscheidet, wie wir mit dem Thema Autorität umgehen, und zwar sowohl wenn wir es mit einer Autoritätsfigur zu tun haben als auch, wenn wir selbst die Autoritätsfigur sind. Natürlich werden wir durch die Spezialisierung auf ein bestimmtes Thema als Autorität anerkannt, und genau dadurch machen wir auch Karriere. Folglich basiert die Art von Verhalten, die wir an den Tag legen, auf dem Zeichen an der »Tür« des Hauses, der sogenannten Spitze des Hauses. Dieses Zeichen gibt uns gleichzeitig einen sehr wichtigen Hinweis auf das Thema, mit dem wir uns beschäftigen und das wir verfolgen sollten. Falls die Spitze des zehnten Hauses beispielsweise in das auf Freiheit ausgerichtete Zeichen Schütze fällt, bedeutet es, daß wir als Philosophin zu einer Autoritätsfigur werden und als solche anerkannt werden möchten. Um Philosophin zu werden, müssen wir also eine Karriere im Zusammenhang mit diesem Thema aufbauen. Wir werden uns also daranmachen, eine Mischung aus unterschiedlichen Lebenserfahrungen anzusammeln – weil nur die Erfahrung uns weise werden läßt, indem sie uns zeigt, was wirklich wichtig ist im großen Ganzen.

Es gibt noch eine andere mögliche Sichtweise: Ich stelle mir gerne vor, daß das Zeichen an der Spitze des zehnten Hauses die Persönlichkeit unserer Agentin oder unseres Agenten beschreibt, jene Seite in uns, die oben im Penthouse des Horoskops lebt, jemand, der ständig Telefongespräche entgegennimmt, persönliche Termine vereinbart und Entscheidungen trifft, was wir als nächstes tun sollten, um unsere Karriere voranzubringen und unsere beruflichen Ziele zu erreichen. Wenn wir uns diese Verhaltensweise aneignen, ist das eine gute Möglichkeit, unsere eigene »Agentin«, unser eigener »Agent« zu werden.

Und last but not least, Saturn ...

Jede Diskussion über Beruf und Karriere wäre natürlich unvollkommen, würden wir nicht auch über Saturn sprechen, denn dies ist der Planet, der für die Abteilung Karriere zuständig ist. Saturn als natürlicher Herrscher des zehnten Hauses regiert schließlich das MC – das zehnte Haus ist gewissermaßen sein Büro.

Saturn symbolisiert die Eigenschaften, die wir entwickeln müssen, wenn wir in irgendeiner Hinsicht erfolgreich sein wollen – und ganz besonders, wenn wir beruflich erfolgreich sein wollen. Erinnern Sie sich: Das ist der Planet mit den Ringen, der uns zurückhält, bis es die rechte Zeit ist, der Planet, der die Regeln aufstellt und Strukturen und Verordnungen, der uns sogar ein bißchen zu sehr einschränken kann, wenn wir nicht aufpassen. Saturn ist der kritische Elternteil in uns, der Planet in unserem Horoskop, der zeigt, wie wir uns selbst disziplinieren, die Art, wie wir einfach nein sagen zu allem, was uns von unserem höchsten Ziel ablenkt – unserem Lebenswerk. Saturns Position zeigt, wofür wir Verantwortung übernehmen wollen – weshalb wir hergekommen sind. Das Haus, in dem er steht, zeigt, nach welchen Lebensumständen wir Ausschau halten können, um dort Erfahrungen zu machen, die uns auf unserem Weg fördern werden; und das Zeichen, in dem Saturn steht, zeigt, mit welcher Art von Disziplin und Training wir am besten vorwärtskommen. Kurz gesagt: Saturn zeigt, wo wir fähig sind, lange genug stillzusitzen, um etwas zu lernen, und es so gut zu lernen, daß wir es wirklich beherrschen.

Das wahre Ziel

Als Frauen müssen wir uns der neuen Verantwortung bewußt sein, die uns das Leben in diesen Zeiten auferlegt – und auch der neuen Möglichkeiten für unser persönliches Wachstum. Endlich können wir uns selbst verwirklichen und als Individuum in uns selbst vollständig sein, statt von jemand anderem zu erwarten, daß er für unsere Erfüllung zuständig ist. Weil wir dazu neigen, offener für die »intuitiven Künste« zu sein, ist es wichtig, daß wir aus dem, was es gibt, nur das Beste wählen, damit es uns auf unserem Weg zu unserem allerwichtigsten Ziel, der Selbstverwirklichung, leitet – und dazu gehört gewiß auch die Astrologie.

Dabei sollten wir im Gedächtnis behalten, daß das Horoskop uns – jede/n von uns in ihrer/seiner Ganzheit – darstellt. Dort läßt sich alles über uns finden – jede Begabung, jede Angst, jede Freude. Der Schlüssel zur erfolgreichen Nutzung der Astrologie liegt erstens darin, das gesamte Horoskop zu verstehen, und dann zweitens Aktivitäten zu finden, bei denen wir möglichst viel von unserem Potential nutzen können. Sie werden es merken, wenn Sie eine solche Aktivität gefunden haben – ob es Ölmalerei ist, Tanzen, Astrologie oder die Analyse der Börsenkurse. Sie werden es wissen, weil es einen Funken des Wiedererkennens geben wird, wenn Sie Ihr ganz persönliches »Ding« finden. Sie werden direkt darauf zugehen, danach greifen und sagen: »Ah, ja ... das gehört zu mir!« Sich für einen Lebensweg zu entscheiden bedeutet, eine bestimmte Laufbahn einzuschlagen und sich darauf zu verpflichten. Eine Karriere aufzubauen bedeutet, schrecklich viel Zeit damit zu verbringen, während Sie lernen, wie man in etwas Expertin wird. Wenn Sie kurz davorstehen, all die kostbaren Stunden Ihres Lebens damit zu verbringen, etwas »zu tun«, dann sorgen Sie dafür, daß es etwas ist, das Sie lieben. Keine Sorge – Sie werden es erkennen, wenn Sie es finden.

Roxana Muise
Die Heilige Schwesternschaft

Patin, du hast mir soviel über das Leben beigebracht und über die heiligen Beziehungen zwischen Frauen! Durch deine Freundschaft und sanfte Führung lernte ich etwas über meine Einzigartigkeit, meine besonderen Talente, Gaben und Potentiale. In meinem Studium der Astrologie lernte ich, daß ich, indem ich mich durch das Zeichen, in dem meine Sonne steht, zum Ausdruck bringe, ein einzigartiges Individuum bin und gleichzeitig Mitglied einer Gruppe von Wesen, deren Sonne ebenfalls im Zeichen Waage steht. Diese einzigartige Dualität – symbolisiert von meiner Sonne – enthüllt, daß ich viel mehr bin, als sichtbar ist. Viele Astrologinnen und Astrologen sagen, daß Waage-Geborene sich mit anderen Menschen verbinden müssen. Ich habe entdeckt, daß allen Sonnenzeichen diese Qualität von Dualität gemeinsam ist, die sie dazu einlädt, mehr als nur eines der charakteristischen Wesensmerkmale ihres Sonnenzeichens zu manifestieren. Und das ist nur die Sonne! Das Miteinander-Verbundensein der anderen, nicht weniger wichtigen Komponenten meines Horoskops symbolisiert meine einzigartige Komplexität. Jene Kombinationen ermöglichen es mir, mich auf meine ganz eigene Weise zu entwickeln.

Du hast mich gelehrt, daß diese Komponenten viele archetypische Saatkörner in mir darstellen – daß ich eher wie eine der mythischen Keramikfiguren von Kurlon Neskos des Meisters von Takwin Hill aus der dritten Dynastie bin [1].

Dieses Artefakt sollte sie symbolisch an ihre Philosophie des Seins erinnern: Es bestand aus einer großen Puppe, die sich öffnete und in sich viele kleinere Puppen beherbergte – von denen jede auf ganz besondere Weise mit den anderen verbunden war. Die Kurlon glaubten, daß jede Person eine Gemeinschaft aus Einzelpersonen ist, jede mit ihrem ganz eigenen Stil, ihren eigenen Wünschen und ihrer eigenen Weltsicht. Wenn man eine untersucht, werden die Verbindungen zu den anderen zugänglich, und diese lösen wiederum die Saaten neuer Kombinationen von potentiellem Wachstum und Entwicklung aus.

Ich sah, daß diese inneren Anteile von mir selbst Entsprechungen und Verbindungen mit den inneren Anteilen anderer menschlicher Wesen haben. Unsere menschliche Natur drängt uns dazu, Beziehungen mit anderen Menschen einzugehen, um einander bei der Evolution unserer wichtigen Lebensprozesse zu unterstützen.

Mythen und die menschliche Natur

Die menschliche Natur definiert sich durch Beziehungen, durch Relationen. *Relation* kommt aus dem Lateinischen, von *re-latum* und bedeutet: *die Geschichte von ... erzählen.*

Du und ich haben oft über Beziehungen in früheren Zeiten gesprochen, so wie sie in Geschichten beschrieben wurden, die wir als Mythen kennen. Die Charaktere in diesen Mythen beschrieben bestimmte Mächte und Fähigkeiten. Viele trugen die Namen von Göttern und Göttinnen, und die Mythen, die sie lebten, waren schöne, aufregende und furchterregende Geschichten all jener Möglichkeiten, die in den Köpfen der Menschen enthalten sind. C. G. Jung zufolge leben diese Möglichkeiten im kollektiven Unbewußten, und die Götter und Göttinnen sind Archetypen. Jung glaubte, daß jeder einzelne Archetyp einen funktionellen Prototypen oder ein instinktives Verhaltensmuster in allen Menschen darstellt. Er verglich jeden Archetypen mit einem Kristall, der mit einer bestimmten Frequenz schwingt. Menschen mit denselben Frequenzen können gemeinsam die Mythen in ihrem Leben darstellen, wobei jede Person die Rolle eines oder mehrerer Archetypen übernimmt. Häufig leben berühmte Menschen oder Charaktere in Kinofilmen oder in den Nachrichten für uns alle wahrnehmbar einen bestimmten Mythos aus. Wir erfahren diese besonderen Frequenzen auf indirekte Weise und lernen die Lektionen, ohne dabei unsere eigenen primären Mythen zu unterbrechen. Mythen sind wie Spiele, die unsere Seelen spielen – wo Zeit und Raum und Realität und Traum sich alle in derselben Arena befinden und nicht als voneinander getrennt gesehen werden.

Wenn die Menschen sich einer archetypischen Rolle gewahr sind, die sie gerade spielen, können sie die Beziehung bewußt nutzen, um die daraus gewonnenen Erkenntnisse dem in ihrer Seele aufbewahrten Wissens- und Erfahrungsschatz hinzuzufügen. Viele sind sich nicht bewußt, welche Rollen sie verkörpern, und lassen sich daher in die Geschichte verwickeln, als ob es nicht mehr in ihrem Leben gäbe.

Liebe Mentorin, du hast mich an das Werk von James Carse herangeführt, der schreibt:

»Es gibt mindestens zwei Arten von Spielen. Die einen könnte man endliche, die anderen unendliche nennen. Ein endliches Spiel spielt man, um zu gewinnen, ein unendliches, um weiterzuspielen.«[2]

Ein endliches Spiel folgt einem Skript, das sich auf eine ganz spezielle, unvermeidliche Schlußfolgerung zubewegt. In einem endlichen Spiel gibt es immer einen Gewinner und einen Verlierer, und die Seelen sind beladen mit den Resten von Problemen, die ungelöst zurückgelassen wurden.

In einem unendlichen Spiel sind die Spieler spontan und bewußt und »beziehen sich als freie Personen aufeinander ...«[3] Sie vermögen ihr gesamtes inneres Potential und all ihre kreativen Fähigkeiten einzusetzen, um einen positiven, liebevollen Ausgang herbeizuführen. Mythen sind dazu bestimmt, unendliche Spiele zu sein; sie überleben Generation um Generation und werden von vielen Menschen wiederholt, weil sie als lebendige, dynamische Muster den Zustand der Menschen widerspiegeln. Wenn wir unsere Mythen bewußt leben, indem wir die Frequenzen der Archetypen erkennen, können wir neues Bewußtsein schaffen und allen Ebenen unseres Lebens neue Bedeutungen hinzufügen.

Mythen müssen nicht Wort für Wort befolgt werden oder Tat für Tat. Ihr Wert liegt in der Resonanz der beteiligten Archetypen. Alle Mythen haben die Prinzipien von Prozeß und Spannung zum Gegenstand.

Die Einzelheiten jeder individuellen Lebensgeschichte werden in für das Individuum und die Kultur passendem Maß geschaffen. Die Archetypen können sogar in einer völlig anderen Geschichte verwendet werden, aber die Geschichte selbst muß einen Anfang oder eine Motivation haben; eine Suche, ein Streben oder einen Prozeß, der zu einem Ziel oder zu einer Entscheidung und schließlich zu einem Ende führt. Das Geschlecht des Archetypen ist nicht besonders wichtig. Die Verhaltensmuster sind Spielern und Spielerinnen gleichermaßen zugänglich und werden von jedem und jeder mit größtmöglichem Ausdruck dargestellt. Der wahre Wert, einen Mythos zu leben, liegt darin, sich mit dem dahinterstehenden Konzept zu identifizieren und bewußt auf eine natürliche und ausgewogene Lösung der archetypischen Herausforderung hinzuarbeiten.

Frühe Ursprünge von Mythen

Während die ersten Menschen die Natur beobachteten, schufen sie Mythen, um das Verhalten einer Welt zu erklären, über die sie keine Kontrolle hatten. Sie sahen die Ähnlichkeit zwischen der Macht des Feuers und der Blitze und der Sonne. Sie beobachteten den Regen und erkannten, wie er die Erde nährte und Pflanzen zum Wachsen brachte. Sie fühlten den Wind und wunderten sich über die jahreszeitlichen Veränderungen. Sie versuchten, sich der Ordnung der natürlichen Zyklen anzupassen, sich den Geheimnissen der Götter und Göttinnen der Natur hinzugeben, um dafür Überleben und Sicherheit zu bekommen.

Zuerst begleiteten die Frauen die Männer bei der Jagd nach Nahrung, aber die Frauen erkannten schnell, daß Zustände, die mit ihrer einzigartigen Fähigkeit, Kinder zu gebären, zusammenhingen, sie äußerst verwundbar machten, und so nahmen die ersten intra-geschlechtlichen Beziehungen ihren Anfang. Innere Verbindungen zu den geheiligten und sich unaufhörlich wiederholenden Zyklen des Mondes unterstützten ihre speziellen Bande auf natürliche Weise, und sie erkannten, daß sie Bedürfnisse hatten, die sich von denen ihrer Männer unterschieden.

Bald begannen Frauen einige ihrer zusätzlichen Gaben zu entdecken und zu entwickeln – Gaben, die dem gesamten Stamm zugute kamen und ihm halfen. Sie riefen neue Göttinnen an, damit diese sie dabei unterstützten, diese Begabungen in einander Beistand leistenden Clan- und Familiengruppen zu entwickeln. So begann die Idee der Heiligen Schwesternschaft Form anzunehmen.

Die erste Gottheit, auf die sich Frauen vollständig beziehen konnten, war die Mondin. Die dreieinige Natur ihres Zyklus war am leichtesten zu verfolgen: Im ersten Drittel ihres Zyklus wurde sie mit dem jungfräulichen Mädchen in Zusammenhang gebracht, mit Liebe und Sexualität und mit den Frauenmysterien. (Später erschien sie in den römischen Mythen als Göttin Mens, Hüterin der Menstruation, was den »richtigen Moment« meint.)

Im zweiten Drittel, während die Mondin zunahm und noch über die Vollmondphase hinaus, symbolisierte sie die Schwangerschaft, die Geburt und die Bindung zwischen Mutter und Kind – das Nähren durch die Brust, das über Leben und Tod entscheiden konnte. Die wilde, furchtlose Beschützerin der Babys vor den Männern der Frühzeit, die zwar ebenfalls die Natur beobachteten, aber die kleinen hilflosen Tiere in erster Linie als Nahrung ansahen, wurde zu einem Sinnbild der Mutterschaft.

Nach der vollen Phase, wenn die Mondin wieder an Größe abnahm, verkörperte sie den machtvollen Archetyp der weisen Alten, der Hüterin von Wissen, Heilung, Zeremonial- und nächtlicher Magie, von Reichtum und Todeszyklus. Eine Frau aus dem Stamm lernte schneller oder lebte länger als die anderen. Sie entwickelte sich zur weisen Frau ihres Stammes, die nicht nur den Willen der Göttinnen und Götter kannte, sondern in sich selbst zur Göttin wurde, wenn sie um Hilfe gebeten wurde. Die Notwendigkeit ihres Eingreifens wurde zum Mythos des Mystizismus und sie selbst zum natürlichen Verbindungsglied zwischen den Gottheiten und den Angehörigen ihres Stammes. Wenn ihre physische Präsenz die irdische Ebene verließ, wurde ihr Wissen an eine andere Schwester weitergegeben, die, während sie aufwuchs, darauf vorbereitet worden war, ihre Nachfolge anzutreten. Die alte weise Frau nahm dann ihren Platz auf den unsichtbaren Ebenen der Natur ein und blieb weiterhin eine starke Kraft im Leben der Menschen. Sie hatte den Kreislauf vollendet: zuerst das Physische in das spirituelle Ganze integriert, dann das Kreuz der Materie mit dem Kreis des Geistes umgeben. Ihr Lebensgeist und alle Schwestern, die ihr folgten, würden dem Stamm für alle Zeiten dienen.

All diese und noch mehr Gesichter der Göttin wurden im Laufe der Zeit entwickelt. Die Bindungen zwischen Frauen aller Altersgruppen durch alle Zeiten hindurch und auf allen Ebenen der Existenz wurden zu den Bindungen der Heiligen Schwesternschaft.

Patin, ich habe erst kürzlich eine Geschichte über Frauen in einer der Stammeskulturen unserer Gegenwart gehört, deren Leben die lebendigen Mythen ihrer Ahnen widerspiegelt, indem sie die Archetypen ehren, die stark in ihnen wirken.

Die Frauen des Huaroani-Stammes, tief im ecuadorianischen Dschungel, glauben, daß Pflanzen Seelen haben. Sie glauben, daß es in der Verantwortung der Frauen liegt und ihnen eine Ehre ist, sie auf dem heiligen Land, wo Nahrungsmittel angebaut werden, zu kultivieren und zu ernten. Den Männern obliegt es, den Stamm zu beschützen und Tiere zu jagen, um sie zu essen, aber es ist ihnen nicht gestattet, dieses heilige Land zu betreten. Die Frauen des Stammes sind wie Schwestern zueinander. Sie arbeiten gemeinsam und regeln all jene Aspekte des gemeinsamen Stammeslebens, die mit Hege und Pflege zusammenhängen, wozu auch die Zubereitung der Nahrungsmittel und die Pflege der Kranken zählt, sowie die Versorgung und Erziehung der Kinder, bis sie in die Pubertät kommen. Die Jungen schließen sich dann den Männern des Stammes an, wozu sie mit Hilfe von Übergangsriten die Domäne der Frauen verlassen. Aber die Mädchen werden in die heiligen Rituale der Frauen und der Schwesternschaft des Stammes initiiert und lernen, diese Rituale auszuführen. Geheimgehaltene Geschichten, die von Generation zu Generation überliefert wurden, werden nun mündlich an sie weitergegeben, damit sie sie für die nachfolgenden Generationen aufbewahren und schließlich auch an diese tradieren können.[4]

Männer und Frauen – und die Unterschiede zwischen ihnen

Ich erkannte, daß die Unterschiede zwischen den Geschlechtern wertvoll und wichtig sind, im Hinblick darauf, wie sie sich ihre Prozesse vorstellen und leben. Ich wies dich darauf hin, daß die unterschiedliche und manchmal fremdartige Form des Daseins und Werdens von Männern und Frauen darauf schließen ließ, daß beide völlig unterschiedlichen Arten angehören. Du beeiltest dich, mich zu belehren, daß der Große Geist des Lebens all jene Unterschiede mit Weisheit und Mitgefühl geschaffen hatte; und daß wir auf jeder Reise, die wir auf Gaia, unserer Mutter Erde, unternehmen, von jeder Gruppe lernen können.

Unsere Wissenschaftler definieren eine Spezies als eine Gruppe von Einzelwesen, die unter einem gemeinsamen Namen zusammengefaßt und klassifiziert wird; eine einzigartige, unverwechselbare Tierart ... mit bestimmten gemeinsamen charakteristischen Merkmalen. Dies ist einfach eine Kategorie biologischer Klassifikation. Eine Untereinteilung von Spezies ist »Geschlecht«, und unsere Wissenschaft sowie auch einige unserer Religionen legen fest, daß der wichtigste Zweck der menschlichen Beziehungen zwischen den Geschlechtern darin besteht, die Art zu erhalten.

In den meisten Studien über die Unterschiede zwischen den Geschlechtern wurden ursprünglich Unterschiede angesprochen, die in den psychologischen Prozessen und dem emotionalen Verhalten bestehen, aber inzwischen haben Wissenschaftler herausgefunden, daß zwischen den Geschlechtern tatsächlich Unterschiede bezüglich der Größe des Gehirns sowie der Dichte der Neuronen und Zellen bestehen, und sie sind nun dabei, verschiedene Bereiche in den Gehirnen von Männern und Frauen zu lokalisieren, die für logisches Denken, verbale Reaktionen, sprachliche Begabung, Sprechen, Erkennen von Melodien und allgemeines phonetisches Verständnis zuständig sind.[5] Nachdem sie ihre Erkenntnisse zueinander in Beziehung gesetzt haben, finden sie nun heraus, daß kein Geschlecht dem anderen generell überlegen ist, sondern daß sich Prozesse und Reaktionen bei Männern und Frauen in beinahe jedem Lebensbereich merklich voneinander unterscheiden. Vielleicht sind wir wirklich so etwas wie zwei verschiedene, aber einander ergänzende »Spezies«.

Bei der Geburt beginnen alle Menschen in einem mehr oder weniger androgynen Zustand. Der Schwerpunkt liegt auf dem Gestilltwerden, der Erfüllung der körperlichen Bedürfnisse und dem Schlafen. Im Laufe der Zeit wachsen die Bedürfnisse: Babys suchen unerbittlich nach Input und Interaktion, und sie sind ausgezeichnete Imitatoren. Sie sind auf alles neugierig, aber sich ihrer selbst noch nicht bewußt.

Während ein Kind heranwächst und sich mit Familienangehörigen austauscht und mit Gleichaltrigen spielt, beginnt der Tanz der Beziehungen das grundlegende Wesen jedes Kindes herauszukristallisieren. Jedes Kind lernt, was ihm auf natürliche Weise am besten entspricht: führen, verbinden oder folgen; anordnen, verhandeln oder unterstützen; Yin, Yang oder beides abwechselnd. Wenn ein Kind in die Pubertät kommt, treten die grundlegenden Muster des eigenen körperlichen Geschlechts deutlicher hervor. Kulturelle Erwartungen und Anforderungen und die starke »Überzeugungskraft« der körpereigenen Chemie verlangen vom Kind, den eigenen Weg fortzusetzen. Den Umständen des Lebensweges angemessen wählt seine oder ihre Seele mythische Archetypen aus, die den Wachstumsprozeß des Kindes unterstützen.

Manchmal findet ein Mensch einen Weg, der nicht den an ihn gestellten gesellschaftlichen Erwartungen entspricht. Das kann bedeuten, daß ein schwieriger Mythos gelebt werden muß, wie Hermaphrodite, Sohn von Hermes und Aphrodite, erfahren mußte. Die Wassernymphe Salmacis verliebte sich unsterblich in ihn, als er in ihrer Quelle badete. Als er sie abwies, bat sie die Götter, sie in einem Körper zu vereinigen, damit sie immer bei ihm sein konnte. Die Götter erhörten ihr Gebet, und sie wurden in einem Körper vereinigt, der weder vollkommen männlich noch vollkommen weiblich war, sondern beides zugleich. Er betete, daß alle anderen Badenden in dieser Quelle ebenfalls zweigeschlechtlich werden sollten; und die Götter erhörten auch sein Gebet.

Meine geschätzte Lehrerin, ich weiß, daß sich viele Vorstellungen und viele Bedeutungsebenen in einem Mythos dieser Art finden lassen, wobei sich häufig mehr Fragen als Antworten ergeben.

Mythologische Ursprünge

In allen Kulturen gibt es Mythen, die dieselben Archetypen enthalten, aber die meisten unserer westlichen Mythen kommen durch die Geschichten der Griechen und der Römer zu uns, die die Perspektiven und Verhaltensweisen der vorherrschend männlichen Philosophen widerspiegeln, die über die Orte des Lernens geboten und die Führung der Länder innehatten. Frauen hielten an der mündlichen Tradition des Geschichtenerzählens fest, während Männer anfingen, ihre Ideen schriftlich zu fixieren. Vielleicht ist dies der Grund dafür, daß unter den Schriften aus der Welt der Antike kaum Werke von Philosophinnen gefunden wurden.

Die männlichen Figuren in den griechischen und römischen Mythen waren vor allem Einzelgänger und Helden, die ein Bedürfnis nach einer Hierarchie oder einer vertikal strukturierten Gesellschaft demonstrieren. In meinem Studium der westlichen Mythen fand ich eine enorme Anzahl von Gruppen von Schwestern. Außer den Heliaden, den Töchtern der Sonne, gab es viele unterschiedliche Gruppen von Nymphen, die für verschiedene Bereiche der Natur verantwortlich waren: die Hyaden, die das Wetter vorhersagten und die Sterne und Planeten deuteten; die Ionaden, die für Gesundheit und Heilung durch Mineralquellen verantwortlich waren; die Nereiden für Salzwasser (Ozeane); die Najaden für Quellen und Bäche, Flüsse und Seen; die Oreaden für die Berge und Höhlen; die Dryaden für die Bäume. Die Hesperiden waren die Hüterinnen der goldenen Äpfel von Heras Hochzeit; die Furien waren Rachegöttinnen, die Gesetzesbrecher unerbittlich verfolgten; und die Grazien verkörperten Schönheit, Charisma und gesellschaftliche Umgangsformen. Dann gab es da noch die Horen, in deren Aufgabenbereich die Abfolge der Stunden und der Jahreszeiten, das Wetter, Gerechtigkeit und Frieden, Fürsorge und Zärtlichkeit fielen. An sie wandte man sich mit einer Anrufung, wenn man sich ein Kind wünschte.

Bekannter sind vielleicht die Titaniden, Töchter von Gaia und Uranus, von denen eine, Mnemosyne (zuständig für die Erinnerung), neun Nächte mit Zeus verbrachte und danach die neun Musen gebar. Jede Tochter übernahm die Verantwortung für einen bestimmten Bereich innerhalb von Kunst, Wissenschaften, Kreativität und Intelligenz. Nicht jede Gruppe von Schwestern war wohltätig. Es gibt die Gorgonen, unangenehme, häßliche, böse Wassergöttinnen, deren Anblick Männer in Stein verwandelte, und die Sirenen, halb Frauen, halb Vögel, die so süß sangen, daß Männer, die sie hörten, in den Tod gelockt wurden. Es gab zahllose Gruppen von Schwestern, die auf unterschiedliche Bereiche spezialisiert waren und die Bedürfnisse verschiedener Archetypen erfüllten.

In diesen Mythen taten sich Frauen in Ausrichtung auf ein

gemeinsames Ziel zusammen, und sie waren dadurch miteinander verbunden, daß sie ähnliche oder gegensätzliche Wesenszüge hatten, wobei sie eine Vorliebe für eine horizontal strukturierte Gesellschaft zeigten, die auch für die Heilige Schwesternschaft eine wichtige Rolle spielt. Keine Struktur ist der anderen überlegen, aber um das Kreuz der Materie zu vollenden, sind sowohl horizontale als auch vertikale Strukturen erforderlich.

Das Konzept der Heiligen Schwesternschaft

Das englische Wort *sacred* (heilig, geheiligt) stammt von dem lateinischen *sacer*; dieselbe Wurzel taucht in *sanus* (englisch *sane* = gesund, heil) und im griechischen *saos* (englisch *safe* = sicher) auf, es bedeutet auch »einer Gottheit geweiht« oder »zu einer Gottheit gehörend«; »ehrwürdig«, »geheiligt«; »dazu berechtigt sein, höchsten Respekt und Ehrerbietung entgegenzunehmen«. Schwesternschaft wird definiert als eine Gruppe von Frauen, die ein gemeinsames Interesse haben, dem gleichen Glauben anhängen etc.

Es wird immer gemischt-geschlechtliche Beziehungen geben, aber die Ganzheit in uns selbst zu entdecken, zu erforschen und zu entwickeln ist manchmal weniger verwirrend, wenn wir uns mit einem anderen Menschen verbinden, der uns physiologisch, linguistisch und emotional ähnlich ist. Wir empfinden dann mehr Freiheit und Sicherheit, uns mit ihnen über die archetypischen Prozesse sehr tiefgehend und außergewöhnlich klar auszutauschen.

Als meine Mentorin und Vertraute in diesem Leben hast du mich durch viele Beziehungen geführt. Einige waren ganz besondere Lektionen, die ich über die Beziehung zwischen Frau und Mann lernte, und jene Erfahrungen waren sehr beeindruckend, aufregend und erfüllend, aber da ich in diesem Leben in einem weiblichen Körper durchs Leben reise, möchte ich dir sagen, wie sehr ich deine Einsicht und Weisheit jetzt schätze, da ich Erfahrungen in einigen der speziellen Bindungen gemacht habe, die ich mit Frauen einging. An manche dieser Erfahrungen werde ich durch die Sichtweise und Empfindungen und Horoskope meiner Klientinnen erinnert und durch die Geschichten berühmter Frauen, die eine bekannte Saite in mir erklingen lassen. Manche durchlebe ich noch einmal durch meinen eigenen Geist, meinen eigenen Verstand und meine eigenen Sinne. Indem ich mich an jede einzelne Erfahrung erinnere, ist es, als sei die Zeit verschoben und als sähe ich jeden Moment zum ersten Mal.

Du gabst mir Ratschläge im Hinblick auf die vielen Unterschiede in der Art, wie Frauen sind, und du hast mich dazu angehalten, soviel wie möglich aus jeder Begegnung zu lernen und zu nutzen, jeden Grad von Initiation, jeden Punkt, von dem an es kein Zurück mehr gibt auf dem Weg zur Ganzheit in meiner Rolle als Frau. Jede Frau, die Licht in mein Leben brachte, trug dazu bei, daß ich genauer verstand, und machte mir damit ein kostbares Geschenk. Ich betrachte einige dieser Geschenke als gut und ganzheitlich, und andere als weniger willkommen, aber alle sind wertvoll und alle lehrten mich etwas über die Liebe. Sogar im Bereich der Liebe gibt es viele Beispiele dafür, wie vielseitig die Archetypen sind.

Formen der Liebe

Ich lernte, daß es grundsätzlich drei Arten von Liebe gibt. Die erste ist eine duale Liebe. Die ursprüngliche Liebe der Schöpfung gab unserer Welt Ordnung und Entwicklung und wurde später zu einer sinnlichen oder sexuellen Liebe, Beide werden im Mythos von Eros, dem Gott der Liebe, oder Cupido, wie er später genannt wurde, dargestellt. Seine besondere Fähigkeit lag darin, die Leidenschaft der Sterblichen und der Götter und Göttinnen zu erwecken oder zu beeinflussen. Diese Liebe unterstützt die Mythen, die wir leben, und stellt sicher, daß eine Fülle an Spielern und Spielerinnen für das unendliche Spiel des Lebens gezeugt und geboren werden.

Die zweite Form der Liebe ist die spirituelle Liebe – heilig, selbstlos und manchmal aufopferungsvoll. In der römischen Mythologie verkörpert Agathedaemon (was bedeutet »guten Geistes«) diese Form der Liebe. Sie war eine von vielen unsichtbaren schutzengelähnlichen Nymphen, die Sterbliche beschützte, wobei sie sie bedingungslos und vorurteilsfrei liebte. Das griechische Wort für Gottesliebe oder spirituelle Liebe ist Agape, was Güte bedeutet. Diese Form der Liebe wurde von den Göttern hoch geschätzt. Es gibt viele Mythen, in denen die altruistische Liebe der Selbstaufopferung dargestellt wird, wie beispielsweise der Mythos vom weisen und freundlichen Zentauren, der für viele junge Götter und Helden Arzt und Mentor war. Chiron, Sohn des Kronos und der Philyra, bot an, seine Unsterblichkeit aufzugeben und zu sterben. Im Austausch dafür wurde Prometheus von seinen ewigen Qualen erlöst, und Chiron wurde für sein Opfer ein Platz unter den Sternen am Himmel verliehen.

Philia stellt die dritte Form der Liebe dar. Sie ist die Göttin der Freundschaft, und ihr waren viele Tempel geweiht. Diese Art der Liebe ist loyal und stabil und sanft. Sie ist häufig Teil der in Beziehungen zwischen Schwestern vorhandenen Schwingung. Sie hat etwas damit zu tun, wie Dinge zusammenpassen, mit angenehmen, vertrauten Beziehungen, in denen Gleichgesinnte gemeinsame Ziele anstreben.

Viele Mythen enthalten alle drei Varianten der Liebe und sind schwer auseinanderzuhalten, aber Liebe ist in jedem Mythos immer ein Teil der Motivation, und sie ist das Bindemittel, das unsere Welt zusammenhält.

Die Energien in Beziehungen

Die beiden Kräfte – die *bindende* (bonding) Energie und die *verbindende* (binding) Energie – bilden die vitale Basis für Beziehungen. Die Stärke der *verbindenden* Energie wird dadurch bestimmt, indem man die Unterschiede in der Spannung und die Richtung des Schwungs der Energien von zwei oder mehr Wesen mißt. Wenn die dynamische Spannung genau richtig ist, ist auch das Potential für Wachstum optimal – zuviel Spannung, und die Beziehung bricht auseinander.

Die *bindende* Energie bemißt sich danach, wie viele komplementäre oder ähnliche Energien zwei oder mehr Wesen gemeinsam haben. Sind viele ähnliche Energien vorhanden, sind auch die bindenden Kräfte sehr stark.

Beide Formen der Energie sind für jede erfolgreiche Beziehung notwendig. Dynamische, also gespannte Aspekte zwischen geeigneten Horoskopfaktoren sind wichtig, um die gemeinsamen Leidenschaften und Ziele wachsen und sich entwickeln zu lassen, wodurch Aktion und Veränderung ermöglicht werden. Ein Beispiel: Konjunktionen fördern Intensität und Motivation; Quadrate machen es notwendig, daß man sich einem Problem stellt oder eine Grundlage aufbaut; Halb- und Anderthalbquadrate symbolisieren potentielle Leistung und Erfolg. Patin, du hast gesagt, daß es wichtig sei, daran zu denken, daß alle Archetypen (Götter und Göttinnen) zweifacher Natur sind. Wie ein Magnet haben sie positive und negative Potentiale. Einem Magneten ist das Prinzip der Opposition eingebaut, ein astrologischer Aspekt der Beziehung, der dazu beiträgt, Bedürfnisse zu erfüllen, ein Aspekt, der Motivation durch Wettbewerb erzeugt und das Geschenk anbietet, etwas aus einer anderen Perspektive zu sehen.

Aspekte von Gleichheit

Unsere menschlichen Beziehungen benötigen auch noch andere Aspekte, wie zum Beispiel Gleichheit, Behaglichkeit, Einigkeit und Zwanglosigkeit des Sich-Verbindens, damit die Beteiligten einander beim Lernen und Wachsen und beim Aufbau von Kraft und Schutz helfen und unterstützen können. Diese Eigenschaften können auch von den sogenannten weichen, den harmonischen Aspekten wie den Sextilen und Trigonen gefördert werden. Wir finden Gleichheit und Ähnlichkeit unter Angehörigen des gleichen Geschlechts. Das erlaubt uns, einander dabei zu helfen, unsere gemeinsamen Wesensmerkmale zu verstehen und Probleme aus einer ähnlichen Sichtweise heraus zu lösen.

Untersuchen wir die einzelnen Horoskope von Schwestern im Hinblick auf Ähnlichkeiten, so erkennen wir, daß Aspekte von geistiger Gemeinschaft und Kameradschaftlichkeit sich in den folgenden Horoskopfaktoren finden: Planeten im selben Zeichen können unsere gemeinsamen Wesensmerkmale zeigen; Planeten im selben Element bieten uns die potentielle Grundlage für gegenseitiges Verständnis, ähnliche Gefühle, Bewußtsein und Mitgefühl; Planeten in denselben Häusern oder Quadranten können darauf hinweisen, daß ähnliche Lebensbereiche aktiviert werden; eine ähnliche Planetenbesetzung in den verschiedenen Horoskophälften kann ähnliche Reaktionen und Lebenseinstellungen anzeigen. Planeten auf demselben Grad der Deklination können die Erzeugung und Stärkung von Banden zwischen verschiedenen Generationen symbolisieren.

Unterschiedliche Aspekte zwischen Planeten, die Schwestern gemeinsam haben mögen, sind: dieselben Planeten in Quadraten oder wichtigen Aspektmustern, was anzeigt, daß dieselben Prinzipien entwickelt werden; wiederholt auftretende Aspektfamilien wie beispielsweise die Quintil/Biquintil-Gruppe, die die Entwicklung und Meisterung von Fertigkeiten und Talenten unterstützt und die »unheimliche« Fähigkeit zu psychischen Interaktionen (übersinnlichem Austausch). Verbindungen zwischen den Herrschern der Beziehungshäuser (siebtes Haus: Kollegen; Häuserachse 3/9: Schüler/Lehrer; 4/10: Mutter/Tochter; elftes Haus: spezielle Gruppen) geben uns Hinweise darauf, welche Archetypen gelebt werden.

Die Synastrie, mit der sich bestimmte Verbindungen herausarbeiten lassen, ist eine weitere Methode, um die Basis eines Gemeinschaftsgefühls und das in einer Beziehung mit einer anderen Schwester vorhandene Wachstumspotential zu analysieren. Folgende Aspektverbindungen zwischen Horoskopen können ein Gemeinschaftsgefühl anzeigen: Rezeptionen zwischen Horoskopen; sich wiederholende Aspekte zwischen Horoskopen und Planeten, die jeweils wichtige Punkte im anderen Horoskop auslösen. Das wichtigste Puzzleteil stellt die Identifikation der Archetypen dar.

Götter und Göttinnen als Archetypen der Planeten

Einflußreichen Göttinnen und Göttern wie Aphrodite, Demeter oder Zeus wurden an verschiedenen Orten und in verschiedenen Kulturen viele unterschiedliche Persönlichkeitsfacetten oder viele Namen gegeben. Die Namen dieser Gottheiten stehen in engem Zusammenhang mit den Bedeutungen der Planeten, wodurch archetypische Brücken zwischen unseren Horoskopen und unseren Mythen entstehen. Die Mythen zu lesen macht Spaß und dient der eigenen Bildung, aber die Ideen und Konzepte kennenzulernen, die mit den Gottheiten assoziiert werden, sowie deren Verbindung zu den Planeten, ist erhellend und enthüllend, wenn ich mein eigenes Verhalten und das anderer in Beziehungen betrachte.

Der Mond

Der wichtigste Planet für die Schwesternschaft ist der Mond. Zu den bekannteren Mondgöttinnen zählen Lucina (Geburt), Diana (jungfräuliche Jägerin; Fortpflanzung, Frühling, Wälder, Wachstum), Hekate (die weise Alte; Wissen, nächtliche Magie; Güte, Zeremonie, Reichtum, Erziehung, Tod), Artemis (Nacht, Unabhängigkeit, intelligente Handlungsweise, veränderliche Energien der weiblichen Seele), Mens (Mutter und Hüterin der Menstruation), Selene und Luna (Nacht, Zeit, Ordnung der Monate und Jahreszeiten), Helena (Nacht und Heilung), die Morai (die Schicksalsgöttinnen; Töchter der Nacht): Klotho oder Clotho (sie zieht den Faden von der Spindel und spinnt den Faden des Lebens); Lachesis oder Decima (sie webt ihn in das Gewebe des Lebens, bemißt seine Länge und fügt das Element des Schicksals hinzu); Atropos oder Morta (sie trägt die große Schere, schneidet den Faden des Lebens durch und bringt den Tod). Sie alle haben mit Karma, Prophezeiung, mit der natürlichen Ordnung und der den Sterblichen zugemessenen Lebenszeit zu tun.

Die Sonne

Die Sonne ist androgyn, gleichzeitig nährend und schützend, mächtig und vollkommen – eine unteilbare Dualität. Zu den Sonnengöttinnen zählen: Albina (Liebe und Sexualität, die weiße Göttin), Cupra (Güte, Tag, Zyklus von Leben und Tod), Helia (Sonne und Tag) und Phaenna (Sonne und Tag, heller Glanz und Licht, die Scheinende). In vielen griechischen und römischen Mythen werden die Götter vor allem mit der Sonne in Zusammenhang gebracht, wie zum Beispiel Helios, Apollo und Sol. Wenn die Sonne zu hell strahlt, wenn sie zu stark ist, als daß Frauen sie direkt ansehen könnten, regulieren die Kinder der Sonne, die Heliaden, die Wirkungen der Sonne auf die Erde: die Morgendämmerung, den Tag und die Abenddämmerung. Sie werden mit Mitgefühl in Verbindung gebracht. Als eine der Heliaden, Phaethon, ertrank, hörten Aegle (Trauer) und einige ihrer Schwestern nicht auf zu weinen, bis die anderen Götter Erbarmen mit ihnen hatten und sie in große, goldene Pappeln verwandelten, die den Fluß säumten – und ihre Tränen wurden zu kleinen Bernsteinstücken.

Merkur

Hermes (androgyn, listig, schelmisch, musikalisch, erfindungsreich – der Schwindler, Götterbote, Vermittler zwischen den Göttern und der Menschheit).
   Iris (Göttin des Regenbogens; Botin, die den Menschen

göttliche Befehle überbrachte; Führerin und Beraterin der Menschen; Bringerin des Regens für die Saat der Bauern – der Regenbogen war das Signal für die Bauern, ihr Ehre zu erweisen.)

Venus

Aphrodite, mutterlose Tochter von Ouranos – sie entstieg dem Meeresschaum dort, wo Chronos (nachdem er Ouranos kastriert hatte) die Hoden seines Vaters ins Meer geworfen hatte; sie steht für sexuelle Liebe, körperliche Schönheit, sie wird als Mutter des römischen Volkes angesehen, als Beschützerin von Gärten und Weinbergen. Pluto nannte sie Urania (Liebe zur gesamten Natur) und Aphrodite Pandemos (sexuelle Liebe unter Menschen); Philia (Liebe und Sexualität, Freundschaft).

Mars

Ares, Geliebter von Venus/Aphrodite, Gott der heftigen Stürme, besonders im Bereich der menschlichen Angelegenheiten – daher der Gott des Krieges, des Stolzes, der Wildheit und der Männlichkeit.

Jupiter

Zeus, oberster Gott der Götter des Olymp, auch der Donnerer genannt, weil er Blitze schleuderte, verantwortlich für die Einhaltung von Eiden, zuständig für Weisheit (der »Salomo« unter den griechischen Gottheiten), Spender von Gerechtigkeit, barmherziger Beschützer, Herrscher und Erhalter der Welt, Vater der Götter und der Menschen.

Saturn

Chronos, Kronos, Sohn von Ouranos (den er entthronte), Vater von Zeus; der, der die Dinge reifen läßt; der, der die Dinge reiflich erwägt; Hüter der Zeit und der Zyklen.

Die drei äußeren Planeten: Uranus, Neptun und Pluto befinden sich normalerweise tief im kollektiven Unbewußten, aber du, meine weise Freundin und Mentorin, hast mir zu verstehen gegeben, daß die drei großen Archetypen eine Möglichkeit finden, in unserem Leben zum Ausdruck zu kommen, wenn wir unser Bewußtsein für die Prozesse, die in unserem eigenen Leben vor sich gehen, vertiefen. Dies zu versäumen ist im allgemeinen mit großen Verlusten verbunden, es erfolgreich zu tun jedoch mit entsprechend großen Belohnungen.

Uranus

Ouranos, Uranos (die Fruchtbarkeit der ursprünglichen Schöpfung der Götter, Vater der Titaniden, oberster Gott des Himmels, irritierend, er hat mit Veränderungen zu tun – aber mit schnellen, unvermeidlichen, unumkehrbaren Veränderungen. Entwicklung statt Anpassung sowie unumgängliche, den Lebensweg betreffende Umbrüche.)

Neptun

Poseidon, Sohn von Chronos, Bruder des Zeus, oberster Herrscher des Meeres und der Funktionen allen Wassers, Schutzherr der Seefahrer und aller Lebewesen im Meer, verbindet sich mit dem ungeformten Chaos des Geistes – der fruchtbaren, unangezapften, ungenutzten potentiellen Kreativität, die Ihnen in Tagträumen zugänglich wird und Ihr Bewußtsein überflutet, wenn Sie gerade einschlafen.

Hades, Sohn von Chronos, Bruder des Zeus, Gott der Unterwelt und des Todes, Symbol des unterirdischen Reichtums – die Elemente in Minen, die transformiert werden müssen, um nützlich zu sein; transformieren, aus dem lateinischen *trans* abgeleitet, was bedeutet: auf die andere Seite hinübergehen, eine vollkommene Veränderung vollziehen, und vom lateinischen *forma* abgeleitet, was bedeutet: Form, Bild, Gestalt. Jene, die die Unterwelt besuchen, werden vollkommen verändert.

Asteroiden / Kleinplaneten

Weitere Faktoren zur Verfeinerung und Definition von Beziehungen sind die Asteroiden oder Kleinplaneten. Ihre Namen wurden ihnen von ihren Entdeckern verliehen, und viele Asteroiden tragen die Namen mythologischer Archetypen. Die Bedeutung der Asteroidennamen begann zu Beginn des 19. Jahrhunderts ins menschliche Bewußtsein zu drängen, als die ersten vier Asteroiden entdeckt und nach wichtigen Göttinnen – Ceres, Pallas, Juno und Vesta – benannt wurden. Der Asteroidengürtel ist sozusagen voll von erstaunlichen Geschichten mit mythologischer Bedeutung.

Greifbare Symbole in unserer Welt tragen dazu bei, daß wir uns Bedeutungen bewußt werden. Daraus ergibt sich die geeignete Bedeutung für diese kleinen Felsbrocken und deren Reise durch den Raum. Asteroidennamen sind kraftvoll; sie weben ihre Mythologie in das Gewebe unserer Erfahrung. Diese kleinen Himmelskörper bereichern unser Horoskop, indem sie zur tief in unserem Leben verborgenen Bedeutung beitragen und diese verstärken. Die vier größten Asteroiden tragen die griechischen oder römischen Namen einiger der aktivsten Archetypen innerhalb der westlichen Kultur:

Pallas Athene

Beschützerin im Krieg, Güte, Ordnung, praktische Künste, eine jungfräuliche Göttin. Athene tötete versehentlich Pallas, ihre Freundin aus der Kindheit, und sie erwies Pallas Ehre, indem sie deren Namen ihrem voranstellte. Minerva (römische Göttin), kriegerische Göttin der Weisheit; Vernunft, Denken, Erfindungsgabe, Patriotismus, intelligente Handlungsweise.

Juno, Hera

Jupiters Ehefrau und Schwester, Beschützerin der Frauen und all ihrer Zyklen und Aufgaben; Wetter, Handel und Reise; Recht, Schutzpatronin der Form und Unverletzlichkeit / Heiligkeit der Ehe und der Kinder.

Vesta, Hestia

Jungfräuliche Göttin des Herdes, des ewigen Feuers der Reinheit; das, was die Gemeinschaft im Innersten zusammenhält; Weihe des Heimes als geheiligte Zufluchtsstätte, Angelegenheiten des Stammes oder Familienangelegenheiten.

Ceres, Demeter

Erdmutter, Wahl des richtigen Zeitpunktes und irdische Zyklen, Landwirtschaft, Ernte, Gerste und andere Getreidesorten, zuständig für den Zyklus des oberirdischen Lebens – Zeit des Wachstums, Vegetationszeit (Mutter von Persephone, die auch als Proserpina, Cora, Kore bekannt ist: abwechselnd Göttin der Heilung und Reinheit und Königin der Unterwelt).

Ceres / Demeter kann nicht genannt werden, ohne auch ihre Tochter zu erwähnen. Die beiden hatten eine sehr enge Beziehung, und ihr Mythos ist auf vielen Ebenen bedeutungsvoll. Die junge Kore (Bedeutung: Mädchen), als die sie ursprünglich bekannt war, sammelte Blumen auf einer Wiese. Sie wurde von Pluto beobachtet, der vollkommen fasziniert von ihr war. Er entführte sie und nahm sie mit in sein Königreich in der Unterwelt, wo sie zu Persephone wurde, zu seiner Königin. Ceres war durch den Verlust ihrer Tochter am Boden zerstört und appellierte an Zeus, sie ihr zurückzugeben. Ein Kompromiß wurde geschlossen, demzufolge die Tochter ein Drittel des Jahres bei Pluto als dessen Ehefrau leben würde und dann für zwei Drittel des Jahres zurückkehrte, um bei ihrer Mutter über der Erde im Sonnenschein zu leben – eine Beschreibung der Zyklen von Tod und Wiedergeburt in der Natur.

Ich habe entdeckt, daß viele Asteroiden, die nach Göttinnen benannt sind und die Mythen beleben, die ich lebe, relevante Positionen in meinem Horoskop und in den Horoskopen meiner Schwestern besetzen. Häufig steht ein Asteroid mit dem Namen einer meiner Schwestern an einer wichtigen Stelle in meinem Horoskop. Wenn diese Positionen durch Transite ausgelöst werden, erblüht die symbolische Bedeutung zu einer Manifestation in meinem Leben. Wenn sie das im Radix angelegte Versprechen unterstützen, dann steuern sie zusätzliche Bedeutung zu meinen Mythen bei. Inzwischen sind mehr als 5000 Asteroiden mit einem Namen versehen worden, und wir können mit ihnen arbeiten, während unsere Technologie voranschreitet, um uns auf unserer Suche nach Verständnis zu unterstützen.

Die Schwesternschaft in der heutigen Gesellschaft

Meine weise und gesegnete Lehrerin, du hast mir die Schöpfung der Zyklen zu Bewußtsein gebracht, die auch heute noch in unserer Welt gegenwärtig sind – den Prozeß, eine Frau zu werden und zu sein – und wie verehrungswürdig und speziell jeder einzelne Schritt auf diesem Weg ist. Die Energie der Heiligen Schwesternschaft ist gegenwärtig und steht uns immer noch zur Verfügung, um den Prozeß Schritt für Schritt zu unterstützen.

Heutzutage nutzen Frauen das Konzept und beleben die mythischen Archetypen in ihrem Leben auf vielfältige Weise. Einige ihrer Übergänge sind schwierig aufgrund dramatischer Erfahrungen, die sie in Beziehungen machen oder gemacht haben. Dazu zählen Trauer, ungerechte Behandlung, Mißhandlung, tödliche Krankheiten, Abhängigkeiten, Eßstörungen und Drogenmißbrauch. Es gibt viele Mythen, die von Leiden, Scham, ungerechter Behandlung, Ungerechtigkeit und Selbstverleugnung erzählen, und viele Schwestern leben die Lektionen jener Mythen. Mit der Hilfe und der Stärke einer anderen Schwester, die eine ähnliche Situation erlebt hat, können sie das erforderliche Bewußtsein entwickeln, um sich selbst auf einen konstruktiveren Abschluß des Prozesses hinzubewegen.

Manche Frauen entscheiden sich dafür, Verhaltensweisen, Überzeugungen oder Bedingungen miteinander zu teilen und zu fördern, die mit der Heiligkeit der Familie zusammenhängen. Viele spezialisieren sich auf die traditionellen häuslichen Aufgaben wie beispielsweise die Textilkünste, das Nähen von kunstvollen Steppdecken, Gärtnern, Nahrungsmittelzubereitung, Innendekoration, die Pflege und Erziehung von Kindern und andere, seltenere Talente. Andere manifestieren die eigentliche Bedeutung der Heiligen Schwesternschaft in Form von spirituellen oder religiösen Orden, indem sie ihr Leben einer Kirche oder einer schamanistischen Tradition widmen, ähnlich den Frauen der Antike, die ihr Leben und ihre Energien dem Tempel ihrer bevorzugten Göttin weihten. Wieder andere Frauen bringen sich in einer akademischen Laufbahn ein, während manche sich der körperlichen Fitneß widmen, sie fördern und sich dort durch vorzügliche sportliche Leistungen auszeichnen. Viele Frauen tun sich in Selbsthilfegruppen von zwei oder mehr Frauen zusammen, um ihr spirituelles und emotionales Wesen zu erforschen oder die Selbstachtung zurückzugewinnen, die sie verloren haben – oder niemals zuvor erfahren haben.

Die Suche nach Selbstwert und Selbstachtung ist von allen Problemen, die Schwestern zusammenbringen, das am weitesten verbreitete. Manchmal wird das Leben eines Mythos unterbrochen, aber die Seele findet einen Weg, um ihn zu einer anderen Zeit zur Vollendung zu bringen, besonders wenn es nur das Vorspiel zu einer Beteiligung an einem weiteren Mythos ist.

Meine Mutter, meine Freundin

Meine Mutter ist für mich immer eine gute Freundin gewesen. Das war besonders wichtig für mich, als ich ins Teenageralter kam. Sie unterstützte mich wie eine große Schwester, wenn ich Freunde von der Schule einlud. Als es für mich Zeit wurde, von zu Hause auszuziehen, zu heiraten und eine Familie zu gründen, blieb sie dieselbe verständnisvolle Freundin – sie war immer für mich da und bot mir ihren wertvollen Rat an. Sie war begeistert, als ich denselben Beruf ergriff wie sie, und hieß mich in ihrem Freundes- und Kollegenkreis willkommen, und eine Zeitlang lief alles glatt. Aber soviel ich auch studierte, soviel ich auch arbeitete, ich fühlte mich unzulänglich. Eines Tages gelangte ich zu einer wichtigen Erkenntnis: Ich wollte als ich selbst bekannt sein, nicht vor allem als ihre Tochter, als eine Erweiterung ihrer selbst, als ihr Schatten.

Der Druck baute sich immer weiter auf, und ich fühlte, daß mir nichts anderes übrigblieb, als auszubrechen und mich zu befreien oder zu sterben. Aber wie? Ich fühlte mich unterdrückt, gefangen und erstickt. Ich schrieb ihr einen Brief, weil ich nicht alles vergessen wollte, was ich fühlte, und ich wollte auch alles sagen, was ich zu sagen hatte, und dies mit den richtigen Worten. Ich schüttete mein Herz aus und brachte diese Gefühle zu Papier, aber ich übergab ihr den Brief persönlich und ließ sie ihn lesen, während ich dabei war. Es war eines der schwierigsten Dinge, die ich je tun mußte. In dem Brief schrieb ich ihr, daß ich das Gefühl hatte, nur eine Erweiterung ihrer selbst zu sein, daß ich mich fühlte, als lebte ich ein Leben, von dem sie sich wünschte, daß ich es lebte. Ich schrieb ihr, daß ich stolz war, ihre Tochter zu sein, und daß ich wüßte, daß auch sie stolz auf mich sei, aber daß ich nun meine eigene weibliche Identität finden müsse. Ich versicherte ihr, daß ich sie liebte und daß ich weiterhin ihre Freundin und Kollegin sein wollte, aber daß es Zeit für uns war, die Nabelschnur zu durchtrennen, Zeit für uns, den Geburtsprozeß abzuschließen, den wir beide verschlafen hatten. Diese letzte Mitteilung hatte ich nicht formuliert, sondern es war reine Intuition unter Zugabe einiger schlauer Worte. Ich hatte kurz zuvor vom Prozeß des Rebirthing gehört, vergaß dies aber schnell wieder, weil ich es nur für eine Technik für Leute mit großen Problemen gehalten hatte, oder für metaphysische Dilettanten. Rein metaphorisch ausgedrückt war es aber genau das, was wir gerade taten.

Sie war wie betäubt; sie hatte keine Vorstellung davon, wie ich mich fühlte, aber sie erkannte, daß es wichtig für mich war, und wir beide tauchten tief in unseren Herzen und Erinnerungen hinab und fanden den Punkt, an dem die Verletzung stattgefunden hatte.

Der Schmerz, den wir empfanden, war groß! Wir weinten zusammen und umarmten uns und sprachen sehr lange miteinander – während die Energie uns durchströmte. Wir hatten endlich den Ritus der Geburt vollendet.

Meine Mutter und ihre Familie waren Anhänger der Christian Science, als sie mit mir, ihrem ersten Kind, schwanger war. Sie hatten wenig oder keine Erfahrung mit der Welt der Medizin und der Ärzte. Am Morgen vor meiner Geburt platzte ihre Fruchtblase, und ihre Wehen begannen am Nachmittag mit leichten Magenkrämpfen. Ohne zu wissen, was sie erwartete, nahmen sie und ihre unverheiratete, ältere Tante den Bus zum Krankenhaus. Der Doktor war nicht da und mußte erst gerufen werden. Er gab den Krankenschwestern die Anweisung, ihr eine Vollnarkose zu geben, bis er dasein konnte. Die Geburt ging vonstatten, während wir beide fest schliefen. Das medizinische Team brauchte fast zwanzig Minuten, um mich aufzuwecken und mich dazu zu bringen, selbst zu atmen, und meine Mutter, die ebenfalls schlief, sah mich erst am nächsten Morgen, als sie ihr erzählten, daß ich die Geburt beinahe nicht überlebt hätte.

Ich war entführt und an einen dunklen Ort gebracht worden – wie Persephone. Bevor Persephone entführt wurde, kannte man sie als Kore. Mein mittlerer Name ist Corin. Meine Mutter hatte mir geholfen, meinem Mythos entsprechend zu leben.

Wir brauchten Zeit, um ganz zu heilen. Wir arbeiteten weiterhin zusammen, und ich bemühte mich, mich als getrenntes Wesen zu sehen, was zunächst sehr angstauslösend für mich war. Ich war nicht gewohnt, sie als ganze Frau zu sehen, ohne diese unsichtbare, aber reale Verbindung zu mir. Ich nannte sie eine Weile bei ihrem Vornamen, bis ich sie wieder Mutter nennen konnte und als Tochter neue und echte Liebe zu ihr empfand. Meine Mutter, die eine weise und mitfühlende Frau ist, verstand den Prozeß, den wir durchlebten. Nachdem sie erkannt hatte, was gerade vor sich ging, war sie sehr unterstützend und liebevoll zu mir und zu sich selbst. Ich hatte mich meiner Mutter immer nahe gefühlt, aber nun hatte ich eine gewisse Perspektive und konnte viele andere Facetten dieser liebevollen Frau erkennen. Die Göttin in der anderen zu erkennen ist, als spiegele sich die Göttin in mir selbst, und ich fing an, einige dieser Eigenschaften auch in meinem eigenen Leben wiederzuerkennen.

Seit damals haben wir zwei verschiedene und individuelle Beziehungen entwickelt. Eine gesunde Beziehung zwischen Mutter und Tochter (was unmöglich war, solange wir immer noch psychisch eins waren) und eine Beziehung innerhalb der Heiligen Schwesternschaft. Wir arbeiteten im selben Beruf als Kolleginnen eng zusammen mit der Freiheit und in dem Bewußtsein, die spezielle Natur unserer Beziehung weiterzuentwickeln.

Zwischen unseren Horoskopen bestehen Aspekte, durch die Aspektfiguren entstehen, die in den einzelnen Horosko-

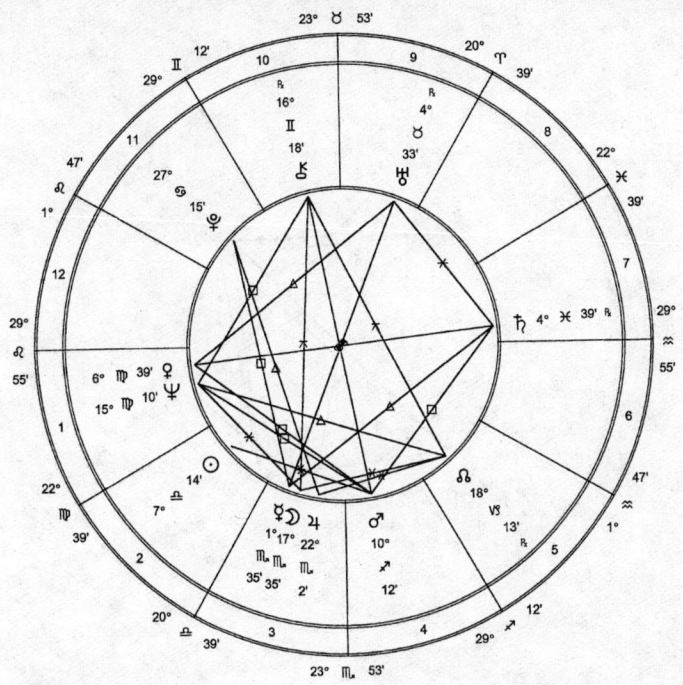

Asteroiden: Corinne

Athene	12°31′ Krebs	Juno*	00°13′ Stier
Aphrodite*	27°56′ Widder	Mentor	08°56′ Jungfrau
Cora	12°07′ Löwe	Philia	18°50′ Jungfrau
Demeter	12°07′ Löwe	Urania	23°18′ Krebs
Diana	29°19′ Waage		

* rückläufig

Horoskop 1: Corinne

pen jeweils nicht vorhanden sind. Ihr Pluto und Südknoten bilden ein großes Wasser-Trigon mit meinem Merkur und meinem Saturn. Mein Saturn in diesem Trigon steht in Opposition zu ihrem Mond und Mars, der wiederum einen Aspekt zu mei-

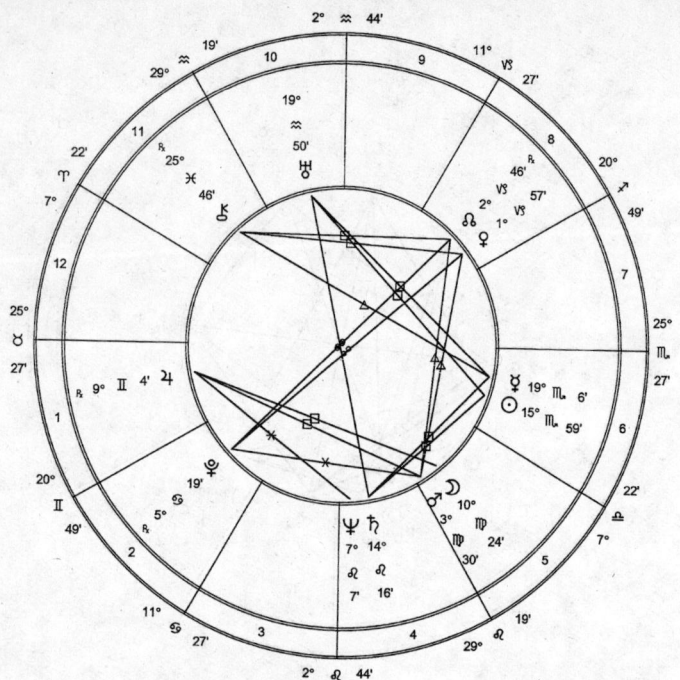

Asteroiden: Mutter/Freundin

| Ceres | 15°15' Skorpion | Demeter | 17°38' Skorpion |
| Cora | 19°19' Löwe | Persephone | 12°44' Schütze |

Horoskop 2: Mutter/Freundin

ner Venus in ihrem fünften Haus, dem Haus des ersten Kindes, bildet. Das zeigt eine Herausforderung oder Schwierigkeiten bei der Selbstdefinition oder Trennung an, da mein Neptun in Konjunktion zu ihrem Mars steht. Durch diese Opposition, an der insgesamt fünf Planeten beteiligt sind, entsteht ein großes Kreuz mit gegenseitigen Quadraten von ihrem Jupiter in meinem zehnten Haus (Eltern, Karriere, Beruf) und meinem Mars in ihrem siebten Haus (Beziehungen mit Gleichrangigen); und

Oppositionen, die Energie für eine zukünftige, aktive Kooperation zur Verfügung stellen, sind wichtig, um Ziele zu erreichen. Mein Aszendent steht in enger Konjunktion zur Spitze ihres fünften Hauses und ihr Aszendent in Konjunktion mit der Spitze meines zehnten Hauses (Karriere, Beruf). In beiden Horoskopen steht Merkur in Skorpion – Dispositor ist in beiden Fällen Pluto, bei mir als Herrscher des vierten Hauses, bei ihr als Herrscher des siebten Hauses (Mars ist Mitherrscher von Skorpion). Dadurch liegt eine Kombination von Mythen vor – der von Mutter und Tochter (Demeter / Persephone) und der, in dem es um die Verbindung zu sich selbst und zu anderen geht (viele Mythen der Heiligen Schwesternschaft sind mit letztgenannter Achse verbunden).

Ein weiteres großes Trigon (in Erde) wird von ihrer Venus / Nordknoten-Konjunktion, ihrer Mond / Mars-Konjunktion und meinem Uranus gebildet. Diese ineinandergreifenden große Trigone werden aus Planeten gebildet, die die Anfangsgrade von Zeichen besetzen, und in der Kombination beider Horoskope entsteht ein großes Sextil, ein aus sechs Punkten gebildeter Davidstern. Diese Kombination von Aspekten unterstreicht die freifließende Kommunikation, die unsere Beziehung in meinen mich prägenden Jahren so reich und bedeutungsvoll machte. Die mystischen Bedeutungen dieser wunderbaren, zwischen beiden Horoskopen entstehenden Aspektfiguren deutet auf unsere zahlreichen Verbindungen aus vergangenen Leben hin, auf unser enges spirituelles Band und unser gemeinsames Interesse an metaphysischen Themen.

Zwischen unseren Horoskopen bestehen viele Aspekte mit Asteroiden. Beispielsweise besetzen die Asteroiden, die den gleichen Namen tragen wie wir, wichtige Punkte im Horoskop der anderen. Es gibt auch jeweils Verbindungen zwischen unserer Sonne, unserem Mond, Mars, Venus, Persephone, Ceres, Demeter und Cora.

Bei uns beiden steht Uranus in Elevation[6], aber von den Zeichen her im Quadrat, und bei uns beiden fallen die Achsen in fixe Zeichen, ebenfalls von den Zeichen her im Quadrat, und wir haben viele lebhafte, tiefschürfende Diskussionen über unsere unterschiedlichen Blickwinkel auf Astrologie und Philosophie geführt. Wir gehören verschiedenen Generationen an, aber die engen Bande, die durch Deklinationsparallelen[7] zwischen Mond/Venus, Mars/Aszendent, Uranus/Merkur, Saturn/Chiron, Merkur/Jupiter, Neptun und Pluto/MC, Jupiter/Mond und Nordknoten/Mars angezeigt werden, weisen auf eine sehr enge schwesterliche Verbindung hin.

Unser dynamischster Aspekt ist das Quadrat zwischen meinem Mars und ihrem Mond. Ich fühlte mich gezwungen, die Vollendung unseres in Vergessenheit geratenen Mythos zu initiieren und die Geschichte von Persephone sowie den Geburtsritus der Mondgöttin zum Abschluß zu bringen. Dieser Ritus befreite uns beide dazu, noch einige andere Qualitäten der Heiligen Schwesternschaft zu entwickeln.

Meine Artemis-Schwester

Überqualifiziert, erfahren, intelligent, hervorragend an jedem Arbeitsplatz, an dem sie beschäftigt war, ist Mae einfach ein Wunder. Von dem Moment an, in dem wir uns trafen, wurden wir schnell Freundinnen. Sie war gerade aus einem Job entlassen worden, den sie wunderbar und leicht erfüllen konnte. Das Problem bestand darin, daß der Chef wollte, daß sie diese Position einfach nur ausreichend ausfüllte und nicht mehr. Mae liebt Herausforderungen; sie ist nicht jemand, der einfach nur Anordnungen ausführt.

Sie und ich haben unterschiedliche Interessensbereiche und Erfahrungen, aber wir können zusammensitzen und stundenlang reden und die Vorstellungen und Prinzipien entdecken, die unsere Spezialgebiete gemeinsam haben. Andererseits genießen wir die Unterstützung, die die Heilige Schwesternschaft jeder von uns bietet. Mae ist sehr versiert, was die Geschäftswelt und die Politik angeht, und ich kenne mich in der Metaphysik und Astrologie sehr gut aus. Wir ergänzen einander hervorragend.

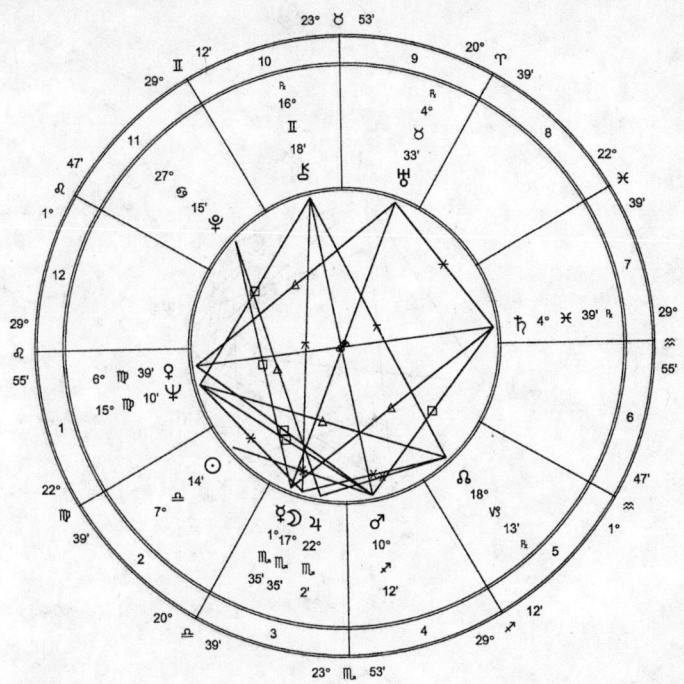

Asteroiden: Corinne

Athene	12°31′ Krebs	Juno*	00°13′ Stier
Aphrodite*	27°56′ Widder	Mentor	08°56′ Jungfrau
Cora	12°07′ Löwe	Philia	18°50′ Jungfrau
Demeter	12°07′ Löwe	Urania	23°18′ Krebs
Diana	29°19′ Waage		

* rückläufig

Horoskop 1: Corinne

Im Laufe der Jahre sind wir in verschiedene Teile des Landes umgezogen, aber wir bleiben in Kontakt, und unsere Freundschaft vertieft sich weiter.

Maes Saturn in Schütze in Konjunktion zu ihrem Asteroi-

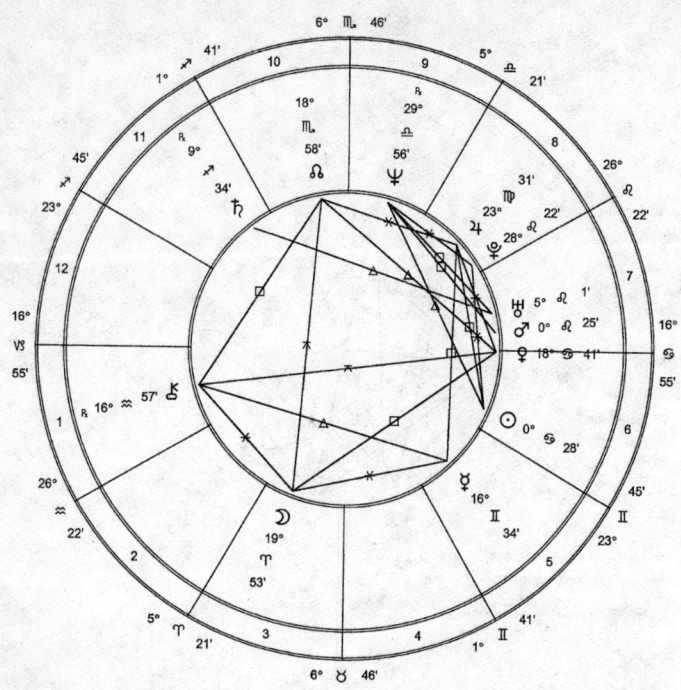

Asteroiden: Artemis Mae

Aphrodite	16°15′ Zwillinge	Juno	02°59′ Stier
Artemis	20°01′ Zwillinge	Minerva	19°16′ Jungfrau
Diana*	11°10′ Schütze	Philia*	18°40′ Schütze

* rückläufig

Horoskop 3: Artemis Mae

den Diana (rückläufig auf 11°10′ Schütze) bildet ein Trigon zu ihrer Mars/Uranus-Konjunktion, die wiederum ein Quadrat zu ihrer Neptun/MC-Konjunktion bildet, was ihre Fähigkeit anzeigt, sich auf ein Ziel zu konzentrieren, und zwar unter Ausschluß von Ablenkungen und Konkurrenz. Ihre Kompetenz und Tüchtigkeit sowie ihre Fähigkeit, sich eigene Positionen zu schaffen, wächst, aber ihre Verletzlichkeit bringt sie in Situationen, wo Leute sie ausnutzen. Sie hat eine liebenswürdige Angewohnheit, im Zweifelsfall zu jemandes Gunsten zu entscheiden, und ist immer wieder überrascht, wenn die Leute sie enttäuschen.

Sie ist unabhängig und eine erstklassige Problemlöserin; sie hat sich Anerkennung dafür erworben, eine Abteilung oder eine Firma so zu reorganisieren, daß sie effizienter und rentabler wird, aber Angestellte mit Selbstwertproblemen fühlen sich von ihr bedroht, und Mitarbeiter respektieren sie entweder, oder sie fürchten sie. Sie ist sehr loyal und erwartet auch von anderen Loyalität. Ihre Charakterstärke zieht sowohl starke als auch schwache Männer an, und ihr leidenschaftliches Wesen will Beziehungen schaffen, die konstruktiv, liebevoll und wachstumsorientiert sind.

Mae und ich haben eine wunderbare Vorliebe dafür, mit den gleichen begrifflichen Problemen in unterschiedlichen Verkleidungen konfrontiert zu werden, und unsere Diskussionen münden in einer Fülle von Möglichkeiten, weil wir unter die Oberfläche schauen und das Ganze sehen statt nur die Details. Die zahlreichen Aspekte, die zwischen unseren Horoskopen bestehen, unterstützen ein synergetisches Spiel von »identifizieren und lösen«, was wir beide sehr aufregend und unterstützend finden.

Obwohl wir verschiedenen Generationen angehören, zeigen unsere Deklinationsparallelen die Grundlage unserer Generationen überbrückenden Verbindung an: ihr Jupiter und meine Venus; ihre Mondknoten und mein Jupiter und Chiron; bei ihr Merkur/Venus/Pluto und bei mir Südknoten/Pluto; ihr Aszendent und mein Mars; ihr Uranus und mein MC.

Weil das exakteste Quadrat zwischen unseren Horoskopen von ihrem und meinem Uranus gebildet wird, empfindet jede von uns, wann Lebensveränderungen im Leben der anderen äußerst wichtig sind, und wir sind füreinander da, um einander in solchen Zeiten von Streß und Veränderungen Alternativmöglichkeiten anzubieten. Diese Wahl, einer Schwester beizustehen und ihr zu helfen, ist eine Möglichkeit, diesen Aspekt auf positive Weise zum Ausdruck zu bringen.

Neben vielen genauen Konjunktionen sind unsere Horoskope auch durch mehrere Aspektfiguren miteinander verbunden: Maes Sonne ist der Anker für ein großes Wasser-Trigon, das meinen Saturn und Merkur einschließt (der eine Konjunktion zu ihrem Neptun bildet, der jedoch in einem anderen Zeichen steht). Dieser Merkur und Neptun stehen in Opposition zu meinem Uranus auf ihrer Häuserachse 4/10 und bilden mit ihrem Uranus und Mars ein T-Quadrat. Ein weiteres großes Trigon entsteht durch ihren Jupiter, meinen Vertex [8] und meinen MC, der zu meinem Jupiter auf meiner Häuserachse 4/10 in Opposition steht. Ihr Vertex im Quadrat dazu läßt ein weiteres T-Quadrat entstehen. Maes Saturn und Merkur nehmen mein T-Quadrat aus Mars in Opposition zu Chiron im Quadrat zu Neptun huckepack. Ein drittes T-Quadrat entsteht entlang ihrer Häuserachse 1/7, auf der meine Mondknotenachse verläuft, und durch das Quadrat zwischen ihrer Venus und ihrem Mond. Dadurch entstehen zwischen unseren Horoskopen T-Quadrate in kardinalen, fixen und veränderlichen Zeichen, die sich zu großen Trigonen in Wasser- und Erdzeichen wandeln. Weil unsere Achsen so stark in diese Aspektmuster eingebunden sind, haben die meisten unserer Projekte mit Heim und Karriere zu tun, mit Beziehungen und dem eigenen Selbstbild. Manchmal mischen wir die Qualitäten von Ungeduld und Vorsicht. Nachdem wir miteinander gesprochen haben, fühle ich mich ein bißchen tapferer und zuversichtlicher, und sie ist wieder ein bißchen ruhiger und selbstsicherer.

Die Asteroiden Diana, Aphrodite, Juno, Artemis, Philia und Minerva (plus die Asteroiden, die unsere Namen tragen) bilden zwischen beiden Horoskopen wichtige Aspekte. Mae ist für mich eine hochgeschätzte Freundin und Schwester. Indem sie ihr Leben im Bewußtsein des Artemis-Mythos lebt, wird sich das Leben auch für viele andere verbessern. Durch meine Freundschaft mit ihr lerne ich etwas über das Potential von Harmonie und gemeinsamer Entwicklung, die die Arbeit mit der heiligen Schwesternschaft bietet.

Meine weise Mentorin

Patin, unsere Beziehungen sind eng und bedeutungsvoll. Du bist Mentorin für mich und eine gute Freundin und Spielkameradin. Wir haben viele Interessen gemeinsam – Musik, Filme, Textilkunst, Astrologie und besonders die Vorliebe für Worte und Konzepte. Unsere Horoskope weisen viele Ähnlichkeiten und Beziehungen auf und auch genügend Spannungsaspekte, an denen wir beide wachsen müssen. Ich sage absichtlich »Beziehungen«, weil wir bewußt und unbewußt die Rollen vieler Archetypen in unseren Verbindungen und in den Mythen der jeweils anderen gespielt haben.

Astrologisch gesehen zählen zu unseren zahlreichen Verbindungen auch drei Rezeptionen: Wir beide haben Venus in Jungfrau, in Rezeption mit deinem Merkur in Waage; Jupiter steht jeweils (meiner in Skorpion und deiner in Widder – wobei ich Mars als Mitherrscher von Skorpion verwende) in Rezeption mit Mars, der bei uns beiden in Schütze steht; und bei uns beiden steht Pluto in Krebs in Rezeption mit meinem Mond in Skorpion. Rezeptionen zwischen Horoskopen zeigen an, wie leicht eine Beziehung ins Fließen kommt – eine Art potentieller Leichtigkeit und Ungezwungenheit. Es ist, als können beide Personen mit den geistigen Prozessen der jeweils anderen Person leicht klarkommen und sich wohl fühlen. Manchmal rufen wir einander wegen der gleichen Sache an, häufig führen wir die Sätze der anderen zu Ende. Obwohl bei uns beiden Pluto in Krebs steht, gehören wir verschiedenen Generationen an, aber es gibt einige Deklinationsparallelen, die die Verbindungen zwischen unseren unterschiedlichen gesellschaftlichen Phasen anzeigen. Bei uns beiden steht Venus auf 3° nördlicher Deklination; mein Jupiter und dein Uranus stehen auf 17° südlicher Deklination; dein Pluto und Neptun und mein MC stehen alle auf 18° nördlicher Deklination, und unsere Vertices befinden sich mit 1° Orbis auf 21° südlicher Deklination. Du hast mir beigebracht, wie wichtig der Vertex ist und wie dessen Kontakte die Erkenntnis der Wahrheit aus-

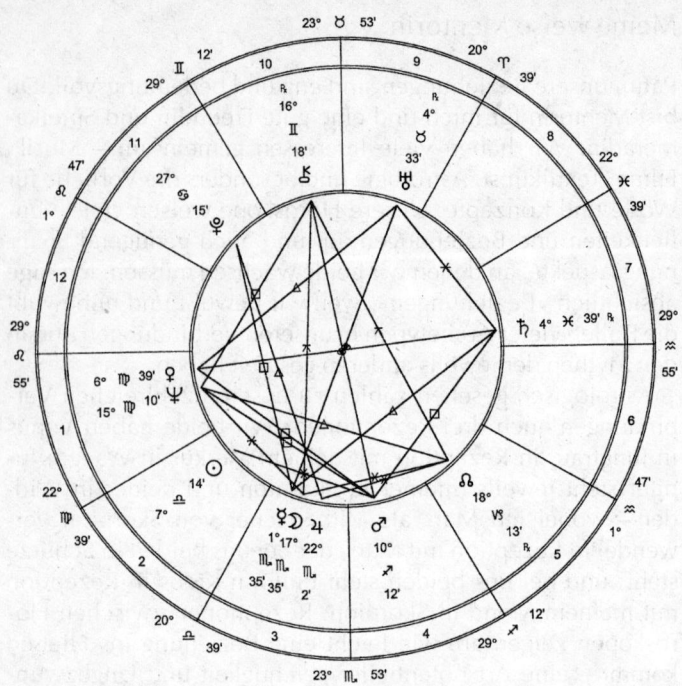

Asteroiden: Corinne

Athene	12°31′ Krebs	Juno*	00°13′ Stier
Aphrodite*	27°56′ Widder	Mentor	08°56′ Jungfrau
Cora	12°07′ Löwe	Philia	18°50′ Jungfrau
Demeter	12°07′ Löwe	Urania	23°18′ Krebs
Diana	29°19′ Waage		

* rückläufig

Horoskop 1: Corinne

lösen. Wir waren tatsächlich in der Lage, dies füreinander zu tun.

Einer der dynamischsten, spannungsreichsten Kontakte zwischen unseren Horoskopen ist dein Mond in Quadrat zu

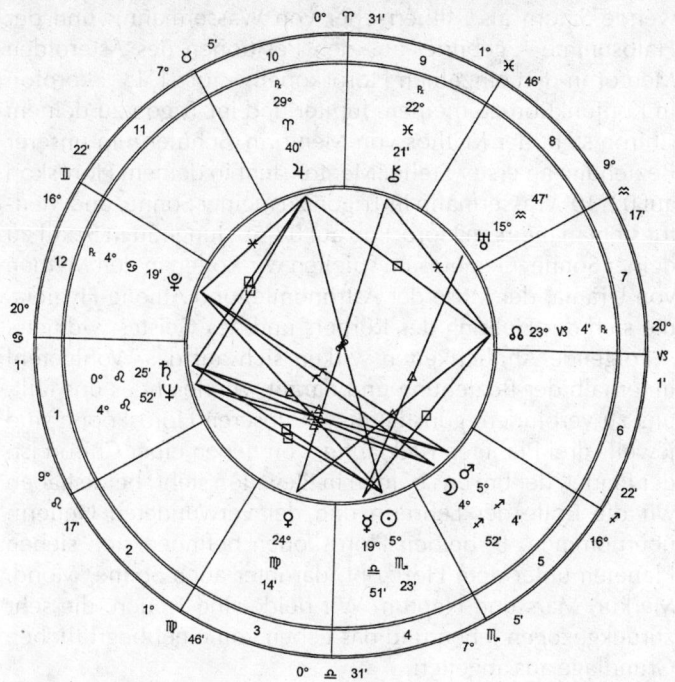

Asteroiden: Patin/Mentorin

Aphrodite	13°23′ Jungfrau	Urania	29°49′ Wassermann
Mentor	03°30′ Wassermann	Vesta	10°35′ Schütze
Philia	29°57′ Skorpion		

Horoskop 4: Patin/Mentorin

meinem Saturn. Es ist der genaueste Aspekt zwischen unseren beiden Horoskopen und läßt an eine Eltern/Kind-Beziehung denken. Das traf aber bei uns nicht zu. Mit den vielen anderen unterstützenden Aspekten, wie beispielsweise den engen Saturn-Quadraten in den Einzelhoroskopen – bei dir zu Jupiter, bei mir zu Mars; der Tatsache, daß Saturn bei uns beiden das Haus der Beziehungen mit Gleichrangigen regiert (ich ver-

393

wende Saturn als Mitherrscher von Wassermann); und der Halbsumme – gebildet aus den Positionen des Asteroiden Mentor in den einzelnen Horoskopen – auf 21°13' Skorpion in Konjunktion zu meinem Jupiter und im Trigon zu deinem Chiron steht der Mythos von Mentorin/Schülerin in unserer Beziehung an erster Stelle. Mentor steht in deinem Horoskop auf 03°30' Wassermann in Trigon zu meiner Sonne, und Mentor steht in meinem Horoskop auf 08°56' Jungfrau in Sextil zu deiner Sonne. Gemeinsam spielten wir Rollen in den Mythen von Urania, der Muse der Astronomie, und Athene-Hygieia, die sich der Heilung des Körpers und des Geistes widmete.

Folgende Ähnlichkeiten wirken sich auf das Wohlgefühl innerhalb der Beziehung und darauf, wie leicht es uns fällt, uns zu verbinden, günstig aus: In unseren Horoskopen sind jeweils drei Planeten rückläufig, von denen einer Chiron ist, der Planet, der bei uns beiden in Elevation steht; beide haben wir die Rolle der Lehrerin und der verwundeten Heilerin übernommen. In beiden Horoskopen befinden sich sieben Planeten unter dem Horizont, darunter auch Sonne, Mond, Merkur, Mars und Neptun. Wir beide sind Frauen, die sehr zurückgezogen leben und das Leben von einer begrifflichen Grundlage aus angehen.

Wir sind beide Heilerinnen und Beraterinnen – du mit Chiron in Opposition zu Venus, und ich mit Chiron in Opposition zu Mars. Indem wir zusammenarbeiten, sind wir in der Lage, andere bei der Lösung ihrer sie verwirrenden Beziehungsprobleme zu unterstützen. In unseren beiden Horoskopen steht Mond jeweils in Quintil zu Venus, was, wie du mich lehrtest, ein magischer Aspekt ist, der die Verschmelzung der Stimmen der Göttinnen des Mondes mit denen von Venus und deren Schwestern-Archetypen – Aphrodite, Astarte und Philia – ermöglicht. Die magische Möglichkeit des Quintils liegt darin, die unterschiedlichen Energien zu synergetisieren, also aufeinander abzustimmen, zusammenwirken und sich gegenseitig unterstützen zu lassen, sowie neue Ideen zu entwickeln und Möglichkeiten dafür zu schaffen, wie diese Energien in unser Leben integriert werden können.

Das Biquintil zwischen unseren beiden Saturnen gibt uns die alchemistische Möglichkeit, gemeinsam über das Offensichtliche, über die sichtbaren Prozesse im Leben hinauszublicken, die tiefere Bedeutung und damit verbundene Konzepte zu erkennen, und es bietet uns stabilere und praktischere Möglichkeiten und zu erforschende Pfade an. Häufig setzten wir diese Fähigkeit ein, wenn wir an den Horoskopen von Klientinnen arbeiteten. In beiden Horoskopen steht Neptun im ersten Haus, deiner in Trigon zu deinem Mond, meiner in Sextil zu meinem Mond. Auch dies sind magische Aspekte, die jene Unsichtbarkeit ermöglichen, die eine gute Zuhörerin manchmal braucht, und die sich zu der Fähigkeit, sich in andere Menschen einzufühlen, entwickelt. Dieser magische Saturn-Aspekt zwischen unseren Horoskopen überreichte uns auch das Geschenk, mehr voneinander zu lernen, als wir uns vorgestellt hatten.

Zu manchen Zeiten leiteten wir Konzepte und Vorstellungen so klar voneinander ab, daß nicht mehr zu unterscheiden war, wer von uns Lehrerin und wer Schülerin war.

Unsere beiden Horoskope sind durch große Trigone miteinander verflochten, die mit T-Quadraten verknüpft sind. Manchmal dachten wir wie eine Person, selbst wenn sich unser Leben äußerlich sehr stark voneinander unterschied.

Ich kam in diese Welt kurz vor der Wiederkehr deiner Mondknotenachse, was darauf hinweist, daß wir über ähnliche Gaben und Erfahrungen verfügen, aus denen wir schöpfen können, und daß ähnliche Reiserouten nach dieser Inkarnation vor uns liegen. Deine Sonne bildet ein Quintil zu meinem nördlichen Mondknoten, und meine Sonne bildet ein Quintil zu deinem südlichen Mondknoten. Wir waren schon vorher Schwestern, und wir werden es wieder sein.

Die Heilige Schwesternschaft besteht weiter

Ich werde deine physische Präsenz vermissen, nun, da du in das Licht der nächsten Daseinsebene eingetreten bist. Ich weiß, daß dein Geist weiterleben wird und daß deine Weisheit mir und anderen Schwestern weiterhin zugänglich bleiben wird, während wir auch künftig Wissen und Erfahrungen sammeln und daran wachsen werden. Ich übernehme feierlich und respektvoll die Pflichten, auf die du mich vorbereitet hast – weiter zu lernen und zu wachsen, und was ich gelernt habe, anderen Schwestern weiterzugeben. Ich feiere freudig deinen »Schulabschluß«, und ich weiß, daß du und ich gemeinsam mit der gesamten Heiligen Schwesternschaft weiterhin Aspekte und Stimmen der einen Göttin, des Heiligen Weiblichen in uns, bleiben werden.

Anmerkungen und Literatur-empfehlungen

Demetra George:
Die sich entwickelnden Bedürfnisse von Frauen: Der Mond
und die Blutmysterien

1 Alexander Marshak, *The Roots of Civilization: the Cognitive Beginnings of Man's First Art, Symbols and Notation.* New York: McGraw-Hill, 1972.
2 Mircea Eliade, *Images and Symbols.* New York: Sheed and Ward, 1961, S. 71–73
  (deutsch: *Ewige Bilder und Sinnbilder. Über die magisch-religiöse Symbolik.* Insel (TB), Frankfurt/Main, 1998.)
3 Franz Cumont, *Astrology and Religion Among the Greeks and Romans.* New York: Dover Publications, 1960, S. 70.
4 Es besteht eine leichte Diskrepanz zwischen den Daten der Kreuzvierteltage von Lichtmeß, 2. Februar; Beltane, 1. Mai; Lammas, 1. August, und Allerheiligen (Hallomas), 31. Oktober, und deren astrologischen Entsprechungen. Die Kreuzvierteltage liegen auf der halben Strecke zwischen den Sonnenwenden und Äquinoktien, also jeweils auf 15° der fixen Zeichen Wassermann, Stier, Löwe und Skorpion. Diese Daten liegen näher am 6. oder 7. Tag eines Monats. Man vermutet, daß die Verwirrung aus dem Wechsel vom 13 Monate zählenden Mondkalender zum 365 Tage zählenden Sonnenkalender resultiert.
5 Meine Bücher *Astrology For Yourself* (mit Douglas Bloch, Wingbow, 1987) und *Finding Our Way Through the Dark* (ACS, 1995) enthalten die Schablonen, mit denen eine Mondphase errechnet werden kann, und ein Aspektrad, das die Prozedur auf das Drehen einer Scheibe vereinfacht.
6 Wie Sie Ihre eigene Geburtsmondphase und Ihre aktuelle

progressive Mondphase bestimmen, können Sie meinem Buch *Finding Our Way Through the Dark* entnehmen.

7 Barbara Walker, *The Woman's Encyclopedia of Myths and Secrets*. San Francisco: Harper & Row, 1983. (deutsch: *Das geheime Wissen der Frauen. Ein Lexikon*. dtv, Reihe Modernes Leben (36078), München, 1995)

8 Esther Harding, *Women's Mysteries*. New York: Harper & Row Colophon, 1976.

9 Boston Women's Health Collective, *The New Our Bodies Our Selves*. New York: Simon & Schuster, 1984, S. 446 (deutsch: *Unser Körper – Unser Leben. Ein Handbuch von Frauen für Frauen*. Rowohlt, TB, erweiterte Neuausgabe 1988, 2 Bände.)

10 Genia Pauli Haddon, *Body Metaphors: Releasing God-Feminine in Us All*. New York: Crossroad, 1988, S. 157.

11 Vicki Noble, *Shakti Woman*. San Francisco: Harper San Francisco, 1991. (deutsch: *Shakti. Die heilende Energie der Frau*. Walter Verlag, Düsseldorf, 1994.)

M. Kelley Hunter:
Die Mutter-Tochter-Bindung: Eine kurze Forschungsreise durch Mythologie und Astrologie

1 Debold, Wilson, und Malave, *Mother-Daughter Revolution: From Betrayal to Power*. New York: Addison-Wesley Publishing Company, 1993, XVI.

2 Elaine Pagels, *The Gnostic Gospels*. New York: Vintage Books, 1981, S. 66. (deutsch: *Versuchung durch Erkenntnis. Die gnostischen Evangelien*. Suhrkamp TB (01456), Fankfurt/Main, 1987.)

3 Marvin W. Meyer (Hrsg.), *The Ancient Mysteries: A Sourcebook*. New York: Harper and Row, 1987, S. 21.

4 Diane Wolkstein und Samuel N. Kramer, *Inanna, Queen of Heaven and Earth*. New York: Harper and Row, 1983, S. 4.

5 Ibid. S. 5-6

6 Aus: Dragon Dance Theater and Helia Productions, un-
veröffentlichtes Skript.

7 Wolkstein und Kramer, op. cit., S. 89.

8 Sherry Ruth Anderson and Patricia Hopkins, *The Feminine Face of God.* New York: Bantam Books, 1992, S. 61.

9 Siehe: Lyn Mikel Brown and Carol Gilligan, *Meeting at the Crossroads.* New York: Ballantine Books, 1992
(deutsch: *Die verlorene Stimme. Wendepunkte in der Entwicklung von Mädchen und Frauen.* dtv, Reihe Dialog und Praxis (35133), München, 1997) und: Pipher, *Reviving Ophelia: Saving the Selves of Adolescent Girls.*

10 A. H. Almaas, *The Pearl Beyond Price.* Berkeley, CA: Diamond Books, 1988, S. 221.

11 Wolkstein und Kramer, op. cit, S. 95.

12 Barbara Walker, *The Crone.* New York: Harper and Row, 1985, S. 32.
(deutsch: *Die weise Alte. Kulturgeschichte – Symbolik – Archetypus.* Verlag Frauenoffensive, München, 1986.)

13 Sylvia Perera, *Descent to the Goddess* Toronto: Inner City Books, 1981, S. 44.
(deutsch: *Der Weg zur Göttin der Tiefe. Die Erlösung der dunklen Schwester: eine Initiation für Frauen.* Ansata im Scherz Verlag, 4. Aufl., Bern, München, Wien, 1990.)

14 Mary Pipher, *Reviving Ophelia.* New York: Ballantine Books, 1994, S. 25.

Referenzen und andere Leseempfehlungen

A. H. Almaas, *The Pearl Beyond Price, Integration of Personality Into Being: An Object Relations Approach.* Berkeley, CA: Diamond Books, 1988.

Sherry Ruth Anderson/Patricia Hopkins, *The Feminine Face of God.* New York: Bantam Books, 1992.

Terry Apter, *Altered Loves: Mothers and Daughters During Adolescence.* New York: Fawcett Clumbine, 1990.

Lyn Mikel Brown/Carol Gilligan, *Die verlorene Stimme. Wen-*

depunkte in der Entwicklung von Mädchen und Frauen. dtv dialog + praxis (35133), München, 1997.

Kathie Carlson, *In Her Image: an Unhealed Daughter's Search for Her Mother.* Boston: Shambhala, 1990.

Kim Chernin, *In My Mother's House: A Daughter's Story.* New York: Harper Collins, 1983.

– *Reinventing Eve.* New York: Random House, 1987.

Elizabeth Debold, Idelisse Malave und Marie Wilson, *Mother Daughter Revolution: From Betrayal to Power.* New York: Addison-Wesley Publishing Company, 1993.

Erich Neumann, *Die große Mutter. Eine Phänomenologie der weiblichen Gestaltungen des Unbewußten.* Walter Verlag, Olten, 11. Aufl. 1997.

Elaine Pagels, *Versuchung durch Erkenntnis. Die gnostischen Evangelien.* Suhrkampf TB (01456), Frankfurt/Main, 1987.

Sylvia Perera, *Der Weg zur Göttin der Tiefe. Die Erlösung der dunklen Schwester: eine Initiation für Frauen.* Ansata im Scherz Verlag, München, 4. Aufl. 1990.

Mary Pipher, *Reviving Ophelia: Saving the Lives of Adolescent Girls.* New York: Ballantine Books, 1994.

Alexander Ruperti, *Kosmische Zyklen. Planetarische Muster des Wachstums.* Ullstein TB (35751), Berlin, 1997.

Barbara G. Walker, *Die weise Alte. Kulturgeschichte – Symbolik – Archetypus.* Verlag Frauenoffensive, München, 1986.

Diane Wolkstein und Samuel N. Kramer, *Inanna, Queen of Heaven and Earth.* New York: Harper and Row, 1983.

Jennifer Barker Woolger und Roger J. Woolger, *Göttinnen. Urbilder für eine Psychologie der Frau.* Bastei Lübbe TB (60376), Bergisch Gladbach, 1994.

Carol Garlick:
Töchter und Väter: Die Rolle des Vaters für die Entwicklung zur ganzheitlichen Frau

1 Liz Greene und Howard Sasportas, *Sonne und Mond. Die Bedeutung der großen Lichter in der Mythologie und im Horoskop.* Hugendubel, München, 1994
2 Alle Horoskope wurden auf der Grundlage der auf der Geburtsurkunde vermerkten Zeit berechnet.

Barbara Schermer:
Psyches Aufgaben: Ein Initiationsweg für Frauen

1 Erich Neumann, *Amor und Psyche. Eine tiefenpsychologische Deutung mit dem Text des Märchens von Apuleius.* Walter Verlag, Olten, 9. Aufl. 1995.
2 Robert Johnson, *She.* New York: Harper and Row, 1976. (deutsch: *Vom Weiblichen im Mann. Die femininen Archetypen im männlichen Leben.* Hugendubel, München, 1996. *Die Bilder der Seele. Traumarbeit und aktive Imagination.* Hugendubel, München, 1995.)
3 Marie Louse von Franz, *The Golden Ass of Apuleius.* Boston: Shambhala, 1992.
(deutsch: *Die Erlösung des Weiblichen im Manne. Der Goldene Esel des Apuleius in tiefenpsychologischer Sicht.* Walter Verlag, Olten, 1997.)
4 von Franz, op. cit., S. 8.
5 von Franz, op. cit., S. 8
6 Marie Louise von Franz, *Projections and Recollections in Jungian Psychology.* London: Open Court, 1980, S. 132.
7 Guillem of Aquitaine. In: Christopher Bamford, »The Magic of Romance: The Cultivation of Eros From Sappho to the Troubadours.« *Alexandria*, 2, 1993, S. 302.
8 *Joseph Campbell and the Power of Myth with Bill Moyers,* »Love and the Goddess.« PBS Fernsehserie.
9 W. R. Jankowiak und E. F. Fischer, *Sex, Death and Hierar-*

chy in a Chinese City. New York: Columbia University Press, 1992. In: Helen Fischer, *Anatomy of Love.* New York: Fawcett Columbine, 1992, S. 50.

10 Anne Carson (Übers.), *Eros, the Bittersweet.* (Princeton: Princeton University Press, 1986). In: Christopher Bamford, »The Magic of Romance: The Cultivation of Eros From Sappho to the Troubadours.« *Alexandria,* 2, 1993, S. 290. (Deutsche Übersetzung des Zitats entnommen aus: *Sappho. Lieder.* [griechisch/deutsch], hrsg. v. Max Treu, Artemis & Winkler Verlag, München/Zürich, 8. Aufl. 1991 [Sammlung Tusculum], S. 73.)

11 *Joseph Campbell and the Power of Myth with Bill Moyers.* Op. cit.

12 James Hillman, *The Myth of Analysis.* New York: Harper Perennial, 1972, S. 69.

13 Apuleius in *The Golden Ass.* In: Erich Neumann, *Amor and Psyche.* Princeton: Princeton University Press, 1956, S. 7. (deutsch: Erich Neumann, *Amor und Psyche. Eine tiefenpsychologische Deutung mit dem Text des Märchens von Apuleius.* Walter Verlag, Olten, 1971, S. 63–64; inzwischen 9. Aufl. 1995)

14 *The Oxford Guide to Myth in the Arts: 1300–1900's.* Oxford: Oxford University Press, 1993, Band 2, S. 940.

15 James Hillman, »Betrayal.« *Loose Ends.* Dallas, TX: Spring 1975, S. 79.

16 Adolph Guggenbühl-Craig, *Marriage Dead or Alive.* Dallas, TX: Spring 1977, S. 38.

17 Robert Ranke-Graves, *The Greek Myths.* London: Penguin, 1955, S. 34. (deutsch: *Griechische Mythologie. Quellen und Deutung.* Rowohlt TB, Reinbek/Hamburg, 1986 [rororo, rowohlts enzyklopädie 00404].)

18 Betty Dodson, *Self-Loving: A Video Portrait of a Woman's Sexuality Seminar.* Betty Dodson, 1993. (Ein Videoband ist erhältlich bei *Tantra: The Magazine* in den USA, Tel.: 001-341-8272) (deutschsprachiger Buchtitel: Betty Dodson, *Sex for One –*

Die Lust am eigenen Körper. Goldmann (Ratgeber 10475), München, 1995.)

19 Annie Sprinkle und Maria Beatty, *Sluts and Goddesses.* (Ein Videoband ist erhältlich bei *Tantra: The Magazine* in den USA, Tel.: 001-341-8272).

20 Tee Corinne, *Cunt Coloring Book.* San Francisco: Last Gasp, 1981.

21 Jerome Stolnitz, »Beauty.« *Encyclopedia of Philosophy.* Band 1, New York: MacMillan, 1967, S. 264.

22 James Hillman, *The Thought of the Heart and the Soul of the World.* Dallas, TX: Spring, 1992, S. 39.

23 Carlos Castaneda, *A Separate Reality.* New York: Pocket Books, 1971, S. 10–11.
(deutsch: *Eine andere Wirklichkeit. Neue Gespräche mit Don Juan.* Fischer TB [01616], Frankfurt/M., 22. Aufl. 1997.)

24 James Hillman, *Revisioning Psychology.* New York: Harper Perennial, 1992, S. 115 ff.
(deutsch: James Hillman/Michael Ventura, *Hundert Jahre Psychotherapie. Und der Welt geht's immer schlechter.* Walter Verlag, Düsseldorf/Olten, 1993.)

25 »Navajo Blessed Beauty Way Prayer.« Wie es Harley Swift Deer Reagan von Großvater Tom Two Bears Wilson lernte. In: Kenneth Ray Stubbs (Hrsg.), *Women of the Light.* Larkspur, CA: Secret Garden, 1994.

Gloria Star:
Wie man gesunde Beziehungen gestaltet

1 »Change the World, and Godspeed«, Time Magazine 145/24 vom 12. Juni 1995, S. 82

Bibliographie

Margo Anand, *Tantra oder die Kunst der sexuellen Ekstase.* Goldmann TB, München, 1996.

George Bach und Peter Wyden, *The Intimate Enemy*. New York: William Morrow, 1969.
(deutsch vermutlich: *Streiten verbindet. Spielregeln für Liebe und Ehe*. Fischer TB [03321], Frankfurt/Main, 14. Auflage 1997.)

Melody Beattie: *Codependent No More*. San Francisco, Harper and Row, 1987.
(deutsch: *Unabhängig sein*. Heyne.)

Melody Beattie, *Beyond Codependency*. San Francisco: Harper and Row, 1989.
(deutsch: *Mut zur Unabhängigkeit. Wege zur Selbstfindung und inneren Heilung. Das Zwölf-Schritte-Programm*. Heyne, München, 1992.)

Stephanie Covington und Liana Beckett, *Leaving the Enchanted Forest*. San Francisco: Harper and Row, 1988.
(deutsch: *Dornröschen schläft nicht mehr. Das Erwachen der weiblichen Sexualität*. Oesch, Zürich, 1993.)

Jo Garcia und Sara Maitland, *Walking on the Water*. London: Virago, 1983.

Harriet Goldhor Lerner, *The Dance of Anger*. New York: Harper and Row, 1985.
(deutsch: *Wohin mit meiner Wut? Neue Beziehungsmuster für Frauen*. Fischer TB [04735], Frankfurt/Main, 11. Aufl. 1996.)

Ethel S. Person, *Dreams of Love and Fateful Encounters*. London: Penguin, 1988.

Ruth Ross, *Prospering Woman*. Mill Valley, CA, USA: Whatever Publishing, Inc., 1983.

Madalyn Hillis-Dineen:
Über das Single-Sein: Die Entscheidung, ich selbst zu sein

1 Gloria Steinem. Geboren am 25. März 1934 um 22.00 Uhr EST in Toledo, OH, USA (41N39, 83W33). Quelle: Machey-Saunders Datensammlung, Astrolabe, Inc., Brewster, MA, USA, 1989.

2 Prinzessin Diana. Geboren am 1. Juli 1961 um 19.45 Uhr WET in Sandringham, England, GB (52N50, 00E30).

3 Louisa May Alcott. Geboren am 29. November 1832 um 5.30 Uhr UT in Germantown, PA, USA (40N02, 74W10). Quelle: Blackwell Datensammlung, Astrolabe, Inc., Brewster, MA, USA, 1989.

4 Cher. Geboren am 20. Mai 1946 um 7.25 Uhr PST in El Cerrito, CA, USA (32N48, 119W34). Quelle: Machey-Saunders Datensammlung, Astrolabe, Inc., Brewster, MA, USA, 1989.

5 Madonna. Geboren am 16. August 1958 um 7.00 Uhr EST in Bay City, MI, USA (43N36, 83W53).

6 Mutter Teresa. Geboren am 27. August 1910 um 4.57 Uhr MEZ in Skopje, ehemaliges Jugoslawien (41N59, 21E26).

7 Maya Angelou. Geboren am 4. April 1928 um 14.10 Uhr CST in St. Louis, MO, USA (38N37, 80W12). Quelle: Machey Saunders Datensammlung, Astrolabe, Inc., Brewster, MA, USA, 1989.

8 Mia Farrow. Geboren am 9. Februar 1945 um 11.27 Uhr PWT in Los Angeles, CA, USA (34N04, 118W15). Quelle: Machey Saunders Datensammlung, Astrolabe, Inc., Brewster, MA, USA, 1989.

9 Heilige Teresa von Avila. Geboren am 28. März 1515 um 5.51 Uhr UT in Avila, Spanien (40N39, 04W42). Quelle: Blackwell Datensammlung, Astrolabe, Inc., Brewster, MA, USA, 1989.

10 Oprah Winfrey. Geboren am 29. Januar 1954 um 19.50 Uhr CST in Kosciusko, MS, USA (33N03, 89W35).

11 Quelle: eigene Aussage während einer Vorführung der Timisis Life-Clock in einer Fernsehshow, zitiert in Lois Roddens *Data News* Nr. 53, Juni 1995.

12 Spiegelt man einen Planeten über die Achse 0°Krebs/Steinbock, dann ist der diesem Planeten gegenüberliegende Punkt das Antiszium dieses Planeten. Die Halbsumme zwischen diesem Planeten und dessen Antiszium fällt also immer auf 0° Krebs/Steinbock. Antiszien

sind auch hilfreich in der Auffindung von Planeten mit der gleichen Deklination. Das Kontra-Antiszium erhält man, indem man einen Planeten über die Achse 0° Widder/Waage spiegelt. Mit ihrer Hilfe findet man heraus, welche Planeten sich in Kontra-Parallele zueinander befinden. Antiszien und Gegen-Antiszien bilden die Grundlage für das Konzept des achtarmigen Kreuzes, mit dem Astrologen der Hamburger Schule arbeiten. Die Arbeit mit dem achtarmigen Kreuz umfaßt auch die Einbeziehung von Symmetrien um 15° der fixen Zeichen und die Beachtung von Planeten in Antiszien und Gegen-Antiszien. Das Konzept der Antiszien und Gegen-Antiszien ist viel älter als die Hamburger Schule, die erst zu Beginn des 20. Jahrhunderts entwickelt wurde – es geht auf Ptolemäus' Zeit zurück.

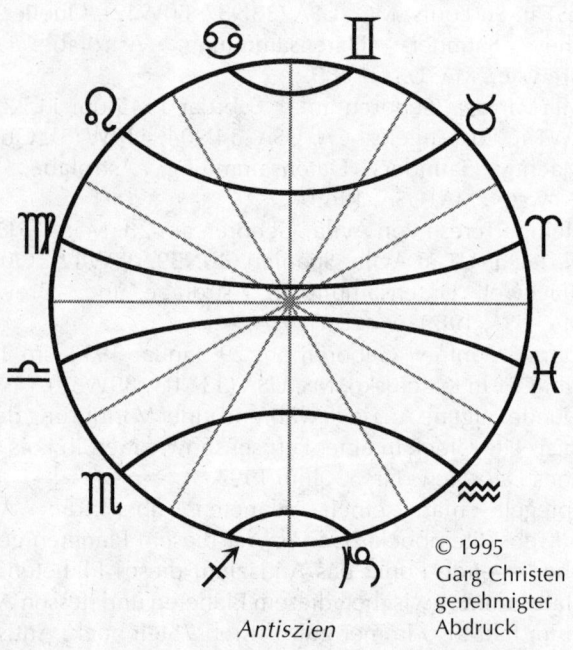

Antiszien

© 1995
Garg Christen
genehmigter
Abdruck

406

13 Marianne Williamson, *A Woman's Worth*. New York: Ballantine Books, 1993, S. 138–139.

Ronnie Gale Dreyer:
Die Bedeutung der Selbstachtung

1 Susan Forward/Joan Torres, *Men Who Hate Women and the Women Who Love Them*. London: The Aquarian Press, S. 43.
2 Dieses Kapitel wurde 1995 geschrieben, während der Prozeß gegen O. J. Simpson lief. Ich habe mich daher bemüht, meine persönlichen Gefühle nicht den Inhalt beeinflussen zu lassen. Alle Angaben zum Leben der Simpsons und der Clintons basieren entweder auf veröffentlichtem Material oder direkten Beobachtungen. Wenn ich etwas angenommen oder eigene Schlüsse gezogen habe, habe ich besonders darauf hingewiesen.
3 Nicole Brown Simpson. Geboren am 19. Mai 1959 um 2.00 Uhr MEZ in Rollwald, Deutschland (49N59, 08E51).
4 Obwohl manche Astrologinnen und Astrologen dies nicht als großes Trigon gelten lassen würden, weil der dritte Punkt eine Achse und kein Planet ist, gilt meiner Erfahrung nach, daß die Persönlichkeit/Partnerschaft beeinflußt wird, wenn eine wichtige Aspektfigur die AC/DC-Achse als ihren dritten Punkt einbezieht, während die Einbeziehung der IC/MC-Achse als dritter Punkt Elternthemen und berufliche Themen beeinflußt.
5 O. J. Simpson. Geboren am 9. Juli 1947 um 8.08 Uhr PST in San Francisco, CA, USA (37N47, 122W25).
6 Liz Greene, *Saturn. A New Look at an Old Devil*. York Beach, ME: Weiser Publ., S. 171.
(deutsch: *Saturn*. Hugendubel, München, 9. Aufl. 1993, S. 150.)
7 Alle Ereignisse in ihrem Leben sind Sheila Wellers Buch *Raging Heart* (New York, Pocket Books, 1995) und allgemein zugänglichen Zeitungsartikeln entnommen.

8 Nicole. Sonnenbogendirektion für den 19. Mai 1977, 0 Uhr PST auf Los Angeles, CA (34N04, 118W15).

9 Es ist purer Zufall, daß Nicole Brown Simpson Dr. Susan Forward aufsuchte, auf deren Buch ich 1987 zufällig stieß.

10 Hillary Rodham Clinton. Geboren am 26. Oktober 1947 um 20.00 Uhr CST in Chicago, IL, USA (41N52, 87W39). Quelle: eigene Angabe von Hillary Rodham Clinton gegenüber der Astrologin Celeste Longacre.

11 Bill Clinton. Geboren am 19. August 1946 um 8.51 Uhr CST in Hope, AR, USA (33N40, 93W36).

12 Dies wurde von der Astrologin Priscilla Costello, einer Klassenkameradin von Hillary Rodham Clinton, berichtet.

13 Hillary. Horoskop des progressiven Vollmonds. 27. Februar 1980, 23.24 Uhr CST. Little Rock, AR, USA (34N45, 92W17).

Bibliographie

Ronnie Gale Dreyer, *Venus: The Evolution of the Goddess and Her Planet.* London: The Aquarian Press, Harper/Collins Publishers, 1994.

Susan Forward und Joan Torres, *Men Who Hate Women and the Women Who Love Them.* New York: Bantam Doubleday Dell, 1987.

Liz Greene, *Saturn. A New Look at an Old Devil.* York Beach, ME: Weiser Publications, 1976.
(deutsch: *Saturn.* Hugendubel, München, 9. Aufl. 1993.)

Robert E. Levin, *Bill Clinton: The Inside Story.* New York: S.P.I. Books, 1992.

David L. Maraniss, *First in His Class: A Biography of Bill Clinton.* New York: Simon & Schuster, 1995.

Sheila Weller, *Raging Heart.* New York: Pocket Books, Simon & Schuster, 1995.

Roxana Muise:
Die Heilige Schwesternschaft

1 Jean Luc Picard, »The Chase«, *Star Trek, The Next Generation,* Sternzeit 46731.5

2 James. P. Carse, *Finite and Infinite Games: A Vision of Life as Play and Possibility.* 1986. Nachgedruckt mit Genehmigung von The Free Press, Simon & Schuster.
(deutsch: *Endliche und unendliche Spiele: Die Chancen des Lebens.* Klett-Cotta, Stuttgart, 1987, übersetzt von Friedrich Griese, S. 9.)

3 s. o., S. 15.

4 »Warriors of the Amazon«, Fernseh-Special NOVA, Fernsehsendung im Mai 1995

5 *Brain Mind, A Bulletin of Breakthroughs* (Interface Press, Los Angeles, CA), September 1994, Dezember 1994, Februar 1995.

6 *Elevation*: Wenn ein Planet hoch über dem Horizont (der AC/DC-Achse) und von allen Planeten im Horoskop dem MC oder der Spitze des zehnten Hauses am nächsten steht, befindet er sich in Elevation.

7 *Deklinationsparallele*: Mit *Deklination* bezeichnet man eine der geographischen Breite analoge Koordinate an der Himmelskugel. Sie ist der Winkelabstand eines Gestirns vom Himmelsäquator, der in Grad gemessen und nach Norden positiv, nach Süden negativ gezählt wid. Ein Planet auf z. B. 16° nördlicher Deklination und einer auf 16° südlicher Deklination bilden eine Deklinationsparallele.

8 *Vertex/Anti-Vertex* (Definition aus: Electric Library im Internet): Der Anti-Vertex ist der Schnittpunkt der ersten Vertikalen mit der Ekliptik im Osten. Sein Gegenüber ist der Vertex im Westen. Die Achse aus Vertex und Anti-Vertex spielt im allgemeinen eine ähnliche Rolle wie die AC/DC-Achse, dabei fungiert der Anti-Vertex als eine Art Hilfsaszendent und liefert zusätzliche Informationen bezüglich der Persönlichkeit und des Verhaltens des betreffenden Menschen in gesellschaftlichen Situationen. Der

Vertex gilt als eine Art sensibler »Beziehungspunkt«. Vor allem amerikanische Astrologen und Astrologinnen arbeiten mit diesen Punkten.

Bibliographie und empfohlene Literatur

Anthony Aveni, *Conversing with the Planets.* New York: Random House, Inc., 1992.
(deutsch: *Dialog mit den Sternen.* Klett-Cotta / SVK, Stuttgart, 1995.)

Martha Ann und Dorothy Myers Imel, *Goddesses in World Mythology.* New York: Oxford University Press, 1993.

Robert E. Bell, *Women of Classical Mythology.* New York: Oxford University Press, 1991.

Jean Shinoda Bolen, *Goddesses in Everywoman.* New York: Harper & Row, Publishers, Inc., 1984
(deutsch: *Göttinnen in jeder Frau. Psychologie einer neuen Weiblichkeit.* Heyne TB (0300), München 1997.)

James P. Carse, *Finite and Infinite Games.* New York, NY: The Free Press, Simon & Schuster, 1986.
(deutsch: *Endliche und unendliche Spiele: Die Chancen des Lebens.* Klett-Cotta, Stuttgart, 1987.)

Janet und Stewart Farrar, *The Witches' Goddess.* Custer, WA: Phoenix Publishing, Inc. 1987.
(deutsch: *Acht Sabbate für Hexen und Riten für Geburt, Heirat und Tod.* J. Bohmeier, 1994.)

Funk & Wagnalls, *Standard Dictionary of Folklore – Mythology and Legend.* San Francisco: Harper & Row Publishers, 1984.

Pierre Grimal, *The Concise Dictionary of Classical Mythology.* Cambridge MA: Basil Blackwell Ltd., 1990.

Ariel Guttman & Kenneth Johnson, *Mythic Astrology: Archetypal Powers in the Horoscope.* St. Paul, MN: Llewellyn Publications, 1993.

Murry Hope, *The Psychology of Ritual.* Dorset, England: Element Books, 1988.

Murry Hope, *Olympus: Self-Discovery and the Greek Archetypes.* London: Harper Collins Publishers, 1991.

Carl Gustav Jung, *Memories, Dreams, Reflections.* London: Routledge & Kegan Paul, 1963.
(deutsch: *Erinnerungen, Träume, Gedanken.* Walter Verlag, Olten, 1997.)

Karl Kerényi, *Goddesses of the Sun and Moon.* Dallas, TX: Spring Publications Inc., 1979.
(deutsch: *Töchter der Sonne. Betrachtungen über griechische Gottheiten.* Klett-Cotta, Stuttgart, 1997.)

Alexander S. Murray, *Who's Who in Mythology.* New York: Crescent Books, 1988.

Jacob Schwartz, *Asteroid Name Encyclopedia.* St. Paul, MN: Llewellyn Publications, 1995.

Bani Shorter, *An Image Darkly Forming.* London: Routledge & Kegan Paul, 1987.
(deutsch: *Frauen und Initiation.* Daimon, 1994.)

Deborah Tannen, *You Just Don't Understand.* New York: William Morrow & Company, 1990.
(deutsch: *Du kannst mich einfach nicht verstehen.* Goldmann TB (16108), München, 1998.)

Geraldine Thorsten, *GOD Herself: The Feminine Roots of Astrology.* New York: Doubleday & Company, Inc., 1980.
(deutsch: *Sternzeichen der Göttin. Die Astrologie der Frau.* Goldmann, München, 1990 – leider vergriffen.)

Webster's Deluxe Unabridged Dictionary. 2. Aufl., New York: Simon & Schuster, 1979.

Über die Autorinnen

Jan Spiller

Jan Spiller ist seit 1977 Vollzeit-Astrologin. Sie schreibt Kolumnen für *Dell Horoscope, Globe Midnight Horoscope*, den *New Age Retailer, New Life* und *Visions Magazine*, die landesweit veröffentlicht werden. Mit ihren monatlich erscheinenden Artikeln erreicht sie ein Publikum von Hunderttausenden von Lesern. Unter anderem hat sie auch eine landesweit ausgestrahlte tägliche Radiosendung sowie zwei wöchentliche Fernsehshows. Sie spricht regelmäßig auf überregionalen New-Age-Konferenzen und auf Astrologie-Kongressen.

Jan Spiller ist im *Who's Who in America* und im *Who's Who in American Women* aufgeführt. Sie ist Mitautorin von *Spiritual Astrology: Your Personal Path to Self-Fulfillment* (Simon & Schuster), das inzwischen sowohl in Spanisch als auch in Englisch erhältlich ist und in 12. Auflage vorliegt. Ihr neues Buch *Astrology for the Soul* (Bantam Books) ist 1998 auf deutsch bei Knaur erschienen.

Demetra George

Die Mythologieforscherin und Astrologin Demetra George ist seit 1972 als Beraterin, Lehrerin, Autorin und Forscherin tätig. Sie ist Ko-Autorin von *Astrology For Yourself*, Autorin von *Das Buch der Asteroiden, Mysteries of the Dark Moon: The Healing Power of the Dark Goddess* und *Finding Our Way Through the Dark*. Mit ihrer Forschung leistete sie Pionierarbeit. Dabei verbindet sie antike Mythologie, Geschichte und Psychologie der Archetypen mit weiblich-zentrierter Astrologie zu einer Synthese. Sie war Präsidentin des Asteroid SIG der NCGR, Mitglied im AFAN Leitungskomitee und Mitglied des ISAR. Sie gründete und fördert Frauengruppen, die sich der Erforschung der Mysterien widmen, und sie leitet Exkursionen zu heiligen Stätten im Mittelmeerraum. Sie lebt an der Küste von Oregon und lehrt in der ganzen Welt.

M. Kelley Hunter

M. Kelley Hunter befaßt sich seit 1967 mit Astrologie. Sie hat einen Abschluß im Fach Schauspiel am Middlebury College und ihren Magister in Tiefenpsychologie und kreativer Kommunikation an der Norwich University gemacht. Sie verbindet Mythologie, Psychologie und experimentelle Erziehungswissenschaft mit ihrer astrologischen Arbeit mit Einzelpersonen und Gruppen. Sie ist Direktorin von Helia Productions, Initiatorin von Konferenzen zur experimentellen Astrologie, und sie schreibt mythische Dramen, die sie mit dem Dragon Dance Theater umsetzt. Sie ist beim *Bread and Puppet Circus* aufgetreten und bei den Vereinten Nationen. M. Kelley Hunter ist seit 1976 Mutter und lebt heute in Vermont sowie in der Karibik.

Carol Garlick

Carol Garlick ist Berufsastrologin, Lehrerin und Dozentin. Sie wohnt in Atlanta, Georgia, und hat eine florierende Beratungspraxis. Sie schreibt eine Astrologie-Kolumne für die *Aquarius Newspapers*.

Sie war früher Leiterin der Werbeabteilung und Personalastrologin bei Matrix Software in Big Rapids, Michigan. In dieser Funktion hatte sie die Gelegenheit, gemeinsam mit Michael Erlewine die ersten Präsentationen von Astrologie im Internet sowohl für Microsoft als auch America Online (AOL) zu entwickeln. Carol ist seit langem in den wichtigsten astrologischen Organisationen aktiv. Zur Zeit ist sie Vorstandsmitglied und Herausgeberin eines Newsletters für die *Metro-Atlanta Astrological Society*. Sie besitzt einen B. S. (Baccalaureus) in Soziologie (Sozialwissenschaften) und ist Mitglied des C. G. Jung-Instituts. Sie organisiert auch Frauen-Selbsthilfegruppen.

Barbara Schermer

Barbara Schermer unterhält seit 1974 eine astrologische Praxis in Chicago. Als Pionierin auf dem Gebiet der experimentellen Astrologie und als Autorin von *Astrologie Live!* (Verlag Petra Niehaus, Aachen, 1991) sowie zahlreicher Fachartikel fördert sie mit leidenschaftlichem Engagement eine Astrologie, die statt Prognosen die Seele ins Zentrum der Deutung stellt. In ihrer Arbeit verbindet sie die Astrologie mit jungianischer Psychologie und der Psychologie der Archetypen, mit Mythologie, Kriya Yoga, Alchemie und Kunst. Sie ist für ihren psychologischen, enthusiastischen und dynamischen Unterrichtsstil bekannt. In den vergangenen vier Jahren setzte sie sich u. a. besonders für die Gründung von Frauengruppen zum Thema Liebe und Sexualität ein. Gemeinsam mit dem jungianischen Analytiker John Giannini leitet sie Gruppen zur Traumarbeit und Astrologie.

Megan Wells

Megan Wells ist Geschichtenerzählerin, Schriftstellerin, Theaterkünstlerin und Coach. Ihr Repertoire umfaßt eigene Geschichten, dramatische Geschichten, griechische, nordische Mythen, Mythen und Legenden der amerikanischen Ureinwohner sowie zahlreiche klassische Kurzgeschichten. Ihre eigene Geschichte »Thom's Dream« wurde in *A Loving Testimony: Remembering Loved Ones Lost to AIDS* veröffentlicht, erschienen bei *The Crossing Press*.

Gloria Star

Gloria Star ist seit mehr als 20 Jahren Berufsastrologin. Sie hat Klienten in der ganzen Welt, sie lehrt und hält Vorträge über Astrologie, spirituelle Entwicklung und persönliches Wachstum. Darüber hinaus ist sie Autorin des Buches *Das Kind im Horoskop – Begabungen erkennen und optimal fördern* (Ebertin, Freiburg, 1994; Original: *Optimum Child.* Llewellyn 1987), und sie schreibt seit 1990 für den Verlag *Llewellyn* das jedes Jahr erscheinende *Sun Sign Book.* Seit 1995 schreibt sie Beiträge für das *Moon Sign Book.* Ihr Buch *Houses: Power Places in the Horoscope* (Llewellyn) ist 1990 und *How to Manage the Astrology of Crisis* (ebenfalls Llewellyn) 1993 erschienen.

Gloria Star ist im *Who's Who of American Women* aufgeführt und innerhalb der astrologischen Gemeinschaft sehr aktiv; beispielsweise gehört sie seit 1986 zum Dozententeam des United Astrology Congress (UAC) und hält seitdem Vorträge für Gruppen und auf Konferenzen in ganz Nordamerika und auch weltweit. Sie ist Mitglied des Beraterstabes für den NCGR, hat beim Leitungsausschuß für den AFAN mitgewirkt und war von 1992–1997 Herausgeberin des AFAN Newsletters. Sie schreibt auch eine regelmäßige Kolumne für *The Mountain Astrologer Magazine.*

Madalyn Hillis-Dineen

Madalyn Hillis-Dineen begann ihr Studium der Astrologie mit der *Hamburger Schule.* Sie praktiziert und lehrt die Techniken der *Hamburger Schule* seit 1980. Sie hält häufig Vorträge bei Konferenzen überall in den Vereinigten Staaten und koordinierte die Vorträge für den Bereich *Hamburger Schule/Kosmobiologie* beim *United Astrology Congress* 1992 und 1995. Sie schreibt für verschiedene Publikationen, darunter auch das *NCGR Journal,* und eine monatliche Kolumne in *Ho-*

roscope Guide. Darüber hinaus besitzt sie ein Zertifikat für Astro*Carto*Graphy.

Als aktives Mitglied der astrologischen Gemeinschaft wurde ihr 1995 der *UAC Regulus Award for Community Service* verliehen. Sie ist Protokollführerin des *National Council for Geocosmic Research* und war zweimal Mitglied des Lenkungsausschusses für die *Association For Astrological Networking.* 1994 ging sie zu *Astrolabe, Inc.*, einem führenden Unternehmen im Bereich astrologischer Software, und fing dort als Leiterin der Marketingabteilung an. Sie ist im *Who's Who in the East* und *Who's Who of American Women* aufgeführt. Zwölf Jahre lang war Madalyn Hillis-Dineen glücklich, »wieder Single zu sein« und alleinerziehende Mutter zweier Kinder, Mark und Katie. 1996 heiratete sie einen Mann, der in Kontakt mit seiner spirituellen Seite ist. Gemeinsam wohnen nun alle in Brewster, Massachusetts, auf Cape Cod, wo Madalyn neben ihrer Arbeit bei *Astrolabe* ihre eigene astrologische Praxis hat.

Ronnie Gale Dreyer

Ronnie Gale Dreyer ist international als astrologische Beraterin, Lehrerin und Dozentin bekannt. Neben zahlreichen Artikeln, Kolumnen und Geschenkbänden hat sie auch *Venus: The Evolution of the Goddess and Her Planet, Vedic Astrology* und *Moon Guides to Love and Life* geschrieben. Zur Zeit schreibt sie gerade ein Buch über Astrologie und alternative Heilweisen.

Sie hat einen Magister in Englisch/Theaterkünste und studierte indische Astrologie (Jyotish) sowohl privat als auch an der *Sanskrit University* in Benares, Indien. Sie ist Mitbegründerin des ersten astrologischen Computer-Services in den Niederlanden, wo sie zehn Jahre lebte; sie war die offizielle Vertreterin in den Niederlanden für Astro*Carto*Graphy und als redaktionelle Beraterin für New Age- und Selbsthilfe-Bücher bei verschiedenen Verlagen tätig.

Ronnie Gale Dreyer ist Schriftführerin der *Association for Astrological Networking (AFAN)* und gehört zum Mitarbeiterstab des New Yorker *Astrology Center*. 1994 wurde ihr vom *Indian Council of Astrological Sciences* das *Jyotish Kovid*-Zertifikat verliehen »für ihre Unterstützung bei der Förderung der indischen Astrologie durch Lehre und Schrift«.

Kim Rogers-Gallagher

Kim Rogers-Gallagher war früher Präsidentin der *Washington State Astrological Association* und ließ sich durch eine *NORWARC (North West Astrological Conference)* zuviel in die Umgebung von Seattle locken. Im Augenblick lebt sie in Ridgway, Colorado (463 Einwohner), wo sie kürzlich stolze Besitzerin ihrer eigenen Bergkette wurde, der San Juan Rokkies. Sie war Mitglied im Lenkungsausschuß der *AFAN (Association for Astrological Networking)*, Vorstandsmitglied von *ISAR (The International Society for Astrological Research)* und ist Herausgeberin von *KOSMOS*, der Publikation von *ISAR*. Sie hält Vorträge im ganzen Land und interessiert sich besonders für politische und Mundanastrologie. Sie arbeitet mit Chiron, erstellt Elektionshoroskope und Composite und hat sich darauf spezialisiert, Anfängern beizubringen, wieviel Spaß es machen kann, Astrologie zu lernen. Demzufolge trägt ihr erstes Buch den Titel *Astrology for the Light Side of the Brain (ACS Publications)*. Beim UAC '92 wurde Kim zur »Prominentesten Newcomerin« gekürt. Sie hielt Vorträge auf dem UAC '95, dem UAC '98, der NORWAC '97 und dem ARC '97.

Roxana Muise

Roxana Muise ist eine Astrologin und Metaphysikerin in zweiter Generation. Sie machte ihren Abschluß an der *St. Catherine's Academy* in Lomita, Kalifornien (wo sie Mantik und Symbolkunst – wie beispielsweise Handlesen und Numerologie – mit ihren geistlichen Studien verband) und wurde 1974 in der *Abundant Life Church* ordiniert, einer metaphysisch-spirituell ausgerichteten Kirche. 1968 begann sie Astrologie zu erlernen und machte an der *Scorpio School of Astrology* ihren Abschluß. Ihren *Bachelor of Science* erhielt sie 1981 mit Auszeichnung im Fach Gesundheitswissenschaften an der *California State University* in Dominguez Hills. Muise war Mitbegründerin der *South Western Astrology Conference (SWAC)* und von 1974 bis 1985 deren Vorsitzende. Sie war Präsidentin und Vorsitzende der Mitgliederbetreuung und ist nun Leiterin des Archivs der *International Society for Astrological Research (ISAR)*. Sie war Gründungsmitglied des Vorstands des *United Astrology Congress (UAC)*. Roxana Muise ist Mitbegründerin des *Kepler College of Astrological Arts and Sciences* in Seattle, Washington. Sie ist Autorin von *A-Year-At-A-Glance*, der *45 Degreee Graphic Ephemeris* und von *The Fourth Sign*, und sie ist im *World Who's Who of Women* aufgeführt. Roxana Muise hält Vorträge in diversen Ländern und hat in Bellevue, WA, wo sie mit ihrem Ehemann lebt, eine eigene Beratungspraxis.

Die Übersetzerin

Beate Metz absolvierte 1991/92 eine Intensivausbildung am *Astrologie Zentrum Berlin*. Sie ist seitdem hauptberuflich innerhalb der Astrologie tätig: als Übersetzerin astrologischer Fachbücher und Fachartikel, als Lektorin und als Autorin eigener Beiträge und Rezensionen für die Zeitschrift *Meridian*. Sie arbeitet als Dozentin am *Astrologie Zentrum* Berlin. Seit 1993 gibt sie astrologische Beratungen. Beate Metz lebt in Berlin.

Bitte beachten Sie
folgende Seiten:

Böse Mädchen haben kluge Mütter

Die faszinierende Geschichte der Weisen Frauen im Abendland: germanische Priesterinnen, griechische Sibyllen, keltische Seherinnen und nordische Hexen. Franjo Terhart präsentiert uns ihre Kenntnisse und Künste: magische Rituale, Heilwissen, Fruchtbarkeits- und Wetterzauber, Gestaltwandlung und vieles mehr.
Das Buch eröffnet uns die Welt des verdrängten, geheimnisvollen Wissens sagenumwobener Zauberinnen.

Franjo Terhart
Weise Frauen und magische Kulte
Priesterinnen, Sibyllen, Hexen und andere Zauberinnen
224 Seiten
Ullstein TB 35799

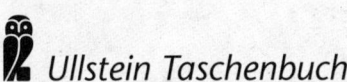

Ullstein Taschenbuch

Selbst-Transformation

»Deine Reise in das 12. Haus – durch astrologische und psychologische Einsicht, durch Traumarbeit und direkte emotionale Erfahrung – ist wahrscheinlich sowohl ein schmerzlicher als auch ein freudvoller Prozeß. Wenn du dich den Energien deines 12. Hauses stellst, dich mit ihnen verbindest und sie verwandelst, begegnest du vielleicht deinen dunkelsten, zerstörerischsten oder verletzten Seiten. Aber genauso wahrscheinlich ist es, daß du verborgene Talente und Quellen der Erfüllung findest, die unter diesen Schatten deines Selbst verborgen sind.«

Tracy Marks
Dein verborgenes Selbst
Das Mysterium des
12. Hauses
352 Seiten
Ullstein TB 35749

 Ullstein Taschenbuch

Horoskop-Interpretation

Bei dem Versuch, ein Horoskop zu deuten, bemühen wir uns, die zentralen Lebensthemen zu erkennen und richtig zu bewerten. Tracy Marks zeigt, wie die einzelnen Fragmente des Horoskops in eine Synthese gebracht werden können. Dem Buch ist ein von ihr entwickeltes Arbeitsblatt beigelegt, mit dessen Hilfe die Grundlagen des Horoskops methodisch und systematisch abgefragt werden können.

TRACY MARKS

Die Kunst der Horoskop-Synthese
Zentrale Lebensthemen im Geburtshoroskop

ESOTERIK

Tracy Marks
Die Kunst der Horoskop-Synthese
Zentrale Lebensthemen im Geburtshoroskop
192 Seiten
Ullstein TB 35748

Ullstein Taschenbuch